散户和机构皆可使用的投资方法

价值嬗变的玫瑰

——具有创新意义的动态投资决策框架

刘传伦　张　旭◎著

中国商业出版社

图书在版编目（ＣＩＰ）数据

价值嬗变的玫瑰:具有创新意义的动态投资决策框
架/刘传伦，张旭著.--北京:中国商业出版社，
2024.5
ISBN 978-7-5208-2912-0

Ⅰ.①价…Ⅱ.①刘…②张…Ⅲ.①投资决策
Ⅳ.①F830.59

中国国家版本馆CIP数据核字(2024)第098503号

责任编辑：杨善红
策划编辑：刘万庆

中国商业出版社出版发行
（www.zgsycb.com　100053　北京广安门内报国寺1号）
总编室：010-63180647　　编辑室：010-83118925
发行部：010-83120835/8286
新华书店经销
廊坊市博林印务有限公司印刷
*
710毫米×1000毫米　16开　29.5印张　550千字
2024年5月第1版　2024年5月第1次印刷
定价：100.00元
* * * *
（如有印装质量问题可更换）

序言

你，多少岁?

天道有序、万物有时;大道至简、似水流年。

最近两三年,知高投资的基金业绩万绿丛中一抹红,投资做得风生水起。一位朋友有次突然就问:为什么你们就做得那么好?我竟然沉思了很久,感觉这是个问题!

是我们的经济学学得好?对股市的理解随着学习的深入变得深刻?还是目标、执行及管理到了新的高度?我想都是,可能又都不是!从经济学到科学,再到哲学及其他学科,道理都是相通的。回顾这几年,学习了很多,经历了很多,也感悟了很多,如果说对投资的理解突破到了新的境界,不如说我们对人生、生命及世间万物已突然开悟!远离颠倒梦想,究竟涅槃。

功夫在诗外。你对人生、生命的理解有多深,你泽及人类及其他有情界的关爱有多重,你的投资才能有多成功!

一、垂髫少年

"豫风楚韵、物华天宝;北枕中原、南襟荆楚。"

很多年前,我看到河南省信阳市的宣传页有这样的话时,还不以为意。现在再看,其实透着相当的自信和深厚的文化底蕴。兼具豫鄂的精彩风尚,人杰地灵,把中原当枕头,荆楚大地是飘飘的衣袂,这是何等的仙风道骨!自商周以来,楚文化与中原文化在信阳交汇交融,形成了独具魅力的"豫风楚韵"。信阳的土地上,有裴李岗文化、仰韶文化、屈家岭文化和龙山文化遗址,是子路问津、亡羊补牢、优孟衣冠、司马光砸缸等成语故事和历史典故的发源地,还出土了新中国第一套完整的战国编钟。信阳,还是刘邓大军千里跃进大别山的主阵地,信阳新县是鄂豫皖革命苏区首府所在地、全国闻名的将军县。这些令每一个信阳人骄傲和自豪的乡土人文，自我开始读书识字那一天起，便一点一点融入了我的血脉，并真实不虚地锻造着我的精神和气质。

家乡那个叫刘家湾的小村庄，依山傍水，淮河南去。

1980年9月1日，一个6岁的垂髫小儿哭得昏天黑地，虽然在此之前他如此倔强，好像从来都没哭过！这应该是自打他出生以来短暂的2200多天生命里最痛苦的一天了！原因是，他的那些比他大一两岁的小伙伴都入学了，而他因为差半岁被拒在了学校门外！

其实这根本不能叫学校！因为只有一间教室，还是茅草屋。这两间茅草屋之前是刘家的一个小祠堂，里面没有课桌，都是用横条木板搭在土坯上；整间教室里没有两张一样的凳子，因为每个人的凳子都是从自己家里带来的，形态各异、五颜六色。

学校的条件如此之差，可在这个孩子眼里，这里太美好了！因为每个人都有好看的书本，书本上花花绿绿的，老师在讲知识，讲的东西他从来没听过！

想一想之前的日子，也是丰富多彩。到处都是竹林，砍一根长长的竹竿，夏天中午再热也不睡觉，溜出来找到老黄牛，揪住它的尾巴，拔一根白色的长毛做成活款儿系在竹竿头上套知了，一个中午能捉住很多，然后送给大哥烤了吃。至于在鸡窝里摸鸡蛋、搬梯子掏鸟窝的事情，也是家常便饭。

池塘里、小河沟里，时常有人在捉鱼捉泥鳅摸黄鳝，那时淮河的河道上，沙子柔软而细腻，一望无际。旁边就是红薯地、玉米地，菜园里有黄瓜、西红柿、豇豆等，摘来就能吃，同时也成为烤鱼的配菜。河水清澈见底，在河道的坡上挖坑烧锅做饭都是小大哥的事情，我只负责勤快地跑跑腿儿，然后美食也少不了。河边是茂密的芦苇和树木，只有烟起来的时候，大人才会找到我们，所以我们也有了经验，烤好的美食要赶紧吃，吃完就要迅速转移阵地。

有一次差点儿哭出来的事情，是去山里放牛，我们家的大黄牛跟山里另一个村的一头更彪悍的黄牛干起来了。大黄正直壮年，之前还从没吃过败仗，这次不行了，两头牛斗得昏天黑地、伤痕累累，一帮孩子拿着鞭子在旁边驱赶都不行。它们缠斗了很久，最后大黄不行了，向深山里落荒而逃，我追了很久追不上，只能忐忑不安地向家里走去。放牛把牛放丢了，对于一个孩子来说，这就是天塌了啊！到家准备挨揍的时候，猛然看到大黄已在牛棚低头吃草！还面容含笑斜眼戏谑地看着我！我心里真是太高兴了，眼里的泪水直打转！

　　山里的池塘很多，水都非常清澈，夏天脱光衣服赤条条地玩水那是必须的，果园里有李子、梨、樱桃、桃子等，田里还有豌豆，那时村里的果园有好几个人轮流看守，但都看不住我们，总会遭到我们的祸害。我只怕一位，就是跟我父亲年龄差不多但是我太爷爷辈（我们小时候叫他"老太儿"）的长辈，那时他还很年轻，我家是二东队，他是二西队的队长。记忆里，他总是拉长着脸面色阴沉，好像从来不会笑。我总觉得他是我们村里最凶的，他打过很多皮孩子，但从来没打过我。每年大年初一，从零点开始村里就接年、拜年，几百户人家的村子，漆黑的夜里，路上挤满了拜年的孩子，"拜年了，拜年了"，喊声此起彼伏。我开始还不敢去他家拜年，后来敢去的时候，他总是拿出最好吃的东西给我，阴沉的脸上好像也有了点儿笑容，我竟然觉得他是那么和蔼可亲，搞得我都手足无措了。可惜，他和我父亲都已经先后去世了！

　　这个小村里的人是那么的纯朴，大家互帮互助，借钱还要写个字条和不还钱的事情好像从来没有发生过。在我记忆里，从我出生到考学离开，村里的人都是那么友好与和颜悦色，虽然那时很穷，但大家见面总是老远打招呼，对长辈都带着尊称，对晚辈都透着亲切，笑容都是那么真诚！

　　我已经忘了那个6岁的小孩是什么时候不哭的。

　　在之后的很多天，他也天天去上学，别人坐在教室里，他就坐在教室门槛外，有时候调皮的孩子把门关了，看不到黑板，他也听得全神贯注。到了7岁上学的时候，这个教学点也撤了，学生都转移到了村里的小学校，那时从小学一年级到五年级，每个年级两个班，整个学校四五百人。很快，全校的老师和学生，都知道了他的名字，因为他数学总考满分，作文总加分，成绩遥遥领先，其他学生早已习惯把争夺第二名视为最高目标，他被公认为这个学校历史上学习最好的孩子！在此后的很多年，这个小孩的名字也一直是这个学校所有老师教导学生的榜样，直到这个叫作"刘家湾村小学校"的小学校同全国其他地方的小学校一样被撤销、关闭，寥寥无几的学生并入了镇中心学校。

　　时光荏苒，白驹过隙。上一本书《价值波动致胜》出版距今已12年。12是一个小周期的轮回，正如那时的序言里所说：岁月淘尽铅华，如果打开记忆的密码谱，穿越时空找寻那些最深的感悟，浓缩的精华只有四个字：学习、目标。

　　一个人，只有爱学、好学，不断学习，终身学习，才能打开人生的天花板，一眼望不到边际，目标和理想才会慢慢实现。

二、22岁

1996年，我国制定和开始实施"九五"计划和2010年远景目标纲要，改革开放持续推进。随着政策利好、经济增长和外资流入，投资者信心高涨，市场交易活跃，社会朝气蓬勃，股指从年初的低点逐渐攀升，创下了历史新高，迎来中国资本市场的第一次大牛市。

这一年的5月，我从一名乡村初中教师，调到信阳县委宣传部工作，青春四溢，热情高涨。在宣传部及整个县委大院，人际关系简单、纯粹，大家友好相处、努力工作，经济快速发展，社会蒸蒸日上。我在了解社会，学以致用的过程中，感受着时代发展和进步的脉搏。

22岁的我是幸运的、充实的、幸福的，也是我学以致用、真正走向社会的关键之年。即使现在看来，我那时做的很多事情也非常有意义，正确的世界观、人生观、价值观慢慢形成，奠定了我人生发展的基础。

既然说到了"基础"，就顺便说说本书的基本思想。《价值嬗变的玫瑰》和《价值波动致胜》是姊妹篇，是知高投资"价值嬗变选股"和"价值波动操作"二位一体的投研理念的基石。嬗变，就是蜕变、巨大改变，我们深度挖掘经历重大变革、业绩处在重大拐点、基本面将要实现良性突变的公司获取超额收益。颠覆性创新、革命性技术、行业大爆发、并购重组、困境反转等，都属于这个范畴。价值波动交易就是通过不断优化风控模型，适时调整风控因子阈值，在最大限度上增加策略风险收益比。价值嬗变其实是对资产价值重新定义的动态投资决策框架。资本市场价值规律的最大价值，在于其一定程度上不认同资产价值与市场定价之间的区别，从而降低了解决资产价格在什么时间、以何种方式回归价值等棘手问题的必要性，极大地简化了投资决策体系。

三、34岁

34是典型的斐波那契变盘数字。1990年12月，沪深股市开始交易，到今年是34年，中国自古也有"三十年河东，三十年河西"的说法，中国资本市场最高管理层对"融资市"到"投资市"定位的根本改变，是否预示着我们的股市由潜龙在渊到飞龙在天，也有30多年的好光景？34的一半是17，2007年，大盘首次冲破3000点，现在还在3000点附近。17年横盘，亿万股民备受煎熬。但巧的是，美国股民也曾痛苦了近17年！"二战"结束，美国经济经过了长达20多年的快速增长后，从1996年1月到1982年10月，道指基本在800点至1000点作窄幅整理。1982年，在著名的"黑色星期一"之后，美国股市开始持续上涨，一直涨了40多年！美国"二战"后的20年、我国改革开放后的30年，在经济的高速增长之后，都迎来了资本市场的17年横盘！是巧合？还是市场的内生规律？是否也说明要想成佛必受其难，要想发财必承其重？同来望月人何处，风景依稀似去年。天道有序、万物有时，见龙在田、飞龙在天，一切皆可期！

我34岁那年，在举世瞩目的第29届奥运会胜利闭幕不久，儿子出生了。他出生的前3天，在医院经历了几次困难情况。好在最后有惊无险来到人间，开始了他一定会比我更加精彩的人生旅程。

在儿子出生5年前的3月我来到北京，5月大女儿出生。在经历了一夜无眠的漫长等待，伴随着早上的第一缕晨曦，那声清脆的婴儿啼哭声，让我感觉这是人间最美的声音。从医院出来，抱着这个孩子回家，她脸上带着浅浅的笑容，嘴角还冒着泡泡，睡得很香很甜。怀里的孩子很小很轻，但我好像突然长大，在而立之年的当口，感觉责任很大很沉。

造物无言却有情，每于寒尽觉春生。感恩阳光雨露、麻衣五谷，感恩冷暖四季、春生万物。孩子们有着很多优秀的品格，如坚韧、好学，聪明、质朴，从不言苦、从不哭泣，继承并超越着我。我看着他们，眼中都是美好；回头再看看股票，那些劣质的一个个逃离，那些优秀的一个个走进，继续着投资的美好。

万物相联、草木有情；物以类聚、人以群分；你若优秀、清风自来；心有菩提、繁花盛开。

四、48岁

在儿子5岁后的10年间，我几乎都在承受着转型的巨大痛苦，有时可以说是炼狱。有两次都想从高楼飞身而下，但都是对孩子的责任拉住了我。所以很多时候我都在想，我给了他们生命，他们也给了我生命。从此心无挂碍，无挂碍故，无有恐怖。

转型的痛苦完全是自找的！彼时住着别墅开着豪车，动则滑雪、高尔夫，静则剧院艺术馆的超中产阶层生活，竟在我的不知珍惜里，轻轻扔掉！我竟然转型要去做投资、做私募基金！更没想到，这一转的悟道历程，竟然需要10年！

"知高知退知敬畏"7个字现在已被定为公司的最高决策准则。而这背后的潜台词是，我走出不知高不知退不知敬畏的死亡丛林用了10年！每个人都要尊重、每个行业都值得敬畏，你眼睛看到的都是表象和冰山一角，事物的本质都是需要用灵魂和生命去感悟、去触碰！但遗憾的是，绝大多数人可能穷其一生都无法得道，这也就是每个行业的金字塔尖都只有寥寥数人的真正原因！

在这10年的痛苦锤炼中，有两个人物一直在精神层面激励着我前行，一个是任正非，另一个是刘邦。

任正非说，他44岁的时候在经营中被骗了200万元，同时被单位除名，求着留下来，遭到拒绝。背负200万元外债时，妻子又和他离了婚，他带着父母、弟弟、妹妹，在深圳住棚屋，没办法才开始创建华为公司。在那个年代，内地很多大城市，月平均工资还不到100元，200万元简直就是天文数字！这巨大的压力，背后一定是常人无法承受的痛苦。此后的华为告诉我们，跌倒了并不可怕，可怕的是再也站不起来！

刘邦作为一名基层小吏，48岁才起兵创业，在楚汉争霸的4年，也是屡败屡战、苦不堪言。"天将降大任于斯人也，必先苦其心志，劳其筋骨，饿其体肤，空乏其身，行拂乱其所为，所以动心忍性，增益其所不能"，孟老夫子的这句话非常深刻，但其有个前提，就是上天给你的巨大的磨难和痛苦，一定要撑住！否则就是一念天堂一念地狱、一堪大任一堆废材。

2022年，在我48岁的那一年，突然想明白了很多事情。知高一号基金、十号基金分别在1月、4月开始设立并投资运营，已连续两年逆势飘红，远远超越同期沪深300指数。这期间我深深地体会到，如果说对股票投资的理解超越大多数人能赚小钱，那么对人生和生命的理解才是保证你持续赚钱、赚大钱的根基！

五、99岁

去年11月28日，著名的投资人查理·芒格去世，享年99岁。他是股神巴菲特的黄金搭档，有"幕后智囊"和"最后的秘密武器"之称。芒格和巴菲特不仅都信奉"价值投资法"，是价值投资、长期投资的代表人物，还都是慷慨的慈善家，通过伯克希尔公司的慈善基金会支持各种社会公益项目，包括教育、医疗、文化和科学研究，不仅出色地履行了一名优秀公民的社会责任，还为全球投资人树立了标尺！

芒格去了，但他精神永存！我想芒格和巴菲特，与其说他们的投资做得好，不如说他们的人做得好、对人生和生命的理解更深刻，这才是他们成为世界顶级投资人的根基！

我记得上小学的时候，课本上有著名诗人臧克家写的诗《有的人》，现在仍然觉得意义深刻，抄录如下：

"有的人活着，他已经死了；有的人死了，他还活着。有的人，骑在人民头上："呵，我多伟大！"有的人，俯下身子给人民当牛马。有的人，把名字刻入石头，想'不朽'；有的人，情愿作野草，等着地下的火烧。有的人，他活着别人就不能活；有的人，他活着为了多数人更好地活。

"骑在人民头上的，人民把他摔垮；给人民作牛马的，人民永远记住他！把名字刻入石头的，名字比尸首烂得更早；只要春风吹到的地方，到处是青青的野草。他活着别人就不能活的人，他的下场可以看到；他活着为了多数人更好地活着的人，群众把他抬举得很高，很高。"

六、九九归一

大道至简、九九归一；潜龙勿用、见龙在田。

什么样的年龄，干什么样的事；不管什么样的年龄，什么都可以没有，不能没有理想和精神；即使垂暮之年，依然心里有梦眼里有光，依然在学习着进步着，那么你依然是18岁！

知高投资成立于2014年2月18日，到今年是10周年。10年来，我想我们最厉害之处就是在不断地学习、不断地进步，否定之否定、前进再前进。

"知高知退知敬畏"是知高投资的最高决策准则。"知高"来自《荀子·劝学》："君子博学而日参省乎己，则知明而行无过矣。故不登高山，不知天之高也；不临深溪，不知地之厚也。"知高精神皆源于此：学习、攀登、敬畏、生生不息。知高投资坚持"每日三省"：责任否？诚信否？学习否？知高投资的"责任否"：对股东具责任，对客户尽责任，对工作有责任，对自己负责任；"诚信否"：工作交友，诚信为本，先修身做人，再尽心谋事；"学习否"：生命不息，学习不止，快乐生活，善学同进。在"知高"的同时，我们还学到了"知退""知敬畏"，这也是两年来我们业绩持续逆势飘红的重要原因之一。

知高投资的员工行为指引是"和悦"，倡导快乐投资快乐生活。投资活动本身应该是快乐的，像巴菲特、芒格那样，投资的目的是使生活更美好更快乐，而不是赚钱。但很多人把赚钱当快乐，最终也就不快乐了！

如果把人生的快乐分级，在我看来有四个等级：

低级的快乐，是动物本能的快乐，是物质需求的满足，包括吃好喝好穿好住好、肉体和感官的享受等；

中级的快乐，超越了肉体的满足，是成为一名优秀的社会成员的快乐，有事业和家庭的成功和幸福，实现了精神的富足；

高级的快乐，是泽被他人的快乐，自利利他、自觉觉他，放眼登高、蔚然杏林；

终极的快乐，是理念和思想传承的快乐，这是生命的终极意义。对于每一个人，如果他离去后，还有优秀的理念和芬芳的思想在家族、社会甚至在世界传承、延绵，丰富着人类精神文明的宝库，那么其实他还活着！

生命是脆弱的，生活是艰苦的。我们必须认清的一个残酷现实是：对于绝大多数人来说，究其一生都在为实现低级的快乐而奋力拼搏。作为每一个生命个体，如果你超越了低级和中级的快乐，达到了高级的境界，你就是永远的22岁：生命澎湃、奋进好学、一日千里；如果你的一生始终在不断地学习、不断地拼搏、不断地扬弃、不断地上进，不断地为了优秀的理念和芬芳的思想浴火淬炼凤凰涅槃，那么你就始终活在你最好的年岁里！

历尽千帆后，归来仍少年。你，多少岁？

刘传伦

2024年3月于北京

投资，混沌的科学

小时候，我曾经幻想自己长大后成为一名科学家。

我对于科学的认识，最早来源于一档科普类电视节目《比克曼的世界》。节目中的主角——比克曼，总是穿着一件绿色的衣服，留着爆炸头，每期用各种夸张的演绎方式为观众传播着科学知识。当时，我认为比克曼像一个无所不能的法师，他总是能用各种我不能够理解的方法做着看上去不可能的事情，让我十分崇拜和痴迷。所以，科学家在我稚嫩的认知中，就是一个将不可能变为可能的神奇角色，虽然不能说科学家只存在于童话世界之中，但当时我的的确确认为，所谓的"科学"并不存在于我身边的现实世界中，它更多地出现在我的想象里。

由于我出生在一个普通的工人家庭，所以童年时代的物质资源是十分匮乏的，"别人家的孩子"总能拥有我没有的好东西，比如新款的四驱车、带高档离合器的悠悠球抑或耐克、阿迪达斯的运动鞋。对于物质追求的欲望虽然在现实中不能得到满足，但得益于自己强大的想象力，我经常在幻想中憧憬着各种奇妙、美好和幸福的生活。

由俭入奢易，由奢入俭难。这句话即使是在想象的环境中，也是绝对正确的。一开始，我对于在想象世界中拥有现实中不能拥有的事物而感到欣喜，但是很快，我的想象力就不再满足于现状，并犹如一匹脱缰的野马恣意奔驰，一些完全脱离于现实世界的想法喷涌而出，如时空穿越、机器人、宇宙探索、灵魂操控这些不着边际的概念，在来源于我想象力的元宇宙中都是家常便饭。

后来，真正将科学这一概念从我的想象中拉回现实的力量，还是源于小学自然课上的一次实验——用放大镜将阳光聚焦在一张纸上从而生出火焰。当微弱的火苗逐渐燃起，并最终将纸片灼为灰烬之后，我突然意识到，原来想象中的事物是可以成为现实的，它们似乎离我并不遥远。自此之后，我对科学有了更加深刻的认识：科学，就是将原本看似不可能的事情变为可能。

当科学在我的现实世界生根发芽之后，自己便对自然界中各种奇奇怪怪的事情感到前所未有的好奇，因为我认为，一切现象都可以用科学去发现、去解释、去重复演绎。在好奇心对我日复一日，年复一年的驱使下，小学还没毕业，我就对很多物理学、化学、生物学、天文学、地质学领域的问题有所涉猎，虽然对于大多数问题，自己都是知其然而不知其所以然的状态，但知识面的拓宽还是让我的精神生活感到无比充实。

到了中学时期，我的课业负担逐步加重，自己也没有以前那么多的时间和精力去思考一些和"应试教育"无关的问题。而科学对我来说，也逐渐由惟妙惟肖的百变图景变为枯燥的数学符号。也许正是科学的形象在我的认知中出现了上述变化，自己对于自然界的各种神奇的现象也逐渐失去了往日的兴趣，因为我知道，即使我暂时不能认识这种现象背后的原理，但其最终都可以用复杂的数学公式解释。

这种状态一直维持到自己上高中之后的一节政治课，老师正好讲到了政治经济学。虽然自己从小到大的学习成绩不能说是数一数二的那种，但整体而言，还是能够稳居年级前列的。即使我的学习和理解能力还算不错，但对于政治经济学涉及的一些概念，例如：资本、交换、分配、生产资料、一般等价物、价值等，刚刚接触的时候，还是感觉晕头转向，不知所云。但真正让我感觉到困惑的是，老师在阐述经济学的有关结论，或是回答某些好奇心比较重的学生的问题时，言语中总是夹杂着诸如"可能""大概""基本上"这些模棱两可的词，与此同时，老师还说这些阐述方式是社会科学中所特有的，它不像自然科学那样因果关系明确，故而也就得不出一个相对确切的结论。

自此，科学在我的认知中形成了两个分支：自然科学和社会科学。自然科学在我看来，是一行行严谨的公式和证明过程，但对于社会科学的认知，还是处于混沌的状态，因为一切都是那么的不确定。与生俱来的好奇心和不服输的精神让我对社会科学的痴迷程度与日俱增，脑海中会生成很多奇葩的问题并经常困扰着自己，甚至有时在思考问题的过程中，茶不思，饭不想，比如：既然高档自行车停放在路边容易被偷，那么为什么还会有这么多人把高档自行车停放在路边？为什么班里家庭条件比较好的同学学习成绩会更好？为什么银行替我们保管资产还要倒贴利息？为什么很多人喜欢花车票钱在地铁上乞讨而不在免费的地铁站口或闹市区进行同样的工作？诸如此类奇奇怪怪的问题还有很多很多，但当我面对这些问题时，内心或多或少还是有些许不安的，因为我知道，自然科学的问题背后都有一个相对确定的逻辑和答案支撑，但社会科学的问题可能并没有确切的答案。然而，我们每个人都生活在社会之中，而社会又是混沌的，那么这或许意味着社会并不会像太阳系那样处于一个相对的稳态中，而随时有出现框架性坍塌，逻辑崩坏的风险。

作为一个风险厌恶程度比较高的人，面对社会科学的这种不安让我越发感到煎熬。所以，未来，我希望能够投入更多的精力在不确定性中寻找更多的确定性，从而在一定程度上消除这种不安，无论是为了自己，还是为了别人。说得更加宏大一些，我希望社会科学能够像自然科学那样，可以让厘清各种逻辑成为可能，换言之，我希望社会科学也可以在真正意义上成为"科学"，自己也能够真正地成为一名"科学家"。基于此，在高考的时候，我毫不犹豫地报考了经济学（社会科学的重要分支）专业。

伴随着自己在社会科学领域研究的不断深入，以及对自然科学有关问题的认识不断完善，我惊奇地发现，其实自然科学和社会科学之间也许并没有本质的区别，两者只是对我们所处的客观世界的两种不同意识范畴进行研究。之前自己认为的自然科学独有的确定性，更可能是基于某种严格的假设条件。例如，在宏观视角下，物理量是相对确定的；但在量子力学中，不确定性原理则是一个重要的概念，所以我们只能通过统计学的方法描述物理量的分布；又如相较于中医更加追求确定性和客观性的西方循证医学，本质上也是基于或然率条件的研究模式。这种对于不确定性的研究框架在社会科学中使用得更为常见，而之所以社会科学看上去比自然科学更加混沌，其中一个重要的原因则在于社会科学所拥有的关键变量更多且有时难以穷尽，如果基于最传统的控制变量法思路进行研究而不谋求改变，那么你不可避免地会做出相当多的无用功，从而难以有效地解决实际的问题。

由此可见，无论是自然科学还是社会科学，要想在对应领域创造出更多的具有实际应用价值的理论和方法，创新是最重要的。尤其是对于社会科学而言，如果在原有的理论框架中循规蹈矩地研究，就像许多学术期刊所发表的论文那样，似乎除了能够帮助自己获得更高的职称和科研津贴之外，别无他用。但是，框架性创新的难度不言而喻，即使我等凡夫俗子没有足够的天赋去更新迭代现有的框架，那么在原有框架的范围内进行局部的创新和探索也未尝不是一个有用的办法。

一些严谨的研究者可能会认为，理论创新需要充足的逻辑和证据去支撑，否则创新就很可能成为一种误导别人的臆想。必须承认，这种说法具有其正确的一面，但我们同样应该认识到，相当一部分创新最初都是来源于一种猜想，只有当我们的想法触及未知的领域之后，才可以通过实践对这种未知加以探索，从而通过严谨的归纳总结，形成具有应用价值的研究成果。因此，我并不反对在创新的过程中尽可能地依靠自己的想象力去挖掘认知的盲区，反而十分推崇这种做法，尤其是在投资这种实践成本较低的领域中，我们更不应该拒绝那些看上去虚无缥缈，甚至是有些不着边际的想法。

基于在上述心路历程中形成的理念和积累的经验，笔者进行了本书的创作。本书旨在介绍一种具有创新意义的股票动态投资决策框架，框架的构建涉及了诸多社会科学的领域，例如经济学、管理学、法学、哲学等，同时还包括了非社会科学领域的内容，例如理学、医学等，综合性非常强。为了能够帮助读者对本书结构有一个提前的认识，笔者将行文主要逻辑用图0-1表示了出来。

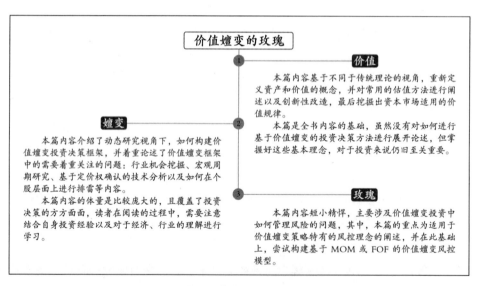

图 0-1 本书的逻辑框架

本书在写作方面，具有以下几个特点：

1. 本书在传统理论框架之下进行了较多的创新，且有一部分结论和思路同传统理论是存在较大差异的。书中的创新点，大都是基于作者的经验和有限的实证研究得出，我并不能保证其正确性，甚至其中包含许多我仍旧没有发现的错误，但我仍旧将这些浅见分享给读者，希望能够得到各位对于相关议题的想法、指正甚至是批评，同时，希望能够抛砖引玉，激发出更多的具有创新意义的想法。

2. 本书将投资视为一种科学，因此，阐述有关逻辑和结论的过程中是具有很强的严肃性的——行文尽可能地符合严谨的逻辑，结论也尽最大可能有实践数据的支撑。同时，这也就说明了本书并不是一本严格意义上的通识读物，而要想真正理解个中主旨和内涵，是需要具有一定专业性基础的。

3. 本书使用了250余张形象的图表去替代相对晦涩的阐述，同时，一些数量化的图表可以对于一些定性的结论给予数据化的支撑，并最终让本书的内容更加具有信服力。

4. 本书使用了40余个通俗易懂的示例，从实践出发，阐述一些看上去不太好联系实际的理论问题，这有助于证明本书所介绍的投资策略框架并不是纸上谈兵，而是一个可以指导实践的方法论。

5. 本书着重介绍价值嬗变的投资决策框架性内容，对于框架的各个组成部分，限于篇幅，没有办法面面俱到，深入剖析，为此，本书附录部分提供了读者完善投资决策框架所需要阅读的书籍清单，以供补充。

本书能够顺利面世，离不开知高投资研究团队以及出版社工作人员的努力和支持。在此，我要特别感谢知高投资董事长兼基金经理刘传伦先生给予自己的指导，刘总对于价值嬗变含义的深刻理解和洞见构成了本书的核心内容；公司投研团队成员静玉涵、陈珊珊在数据收集、清洗和分析工作中也给予了我莫大的帮助，非常感谢她们的无私付出。

最后，希望这本书能够对您的学习和职业发展产生积极的影响。当然，限于笔者的认知水平，书中内容疏漏、错误在所难免，如果您在阅读中发现了问题，或者就书中论述的问题有新的见解，欢迎随时与我们联系，并进行深入交流，共同进步！

张 旭

2024年3月于北京

目录

第三篇 价值嬗变的玫瑰

　　传统金融学中的资产定价模型虽然为我们提供了基本的估值思路，但模型本身或是依赖于脱离现实的假设条件，或是参数难以有效地确认，使得目前市场上主流估值方法的使用效果均不甚理想。

　　通过资产价值的重新定义，投资者所应当关注的资产应该进行广义化地改变。在此基础上，投资者既可以对传统估值模型进行改造（引入专家调研法、决定不同估值模型的决策权重、将资本利得预期引入传统DCF模型等），也可以建立基于时间序列上不同时点预期差的动态估值方法。无论通过何种途径对估值方法进行创新，都将增加决策的科学性以及投资实践的有效性。

　　为了能够建立价值嬗变动态投资决策框架，在充分研究不用国家资本市场运行规律以及交易逻辑的基础上，我们提出了适用于资本市场的价值规律：从表象上看，资本市场的价格是价值的直接体现，且价值会在中枢的牵引下不断地波动；而影响资产价值的因素分为可知因素和不可知因素，其中，可知因素影响中枢的运行轨迹，而不可知因素则决定了股价在中枢牵引下近似无规则的运动轨迹；当因素无限趋近于可知的时候，资产的价格和价值并没有明确的区别。

　　资本市场价值规律的最大价值，在于其一定程度上不认同资产价值与市场定价之间的区别，从而降低了解决资产价格在什么时间、以何种方式回归价值等棘手问题的必要性，极大地简化了投资决策体系。

第一章　资产价值的底层逻辑

1.1　资产的再定义

这本书的名字是《价值嬗变的玫瑰》，可以看出，书名中包含三方面的内容：价值、嬗变和玫瑰。基于此，本书的内容安排也基本上是按照这个顺序进行的。

对于本书第一篇，即有关价值的探讨正式开始之前，我们有必要对资产先进行一定的说明。毕竟，在研究价值这个话题的时候，我们不可避免地要先确定研究对象，也就是要研究谁的价值。这个问题看上去并不难回答，因为相当一部分人回答这个问题时会脱口而出：资产的价值！这时，如果我们再继续追问：你说的资产到底指什么？这个时候，答案可能就是五花八门了。当然，对于本书的受众而言，想必股票是我们最为关注的资产类别了，而且我相信很多朋友自认为对股票资产代表着什么也有着十分深刻的认识。但这是否意味着有关于资产这一看似简单的概念所衍生的知识和理念，大家都已经有了很好的掌握了呢？这恐怕就很难说了。

本节主要探讨的问题在于资产的再定义，而既然是"再定义"，这里我们着重分析的内容肯定不是常规意义在书籍上反复出现的知识点。为什么我们要把所谓简单的问题稍微复杂化一些呢？原因在于，传统的金融投资理论在实际应用的过程中，总会让人感觉有些水土不服，甚至在特殊条件下完全无用武之地。因此，为了能够尽可能地提供更多可以付诸实践的方法论，或是填平理论和实际之间难以逾越的鸿沟，本书对于传统理论的创新贯穿始终，且不仅局限于本节。

1.1.1　资产的理论定义

资产的定义是一个相当广义的概念，即在不同学科的研究框架之下，资产的定义各有不同。

（1）资产在经济学中的含义

在经济学中，资产又被称为经济资产，其代表着执行价值贮藏功能的实体，有关主体会单个地或联合地对它行使所有权，即通过在一定时期内使用或持有这些实体，所有者可以获取经济利益。经济学中的资产所覆盖的范围最广，其不仅包括像厂房、机械设备、存货等这些常规意义上的有形资产，还包括像商标权、专利、商誉、客户资源、企业形象等没有实体形态，且一部分难以体现在资产负债表中的资产。此外，一些非传统意义上的资产范畴内的事物，亦可被视为经济资产。例如，公司治理效能、企业家才能、企业文化建设等，均可视为经济资产的重要组成部分。

作为中国科技产业的旗舰企业，华为所秉持的狼性文化成为其取得卓越业绩的重要原因之一。该文化由任正非创立，涵盖学习、创新、收益和团结四个核心支柱。这种文化底蕴源于任正非的军事化管理经历，强调企业需如饥似渴地敏锐洞察客户与市场变化，坚定不移地追求成功，团结一心，共同实现目标。此外，华为高度重视员工的学习与发展，通过自我批判和压强原则不断提升整体核心竞争力。由此可见，企业文化虽无形，但成功的文化特质能潜移默化地优化企业未来的现金流状况，进而实现这类资产所贮藏价值的释放。

（2）资产在会计学中的含义

在会计学中，资产被定义为：企业在过去通过经营、交易或其他事项形成的，由企业拥有或控制的，预期会给企业带来经济利益的资源。会计学中的资产相较于经济资产而言，其覆盖的范围要更窄一些，因为会计资产的确认需要严格符合上述定义中的要求。例如，企业预计下个季度将要购买的一项独占性质的专利许可，由于其不是由企业过去的经营事项形成的，因此不能确认为资产；又如，企业租赁的厂房没有明确的租赁期限，且出租方能够随时收回，即使企业目前仍旧可以通过使用租赁厂房进行生产活动，但由于企业没有对厂房使用的控制权，因此不能确认为使用权资产；再如，企业拥有的一条生产线，虽然能够使用，但其生产的产品已经过时，没有市场可供销售，该生产线由于不能给企业带来经济利益，故不能够确认为资产，即如果在资产负债表上，该生产线的账面价值不为0（假设无残值），那么应该进行全额计提减值的会计处理。

会计学中的资产定义是相对严苛的，其主要目的是确定那些可以确认在资产负债表中的资产的范围。同时，无论是中国的《企业会计准则》、IFRS还是US GAAP，会计的处理都是遵循谨慎性原则的。基于该原则，资产、收益在符合要求的前提下要尽量少去确认，以减少财务报表生产者和使用者的信息不对称所带来的消极影响。

（3）资产在金融学中的含义

金融学当中的资产一般被定义为有价证券，即标有票面金额，用于证明持有人或该证券指定的特定主体对特定财产拥有所有权、债权或其他权利的凭证。有价证券按其所表明的财产权利的不同性质，可分为三类：商品证券、货币证券及资本证券。

商品证券是证明持有人拥有商品所有权或使用权的凭证，取得这种证券就等于取得这种商品的所有权，持有人对这种证券所代表的商品所有权受法律保护，如提货单、运货单、仓库栈单等。货币证券是指能使持券人或第三者取得货币索取权的有价证券。货币证券主要包括两大类：一类是商业证券，主要是商业汇票和商业本票；另一类是银行证券，主要是银行汇票、银行本票和支票。资本证券是指由金融投资或与金融投资有直接联系的活动而产生的证券，是有价证券的主要形式。资本证券包含的范围比较广，包括股票、债券、基金份额、期货、期权、外汇等。

1.1.2　股票投资者应该关注的资产类别

经过了上文对于资产在各个学科中的理论定义的阐述，读者可能会想：把资产定义说得这么复杂完全没有必要，既然这本书的受众是股票投资者，那就把主要关注点放在股票投资者最为关心的资产类别上就可以了。

上面的想法确实再正常不过了，而如果为了迎合这种想法，我们关于资产定义的介绍仅仅保留金融学下资本证券的部分就可以了，其他内容大可不必着墨。这种行为逻辑其实和目前市场中畅销的股票投资书籍的思路是类似的，但可惜的是，这种做法是有很大问题的——股票投资者如果仅仅关注资本证券这类资产，那么将难以真正认识资本证券背后的价值决定基础。

我们以股票为例详细说明这个问题。

股票，是股东对于公司所有权的凭证，股票的价值，也就是公司所有权的价值。我们都知道，公司资产负债表的结构可以用如下会计恒等式进行表示：

$$资产 = 负债 + 所有者权益$$

所以，公司所有权的价值，可以通过使用公司整体价值扣除负债价值的方式间接计算得出。因此，如果投资者想要对某一只股票进行估值，那么一个常规的做法是，先对公司整体进行估值。但问题在于，如果我们对于会计学范畴内的资产定义不是很明确，那么在对公司进行估值的时候，就不会知道如何正确地使用资产负债表中的数据。例如，当一家公司资产负债表中存在大量的未计提减值的商誉，同时总资产周转率又出现持续下行的趋势，我们应该如何估算商誉价值？又或者，一家公司的业绩持续向好，因此，研发支出一直进行费用化处理，那么我们在估值的时候，又是否应当将费用化的研发支出进行合理的模拟资本化处理？我们需要认识到的是，在对金融资产进行估值或制定投资策略过程中，财务数据是我们为数不多可以低成本获取的，并且质量上有一定保证的一手数据，但财务数据的使用，很考验研究者的专业素养，因为会计领域和其他学科中相同的概念可能代表不同的意思，资产就是其中之一。

如果说会计学可以帮助我们更好地处理财务数据，那么经济学的资产概念就主要是能够让我们充分地挖掘所有有价值的资产价值驱动因素。换言之，经济学的资产概念是范围最为广泛的，而像股票这类资产的价值会受到诸多因素的影响，例如我们上文中提到的公司治理水平、企业家才能和公司文化，常规的估值方法很难将这些难以量化的因子纳入进来，但一个既定的事实是，这些因子却会直接影响股票的估值。如果投资者忽略这些问题，那么无论是基于静态还是动态的估值框架，我们都没办法对公司真正的价值或价值运动方向，得出相对准确的判断。

近年来越来越流行的ESG投资就是一个很好的例子（图1-1）。

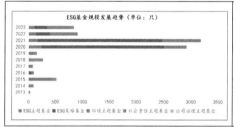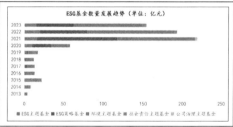

图1-1　国内ESG基金发展趋势（数据来源：iFinD）

ESG投资是指社会责任投资，它是一种特殊的投资方式，因为其将环境、社会和公司治理这三个因素纳入了投资决策框架。在ESG投资中，投资者不仅关注企业的财务表现，还重视企业社会责任的履行情况以及社会影响。具体来说，投资者会通过考察企业的环境表现（如碳排放、能源消耗等）、社会表现（如员工福利、社区关系等）和公司治理表现（如董事会结构、高管薪酬等）来评估企业的中长期发展潜力。ESG投资的好处在于，它可以帮助投资者筛选出那些在履行社会责任方面表现良好的企业，从而获得更好的投资回报，同时，它也可以促进企业更加关注社会责任的履行，推动社会的可持续发展。可见，ESG投资就是把非传统的价值驱动因素考虑进来，将环境、社会和公司治理作为一种可以为企业带来增量现金流的资产看待（图1-2）。

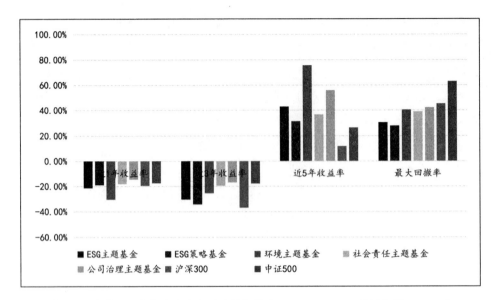

图 1-2 各类ESG基金的业绩表现（数据截止日：2024.1.18；数据来源：iFinD）

正是基于上述原因，我们才有必要将不同学科中的资产定义分别予以阐述，对于个中逻辑，我们在后面的内容中还会不断进行深入的分析。

对于股票投资者应当关注的资产类别这个问题，说到这里还没有结束，因为还有一些点可以去延展、挖掘。

各位请思考下面几个问题：一只股票的龙虎榜中，存在知名游资所在的营业部信息，那么这个因素会不会对股价产生影响呢？假如IPO阶段性收紧，一些壳资源的上市公司股价是否会出现异动？如何解释特朗普竞选总统成功后，川大智胜[002253.SZ]股价异动；如何解释日本前首相被枪杀后，同庆楼[605108.SH]股价的异动？

上面几个问题的答案不是我们讨论的重点，因为笔者罗列上述问题的目的，是希望我们认识到，影响一项资产价格的因素，除了基本面因素，还包括交易性的因素。这个结论如果放在技术分析的板块去列示，应该没有什么太大的违和感，但放在这里，感觉还是有点怪怪的。

其实，无论是基本面分析还是技术分析，本质上都是为了确定资产价格的方式，二者是相辅相成，对立统一的关系。但实践中，人们总是喜欢将二者割裂开来，这是十分错误的做法。从本质上讲，既然我们要确定资产的合理价格，那么一切因素，无论基本面还是技术面的，都需要涵盖，即使有些因素已经脱离了投资的本源，而被划分为投机甚至赌博领域，但这些不健康的因素可以直接影响

价值嬗变的玫瑰
——具有创新意义的动态投资决策框架

股价是不争的事实。从另一个角度讲，这些源于交易行为的一些股价决定因子，在一定程度上也可以理解成一种资产，因为它们能够为股票持有者带来增量现金流，从而可以称之为舆情资产、情绪资产、交易行为性资产等。我们这里强行下这样的定义看上去毫无必要，但实际上，这种将交易性因子资产化，将资本利得视为资产未来现金流的一部分的思路，是本书后续对于现金流估值模型进行创新设计的基础，这部分内容后续还会更加详细地展开，这里便先一带而过了。

1.1.3 资产的再定义

在讨论了资产的各种定义，以及投资者应当关注的资产范围之后，我们难免会感觉到有些凌乱，因而也就需要一个更加全面且高度概括的表述对资产进行重新定义。根据本书的观点，我们对资产的再定义如下所示：

对投资者而言，具有一定影响的事物均可以称之为资产，且资产不可能脱离投资者而独立存在。

对于上述定义，我们从以下几个方面进一步解释其内涵（在本节中，我们将上述重新定义的资产简称为"再定义资产"）。

内涵1：再定义资产包括一切具有一定用途的事物。

这体现了资产定义的广义性，有点类似经济资产的意思。但其与经济资产的区别是：经济资产的确认需要持有主体对其拥有所有权，再定义则没有这样的限制，例如，一只经常在龙虎榜上出现知名游资席位的股票所拥有的炒作热度，对于投资者来说是有一定用途的（增加波段机会，或提升潜在投资收益等），即使投资者对这种热度没有法律意义上的所有权，但其仍旧可以被称为再定义资产。

内涵2：再定义资产是相对于投资者而言的。

一个事物之所以成为再定义资产，根本原因在于其对于特定的投资者是有用途的，因此，同一个事物可能对于某些投资者来说是资产，但对于另一部分投资者来说就不是资产。如果继续以上述龙虎榜的例子进行分析，对于波段投资者或者是高频量化策略的使用主体而言，知名游资带来的炒作热度属于他们的资产；但对于长期持股且换手率极低的价值投资者来说，短期的炒作热度对他们的收益没有任何贡献，因此，炒作热度就不是他们的资产。

内涵3：如果一个事物对投资者会产生消极影响，其仍旧可以被称为再定义资产。

传统资产的特点在于其能够给某些主体带来经济利益，从而现金流流动方向为流入;而对于给主体带来消极影响,即经济损失,或是现金流流动方向为流出的事物,一般会称之为负债。但对于再定义资产而言,其既包括传统意义上的资产,也包括传统意义上的负债,即其以一种类似净资产的概念存在。我们进行这样的处理,当然不是为了强调股票是代表的净资产而非资产这么浅显易懂的道理,而是为了让我们在实际进行投资决策的过程中,注意定价因子既具有积极的一面,也具有消极的一面。例如,某一个因子可以对同一类资产产生不同方向的影响:美元利率的走低,既可以提升成长股的估值水平(导致现金流估值模型分母端折现率下行),也可以在对未来经济衰退预期很强的时候,给成长股的估值带来压制作用(现金流估值模型分子端远期现金流流入减少);某一个因子也可以在同一时间给不同类型的资产带来不同方向的影响:市场风险偏好水平急剧下行时,红利型资产(煤炭股、金融股、基建股等)容易受到资金的青睐,而成长型资产(科技股、题材股等)就容易面临恐慌资金出逃的风险。既然我们可以把因子资产化,那么就需要基于"净资产"的视角,对某一个因子对标的和市场的"净影响"给予充分把握,切不可仅仅关注某一个方面,只见森林,不见泰山。

内涵4:相同的再定义资产在不同的市场中可以长期存在不同的交易价格。

内涵4是根据内涵2的推论,即相同的资产在不同的市场中可能会具有不同的且长期稳定的交易价格,换言之,由此形成的价差没办法通过套利的方法进行消除,即使套利行为能够在理想的环境下无成本、无限制地进行。

可以看出,上述结论同传统金融学的观点是大相径庭的。传统金融学认为,现实中的同种资产之所以不满足"一价定律",主要是因为套利成本过高、融资渠道不通畅以及市场的交易规则存在一定的限制等原因。

但我们认为,这个逻辑是存在问题的。一个最直接的证据在于,AH股溢价水平并没有因为降低两个市场交易壁垒的制度出台(如港股通、陆股通、内地与香港股票市场交易互联互通机制、港交所"双柜台模式"等)而出现明显的收敛,这一点可以从AH股溢价指数的走势看出,如图1-3所示。

那么,传统金融学有关套利消除价差的理论到底哪里出现了问题?

用通俗的话去翻译一下传统理论的逻辑(以AH股溢价问题为例),其实就变成了这个样子:既然同一家公司在A股和港股市场同时上市交易,如果A股价格高,港股价格低,那么在理想的套利环境下,A股的投资者会做空,港股的投资者会做多,直到两个市场价格趋于一致,如果二级市场交易没办法消除二者价差,大不了把公司收购了,也能形成同股同价的最终结果(图1-3)。

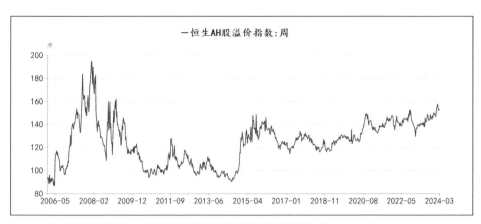

图1-3　恒生AH股溢价指数走势（数据来源：iFinD）

　　但问题在于，同股同价的结果隐含了一个前提假设，即套利之后投资者手中的头寸也能够按照消除价差之后的价格进行交易。举个极端的例子说明一下，一家公司A股交易价格为10元/股，港股交易价格折合人民币5元/股，一个投资人认为公司股价应该为7元/股，并通过套利交易，最终成为公司的唯一股东（100%控股），从而消除了两个市场的价差。这时，看上去价差的问题被极端的套利行为解决了，但这种状态并不是一个稳态。换言之，两个市场价差为0且股价均为7元的状态是这个股东的一厢情愿，如果想要让股票重新回到二级市场，那么公允价值一定不等于7元，并且两个市场的价差仍然会出现。我们得出这个结论的根本原因是，A股和港股市场参与主体是不一样的，而不同的主体大概率会存在偏好上的系统性差异。具体来说，对于A股投资者而言，他们认为7元的价格太便宜了（按照套利前公允价格10元计算），因此，多头的资金会推动股价高于7元；对于港股投资者来说，他们认为7元的价格太贵了（按照套利前公允价格5元计算），因此，空头的资金会驱使股价低于7元。虽然相较于之前的状态，套利资金对市场产生一定的增量影响，使得A股和港股没办法回到之前10元和5元的定价水平，但可以确定的是，两个市场的价差一定会存在，且小于5元，如果不是这样，那么一定会经常有人进行"收购式套利"的。

　　如果您觉得上面的解释方法太过简单，那么笔者同样可以使用经济学理论予以阐述。当假设套利没有成本，且套利资金充足的时候，我们如果将被套利公司的股票当成一种产品，那么这个产品所在的市场一定是卖方市场，因为有限的供给相较于无限的可参与交易的资金来说，必然是稀缺的，故而股票市场在一定程度上都具有一定的垄断性，并最终导致没有确定的供给曲线。在微观经济学中，垄断色彩最浓的市场被称为"垄断市场"。同样，垄断市场只有需求曲线，没有供给曲线，因为垄断市场的供给是由厂商"边际收益（MR）=边际成本（MC）"这个条件决定的，而市场价格则是供给水平在需求曲线上的映射，如图1-4所示（Q_{DE}，P_E）。换言之，垄断市场的价格和需求（供给）量，不存在一一对应的关系。

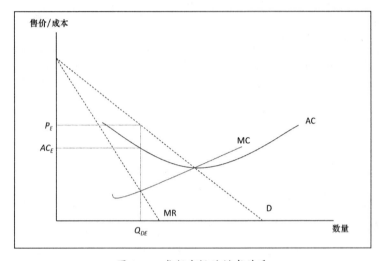

图 1-4　垄断市场的供求关系

　　所以，对于一个供给相对稀缺的资产，供给者利益最大化是定价的基本准则，而利益最大化的依据就是边际成本和边际收益。经济学中，边际收益主要由需求曲线决定，而需求则由不同市场的交易主体决定。根据上文我们谈到的逻辑，不同市场交易主体的需求大概率是存在系统性差异的，因此，不同市场的需求曲线以及由需求曲线决定的边际收益曲线都是不一样的。而边际成本看上去是由供给者决定的，但对于资本市场的供求双方而言，其实二者并没有明显的界限，此时的需求者可能在彼时摇身一变就成为供给者，且股票的边际成本基本上是由买入成本决定，因此其并不是一个独立于需求曲线的变量，因此，不同市场投资者的边际成本曲线大概率也是不同的。

　　综上，股票市场作为带有垄断色彩的市场，不同市场参与交易的主体不同，进而形成的供求关系均可存在较大差异，即使不考虑投资者群体间的博弈等更为复杂的问题，其供求关系的不稳定性也要显著高于商品市场（供给曲线相同，但需求曲线在不同市场表现不一），这也是金融资产同实物资产相比，更难以满足"一价定律"的原因。

支持上述套利无效论的基础，就是著名的市场分割理论[1]（正文注释见448页，下同）。

市场分割理论在金融学中是一种解释债券或其他证券的利率期限结构的理论。该理论认为不同的投资者对债券和其他证券期限长短的偏好程度不同，如商业银行和企业偏好短期证券，贷款机构偏好中期证券，养老金及保险公司偏好长期证券。由于投资者对证券期限的不同偏好，资本市场形成不同的分市场。短期证券的利率由短期资金市场的供求关系决定，中长期证券的利率由中长期资金市场的供求关系决定。市场分割理论在一定程度上解释了为什么不同市场的偏好是不同的，其中最重要的原因在于，不同类型的偏好形成相互独立的市场。

市场分割理论在股票市场中进一步发展，形成了市场分割理论的传统四因素，即不同的股票市场之所以彼此存在一定的独立性，主要由以下四个方面的因素引起。

（1）信息不对称

信息不对称因素是学界认为导致产生不同市场股价差异的重要因素，在目前的企业价值衡量体系中，企业价值的判断需要投资者对企业的各种信息充分了解，包括企业的主要业务、营销渠道、创新能力以及行业壁垒等。由于各地市场监管要求及投资者结构的不同，企业可能会在符合要求的情况下将信息披露的内容进行区别化处理，这就使不同市场的投资者所获取的信息有所差异。当不同市场投资者获取到的信息不尽相同时，对于企业的价值判断就产生了差异，获取信息更全面的投资者对于自己的投资判断也更加自信，反之则会形成更加稳健保守的企业估值以防止获取信息不足所造成的对企业价值的高估，给自身留出足够的安全垫作为不确定性的补偿。

另外，不同市场投资者受到当地文化习俗、成长环境等因素的影响，以至即使面对同样的信息也有可能产生不同的解读从而进一步影响企业估值。

（2）风险偏好差异

风险偏好差异对不同股票市场的分割程度具有显著影响。一些市场的投资者可能更愿意承担较高的风险，追求更高的收益，而另一些投资者可能更注重资产的安全性和稳定性。这种风险偏好的差异使不同市场的投资者对同一只股票的评价和预期收益存在区别。

（3）需求弹性差异

需求弹性差异因素衡量的是不同市场投资者面对股票价格变动所反映出来的

敏感程度。需求弹性的差异也会受到不同地区资本市场发展的成熟程度的影响。当投资者对股价变动的反映很大时，我们称为对股价的敏感程度高，对应的需求弹性也更大，反之则称为敏感程度低，需求弹性小。

（4）流动性差异

不同市场的流动性差异主要源于市场参与主体、市场规模和深度、交易机制以及国际政治经济环境等多方面的影响。具体而言，不同市场的参与者结构可能存在差异，如个人投资者和机构投资者的比例、大型企业和中小企业的比例等，这些差异可能导致市场交易行为的差异，从而影响市场的流动性；市场规模和深度是衡量市场流动性的重要指标，规模大的市场可以容纳更多的交易，而市场深度则决定了市场在面临大量交易时价格的稳定性；不同市场的交易机制可能存在差异，如撮合方式、交易费用、交易限制等，这些差异会影响市场的交易效率和交易成本，从而影响市场的流动性；国际政治经济环境的变化可能会影响资本流动和投资者情绪，从而影响不同市场的流动性，如地缘政治风险、贸易战、汇率波动等都可能对特定市场的流动性产生影响。

根据我们对于再定义资产的观点，结合市场分割理论的相关结论，可以认为，不同的市场之所以成为不同的市场，主要是因为投资主体存在明显的系统性差异。这种系统性差异的来源在于信息不对称、风险偏好差异、需求弹性差异和流动性差异。由于资产在不同投资者视角下是存在差异的，因此，其是否可以分类为资产，抑或者资产所谓的公允价格应该是多少，都是由各自的投资者决定的。即使套利资金可以在理想的环境下，在某一时点减少不同市场的价差，但这种行为本质上是通过消除市场投资主体多样性的方式，让定价基准更加统一。如果这个资产未来还会继续在二级市场中交易，那么就必然提升市场投资主体的多样性，从而定价的基准由少变多，在不同市场交易主体存在的系统性差异难以消除的情况下，价差则会持续存在。这种考虑定价主体从而理解市场价格形成逻辑的理念，会比较充分地在本书第二篇中有关"定价权过滤"问题的探讨中应用。

由此可见，本书对于资产的再定义，尤其是与之相关的四方面内涵，可以从更加独特且创新的视角对传统金融学问题进行解释。相信通过我们分析的持续深入，这种体会在读者内心会更加根深蒂固。

1.2 资产的价值

我们对资产进行重新定义之后，接下来的话题就是探讨一下资产的价值。其实，基于传统理论的观点，资产价值的话题大可不必单开一节进行阐述，但由于本书对于资产的认知角度比较特殊，对于资产价值的问题也就会有一些新的、不一样的想法，单独放在一节中进行阐述是最合适的选择。

本节对于资产的价值主要探讨两个方面的问题：其一，资产价值的来源；其二，资产价值的表现形式。

1.2.1 资产价值的来源

在介绍资产价值的具体来源之前，我们需要基于资产再定义的内容先进行一个统筹性认识。

正如本章第一节所阐述的那样，任何能够对价格产生影响的事物都可以称为资产，而此处所说的影响，既包括正面影响，也包括负面影响。基于此，本节所讲的资产价值的来源，自然既包括对资产价值有正面影响的来源，也包括有负面影响的来源。考虑到投资者无论是在投资研究、投资策略制定还是交易过程中，都容易受到过度自信这一行为金融学偏差的干扰，从而对最终的投资业绩产生较大的消极影响，因此，我们仍旧有必要将资产价格的负面影响，即风险因素与能够产生积极影响的因素放在同等重要水平上进行分析，从而依靠不断地提示甚至是警示自己风险的重要意义，相对客观地做出理智的决策。

对于过度自信的问题，这里做一个简要的说明，以帮助读者理解这种行为偏差产生的原因和对投资的影响。

在投资过程中，过度自信心理产生的根本原因主要有两个。

第一，投资者对概率事件的错误估计可能导致过度自信。人们往往对小概率事件发生的可能性产生过高的估计，认为它们总是可能发生，这是各种博彩行为的心理依据；同时，对于中等偏高程度的概率性事件，人们容易产生过低的估计；对于90%以上的概率性事件，人们则认为肯定会发生。

第二，知识错觉也可能导致过度自信。人们往往会认为自己对未来的预测会随着信息的丰富而更准确。例如，在投资过程中，当投资者获得更多的信息时，他们可能会认为自己的预测准确性会提高，从而做出过于自信的决策。然而，实际情况并不总是如此。有时，增加的信息并不会提高预测成功的概率。举例来说，如果投资者在市场表现狂热的时候浏览股吧、论坛，那么其可能会因为获取到非常多的积极信息而对未来的行情变得更加自信，而忽略可能存在的风险。

（1）资产的价值可来源于基本面因素

基本面因素可以根据观测视角级别的大小，分为宏观因素、中观因素和微观因素。

① 宏观因素

宏观因素所覆盖的范围是比较广的，因为其涉及关乎整个经济体的方方面面。如果要充分挖掘同宏观经济分析有关的具体指标或项目，可能专门写一本书去阐述这个问题都不为过。一般来说，一个完整的宏观经济因素分析框架涵盖了GDP、工业企业数据、基建投资、房地产投资、制造业投资、消费、对外贸易、价格、金融数据、PMI、外汇、经济政策等。在这个框架中，虽然每个组成部分都至关重要，但对于我们认识资产价值来源这个问题上，可能只需要抽象出一个最核心的概念即可——经济周期。

经济周期分析虽然是一个高屋建瓴性质的工作，没有涉及经济环境分析中一些比较具体的问题，但统筹把握当前经济所处的周期的位置，无论是对资产价值的评估还是对投资策略的制定，都是十分重要而且性价比很高的方法（这也是本书将第二篇中宏观经济分析的部分以周期为核心进行展开的原因）。

首先，我们需要认识一下经济周期到底是什么?

经济周期，也称为商业周期或景气循环，是指经济处于生产和再生产过程中周期性出现的经济扩张与经济紧缩交替更迭，循环往复的一种现象。这种周期性现象通常表现为经济活动沿着经济发展的总体趋势所经历的有规律的扩张和收缩（图1-5）。

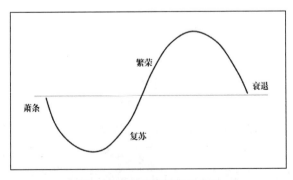

图1-5 典型经济周期示意图

经济周期一般分为四个阶段：

萧条阶段：经济活动显著减少，失业率非常高，物价下跌，企业盈利状况不佳，投资意愿低迷。

复苏阶段：经济开始逐渐恢复增长，物价开始回升，企业盈利状况逐渐改善，投资意愿逐渐恢复。

繁荣阶段：失业率下降，收入增加使消费支出增加，社会购买力上升，市场兴旺，产品供不应求，价格上升；市场预期好转，企业投资意愿增强；生产发展迅速，企业的经营规模不断扩大，投资数额显著增加，利润激增。

衰退阶段：经济增长速度放缓，失业率上升，消费和投资减少，导致市场萎缩和经济活动减少。

经济的发展呈周期性特征是一种客观存在的现象，当前学术界对于经济周期形成的原因还没有一个确切的结论，但根据已有的研究，我们认为经济周期的形成与金融周期、库存周期、固定资产投资周期、房地产周期和技术周期具有一定的同因性，同时，一些外生因素诸如自然灾害、重大技术突破以及金融危机也可能作为周期阶段更迭的催化剂。

接下来的问题是，经济周期同资产价值之间的关系是怎样的呢？在回答这个问题之前，我们首先需要明确的是，用什么指标去刻画经济周期。一个常规的方法是利用GDP增长率。

如图1-6所示，美国实际GDP增长率的时间序列确实展现出了很强的周期性特征，这时，如果你欣喜地决定将中国实际GDP增长率作为衡量中国经济周期的指标，那么必然会大失所望。

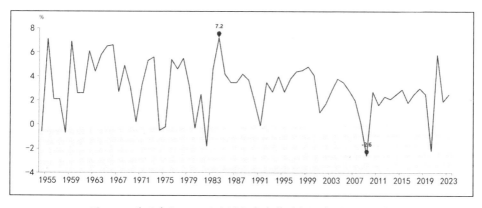

图 1-6　美国实际GDP同比增长率走势（数据来源：iFinD）

如图1-7所示，中国实际GDP增长率并没有体现出规律的周期性特征，甚至自1992年以来，中国实际GDP同比增速近乎处于单边下行的长期趋势之中。为什么会出现这样的矛盾呢？一方面，这是由于感官上的错觉导致的，如果我们将1990年作为一个时间节点，那么无论是中国还是美国，在1990年之后，实际GDP同比增速波动的周期性相较于之前都不是那么明显了，如果没有2000年互联网泡沫、2008年次贷危机以及2020年新冠疫情的外生因素影响，那么美国的GDP周期同样有走平的趋势；另一方面，逆周期调节的经济政策，以及技术周期末期使得经济增长率受制于生产要素使用效率难以继续出现大幅提升，均使得GDP同比数据的波动幅度显著减小，美国是如此，中国亦是如此（中国在2012—2019年的实际GDP同比增速数据尤其体现了这一特征）。所以，在全要素生产率保持低波运行的时间窗口，实际GDP这个指标可能难以体现经济周期的特点。

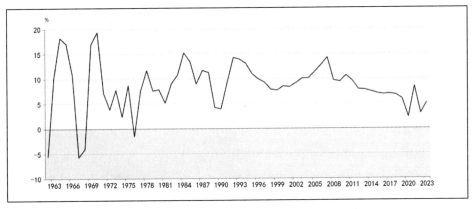

图 1-7　中国实际GDP同比增长率走势（数据来源：iFinD）

对于中国2012—2019年这段"周期消失"的时间里，如果我们使用名义GDP进行观察，那么还是能够看出一些波动的，如图1-8所示。

由此可见，中国经济的周期性变动特征仍旧存在，只不过相较于"量"的指标，"价"的指标更加敏感。基于此，使用价格指数（CPI或PPI）来表明经济周期的变化也是一个不错的办法，并且其对于经济周期的指征效果会更加直观，如图表1-9所示。

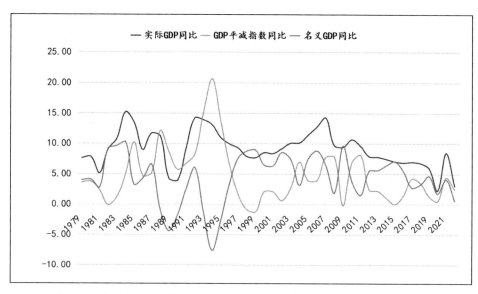

图 1-8　中国名义GDP和实际GDP同比增速趋势对比（数据来源：iFinD）

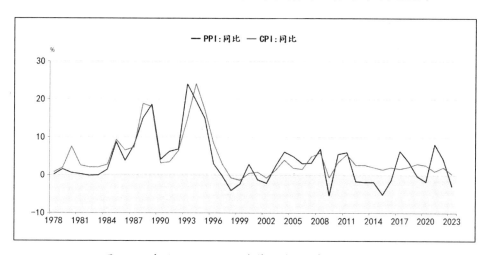

图 1-9　中国CPI、PPI同比走势图（数据来源：iFinD）

　　需要注意的是，使用价格指数替代GDP对经济周期进行刻画，容易受到金融环境的影响。具体而言，如果物价水平的变动更多地由于货币供给的变动引起，而并非由于宏观总需求或总供给的因素决定，那么价格指数，无论是CPI和PPI均不能够很好地代表经济周期。另外，在经济全球化的当下，如果美元定价的大宗商品价格上涨导致我国出现输入型通货膨胀，那么CPI和PPI也不能够代表我国经济的景气程度。这就要求投资者在使用价格指数来刻画经济周期的时候，需要额外关注上述两个方面的问题，如果如上问题成为引起当前经济问题的主要矛盾，那么我们需要对价格指数进行一定的调整，从而决定经济所处的周期位置。

如果我们使用PPI月度同比数据与沪深300指数的走势对比进行分析，那么即使PPI不经任何调整，我们也能够发现，经济的景气度同A股市场的涨跌是存在一定的关联的。尤其是对于PPI同比数据出现趋势性上升或下降的窗口期前后，沪深300指数也大概会出现趋势性行情。只不过，如果使用未经调整的PPI与资本市场走势进行相关性分析，那么二者的相关系数并不是很高，原因在于资本市场的行情既可以由供给侧因素驱动，也可以由需求侧因素驱动，而PPI主要反映的是供给端的价格水平，所以，其仅对于供给侧驱动的资本市场行情比较敏感。例如，2016年供给侧改革驱动的反弹行情，以及2020年新冠疫情供给侧被动收缩驱动的结构性行情。如果根据预判发现，未来资本市场的运行逻辑主要是需求侧的因素决定，那么我们可以使用CPI来阶段性代表经济周期的情况，例如，2019年上半年的上涨行情以及2023年市场的下跌行情。

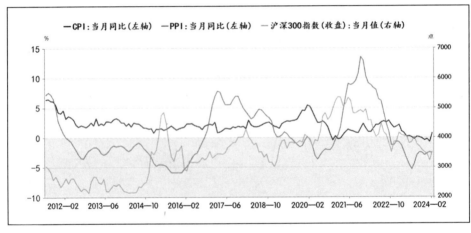

图1-10 价格指数与沪深300指数走势的关系（数据来源：iFinD）

综上所述，资本市场的周期同宏观经济周期还是存在比较紧密的关系的，无论对于资本市场的上涨还是下跌，在宏观层面总能够发现一些蛛丝马迹，从而进行合理的预判。投资者经常因为A股市场不够健全而诟病股市难以体现经济基本面因素，这其实是有失偏颇的。我们没有办法找到一个完美的指标能够很好地预测资本市场，但不能因此就盲目拒绝承认市场和经济之间存在某种相关关系，我们要做的，就是深入挖掘经济数据在不同阶段对于资本市场的意义，从而进行合理的判断。这个过程就类似上文我们对于GDP、PPI和CPI指标的取舍以及应用的过程，要求我们具体问题具体分析。

最后，宏观层面同经济周期紧密相关的一个问题就是政策，包括货币政策和财政政策。我们为什么没有将宏观层面资产价格驱动的核心来源确定为政策？如果投资者的关注点落实在政策上，虽然相较于直接分析经济周期更为直观，但时效性可能不是很强，因为逆周期调节的政策往往会在经济周期出现明显趋势性信号之后才会着手出台，因此在一般情况下，如果跟随政策进行操作，那么上涨趋势中风险收益比最佳的波段可能就会错过去。而政策出台的落脚点，其实也是经济周期，将经济周期对资产价格的驱动逻辑掌握清楚，将极大程度地提升投资者获益的空间。

② 中观因素

中观因素主要涉及三方面的内容：产业结构、行业景气度与概念题材，且分别能够影响资产的长期、中期和短期价值变动方向。

对于产业结构的问题，我们需要了解当前中国产业结构的状况以及未来的发展大趋势。

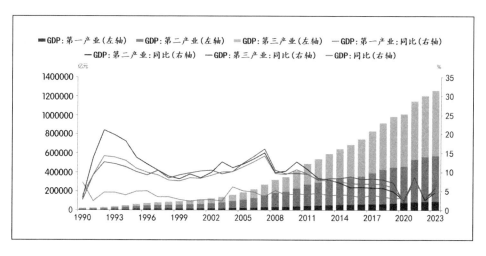

图 1-11　GDP口径下中国三次产业格局（数据来源：iFinD）

根据2022年的数据，中国第一产业增加值约为88345.1亿元，同比增长7.3%。这个数字连续十年保持在7%左右。第一产业作为中国的传统产业，在国民经济中的地位虽然有所下降，但仍然占据重要的地位。在结构方面，农业、林业、牧业和渔业在第一产业中的比重相对稳定，且农业仍然是中国第一产业的主要组成部分。

中国第二产业增加值约为483164.5亿元，同比增长3.8%。这个增幅虽然有所放缓，但仍然保持着稳定增长。第二产业作为中国的支柱产业，对于国民经济的增长仍然具有重要的作用。在结构方面，工业和建筑业是第二产业的主要组成部分。工业增加值约为346789亿元，同比增长3.9%。建筑业增加值约为136374亿元，同比增长5.5%。工业中的制造业增加值约为234795亿元，同比增长3.7%。建筑业中的房屋建筑竣工面积约为5097万平方米。在工业方面，高技术制造业增加值增长较快。其中，电子及通信设备制造业增加值增长17.0%，医疗仪器设备及仪器仪表制造业增加值增长15.7%，航空航天器及设备制造业增加值增长10.9%。这些新兴产业的快速发展为中国经济的转型升级提供了新的动力。在建筑业方面，房屋建筑施工面积有所下降。其中，住宅施工面积为5874万平方米。商业营业用房施工面积为944万平米。这些数据反映了房地产市场的调整对于建筑业的影响。

中国第三产业增加值约为638697.6亿元，同比增长8%以上。这个数字保持了较快的增长速度。第三产业作为中国经济发展的重要引擎之一，对于提高国民经济的质量和效益具有重要的作用。在结构方面，交通运输、批发和零售、住宿和餐饮等传统服务业仍然是第三产业的主要组成部分。同时，新兴服务业如金融、信息传输、科学研究和技术服务等也得到了快速发展。第三产业在国民经济中的比重已经超过了第一产业与第二产业之和。在交通运输方面，铁路、公路、水路和航空等运输方式都得到了快速发展。全国铁路营运里程14.6万公里；全国公路里程528万公里；全国港口完成货物吞吐量157.9亿吨；全国航空完成旅客运输量4.1亿人次。这些数据反映了中国交通运输业的快速发展和不断完善。在批发和零售方面，全国社会消费品零售总额达到39.2万亿元；全国网上零售额11.9万亿元。这些数据反映了中国消费市场的活力和潜力。同时，批发和零售业的发展也为中国的经济增长提供了重要的支撑。在住宿和餐饮方面全国餐饮收入总额56888亿元；全国酒店房间数921万间。这些数据反映了中国住宿和餐饮业的快速发展和不断升级。同时住宿和餐饮业的发展也为中国的旅游业和商务旅行提供了重要的支持和服务保障。

未来中国产业格局的发展趋势可能会呈现出以下特点：

产业结构优化升级：随着中国经济的发展和技术的进步，传统产业将逐渐转型升级，新兴产业将得到快速发展。例如，高新技术产业、绿色环保产业、数字经济等将成为未来中国发展的重要方向。

制造业高质量发展：中国将进一步推动制造业高质量发展，加快制造业转型升级，实现制造业向高端化、智能化、绿色化发展。同时，制造业将更加注重创新和研发，提升产品质量和技术含量。

服务业优化升级：服务业将得到快速发展，成为未来中国发展的重要引擎。例如，现代物流、金融科技、文化创意等将成为未来中国服务业的重要发展方向。

农业现代化发展：农业作为中国的基础产业，将得到现代化发展的推动。例如，通过科技创新、农业产业化等方式，提高农业生产效率和质量，实现农业现代化。

新兴技术快速发展：新兴技术如人工智能、大数据、云计算、物联网等将成为未来中国发展的重要动力。这些技术的应用将推动各行业的发展和创新，提高生产效率和质量。

绿色低碳发展：未来中国将更加注重绿色低碳发展，推动能源结构调整和环保产业的发展。例如，新能源、节能环保等绿色产业将成为未来中国发展的重要方向。

区域协调发展：未来中国将更加注重区域协调发展，推动各地区的协同发展和优势互补。例如，通过区域一体化、城市群建设等方式，促进区域经济的协调发展。

其中，制造业高质量发展、新兴技术的快速发展预计是未来五年的产业结构发展主线中的重中之重，同时，受益于上述发展大趋势的行业将在资本市场中有更多的表现机会和空间，包括但不限于：工业软件、交运物流、大数据、算力、电子、创新药、智能汽车与智能驾驶、新材料、先进装备、高端消费等。

对于行业景气度这个概念，虽然字面意思大家都能够理解，但是对于行业景气度究竟用什么指标去测算，哪些行业适用于行业景气度进行分析等问题，可能大多数人都是一知半解。下面，我们做一个简单的说明。

行业景气度是指一个行业在特定时期内的整体运营状况，通常可以通过一系列指标进行综合评估。以下是一些常见的行业景气度衡量指标：

表 1-1　衡量行业景气度的指标举例

指标	说明
行业销售收入	通过分析行业销售收入的增减趋势，可以初步判断该行业的景气程度
行业毛利率	行业毛利率反映行业的盈利水平，高毛利率通常意味着行业具有较高的竞争力
行业平均利润率	与毛利率类似，行业平均利润率也能反映行业的盈利能力和竞争格局
行业产能利用率	产能利用率高的行业往往具有较高的生产效率，也可能面临较大的产能过剩风险
行业从业人员数量	从业人数反映了行业的市场规模和发展潜力，从业人数增加通常意味着行业处于上升期
行业开工率	开工率可以反映行业的生产状况，高开工率往往意味着行业处于繁忙期

不同行业的股票价格波动与行业景气度相关性的高低存在差异。一般来说，以下行业的股票价格波动与行业景气度相关性较高：

周期性行业：如钢铁、煤炭、有色金属等，这些行业的股票价格往往随着宏观经济周期的波动而波动，股价同行业景气度相关性很高，规律性较强；

基础建设相关行业：如建筑、机械等，这些行业的股票价格往往受到基础设施投资的影响，行业景气度与政策周期关联度较大，而股价同政策的冷暖同样密切相关；

可选消费类行业：如汽车、消费电子等，这些行业的股票价格受到消费者购买力的影响，与行业景气度有一定相关性。

股票价格波动与行业景气度相关性较高的原因在于，这些行业的运营状况和盈利水平直接受到宏观经济环境和市场需求的影响。当宏观经济向好、市场需求旺盛时，这些行业的销售额和利润率会相应提高，从而推动股票价格上涨；反之则会导致股票价格下跌。

相比之下，以下行业的股票价格波动与行业景气度相关性较低：

科技类行业：如互联网、电子等，这些行业的股票价格往往受到技术创新和市场变化的影响，与行业景气度的关联度不大；

公共服务类行业：如电力、供水等，这些行业的股票价格受到政策调整和政府监管的影响，与行业景气度并非直接相关；

金融类行业：如银行、保险等，这些行业的股票价格受到宏观经济政策和金融市场波动的影响，与行业景气度有一定的相关性但并非完全对应。

股票价格波动与行业景气度相关性较低的原因在于，这些行业的运营状况和盈利水平更多地受到自身业务模式、市场环境和其他外部因素的影响。尽管这些行业可能受到宏观经济环境和政策因素的影响，但它们的核心竞争力和市场地位更多地取决于自身的技术实力、服务质量和创新能力等因素。

同时，对于具有逆周期（金融周期和行业周期）属性的行业，其股价往往同市场风险偏好有关，从而使得其股价运行的周期同行业景气周期存在错配。

利用行业景气度指标进行股票投资可以帮助投资者更好地把握市场趋势和投资机会。然而，在实际操作中需要注意以下问题：

及时性：行业景气度指标的变化往往具有一定的滞后性，投资者需要关注最新的数据和信息，及时调整投资策略；

综合性：行业景气度只是一个参考指标，投资者还需要结合其他因素，如公司财务状况、市场情绪等综合评估投资价值。

概念炒作在资本市场中一直是一个备受关注的话题。虽然它通常被视为一种投机行为，但实际上，合法合规的概念炒作在资本市场中扮演着非常重要的角色。首先，概念炒作可以提升市场的活跃度和流动性。在合法合规的条件下，参与概念炒作的投资者可以增加市场的交易量，推动股价的波动，从而为市场注入流动性。这种流动性可以使市场更为活跃，有助于改善整个市场的定价效率。其次，概念炒作还可以为投资者提供更多的投资机会。一些新颖的概念和题材往往会在短时间内吸引大量投资者的关注，从而形成一种投资热潮。这些投资机会可以给投资者带来较高的收益，尤其是在市场行情较好的情况下。

除了散户和游资，公募机构、券商自营和保险等专业投资者也会参与概念炒作。这些机构投资者的参与使得概念炒作对于资产价格的驱动力会更强。例如，在一些新兴产业的概念炒作中，公募机构和券商自营可能会率先介入，通过买入相关股票来推动股价上涨。随着股价的上涨，散户和游资可能会跟风买入，从而进一步推动股价的上涨。在这个过程中，公募机构和券商自营可能会逐步退出，实现盈利。此外，一些保险资金也会通过参与概念炒作来寻找投资机会。例如，在一些重大政策出台或突发事件发生时，相关行业的股票可能会出现大幅波动，此时，保险资金可能会通过参与概念炒作来获取短期的投资收益。

参与概念炒作需要具备一定的市场分析和判断能力。根据我们的经验，以下三个类别的概念可能会有更理想的炒作机会和空间。

所属产业长期持续受到利好驱动的概念：这类概念通常涉及一些长期受到政策支持或者市场前景广阔的产业。例如，新能源、人工智能等产业的概念炒作就属于这一类。在题材炒作情绪比较高涨的时候，很多活跃的题材是可以被划为一个大类的：这类概念通常可以形成具有一定炒作逻辑共性的集合。例如，2023年上半年，信创、AI大模型、光模块、数据中心等概念就从属于信息技术这一大的集合，这时，一些前期没有受到资金关注的集合内部的板块可能会出现补涨，或者是在新的消息出现之后而大幅走强，如存储、半导体、消费电子等。

新颖的、想象空间大且短期难以被证伪的：这类概念通常具有较大的想象空间和短期难以被证伪的特点。例如，AI大模型概念炒作就属于这一类。

业绩上存在支撑的：这类概念通常涉及一些业绩表现较好的公司或者行业。

③ 微观因素

对于影响资产的价值的微观因素，主要指的是具体到公司这个层面的，一些可以影响其股价的重要关注点。虽然这可能会涉及一家公司方方面面的信息，整体的信息量比较大，但好在对于普通投资者而言，获取微观层面的信息难度相较于宏观和中观层面而言会简单很多。简而言之，如果投资者对一家公司的公告信息，尤其是定期报告有着比较充分的了解和认识，基本上就可以满足对股价微观价格影响因素的研究要求了。

一提到定期报告，我们肯定知道其包括一季报、半年报、三季报和年报，但大多数人获取这些报告数据的方式，是通过资讯信息，即第三方（包括财经媒体、券商研报、自媒体等）对定期报告数据的解读。需要注意的是，这些信息属于二手数据，即对一手数据进行再加工之后得出的内容，容易受到主观的影响而产生偏差。同时，这些信息主要集中对定期报告中财务报表的各项业绩指标进行分析，所涵盖的信息量是比较小的。

这里，我们需要明确财务报表和定期报告之间的区别。以上市公司年度报告为例，财务报表主要包括四张表，即资产负债表、利润表、现金流量表和所有者权益变动表，以及这些表格中各个项目的具体说明，这些说明会反映到财务报表的附注中。而定期报告相较于财务报表而言是一个涵盖范围更大的概念，还包括公司简介、管理层讨论与分析、公司治理结构、审计报告等内容。投资者一般关注的点，例如这家公司利润或者营收同比增长多少，毛利率水平是如何变动的，以及EPS具体数值等仅仅是财务报表（不含附注）的数据，对于附注以及非财务报表中所涵盖的信息，则存在较大的认知空白，这是一件相当恐怖的事情。笔者在跟很多投资者朋友交流的过程中发现，他们也意识到自己经常犯这种错误，即买入的时候感觉对这家公司的情况掌握得很好，但当投资业绩不尽如人意的时候，通过进一步地了解相关信息，才发现之前有很多地方存在疏漏。

对于定期报告的数据，我们需要明确其与宏观数据和中观数据相比，离散程度更大。如果仅考虑定期报告的话，那么一家上市公司一年总共就披露四次信息，但宏观数据虽然也有以季度为频率披露的，如GDP，但也有些数据是每月公布一次，如PMI、CPI、PPI等，还有一些更高频的数据，如开工率、大宗商品价格等。中观数据方面，一些行业协会、产业政策制定部门以及市场报价等提供的可供投资决策参考的数据，频率也都显著大于定期报告。因此，投资者可以根据这些高频数据不断地完善自己的估值逻辑，却没有办法使用定期报告披露的数据进行这种操作。因此，定期报告数据更像是一个检验公司经营状况以及投资者预期合理程度的成绩单，其对于投资者最大的用途在于检验实际情况同预期的差异。

这里所说的预期，不仅指自己对于公司的预期，还包括市场主流投研机构对于这家公司的平均预期水平，也叫一致性预期。我们可以通过交易软件轻松地获取卖方机构的一致性预期数据，而不用购买昂贵的数据库软件，或是对所有的券商研报进行逐一的浏览。个股一致性预期一般主要是应用在营业收入、净利润和EPS上，这些指标如果同一致性预期水平出现较大的差异，那么反映在股价上就是下一个交易日的高开或者低开。

图1-12 贵州茅台[600519.SH]机构一致预测数据摘录（数据来源：iFinD）

显然，定期报告中的财务数据同预期之间的差异，会在第二个交易日早上集合竞价的时候消化完毕，对于普通投资者而言，我们很难通过解读实际业绩和预期之间的差异而轻松获益，因此，我们需要关注更加具有深度的问题。

一方面，我们需要关注当下市场的大环境，这里的环境我们特指股价景气度，也就是当前市场是牛市、熊市还是震荡市的问题。简而言之，实际业绩水平相较于一致性预期更加乐观的情况在牛市中更容易让股价形成较长时间的正反馈，反之，如果是在熊市中，公司业绩低于预期水平，那么，将会导致一段时间内股价的低迷表现。之所以会产生这样的规律，一个很重要的原因在于市场资金的情绪会对信息出现过度反应。试想一下，在熊市中，投资者的情绪被笼罩在悲观氛围之中，人们对于一些好消息会视而不见，对坏消息反而更容易过度解读，且这种悲观并不会在中短期随着时间的流逝而出现较大程度的改观。这也就是为什么熊市中业绩暴雷的个股在出现大阴线之后，还经常出现惯性下跌的原因之一。

另一方面，定期报告中所涵盖的所有信息，辅以其他时间公司的公告信息，可以帮助投资者对这家公司进行更加精准的画像，从而挖掘出在投资过程中更容易被使用的有价值的信息。当然，这里我们并不是要求各位要对一家公司的所有方面的内容进行事无巨细的掌握，其实，只需要对公司的核心特点有所了解，并在外部环境对这一特点产生积极影响的时间窗口进行配置就可以了。这里所说的核心特点，主要是指公司的稀缺性和风险点。公司的稀缺性更容易在特定的环境下为股价带来正向的价值，而风险点则有助于投资者确定资产的负向价值，从而完善风险控制策略。

这里，我们将对公司画像的思路用一个示例去阐述，相信读者看完这个例子，就会有所启发，从而认识到公司画像这个工作真的是非常的简单（第二篇的内容中，我们还会介绍更加具有体系化的分析方法）。

示例1：中科曙光[603019.SH]的公司画像思路展示

中科曙光，是一家提供从高性能计算机、通用服务器、存储、安全到数据中心等ICT基础设施产品，还大力发展云计算、大数据、人工智能、边缘计算等先进计算业务，为用户提供全方位的信息系统服务解决方案的公司。

从代表性业务来讲，中科曙光的IT设备营收占比最高，接近90%，所以它是一家做ICT硬件设备的公司。而中科曙光相较于同一板块的浪潮信息、紫光股份而言，其最大的特点是参股了海光信息——基于X86架构的国产化芯片提供商，这在一定程度上决定了中科曙光一个最具稀缺性的特征，即具有国产芯片的概念，且不容易受到美国技术制裁的消极影响。基于此，投资者可以做出以下合理判断：中科曙光在国产化概念炒作的时间窗口更容易有好的表现，而对于数字基建、算力等板块炒作的风口则没有浪潮和紫光的高敏感度。同时，海光信息在科创板上市以后，中科曙光股价的炒作难度上升，因为国产化炒作的资金大概会直接参与海光信息的炒作，只有在服务器板块炒作的同时，紫光和浪潮因为芯片自主化进程不足的问题受到了美国政策或产能等外界因素的制约，中科曙光才会产生比较大的超额收益。

同时，上面的画像过程也已经揭示出中科曙光的一个风险点，即如果中美关系缓和等因素使得国产芯片概念在服务器领域的稀缺性显著降低，那么公司的估值水平预计会出现比较明显的下降。同时，海光信息同AMD的授权如果出现了一些问题，那么也可能是一个比较大的消极影响因素。

以上内容就是对于中科曙光的简单画像，可以看出，通过对公司稀缺性和风险点的刻画，我们已经抓住了影响公司股价的主要矛盾。如果对于宏观和中观价值驱动因素有了比较好的理解，那么对于该股的炒作将会更加得心应手。与此同时，上述画像过程也为各位提供了一个投机取巧的办法，即风险点的刻画一般可以根据公司的稀缺性得出，不用过多考虑其他问题，因为一家公司股价所面临的最大的风险，就是之前驱动股价上涨的逻辑产生了较大的变化，所谓盈亏同源，就是基于相同的逻辑得出的结论。

（2）资产的价值可来源于技术面因素

前面我们用了较大的篇幅阐述了资产价值同基本面因素之间的联系，到了技术面这里，可说的内容就相当有限了。虽然要说的内容相对少一些，但其重要性却并没有打折扣，掌握好技术面因素对于资产价值的驱动逻辑，对我们的投资实践是一件非常有必要的事情。

首先，笔者要解释一下为什么对于技术面有关问题的探讨内容会比较少。一个最根本的原因在于，普通投资者依靠技术分析去炒股并且获得收益的难度已经越来越大，甚至在可以预见的未来，依靠技术分析决定买卖策略并进行短线交易的投资者群体会逐渐消失。

笔者的这种观点可能会让技术派投资者嗤之以鼻，认为我对技术分析精髓的掌握程度是远远不够的，从而不应该在这里妄下结论。对于个人来讲，我没办法确定自己的技术分析水平如何，但我的经历告诉我，自己对于技术分析的看法即使不能说是正确的，但要说一点道理都没有，似乎也不是很合适。

当我十五年前刚刚踏入股市的时候，学习的第一个与之相关的专业知识就是技术分析，学习时使用的书籍就是约翰·墨菲的"大蓝皮"：《期货市场技术分析》。除此之外，我还系统地学习过相当多的交易方面著作，例如马丁·普林格的《技术分析》《股票大作手回忆录》《专业投机原理》《股市趋势技术分析》《艾略特波浪理论》《缠中说禅系列》等。相信上面的书籍所涵盖的技术分析领域的重要知识点，已经能够胜任目前主流的交易战法的理解和应用了。同时，在笔者刚开始入市交易的时候，自己所有的决策依据都源于技术分析，根本没有涉及所谓的宏观经济分析、财务报表分析等基本面领域的内容。因此，即使我并没有将技术分析的精髓掌握并应用到投资实践中，自己对于技术分析的一些看法应该还是有一定参考意义的。

当时，我之所以将技术分析作为股票投资生涯开始之后的第一门课程去学习，一个非常重要的原因在于，技术分析相较于基本面分析而言更为直观，更好入门。即使我的本科和研究生专业都属于经济金融领域，但自己依旧认为技术分析在视觉上展现出的直观性和趣味性是其对于普通投资者而言最大的优势之一。这其实也就解释了，为什么普通投资者更热衷于使用技术分析进行交易。

必须承认的是，在2014年之前，技术分析对于A股投资决策的有效性还是中规中矩的，尤其是对于某些特定类型的板块，如庄股、ST板块、近一年日换手率达到过20%以上的活跃股等，更能够体现技术分析的优越性，且这种优越性既可以体现在中长线交易，也可以体现在隔日交易上。换言之，技术分析的有效性在当时是存在于各个时间级别上的。但2014年之后，伴随着机构投资者在A股市场地位的提升，以及量化交易策略的不断流行和丰富，散户所使用的技术分析有效性正在以肉眼可见的速度降低，尤其是在2020年之后，伴随着机构抱团股的横空出世，以及量化基金的蓬勃发展，价值投资的重要性得到了史无前例的提升，并且市场中以前司空见惯的估值错杀也在高频量化策略的参与下成为一种稀缺性机会。特别地，笔者认为量化策略即将成为压死"短线"技术性交易者的最后一根稻草。因为一个具体的量化交易策略在正式实施之前，必然要利用历史高频数据进行回测，而普通投资者能够想到的和不能够想到的短线技术性交易策略，都属于量化管理机构的策略回测范围，所以，普通投资者再使用相同的策略进行高频人工交易，无论是交易纪律、交易速度还是策略胜率赔率的优化方面，都难以与量化抗衡。

正是基于上述原因，笔者认为技术分析在实践中的地位，尤其是对于普通投资者而言，已经显著降低。但不可否认的是，技术分析仍然具有一定的价值，且价值主要体现于两个方面：中长线投资和基本面分析的修正。

对于中长线投资者而言，技术分析的有效性目前依旧是比较高的。因为对于一些长期的技术性规律，其并不是在某一个或某几个投资者的交易行为下体现出来的，它体现的是在群体博弈下，因心理因素、行为因素产生的稳定性规律，并不会受到某些交易群体的影响。同时，长期视角下的技术性规律之所以会出现，本质上是由基本面的一些规律所引起的，因为资本市场的价格虽然短期会偏离价值，但中长期视角下，大趋势应该还是符合价值的变动规律的。

而技术分析对于基本面的修正作用，我认为对于中短线交易者的意义会更大。

我们知道，决定一只股票的基本面因素涉及的范围是非常广的，因子层面甚至没有办法穷尽，且对于基本面与价值之间的影响逻辑也是更加复杂且难以通过实证的方式进行统计学意义上的检验。所以，任何投资者对于资产基于基本面的估值结果，都没办法绝对避免偏差或错误的出现。这时，一个非常方便投资者进行自检的工具就是依靠技术分析去验证自己的研究结论。例如，根据基本面分析，我们认为一只股票的价格存在显著的低估，但通过技术分析来看，该股的价格一直处于稳定的下行趋势之中，且量能保持稳定，那么这或许意味着股价还将持续下跌。为什么股价走势和自己的判断出现这么大的分歧呢？带着这个疑问，我们会对于基本面决策模型的每一个因子、假设和逻辑进行小心谨慎的修正。根据笔者的经验，在修正的过程中，大概能够发现之前没有发现或者重视程度不够的问题。表1-2的内容就是根据个人经验，总结出的技术分析如何赋能基本面分析的方法，供各位读者参考。

表 1-2 利用技术分析对基本面模型进行修正

基本面模型	技术面模型	投资决策	风控措施
股价被低估	看涨	买入	被动
	看平	买入	主动
	看跌	模型修正	–
股价被高估	看涨	模型修正	–
	看平	卖出	主动
	看跌	卖出	被动
股价公允	看涨	买入	主动
	看平	观望	–
	看跌	卖出	主动

对于技术分析的具体方法，由于篇幅的限制，就不再进行过多的阐述了，这里仅对我们认为技术分析之中比较重要但又容易被投资者忽视的一些理念性的内容进行简要概述，希望读者能够将这些理念同自身的实际操作结合起来，并最终形成自己的技术性分析框架。

理念1：技术分析只需要关注价格和成交量即可

我们都知道，技术分析的流派有很多，如K线分析流派、趋势分析流派、指标流派、波浪流派、形态流派。初学者很容易陷入一个误区——技术分析在多不在精。其实，所有的技术分析指标，都源于两个最原生的指标，即价格和成交量，其他所有的指标均是在价格和成交量的基础上计算得出的，过于关注指标则有可能出现舍本逐末的风险。另外，对于K线分析流派的一些观点，我们认为有点过于具体，且这些所谓的具体的"特殊形态"并没有经过实证的检验，并且K线分析主要应用于短线交易，上文我们已经提到了短线技术分析的有效性已经大幅下降。综上，我们建议技术分析要将重要的精力放在价格成交量之上，在此基础上进行趋势分析和形态学分析（包括波浪分析）。

理念2：市场上没有庄，所谓的庄就是市场的合力

谈到交易问题，不可避免地要涉及有关庄家的话题，也许过去在一些小盘股上存在着比较活跃的庄家，但伴随着监管的越发严格以及大数据等实时监控技术的快速发展，一些所谓的可以对股价产生决定性影响的庄家基本上都是不存在的。而对于股价起到绝对控制作用的，实际上还是市场的合力，也就是短期情绪性博弈的结果。笔者和一些知名的或者是不知名的游资对控盘这个问题有过多次深入的沟通，沟通发现，即使这些大资金希望能够控制盘面，他们也必须要通过引导市场情绪的方式进行操作，直接真刀真枪地控盘不仅会立刻被监管层发现，从交易成本的角度来说也是不划算的。所以，技术分析的背后是情绪博弈，尤其是在短线视角下，技术分析简直就是一门不折不扣的心理学。

理念3：散户投资者要学会通过让自己难受去赚钱

无论做任何事情，要想赚钱，都要付出一定的成本：工人想要赚钱就需要付出劳动、资本家想要赚钱就需要付出资本、专业投资者赚钱就需要付出研究所占用的时间，即使是基于机器自主学习的量化策略想要赚钱，也要付出模型训练和推理所需要的硬件和能源成本。对于普通散户来说，如果你专业性不足，又没有足够的资金实力，那么你凭什么能赚钱？其实，答案就在于你可以通过让自己难受去赚钱，即通过让自己的心理、情绪承受别人不能承受之重去获得收益。这个

理念就解释了为什么很多散户朋友、包括一些专业投资者一卖就涨，一买就跌。因为如果你再不下达交易指令，那么心态上你可能就会扛不住了，所以，为了满足自己情绪和心理上的需求，你付出了损失收益或放大亏损的代价。从更加符合交易原理的角度讲，当所有人都扛不住想要割肉的时候，如果你扛住了，那么该股上绝大部分的抛压都已经释放完成，接下来的走势不是震荡就是上涨，很难再出现大幅下跌。所以，学会承受别人不能承受之重，是一个比较另类的交易策略，虽然这种策略往往会对风控产生较大的挑战，但从理念和对于普通投资者的学习成本角度上讲，这个策略还是值得我们去关注的。

1.2.2 资产价值来源的表现形式

接下来，我们来谈一谈有关资产价值来源的表现形式的相关问题。对于资产价值来源的表现形式的概念本身，其实很简单，因为对于任何一笔资产来说，所有可以影响资产价值的因素，都必然会影响这笔资产的未来现金流。而现金流就类似衡量资产价值的一般等价物的概念，即无论这笔资产对于每一个个体来讲，它价值的具体表现形式是什么，最终都可以以现金流的形式进行统一化的衡量。

如果把资产价值的研究转化为资产现金流量的研究，那么就会带来一个难以解决的问题。这个问题就在于现金流，是难以用一个统一的标准进行相对准确的估计的。类似的情况也出现在经济学当中对于效用的研究上。经济学衡量效用其实有两个方法，第一个方法是基数效用论，第二个方法是序数效用论。基数效用论的主要思想，就是把一件商品对一个人的作用程度转化为一个具体的数值，不同商品的效用之间可以进行运算，并且任何商品组合的总效用，都可以用一个精确的数字予以表示。显然，这种做法和用现金流衡量资产价值的做法如出一辙。而序数效用论则在于研究者没有必要估算每一件商品对一个人的具体的效用数值，只需要这个人对不同商品的效用是高是低去进行最基本的比较就可以。因为序数效用的方法在现实当中更具实践意义，所以经济学的很多比较著名的理论推导，都是在序数效用论的基础之上进行研究的，如无差异曲线等。

按照序数效用论的做法，只有当备投的资产有多种选择，并且手头的资金难以进行全面的配置的时候，才会有用武之地。但在大多数情况下，我们只能硬着头皮去估算一下资产未来的现金流量，从而确定资产的价值，即使它是不准确的，但是这也是没有办法中的办法。

对于现金流的分类，是我们这一部分重点讨论的问题。为了能够最大限度贴合各位投资者在实际操作过程中的需求，我们的现金流分类标准是比较具有现实意义的，同时，也是具有一定创新价值的。

（1）持有期现金流和处置现金流

顾名思义，持有期现金流就是指投资者在持有股票的过程中能够获取的现金流量，而处置现金流则在于当投资者卖出股票之后，能够带来的现金流。对金融资产进行估值的时候，尤其是权益性资产，我们一般在传统的估值模型中使用的现金流都是持有期现金流，原因在于股票其实是一种永续存在的证券，只要公司经营没有一个明确的终点，那么股票或者说股票能给你带来的现金流量，就是永续的。

上述思想其实主要是来源西方对于证券估值的理论，但这些内容对于A股来说是否适用，可能还不能得出一个确定性的结论。如果考虑中美资本市场差异，我们可以发现资本利得收益对于A股投资者而言，可能相较于美股投资者更为重要。因为A股投资者一般都喜欢中短线的交易，而中短线交易收益的一个最核心的来源就是资本利得，并不是股息红利，因为股息红利一般可能一年才能收到一次，并且公司在发放股息红利之后还会进行除权。我曾经做过一个投资者（覆盖对象均为个人投资者，投资者数量为3000人左右，研究的时间范围为2014—2018年）换手率的研究，最后发现如果投资者不是被深度套牢的情况下，平均一只股票的持有时间仅有44.6天。但美国投资者一般可能更倾向于长期投资，因为美国的资本市场的参与者，更多的是比较成熟的机构投资者。所以，美股的上市公司给美国的投资者所带来的收益来源，更多是来源于股息红利，或者说是基本面的变化所产生的潜在收益，而资本利得并不会作为美股投资者的主要收益来源，这也就是为什么在美国是要征收资本利得税的原因。

处置现金流的概念可能更多应用于项目投资。投资者在实际投资一个项目的时候，比如一架机器或者一座厂房，或是一条生产线，那么这部分资产在正常的使用寿命期内可以提供一些现金流，这部分现金流就是持有期现金流，但是当这个项目完成它的使命之后，投资者可能通过出售还能够收获一些残余价值，这部分残余价值其实就是处置现金流的概念。

对于持有期现金流来说，股息红利自然是一个非常重要的类型。除此之外，我们在实际研究过程中还会使用到实体现金流或者股权现金流的概念，这些都属

价值嬗变的玫瑰
——具有创新意义的动态投资决策框架

于持有期现金流。只不过这些不同的现金流类型，它所针对的估值的主体是不一样的，股息红利现金流是站在股票投资者的角度来说的，股权现金流是站在这家公司的股权资本的角度来说，而实体现金流是站在整个公司层面，也就是既包括股权资本，也包括债务资本。

可以看出，持有期现金流和处置现金流，本身都涵盖了基本面因素和技术面因素的有关问题。这也就在一定程度上证明了股票投资的过程当中，基本面分析和技术面分析两者都很重要，并不存在谁可以替代谁的问题。

（2）附条件现金流和附期限现金流

附条件现金流和附期限现金流，可能从字面意义上来看，并不是特别好理解，因为这是一种颇具创新意义的分类方式。具体来讲，附条件现金流指的是未来在达成某一条件的情况之下才能够出现的现金流。而附期限现金流，则是需要等待一段时间之后才可以出现的现金流，其并不存在出现概率的问题，因为随着时间的流逝，其最终会出现的概率是100%。

下面我们举一个例子，进一步说明这一组概念的区别。

示例2：CXO行业分析中的附条件、附期限现金流问题

我们都知道，对于CXO行业，如果要研究这个行业的上市公司，那么不可避免就要涉及两个层面的问题。第一为美元利率，第二为主要国际关系。

CXO行业景气度是和利率水平紧密相关的，尤其是作为世界第一大货币美元来讲，美元利率直接关系到创新药项目融资的成本问题。当美元利率较低的时候，创新药股权融资的成本较低，因此对于CXO行业的景气度来说就是一个潜在的利好，反之则相反。

而主要国际关系是在研究国产CXO行业上市公司所需要特别考虑的。

美元利率主要由美联储货币政策影响，而美联储货币政策究竟是宽松还是紧缩，主要取决于经济所处周期的情况，既然经济是具有一定周期性特征的，那么美联储的货币政策或者说美元利率的涨跌也就具备一定周期性。因此，美元利率对于CXO行业上市公司的现金流影响其实是附期限的现金流，因为经过一段时间之后，在周期的影响之下，相应的现金流改善或者恶化是一定会出现的。与之相对应的是，主要国际关系对CXO行业现金流的影响，其实就是附条件的现金流。

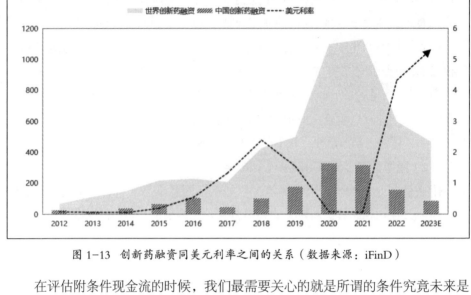

图 1-13　创新药融资同美元利率之间的关系（数据来源：iFinD）

　　在评估附条件现金流的时候，我们最需要关心的就是所谓的条件究竟未来是否能够成就，以及成就的概率是多少。这就需要我们对一些问题具有非常深刻的认识，包括政策的支持程度，法律风险究竟有多少，客户的偏好是怎样的，技术可行性有多高，上市公司所属竞争格局的情况如何等。

　　对于附期限现金流的研究，其实是有悖于传统的估值理论的，尤其是在定价有效性比较高的市场当中，既然一件事情在未来是相对确定会出现的，那么影响这家上市公司股票价值的根本原因就只剩下时间。而时间是具有均匀流逝的特征的，所以在理论上对应股票的价值，应该也是以一个稳定的、线性的方式上涨或者是下跌。显然，这种理想化的价值运动模式是不符合现实特征的。这时，我们就需要考虑附期限现金流到底如何影响资产价值。这其实就涉及资产定价有效性的一个前提，也就是，有效的资产定价，不仅决定于是否能够进行有效预期，还需要有充足的资金进行对应方向的交易。但是，至少从A股市场的层面来说，资金问题永远是掣肘整个市场表现的一个核心要素。所以，附期限现金流对于资产价值的影响路径取决于具有周期性特征的定价因子何时能够成为市场的关注点。这就涉及舆情交易、心理、行为金融等层面的问题。

　　可以看出，附条件现金流和附期限现金流的分类也在一定程度上证明着基本面和技术面二者是不能够完全割裂开来的。

（3）正现金流和负现金流

正现金流和负现金流这样的分类标准，其实本来可以不用在这里单独说，因为它们其实就是代表了现金流入和现金流出这两个简单的概念。但我们之所以在这里还要重点去说的原因，就在于其中的负现金流问题，还是有一些要点值得各位读者关注的。

负现金流涉及的问题其实主要有三方面，第一个是正现金流的抵减。例如，一家公司未来的现金流和所属行业的景气度紧密相关，同时，还可能受到政策和法律风险的消极影响。假如一家钢铁公司属于行业的龙头，目前行业的景气度表明，未来一段时间公司能够维持较强的正现金流。但由于钢铁行业是重污染行业，在日益增加的环保压力下，未来很可能面临征税或者是强制性购入环保设备的政策要求，这就会抵减这家公司未来的现金流。所以政策层面的问题，就是这家公司的一种负现金流来源。

第二个是负资本利得的问题，也就是一家公司在资本市场当中，基本面也许不会发生任何的变化，但是由于资金对这只股票的交易价格（估值水平）产生变化，从而使得整个资本利得出现下行的情况。单纯的交易价格的变化其实和很多因素都紧密相关，但主要包括情绪、流动性和投资理念。其实，这些因素对于一家公司的股票的估值影响是双向的，它既可以提升估值水平，也可以降低估值水平，但这里我们刻意强调的是降低估值水平的问题，原因则在于，投资者在实际交易的过程当中，很容易忽视这些因素产生的变化对于公司股票估值的压制。

具体来说，情绪、流动性和投资理念问题，在近10年的A股市场中，对负现金流的贡献都起到了至关重要的作用。

以光伏设备为代表的新能源板块在2020年到2022年这段时间整体的表现是非常抢眼的，但是到了2022年以后，虽然整个行业的景气度依旧保持比较高的水平，但是新能源板块的炒作热情出现了明显的下降，这种下降的原因可能是前期炒作的时间过长，并且未来的想象空间可能不够大等，但不论如何，情绪对于整个板块估值水平的压制是在2022年之后显而易见的（图1-16）。

图1-16　光伏设备等新能源板块的估值变化（数据来源：iFinD）

而流动性问题主要体现在2015年的股市。2015年上半场的牛市被称为杠杆牛市，参与二级市场投资的资金，很多都是通过融资的方式进来的。当时融资的途径还是比较多的，不仅包括正规的券商两融，还包括一些场外的配资，再有就是通过一些结构化的产品去加杠杆等。而通过加杠杆的方式所催生的泡沫破裂之后，最终带来的就是整个市场的流动性危机，这也就是在2015年下半年一直到2016年1月整个市场的估值水平会出现那么大的变化的原因，这些变化不是由基本面因素引起的，而是由整个市场流动性决定的。

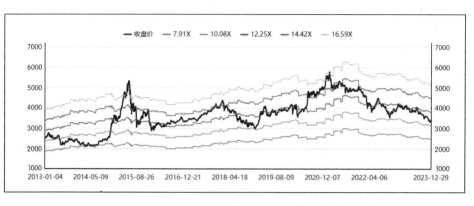

图1-17　沪深300指数估值变化（数据来源：iFinD）

对于投资理念的问题，其实最有代表性的就是2019年开始的这波消费股的行情，这波行情，既可以认为是公募基金机构抱团产生的结果，也可以认为是整个市场估值体系改变的结果。相比之下，笔者认为第二个因素可能更加重要一些，因为那个时间段，价值投资的理念在市场中的流行度是非常高的，这种流行度高企的程度在过去是没有出现过的。所以，一些传统的消费板块个股，即使是像海天味业这种做酱油的，没有比较大想象空间的公司也可以出现估值水平的快速提升。但伴随着机构抱团的瓦解，价值投资理念在资本市场中盛行的状态也犹如昙花一现，之后游资和中小风格的个股出现一定程度的走强，这个时候投资理念又再一次产生变化，传统消费股的估值水平也就出现了明显的下降。

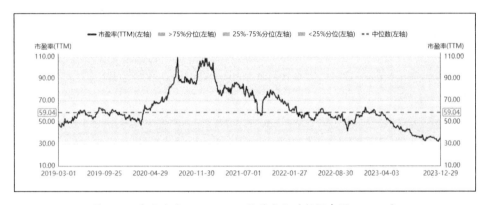

图1-18 海天味业[603288.SH] 估值变化（数据来源：iFinD）

第三个是负红利效应，这个问题并不是中国资本市场所特有的，但是自2023年以来被市场关注的程度是与日俱增的。

我们都知道，红利是公司派发给投资者的正现金流，但是上市公司的一些行为也会给投资者带来负向的反馈。说得更具体一点，上市公司对于投资者的反向的抽血其实就是所谓负红利所表达的真正含义。这种反向的抽血其实就是资本市场上市公司的再融资问题，包括定增、配股和可转债。

注册制以来，IPO的持续推进，使得中国资本市场上市公司的数量达到了一个比较高的水平，这使得投资者认为，市场资金的紧俏主要是由IPO引起的。但通过我们的统计，再融资，其实才是真正的罪魁祸首。当然，IPO也并不是无辜的，因为中国IPO其实是具有一个显著的特征的，即新股上市后二级市场的估值水平是比较高的，这就涉及一些所谓灰色产业链和利益输送的问题。这个问题对于市场信心的侵蚀，其实在一定程度上也体现了负红利的效果，虽然它并不属于再融资的范畴，但是从实质性的角度来讲是一样的。

表 1-19　2015—2022年A股融资数据

融资方式	金额（亿元）	占比
IPO	25384.41	20.99%
可转债	12523.80	10.36%
定向增发	80529.57	66.59%
配股	2498.83	2.07%
总计（亿元）	120936.61	100.00%

2023年7月24日中共中央政治局会议指出，要活跃资本市场，提振投资者信心。此后，相关的规范，包括对再融资、融资融券、量化交易、限售股减持等一些制度的完善工作迅速开展。虽然改变中国资本市场整体制度架构并不是一朝一夕的工作，但是相信通过持续的努力，中国资本市场整体的环境也会越来越好，负红利的消极影响也会越来越低。

对于负现金流的问题，我们建议读者给以额外的关注，因为这体现了投资者所面临的一些风险，包括基本面风险、交易性风险（估值）和资本运作风险。投资者往往对基本面风险存在把握不足的情况，并对交易性风险和资本运作风险的关注度更加欠缺。这也就是我们在这个部分将现金流的风险问题做着重阐述的原因。

第二章 资产估值方法

2.1 资产估值的目的

资产估值的目的是比较多的，例如：企业可以通过资产估值，了解自身的财务状况，包括资产的真实价值和潜在风险，从而为企业的经营决策提供参考依据；资产估值也可以帮助企业制定融资策略，包括确定融资金额、融资方式、融资成本等，从而为企业制订最优的融资方案；资产估值可以帮助企业和个人了解资产的真实价值，并为税务部门进行税收征管提供依据；资产估值可以为评估投资项目提供参考，包括评估项目的潜在回报、风险及投资可行性等，从而帮助投资者做出更加明智的投资决策等。

显然，对于股票投资者而言，上述内容中，可能仅仅最后一项是我们进行资产估值的最主要目的，但这个表述还是过于笼统了一些，因此，我们需要更加细致地分析才可以。

2.1.1 确定资产的价值

对于股票投资者来说，我们进行估值的最直接的目的就是确定股票到底值多少钱，从而判断出这个股票的市场价格是低估还是高估，并最终做出投资决策。但可惜的是，投资者希望通过估值确定资产价值的这种想法完全是一厢情愿。从理论上讲，资产价值是客观存在的，以股票为例，其价值就是等于股票能够给投资者带来的未来现金流量的现值之和；但从实际的角度出发，资产价值确实是一个看不见摸不着的东西，谁也没有办法估算出价值的准确数值，因为对于未来现金流量的估计，并没有一个完全准确的方法可供使用。

可以毫不客气地说，企业现金流量的预测难度和资产估值的难度是一样的，换言之，资产估值其实就是现金流量预测套了一个模型，仅此而已。我们知道，影响企业自由现金流的因素是非常多的，下面我们选取一些主要的因素（变量）进行简单列示，如表2-1所示。

表 2-1　影响企业自由现金流的因素示例

因素类别	因素名称	解释
内部因素	盈利水平	公司的盈利水平是影响自由现金流的最基本因素。自由现金流是由公司的经营现金流入减去经营现金流出后的净值决定的，因此，公司的盈利水平越高，其自由现金流通常也会越高
	营运效率	如果公司的营运效率高，那么其经营现金流入和流出的速度就会更快，从而可以产生更多的自由现金流
	资本结构	如果公司的债务较多，那么其利息支付就会增加，从而减少其自由现金流
	投资政策	如果公司进行大规模的投资，那么其经营现金流出就会增加，从而可能会减少其自由现金流。但有效的投资之后，也会提振公司远期现金流的流入情况
	管理层	公司管理层对自由现金流的影响主要通过他们的决策和控制能力。他们可以改变公司的经营策略、投资策略、财务结构等，从而影响自由现金流
	公司发展阶段	例如，初创期的公司可能需要大量的资金用于研发和市场推广，而成熟期的公司则可能拥有更多的自由现金流
外部因素	经济环境	例如，如果市场利率上升，那么公司的借款成本就会增加，从而可能会减少其自由现金流
	税收政策	如果政府的税收政策发生变化，那么公司需要支付的税款也会发生变化，从而影响自由现金流
	行业特点	例如，一些行业可能需要大量的资本投入，而另一些行业则可能不需要。这会影响公司的自由现金流状况
	突发事件	突发事件也可能影响自由现金流。例如，自然灾害、市场危机、政策变化等都可能对公司的自由现金流产生影响

不难看出，影响企业自由现金流的因素是非常多的。同时，上述内容只是不完全的展示，还有很多未知的或者有待进一步挖掘的因素我们没有考虑上。更重要的是，上述变量之间的关系并不是独立的，可是变量与变量之间还存在线性或非线性关系，这就使得问题进一步复杂了起来。

如此多的变量以及如此复杂的关系，预示着在预测企业现金流的过程中，一个或几个变量的估计，即使出现了较小程度的偏差，都可能会对最终的结果产生较大的影响。尤其是对于资产价值这种指标来说，其理论上的取值范围在0到正无穷之间[2]，并不像比率、分位数等指标存在明确的取值范围，从而在临界值附近出现预测值标准差自动收敛的效果。因此，现金流估值结果很容易被高估，同时如果合理估值结果较高的情况下，那么低估的风险也会同时放大。

2.1.2　确定资产价格的相对合理性

既然确定资产价值看上去是一件难度颇高甚至是不可能的事情，那么我们能否退而求其次，将资产估值的目的着眼于确定资产价格的相对合理性呢？

乍一看，这个目的相较于直接确认资产的价值来说，更具有可行性，并且从估值模型的角度看，相对估值法（PE、PS、PB模型）是解决这个问题的首选，而相对估值法与绝对估值法相比（现金流折现模型），基本上不需要主观的估计，只在选出可比公司之后进行简单的统计计算就可以得出结论。但问题在于，现实情况可能并不像我们想象的那样理想。

我们先看一下下面的示例：

示例3：相对估值法的应用——以股票A为例

股票A是一家生产啤酒的上市公司，A股当中啤酒类上市公司近一年以来的平均PE为20，如果股票A在2022年的EPS为1.2元，那么股票A的合理估值应该为 $1.2 \times 20 = 24$ 元/股。

这时，假设股票A当前的市场价格为22元，从道理上讲，目前其肯定是一个低估的状态，而对应的操作策略就应该是买入（不考虑交易成本，下同）。如果假设股票A当前的市场价格为23.99元，那么这也肯定是代表了股票价格被低估，对应的策略也应该是买入。

但如果基于实践的角度来看，上面的策略似乎有点问题，即我们在使用相对估值法的时候，没办法确定估值的误差有多少。假如模型的精度比较高，误差是0，那么上述操作策略显然都是正确的；但如果模型的精度处于中等水平，如果两个策略可能只有一个是正确的；如果模型精度很低，那么两个策略就可能都是错误的。

模型的精度，同市场定价的有效性（平均PE的准确度）和可比公司选择的准确度都紧密相关。但可惜的是，市场定价有效性和可比公司选择的准确度也都没办法去进行简单的衡量。换言之，我们仅能够确定模型在这两方面问题的影响下会出现精度不足的问题，但究竟精度能够达到什么样的水平，是我们没办法确定的。这时候，一个解决问题的办法便是通过统计学的方式进行基于置信度的判断。例如，模型所估算的合理价值只是一个估值中枢，合理的取值范围是以估值中枢为基准，上下1—3个标准差之间的浮动，对应的置信度在68.3%—99.7%之间。假设上面的例子中标准差约为0.4元，那么股票A合理的估值范围（基于99.7%置信度）应该是22.8—25.2元。因此，当市价为22元的时候，该股价被低估且能够通过买入方式获益的概率至少为99.7%。

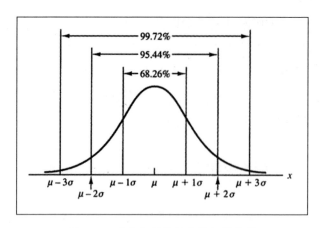

图 2-1　正态分布的标准差与置信度

　　将统计学方法引入相对估值法，一方面会极大地改善相对估值模型使用的随意性，另一方面的意义则在于可以进行定量化的风险控制。当一切看上去十分美好的时候，新的问题又出现了：使用统计学进行量化处理的前提，是股价或者估值水平要满足一些前提条件，而这里最为重要的条件，就是股价收益风险结构符合正态分布。

　　正态分布（Normal distribution），也称"常态分布"，又名高斯分布（Gaussian distribution），最早由棣莫弗（Abraham de Moivre）在求二项分布的渐近公式中得到，C.F.高斯在研究测量误差时从另一个角度导出了它。正态分布是一个在数学、物理及工程等领域都非常重要的概率分布，在统计学的许多方面有着重大的影响力。具体来讲，若随机变量 X 服从一个数学期望为 μ、方差为 σ^2 的正态分布，记为 $N(\mu,\sigma^2)$。其概率密度函数为正态分布的期望值 μ 决定了其位置，其标准差 σ 决定了分布的幅度。当 $\mu=0$，$\sigma=1$ 时的正态分布是标准正态分布。正态曲线呈钟形，两头低，中间高，左右对称因其曲线呈钟形，因此人们又经常称为钟形曲线。

　　正态分布是一种连续型概率分布，它描述了许多自然现象的概率分布情况。例如，人的身高、体重、考试分数等。在正态分布中，期望值 μ 决定了分布的平均水平。比如，如果我们在一个班级中测量学生的考试分数，μ 就是班级考试的平均分数。而标准差 σ 则决定了分布的离散程度，它表示了分数在 μ 周围的波动范围。如果 σ 越大，说明分数的波动越大，也就是高分和低分的出现概率会更高；如果 σ 越小，说明分数的波动越小，大部分分数会集中在 μ 周围。在实际应用中，我们会根据具体的数据和问题来决定这两个参数的值。例如，如果我们想预测一个班级的考试平均分数，我们可以通过历史数据或者其他方法来估计 μ 的值。而 σ 的值则可以通过对数据进行统计分析来得到，例如计算标准差等。

但对于资本市场的有关问题的研究，是否会像考试分数、身高等问题一样存在相对稳定的 μ 和 σ 呢？答案恐怕是否定的。

对于均值来讲，其存在的基础是样本拥有随机性、独立性的特征，并且样本数量足够多。显然，资本市场研究中的有关变量，如EPS、股价收益率，以及影响这些业绩指标的其他因素，主要不满足独立性的要求。换言之，这些指标大都存在一定的自相关性特征。我们举一些最直观的例子来证明这一点。

（1）网络效应

网络效应是指某种产品对一位用户的价值，取决于使用这个产品的其他用户的数量。在经济学中，这种现象被称为网络效应。用户越多，越有价值；越有价值，用户越多。在不断地积累用户的黏性时，一旦用户总数突破一个临界点之后，会最终进入"赢家通吃"的状态。

下面，我们举例来说明网络效应：微信是一款社交产品，具有典型的网络效应。对于一位用户来说，使用微信的朋友越多，微信对他的价值越大，也会吸引更多的人使用微信。因此，社交产品会具有"天然垄断"的特性。而滴滴出行则是一款双边市场产品，它连接了乘客和司机两个独立的用户群体。在这个双边市场中，同边网络效应和跨边网络效应都会发生作用。

网络效应的存在，使得一些变量，如营业收入、用户数量等都会出现明显的非独立性特征，即如果2020年某个具有网络效应的成长型公司营收为1亿元，而2021年营收增长至2亿元，那么2022年营收则有望达到5亿元，2023年很可能就突破15亿元，随机误差项自相关比较明显；但如果是一家不具有网络效应的处于成熟期的公司，其营收增长率可能会稳定在一定水平，从而自相关程度减弱。伴随着经济和技术的发展，产业链正处于逐渐拉长的趋势中，这种现象则预示着网络效应将在各行各业中出现，因此，我们进行估值时使用的指标，将越来越多地不再满足独立性特征，从而就难以存在一个相对稳定的均值。

（2）羊群效应

羊群效应也叫"从众效应"，是个人的观念或行为由于真实的或想象的群体的影响或压力，而向与多数人相一致的方向变化的现象。这一概念最早由法国社会心理学家古斯塔夫·勒庞在《乌合之众——大众心理研究》一书中提出。简单而言，羊群效应是诉诸群众谬误的基础。在经济学里，羊群效应也被用来描述经济个体的从众跟风心理。

当股票价格大幅波动时，投资者会跟随大多数人的行为或决策，做出相应的买卖决策。例如，当股票价格上涨时，投资者可能认为该股票的行情较好，未来的收益也会相应增加，因此也跟风购买该股票；而当股票价格下跌时，投资者可能认为该股票的行情较差，未来的收益也会相应减少，因此也跟风卖出该股票。羊群效应可能导致股票价格在短时间内出现过度波动。例如，在股市中出现的"暴涨"和"暴跌"现象，增加了市场的波动性和风险，而这种波动性也可能导致市场出现恐慌情绪，进一步加剧股价的波动。

羊群效应的出现使得资产价格容易出现较强的趋势性规律，即自相关性：一只今天大幅上涨的股票未来一周继续大幅上涨的概率要更大，反之相反。这种自相关性对资产估值研究的消极影响是比较大的，因为我们没有办法使用截面数据进行分析，而不可避免地要涉及时间序列的问题，如股价日收益率序列等。

（3）线性外推误区

当我们对总体均值进行估计的时候，往往样本的选择是至关重要的。但我们在研究资本市场定价的问题时，由于不同的资产具有很强的个性化特点，这使得我们难以通过控制变量法去选择足够有效的样本对均值进行估计。这就使得我们在投资实践的过程中，经常遇到一些反常识性的问题。

例如，当我们在学习概率论的时候，通常都会遇到的问题是：掷出的硬币是正面的概率是多少？

假设一枚硬币掷出30次后均为正面，那么投掷第31次的时候，其仍旧为正面的概率要显著大于50%，甚至接近100%。出现这种匪夷所思的结论的原因在于，我们将对质地均匀的硬币被投掷后正反面概率的规律线性外推到这枚硬币上，而忽视了这枚硬币可能并不是质地均匀的。当然，即使我们拥有了这种质地不均匀硬币被投掷的充足的样本数据之后，也不能盲目地进行线性外推，因为也许还有其他变量影响着实验的结果，如投掷的力度、硬币滞空时的气流状况以及硬币所落的接触面的特点等。

在投资实践过程中，类似的线性外推误区的例子更是数不胜数，其中，对金融危机的预判和防范问题就是其中之一。虽然在实践中，我们对于历史金融危机的研究内容很多，深度很大，但恐怕这并不能帮助我们避免下一次金融危机的出现。造成这种令人失望的局面有两个方面的原因，和上面掷硬币的例子其实是如出一辙的。

其一，历史经验往往基于有限的样本。金融危机是一种罕见的事件，其发生频率和持续时间都相对较短。这就意味着，我们所能观察到的金融危机样本数量是有限的，而这个样本可能并不能完全代表所有的可能性。因此，基于这些历史经验所形成的模型或策略，也就难以在实践中取得良好的效果。

其二，历史经验往往忽略了自变量的复杂性。在金融危机中，许多因素都是难以量化和预测的。例如，人的心理和情绪因素在金融危机中起着重要的作用，但这些因素是难以量化和预测的。此外，一些因素可能对金融危机产生影响，但其影响方式和程度也难以预测和评估。这就使得我们难以穷尽所有的自变量，从而无法准确地预测和规避金融危机。

下面，我们再来简单谈一谈标准差的问题。股票估值难以满足正态分布的另一个原因在于，股票价格运动其实是具有显著的异方差特征的，这或许意味着决定股票价格的一部分因子同样存在这样的规律。

股票价格运动的异方差性是指股票价格的波动率在不同时间尺度上具有差异性（基于时间口径分类的组间异方差），即波动率不是恒定的常数，而是随着时间的变化而变化。这种现象在金融市场中广泛存在。

异方差性的表现形式有多种，其中较为常见的是波动率微笑现象和波动率聚集现象。波动率微笑现象是指在股票价格波动率较低时，波动率呈现出正态分布的特征，而在波动率较高时，波动率呈现出偏态分布的特征，左侧尾部更长或右侧尾部更长。波动率聚集现象是指在股票价格波动率较高时，后续的波动率往往也较高，呈现出一种集群现象。

产生股票价格运动异方差性的理论原因主要包括以下两个方面：

（1）交易行为因素

股票价格的波动受到市场微观结构的影响。由于市场中的交易者行为和决策具有不完全理性，从而使不同资产的价格或者同一资产在不同时间的价格波动存在明显的非随机性差异，即表现出异方差性。需要特别指出的是，投资者情绪和心理因素是对股票价格波动的异方差性产生较大影响的因子。

（2）市场摩擦因素

股票市场存在各种摩擦因素，如交易成本、信息不对称等，这些因素会使不同资产或者同一资产的价格的波动存在异方差性。具言之，交易成本越高，投资者在买卖股票时就会更加谨慎，从而降低股票价格的波动率，进一步增加投资或投机成本；信息不对称则会导致投资者对信息的反应不足或过度反应，进而影响股票价格的波动。

接下来，我们通过一个示例对A股市场中的自相关性以及异方差性进行实证检验。

示例4： 50ETF[510050.SH] 是否存在ARCH效应？ [3]

传统回归模型中残差项服从同方差的假定，但金融资产波动率常常伴随着波动率集聚效应，因此随机误差项具有异方差特性和相关性，即所谓的ARCH效应。本例使用50ETF[510050.SH] 自2005年2月24日至2020年1月7日的交易复权收盘价，共3620个样本，检验该证券波动率是否存在ARCH效应。

首先，本例使用实务中常用的建模方式，建立滞后阶数P=6的AR自回归模型，即：

$$R_t = C + \beta R_{t-6} + \varepsilon_t$$

使用Eviews 10并采用上述3620个样本对模型参数进行估计，结果如表2-2所示。

表 2-2　自回归模型结果汇总

变量	系数	标准差	T	P
C	0.0004	0.0003	1.2952	0.1953
R_{t-6}	−0.0725	0.0167	−4.3705	0.0000

从估计结果可以看出，自回归模型中，对于变量 R 的估计有效性很强，即P<0.05，虽然对于 C 的估计结果有效性低，但造成这一现象的主要原因在于模型的变量设计相对简化。而在简化的模型当中，我们虽然难以建立相对有效的完整模型，但目前的回归结果至少可以确定50ETF日波动率变化存在自回归关系，这对于进一步确认其是否存在ARCH效应来说，证据已经比较充分。

下一步，我们使用ARCH效应图示检验法对50ETF波动率是否存在该效应进行直观的考量。在上述自回归模型的基础上，绘制该模型的残差序列图，如图2-2所示。

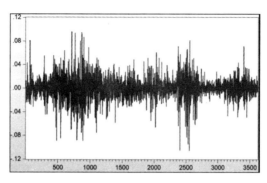

图2-2 样本残差序列图

图2-2中横轴代表的是日收益率样本序列数，由于在进行回归的时候，本例的样本序列是按照交易日顺序依次排列，因此图中显示的序列本质上是一个时间序列。可以发现，序列数处于500—1000、2400—2700和3300—3400的样本残差表现出明显的波动集聚效应，而这三个区间在时间上分别代表了2007年3月—2009年3月（2008年金融危机前后的疯牛和疯熊的交替演绎）、2015年1月—2016年3月（2015年杠杆牛市和随后的三次股灾）和2018年10月—2019年4月（2019年春季蓝筹行情）。

因此，从残差序列图中，我们可以直观地观察到50ETF的波动率存在自相关，且高波动率和低波动率很容易出现集群的效果，即很可能存在ARCH效应。

为了能够最终确认该序列是否存在ARCH效应，本例最后使用上述模型估计结果的自相关图和自相关函数值计算Q统计量进行判定，即：

$$Q = n(n+2) \sum_{i=1}^{p} \frac{r_i^2}{n-i}$$

其中：r_i为残差序列的i阶自相关系数，n为样本数量，p为滞后阶数。

表2-3 序列自相关性检验结果

Autocorrelation	Partial Correlation		AC	PAC	Q-Stat	Prob
		1	0.166	0.166	100.22	0.000
		2	0.173	0.150	209.02	0.000
		3	0.170	0.126	313.05	0.000
		4	0.154	0.095	398.38	0.000
		5	0.111	0.041	443.30	0.000
		6	0.130	0.064	504.56	0.000
		7	0.134	0.067	569.54	0.000
		8	0.123	0.052	624.53	0.000
		9	0.110	0.036	668.74	0.000
		10	0.163	0.092	764.74	0.000
		11	0.098	0.013	799.80	0.000
		12	0.095	0.013	832.88	0.000
		13	0.138	0.064	902.39	0.000
		14	0.120	0.038	954.34	0.000
		15	0.084	0.001	979.74	0.000

从该序列自相关图可以看出，在自相关滞后期设置为15的情况下，自相关性呈现出比较规律的衰减，拖尾现象十分明显。由表2-3中 Q 检验的结果来看，各期 P 值均远小于0.05，因此我们无须进行下一步的检验即可得出结论：50ETF波动率存在明显的ARCH效应。

综上，使用相对估值法进行确定资产价格的相对合理性的判断，从表面上看是具有一定可行性的，但在上述逻辑的影响之下，似乎实际的应用效果仍旧难言理想。

2.1.3 发现预期差并确定资产价值的边际变动方向

根据上文的结论，既然资产估值既不能用于完全确定资产的价值，同时在实践中也很难直接通过估值确定资价格的相对合理性，那么就资产估值技术本身，还有存在的意义吗？

答案当然是肯定的。因为前面两种资产估值的作用，之所以在实践中难以有比较好的应用，主要原因就是人为所限定的假设条件比较严格，从而与现实状况脱节严重，并最终导致整个估值效果的降低。但如果我们尽可能地放松假设，那么资产估值还是能够在一定程度上指导我们投资的。

其实，假设条件之所以设定得比较严格，主要原因在于我们想通过资产估值寻找到一个合理的估值水平。比如，绝对估值法是要通过现金流和折现率的准确估计，从而确定出一个准确的资产价值；相对估值法则是尽可能地寻找到一个市场准确定价的区间，从而根据这样的区间间接的求出所估值资产价值。因此，如果我们放弃确定资产具体的估值水平，而选择一些更加具有现实意义的目标，问题就会迎刃而解。

股票投资者进行资产估值的最终目的，其实就是希望能够指导自己的投资，从而赚取收益。换言之，如果股票投资者通过资产的估值能够确定未来股票价格的运行方向是上涨还是下跌，那么就足以达到自己的需求了。因此，我们也就没有必要去找到一个相对公允的资产价值了。

根据本书的观点，我们认为资产估值的最重要的意义，其实是帮助投资者尽可能地找到动态预期差，并在此基础上确定资产价值的变动方向。而所谓的预期差（对于动态的问题，我们在之后的章节中，会有更详细的论述），可以进一步拆解成影响资产价值的一些因素，如现金流、折现率，又如影响现金流和折现率的行业景气度、财务风险、市场利率、风险偏好等指标。这种思路就如同财务报

价值嬗变的玫瑰
——具有创新意义的动态投资决策框架

表分析的杜邦框架：我们与其将主要关注点放在净资产收益率（ROE）上，还不如把ROE进行一定的分解，从而对分解之后的指标进行分析。所以，对于资产估值来说，只要能够确定这些影响资产价值变动的细分指标变动方向（如行业景气度目前是上升还是下降），并能够厘清这些指标对于资产价值的影响方向（如行业景气度同股票价格正相关），那么最终我们就可以做出相应的投资决策。

基于预期差的资产估值方法可以分解为如下四个方面的内容（这四个方面的内容其实就成了价值嬗变投研框架的基础）：

演绎未来——寻找预期差；主观评估——演绎正确的概率；市场验证——等待现实客观的结果；修正演绎——回顾前期的演绎，事后归因，从而开启下一个周期的演绎。

从上述四个方面可以看出，这种估值理念其实是主客观相结合的，发现预期差以及对预期差的评估更多地依赖于主观判断，而市场验证与回顾则更多地反映了客观现实。特别需要说明的是，虽然预期差估值方法和绝对估值法均涉及主观判断，但前者的主观判断仅涉及较少指标（抓住主要矛盾即可），而后者则是主观判断的集合，显然，绝对估值法被主观判断所影响的概率和敏感性都会更大一些。另外，相对估值法和预期差方法虽然都涉及依赖于客观市场表现的问题，但前者需要假设市场平均定价效率较高，而单一证券层面的定价效率较低，这种可能性出现的概率是很低的，尤其是在可比公司范围内。符合假设条件其实就意味着套利机会的出现，而既然是套利，那么想要通过这种方式取得较高的收益，几乎是不可能的。相对而言，常规意义的预期差定价法则仅需要对单一证券定价效率较低这一项内容做出假设即可，而基于价值嬗变动态投研框架的定价法，在某种意义上是不需要单一证券定价无效这一假设的，这一点，我们后续会详细说明。

2.2 资产估值的方法

本节我们主要介绍一下传统的估值方法，并为下一节中的拓展和创新进行基础性铺垫。

企业价值评估的方法可以分为四个大类：成本法、市场法、收益法和经济附加值法（EVA）。

成本法是一种基于企业重构或资产重置成本的评估方法，其基本思路是确定企业价值由哪些资产构成，然后根据市场价值或评估价值确定这些资产的价值，并加总这些价值。成本法又包括如下两种估值方法：账面价值法——根据企业的会计记录，确定企业的净资产价值，这种方法的优点是计算简单，缺点是未考虑资产账面价值和市场价值之间的差异，并且容易受到会计政策和会计估计方面的影响，从而可以被人为调控；重置成本法——根据资产的重置成本，减去各项资产的物理磨损和经济磨损，得出企业的整体资产价值，这种方法的优点是考虑了资产的实际情况和市场价格，缺点是部分专有性的资产缺乏市场公允价值，且这类资产自用和处置能够给企业带来的经济利益差异较大，从而造成低估企业价值的风险。成本法适用于企业价值主要由有形资产组成的公司，如制造业、房地产业等。对于轻资产、高溢价的企业，如互联网公司、创新型企业，以及专有性资产占比较高的企业，成本法的评估结果可能不准确。

市场法是一种基于企业市场价值的评估方法，其基本思路是在市场上寻找与被评估企业类似的企业，根据市场价格和关键指标（如收入、利润、资产等）来确定被评估企业的价值。市场法又包括如下两种估值方法：参考市场法——通过分析类似企业的市场价格，得出被评估企业的价值，这种方法的优点是直接反映市场情况，缺点是难以找到完全类似的参照物；类比分析法——通过比较被评估企业和类似企业的关键指标，如市盈率、市净率和市销率等，得出被评估企业的价值，其优点是考虑了企业的实际情况和市场价格，缺点是可比公司的选择仍旧存在一定的不准确性。市场法适用于行业经营逻辑大致相同，企业间个性化差异较低的行业，如金融业、能源业等，而对于经营差异化程度较大，独角兽企业以及新兴产业的公司，市场法的评估结果可能不准确。

收益法是一种基于企业未来收益的评估方法，其基本思路是预测企业未来的现金流，并折现到当前时点计算出企业的现值，即企业价值。收益法又包括如下三种估值方法：红利贴现模型——这是一种将未来红利流贴现到今天的价值的方法，其优点是简单易用，尤其适用于有稳定股利发放历史的公司，缺点是它假设公司未来的红利发放与过去一致，这可能不适用于所有公司，此外，如果公司的股利政策发生变化，该模型可能会失效；FCFF模型——通过计算未来实体现金流并将其折现到今天的价值来评估公司的内在价值，其优点是考虑了公司的所有现金流，包括那些不用于再投资的现金流，缺点是它需要对未来的现金流进行预测，这可能具有主观性；FCFE模型——是股权自由现金流贴现模型，它通过计算未来股权现金流并将其折现到今天的价值来评估公司的内在价值，其优点是只考虑与股权相关的现金流，更适合进行股票定价的相关研究，缺点是它也需要对未来的现金流进行预测，这可能具有主观性。

经济附加值法是一种基于企业经济利润的评估方法，其基本思路是通过调整企业的会计利润，减去资本成本（包括债务成本和权益成本），得出企业的经济利润（EVA），然后根据资本成本计算出企业的现值（EVA现值），作为企业的价值。经济附加值法（EVA）最初是用来考核公司的经营业绩的标准，衡量企业价值创造的效率以及能力，基于企业权益的角度来考察企业投入资本所带来的资本效益，是企业股东用来衡量企业经营业绩的指标。EVA估值方法没有对企业发展做长远的考察，没有将企业的成长预期以及发展潜力纳入企业价值的测算范畴，仅仅反映企业当前经营效益，缺乏对企业价值成长的前瞻性。

2.2.1 收益法：FCFE

FCFE（Free Cash Flow to Equity）模型是一种企业价值评估方法，它通过计算未来股权现金流并将其折现到今天的价值来评估公司的内在价值。FCFE和FCFF（Free Cash Flow for the Firm）模型是收益法中两个最为常用的模型，它们相较于DDM（Dividend Discount Model）模型来说，适用的范围更广（不需要公司发放股利这一前提条件），并且估值结果更加贴合公司的基本面而非股利政策。

FCFE模型和FCFF模型的区别在于现金流的计算方式以及折现率的选择，并且现金流的层面，二者存在包含与被包含的关系。具体来说，一家公司的现金流可以分为两类，一类为债权流，另一类为股权流。顾名思义，债权流就是归属于公司债权人的现金流，其中包括公司债务的变动、利息费用的支出、优先股红利的发放等。这里，我们把优先股的有关现金流放在债权流中，主要是基于实质重于形式的原则，将优先股划为金融负债的范畴。在实践中，这种做法具有一定的代表性，但也不排除某些特别的资本安排使得优先股属于权益的范畴。而股权流

（FCFE）就是公司实体现金流（FCFF）扣除债权流的部分。

由此可见，FCFF和FCFE在现金流层面其实没有本质的区别，但我们之所以选择FCFE模型予以重点介绍，原因主要在于对折现率的选择问题。有关折现率选择的大原则是对应原则，即现金流如果是实体现金流，那么折现率就要使用公司实体层面的资本成本，实践中经常使用的指标为WACC（Weighted Average Cost of Capital）；而现金流如果是股权现金流，那么折现率只需要使用股权资本成本即可。

WACC的计算公式为：

$$WACC = \frac{E}{E+D}r_E + \frac{D}{E+D}r_D(1-T_c)$$

其中，E 表示企业的股权融资，D 表示企业的债权融资，T_c 表示企业的净税率，r_E 表示企业股权融资成本，r_D 表示企业债权融资成本。

可以看出，WACC的计算需要涉及三方面的内容，即股权成本、债权成本和权重，由于这三项指标的计算并没有严格意义上的统一标准，因此，为了保证计算方式的选择是最具合理性的，我们需要了解不同计算方式的经济意义。

这里，权重的计算是最复杂的，且一般有如下三种模式：

账面加权模式——在这种模式下，债务和权益的占比按照账面价值进行确定，这种模式的好处在于计算比较方便，但容易受到会计处理的操纵，并且其反映的是历史的结构；市场加权模式——在这种模式下，债务和权益的占比按照市场价值进行确定，这种模式的缺点在于市场价格的变动会增大资本结构的不稳定性；目标资本结构加权模式——在这种模式下，公司的目标资本结构被视为权益和债券的权重，这种模式通常用于计算公司未来的WACC，因为一般我们认为，目标资本结构是企业未来如何筹资的最佳估计。

虽然目标资本结构加权模式最具实用价值，但股票投资者作为财务数据的外部使用人，是很难获取到上市公司目标资本结构数据的。甚至在大多数情况下，上市公司本身对于目标资本结构都没有一个相对明确的界定。所以，这里又出现了理论很美好，现实很残酷的局面。一些金融数据库中对于WACC的计算方式，都是基于账面+市场加权的模式进行，即对于债权按照账面加权，股权使用市场价格加权进行操作，而最后计算出的WACC可以说是一个四不像。

基于上述逻辑，就笔者的经验和偏好而言，还是比较推崇使用FCFE进行估值，因为对于分母端的利率来说，我们只需要使用股权成本进行计算即可，无须涉及令人都头疼的资本成本加权问题。

既然说到了分母，我们就继续将股权成本的估计问题讲清楚。通常情况下，我们使用资本资产定价模型（CAPM）对股权成本进行估计。

CAPM是一种经典的金融模型，它是由美国学者威廉·夏普、林特尔、特里诺和莫辛等人于1964年在资产组合理论和资本市场理论的基础上发展起来的。CAPM模型主要研究证券市场中资产的预期收益率与风险资产之间的关系，以及均衡价格是如何形成的。它是基于一系列的假设的，包括市场是有效的、投资者是理性的、信息是充分的等。在这些假设下，CAPM模型认为资产的预期收益率与风险之间存在线性关系，即风险越高，预期收益率也越高。

CAPM模型的公式为：

$$E(R_q) - R_f = \beta \left[E(R_m) - R_f \right]$$

其中，$E(R_q)$ 表示资产的预期收益率，R_f 表示无风险利率，β 表示资产的贝塔值，$E(R_m)$ 表示市场的预期收益率。

CAPM模型在金融领域有着广泛的应用，它可以用于评估证券的投资价值、衡量投资组合的风险水平以及确定投资者的合理预期收益率等。同时，它也为风险管理和投资组合优化提供了重要的理论基础。然而，CAPM模型也存在一些局限性，例如，它忽略了市场中的非完全有效性和投资者的非理性行为等因素，因此在实际应用中需要谨慎对待。

使用CAPM估算股权资本成本，需要对模型当中的参数进行取值，方法如下：

无风险利率 R_f：无风险利率通常选择与评估基准日相同的国债利率或银行定期存款利率。在选择无风险利率时，需要考虑利率的期限结构，即不同期限的无风险利率可能存在差异，在实务中，一般可以使用3年或5年国债收益率作为无风险利率的替代。

贝塔值 β：贝塔值是衡量公司股票相对于整个市场的波动性的指标；在实务中，贝塔值可以通过回归分析或历史波动率等方法进行计算，详细步骤如下：

步骤1：收集数据——收集一段时间内（如1年）个股和市场的收盘价数据。

步骤2：根据收集到的数据，计算个股的收益率和市场的收益率。个股的收益率可以通过以下公式计算：

个股收益率 =（当日收盘价—前1日收盘价）÷ 前1日收盘价

市场的收益率可以通过以下公式计算：

市场收益率 ＝（当日指数收盘价—前1日指数收盘价）÷ 前1日指数收盘价

步骤3：使用软件（如Excel）的函数功能，将个股的收益率和市场的收益率作为输入值，计算它们的协方差和方差。协方差和方差的计算可以帮助我们衡量个股收益率与市场收益率之间的关系。

步骤4：根据上述计算得到的协方差和方差，代入股票贝塔值的计算公式：

$$\beta = Cov(R_i, R_m) \div Var(R_m)$$

其中，β 代表股票贝塔值，$Cov(R_i, R_m)$ 代表股票收益率与市场收益率的协方差，$Var(R_m)$ 代表市场收益率的方差。

对于FCFE模型现金流的问题，掌握其计算公式以及背后的逻辑是至关重要的。FCFE现金流的计算公式为：

FCFE ＝ 净利润+折旧与摊销−资本支出−营运资本增加+净负债−优先股股息

其中，净利润表示企业当期实现的净利润，折旧与摊销表示当期计提的固定资产折旧和无形资产摊销，资本支出表示企业为维持生产能力而进行的资本投资，营运资本增加表示企业为维持正常运营而增加的营运资本，净负债表示债务资本的变动，优先股股息表示企业支付给优先股股东的股息。

这个公式的目的是从净利润中分离出股权持有者可以获得的现金流，即去掉了一些与所有者无关的现金流量，如折旧与摊销（非付现成本，作为净利润的调整项需要加回）、资本支出（维持或扩大生产能力进行的固定资产投资）、营运资本增加（维持日常经营的营运资本投资）等，以及一些与债务资本有关的现金流量（如净负债以及优先股股息），这样就可以得到股权持有者真正可以获得的现金流。

接下来，一个十分重要的问题是，FCFE公式中的各项参数如何预测？这里，我们通常使用的方法是销售百分比法。

销售百分比法是一种基于历史销售数据和未来销售预测的财务预测方法。它假设企业的经营和财务状况与销售收入之间存在一定的比例关系，因此可以通过分析历史销售数据来确认销售百分比，并使用预测的销售收入和历史销售百分比计算得出未来的各项财务指标。销售百分比法可以帮助企业了解未来的现金流、资产和负债状况，从而更好地规划和管理企业财务。

因此，未来营业收入的预测就成了最为关键的地方。实践中，我们对于营业收入的预测没有一个标准化的方法，因为这项工作的艺术成分是很高的。根据笔者个人的经验，这里提供一个可供参考的预测框架，希望能够对读者有所帮助。

预测企业未来营业收入的要点：

要点1：确定企业所属行业的成长性

了解和评估企业所属行业的成长性是预测未来营业收入的重要步骤。行业的成长性决定了企业在行业中的市场空间和增长潜力，我们可以通过研究行业报告、市场调研、专家意见等方式来评估行业的成长性，如快速成长期、稳定期、衰退期等。

要点2：测算营收增长率基础值

这里我们需要收集企业过去3—5年的营收数据，并计算营收增长率的变化趋势。同时，要根据企业所属行业的成长性进行调整。如果行业成长性高，那么企业的营收增长率也应该相对较高；如果行业成长性低，那么企业的营收增长率也应该相对较低。

要点3：确定最终预测营收增长率

每个企业都有其自身的特殊情况，如管理层决策、产品线扩展、市场策略等，这些因素都可能影响企业的营收增长率。因此，在确定最终预测营收增长率时，需要考虑这些特殊情况，并做出适当的调整。

要点4：计算企业未来营业收入

一旦确定了最终预测的营收增长率，就可以以此为基础，以当期营收为基数，使用公式："**未来营业收入 = 当期营收×(1+预测营收增长率)^n**"来计算企业未来的营业收入。其中，"n"代表未来的年数。

使用销售百分比法需要注意以下几点：

历史数据的有效性：使用历史数据时需要注意其有效性，即历史数据是否能够反映当前的实际情况。如果历史数据存在异常值或不可靠的数据，会对预测结果产生不良影响。

假设条件的合理性：销售百分比法建立在一些假设条件之上，如销售收入和财务数据之间的比例关系保持不变。如果这些假设条件不成立，预测结果可能不准确。

未来销售预测的可靠性：未来销售预测是使用销售百分比法的基础，因此如果要保证预测结果的可靠性，需要对市场、经济环境、行业趋势等因素进行充分的分析和研究。

财务数据的全面性：在使用销售百分比法时，需要考虑企业的所有财务数据，包括资产负债表、利润表和现金流量表中的数据。如果忽略了一些重要数据，可能会影响预测结果的准确性。

在得出了折现率和现金流之后，最后一个步骤就是将各期现金流进行折现。这里需要注意的问题是，一般我们使用两阶段现金流折现方法进行操作。具体而言，在两阶段FCFE模型中，公司的总价值被分为两个部分：详细预测期的现金流现值，即使用销售百分比法进行详细估计的未来3—5年的现金流现值；永续增长期现金流现值，即在详细预测期之后公司进入永续增长状态的现金流现值。将上述两部分现值加总得出的数值，就是所估值公司股权的总价值。将这个结果除以普通股股本，就得出了公司股票的单位价值。

2.2.2 市场法

在投资决策和公司估值中，市场法是一种重要的评估方法，它主要依赖于可比公司来估算公司的价值。市场法常用的三种比率估值法是市盈率（PE）、市净率（PB）和市销率（PS），指标计算方法如下。

表 2-4 常见市价指标的含义及计算公式

名称	含义	计算公式
市盈率（PE）	公司股价与其每股收益之间的比率	PE＝股价／每股收益
市净率（PB）	公司股价与其每股净资产之间的比率	PB＝股价／每股净资产
市销率（PS）	公司股价与其每股营业收入之间的比率	PS＝股价／每股营业收入

需要进一步说明的是，虽然上述指标在交易软件上都可以直接获取，不用投资者亲自计算，但对于计算的原理我们还是应该有很好的把握，这有助于我们挖掘财报数据中一些隐含的关键信息。特别是对于计算PE时所使用的每股收益（EPS），其中还涉及一些相对复杂的专业性问题，即基本每股收益和稀释每股收益的有关内容。

基本每股收益和稀释每股收益都是衡量公司盈利能力的财务指标，但它们在计算方法和考虑因素上存在差异。

基本每股收益是公司在某一期间内实现的净利润除以公司普通股的总数，它只考虑了公司普通股的数量，而没有考虑其他潜在的股份或权益。因此，基本每股收益只反映了公司在每股普通股上的盈利能力。稀释每股收益则是在计算基本每股收益的基础上，进一步考虑了所有可能引起普通股股数增加的因素，如可转换债券、权证、期权等的转换或行使。因此，稀释每股收益反映了所有潜在的股份或权益对每股收益的影响。

由于稀释每股收益的计算涉及基本每股收益，因此对于二者的计算方法，我们仅讨论稀释每股收益的计算步骤即可。

步骤1：确定基本每股收益

基本每股收益是指企业按照会计准则和相关规定计算出来的每股普通股所获得的净利润。基本每股收益的计算公式为：

基本每股收益 = 归属于普通股股东的当期净利润÷发行在外普通股的加权平均数

其中，归属于普通股股东的当期净利润是指企业当期获得的净利润中，属于普通股股东的部分；发行在外普通股加权平均数则是指企业当期发行在外的普通股的数量按时间进行加权计算的结果。

步骤2：考虑稀释性潜在普通股

稀释性潜在普通股是指那些可以转换为普通股的金融工具，如可转换公司债券、认股权证、股票期权等。这些金融工具在一定条件下可以转换为普通股，因此会对每股收益产生影响。在计算稀释每股收益时，需要假设这些潜在普通股已经转换为普通股，并相应调整归属于普通股股东的当期净利润和发行在外普通股的加权平均数。

步骤3：调整归属于普通股股东的当期净利润

在考虑稀释性潜在普通股的情况下，需要将归属于普通股股东的当期净利润进行调整。具体来说，需要用归属于普通股股东的当期净利润减去假设转换时增加的净利润。假设转换时增加的净利润是指潜在普通股转换为普通股时所产生的净利润，这部分利润会在潜在普通股转换为普通股时从金融工具转移到普通股股东手中。

步骤4：调整发行在外普通股的加权平均数

在考虑稀释性潜在普通股的情况下，需要将发行在外普通股的加权平均数进行调整。具体来说，需要将发行在外普通股的加权平均数加上假设转换所增加的普通股股数加权平均数。假设转换所增加的普通股股数加权平均数是指假设潜在普通股已经转换为普通股时所增加的普通股数量乘加权平均法计算的权重。

步骤5：计算稀释每股收益

在调整了归属于普通股股东的当期净利润和发行在外普通股的加权平均数后，就可以计算稀释每股收益了。稀释每股收益的计算公式为：

稀释每股收益 = 调整后的归属于普通股股东的当期净利润÷调整后的发行在外普通股的加权平均数

我们这里将稀释EPS和PE的问题结合起来讲，并不是将简单的问题复杂化，因为理解稀释EPS的逻辑有助于投资者理解为什么上市公司进行股权再融资的时候股价会出现较大的波动？尤其是当上市公司以低于市场的价格定向增发计划出来后，市场一般反馈为什么会比较消极。

其实，以低于市场价定增，对于公司原有股权价值就是起到了一个稀释的作用。我们举一个最简单的例子。

示例5：低价定增对公司股权价值的稀释作用

假设公司A股价10元/股，发行在外普通股股数为10000股，此时公司公布定增预案，拟以5元/股的价格向机构定向增发8000股普通股。如果此前，我们基于FCFE模型测算出公司股票的合理价格同市场价相等，那么如果定增顺利实施，公司股权价值和之前的评估价值差就是4万元（5元/股×8000股=40000元），或者说，公司股权价值在定增之后为14万元。这时，低价定增的稀释性体现在股权价值增加40%的同时，普通股股数增加了80%，这使得公司股票价值由原来的10元/股，变为7.78元/股（14万元÷1.8万股=7.78元/股）。

由此，对于稀释问题我们可以有如下两方面的结论：第一，低价定增之后股票价格下跌，并不仅仅是投资者看到大股东圈钱之后的情绪宣泄，也不仅仅是定增背后隐含着公司股价高估的隐忧，更重要的在于股权价值稀释问题对股价的影响。但这也并不说明所有折价增发都会出现稀释效应，如果增发资金所投项目的IRR显著高于资本成本，那么增发之后项目净现值（NPV）能够给股权价值带来提升，而提升的幅度大于股本增速的前提下，折价增发会带来反稀释的效果，从而提振股价。第二，使用PE进行估值的时候，如果所评估的上市公司存在比较大的股权稀释风险，那么我们需要使用基于稀释EPS的PE进行研究，而不能直接去使用交易软件提供的PE数据。

说到交易软件中提供的PE数据，这里还需要跟明确一些容易被忽略的基本概念，即静态、动态和滚动市盈率（TTM）的区别。之所以这些概念的辨析比较重要，主要是因为不同的交易软件对于在行情界面中现实的默认PE类型不尽相同，而不同类别的PE在数值上可能差别还是非常大的。如表2-5所示。

我们回到市场法估值的话题，即市场法使用的指标较多，那么各个指标的适用范围又是什么呢？相关结论如表2-6所示。

表 2-5　静态、动态PE和TTM的对比

分类	静态PE	动态PE	PE（TTM）
计算公式	股票市值／已公布的最近一期年度净利润	根据已公布业绩线性外推的预测值	股票市值／已公布的最近连续的四个季度的净利润总和
数据特点	使用已公布的最近一期年度净利润，数据较为陈旧	使用预测值，数据具有时效性	数据具有时效性且覆盖一个经营周期
优点	计算简单，结果稳定	能够反映未来的盈利预期情况	能够客观反映当前经营状况的最完美指标
缺点	时效性较差，不反映预期情况	线性外推不适用于业绩确认具有季节性特征的公司	不反映预期情况
适用场景	一般用于估值处于稳定期的行业	一般用于不具有明显季节性特征的成长性行业	具有一定的普适性

表 2-6　市场法估值指标的适用范围

指标	适用范围	行业举例
市盈率（PE）	盈利水平相对稳定，且未来盈利可预测性较强的公司	酿酒、食品、消费医疗
市净率（PB）	资产中非流动资产占据很大比例，而盈利水平相对稳定的公司	建筑、地产、半导体制造
市销率（PS）	盈利波动大，但销售收入相对稳定的公司，其中，一些新兴行业或周期性行业的公司的估值也可适用	科技、能源、有色金属

这里，我们特别要介绍一下利用企业价值倍数（EV/EBITDA）进行估值的方法。

企业价值倍数是一种相对估值法指标，它与PE、PB和PS等指标有所不同。企业价值倍数指标的使用主要涉及企业价值（EV）和息税折旧前盈利（EBITDA）两个参数。企业价值是指投入企业的所有资本的价值，包括股东权益和债权人的投入。在计算企业价值时，需要将公司的市值、净负债（有息负债－现金资产）进行加总。息税折旧前盈利是指企业在没有考虑税收、利息支出以及折旧摊销前的盈利水平。

与PE、PB和PS等相对估值法指标相比，企业价值倍数法更加注重企业的整体价值（负债+权益）和未来收益之间的比例关系。同时，企业价值倍数法也排除了折旧摊销、利息支出和所得税等因素对盈利的影响，因此，其能够更准确地更加客观地反映企业的经营状况和盈利能力。在实际应用中，企业价值倍数法可以用来评估资本密集型、资产庞大的企业价值，以及跨国公司和多业务公司的价值。

2.3　对传统估值方法的思考

在介绍了传统估值方法——收益法和市场法之后，我们需要把前些章节中给各位读者遗留下来的一些问题做进一步的阐述，而这些阐述，很大程度上都依赖于个人对于估值的理解和经验。这就意味着本节中的一些估值方法和结论是具有一定创新意义的，但任何事物都具有两方面的特性，这些具有创新意义的内容从另一个层面来看，可能正确性难以有效保证。毕竟本书的内容并不是追求绝对严谨的学术论文，因此，如果将这些内容都进行严密的逻辑证明和实证分析，那么可能就违背了本书写作的初衷。而我们之所以将这些可能不正确的内容阐述出来，一个很重要的原因在于，资本市场的有关问题可能就是没有黑白对错之分的，而投资者只有通过不断地对自身的想象力进行挑战和突破，才可以挖掘出没有被市场发现的一些策略和方法。因此，笔者希望这些对于传统估值方法的思考能够起到抛砖引玉的作用，从而为读者带来更多有价值的想法。

2.3.1　资本利得问题与传统估值模型的结合

我们在第一章就资产价值来源的表现形式的分析中，着重强调了处置现金流对资产估值的重要意义。但可惜的是，传统的估值模型中，尤其是与之在逻辑上有密切关联的现金流估值模型，并没有将股票处置时的现金流，即资本利得考虑进来。需要明确的是，传统现金流估值模型没有考虑处置现金流并不代表模型设计的时候存在疏漏，而是基于股票为永续证券的思路对其进行估值。这种情况下，如果公司在可预见的范围之内，没有出现影响持续经营的假设不再成立的风险时，那么，我们就不需要考虑所谓的处置现金流。

如果读者了解债券估值模型的话，相信会更好地理解上述内容，因为即使在债券估值模型中，最后一期存在一个看上去很像处置现金流的现金流入，但实际上这是债券清偿时的本金收入，并且当清偿完成之后，债券的生命周期就宣告结束。所以，债券作为存在一定期限的证券，我们估值的时候同样没有考虑真正意义上的处置现金流。

而对于一个项目而言，传统的估值模型是考虑了处置现金流的。项目既不会像股票那样永续存在，也不会像债券那样在项目期结束之后存在清偿的问题，但项目之所以考虑处置现金流，是因为现实中项目结束期经常伴随着处置行为的发生。这就类似一家具有明确存续期公司的股票一样，如果我们要对这种特殊的股票进行估值，那么清算期的资产处置现金流也自然而然地要纳入估值模型当中。

其实，说了这么多，如果用一句话来总结估值模型为什么没有考虑处置现金流，根本原因就在于这些模型主要是以投资者的角度去构建，而没有以投机者的视角下考虑这个问题。除了在本书中，相信你在生活中或者工作中也经常听到有很多人将投资和投机这一对概念放在一起去说，而大多数情况下，人们对于投机的态度是偏消极的，尤其是在投资的衬托下。理论上，投资和投机其实并没有严格意义上的界定和区别，但人们习惯上将投资作为一种资产运作的方式，是一个国家金融体系中的重要组成部分，但对于投机，可能更多地将其等价于赌博、欺骗、撞大运。当然，在学界中，一些理性的观点认为，投机其实能够为金融市场带来充足的流动性，只有在流动性的加持下，金融市场才能更好地满足经济中投资和融资的有关需求。从这个角度说，投机和投资其实是同等重要的，这个逻辑就类似福彩机构之所以可以有钱去做福利事业，正是因为有一大批想要一夜暴富的彩民去支持它。

但可惜的是，人们对于投机的偏见还是显而易见的，估值模型的设计仅仅考虑投资者的需求就是一个最好的证据。不过，我们也应该理解，为投机这种赌性较强的活动去设计模型很大程度上也是徒劳无功的，因为没有一个明确的逻辑和架构可供选择，从而得出一个相对精确的模型。换言之，如果能够将投机行为模型化，那么投机也就不再是投机了。当然，在博弈论这个学科中，我们其实可以看到一些可以用于投机的数学模型，但由于我们这里讨论的仅仅是单一股票的估值问题，所以博弈模型就不在我们的讨论范围之内了。也正因为如此，即使本书努力以投机者的视角去解决股票估值问题，也不能够得出一个相对精确的模型体系，充其量是为投资者开辟一个新的思路，并在这个思路下为你提供一些在交易实践中有意义的结论，仅此而已。

下面，我们正式介绍如何将资本利得同传统现金流估值模型结合的问题。

首先，我们需要了解一个相较于FCFE模型来说，更加简单，但实际应用价值不太高的模型：DDM。

DDM，即股利贴现模型（Dividend Discount Model）是一种绝对估值方法，其通过计算公司未来发放的股利之和进行折现来评估公司当前股票的公允价值。该模型的基本思想是，股票的内在价值是其未来各期期望股利的现值之和。也就是说，在公司永续经营的前提之下，股票投资者持有股票的现金流可以用红利来表示。虽然红利是否发放没有一个严格的限制和要求，但属于公司股权资本的自由现金流，即FCFE，早晚都会有一个成为红利发放给股东的机会。可是，在A股的投资实践中，由于股利支付率相对较低，且超长期预测（超过DDM模型详细预测期的情况下）的不确定性又过高，这就使得DDM并不是一个首选的绝对估值模型。

对于模型本身，其中一种形式是假设公司未来发放的股利以一个恒定的增长率增长，那么可以通过以下公式来计算股票的内在价值：

$$V = \frac{D_1}{(1+k)^1} + \frac{D_2}{(1+k)^2} + \cdots + \frac{D_n}{(1+k)^n}$$

其中，V 为每股股票的内在价值，D_1、D_2…D_n 为第1、2…n年每股股票股利的期望值，k 为股票的必要收益率。

显然，DDM和FCFE模型的一个最大的区别是，DDM使用的现金流是直接能够流入股票持有人手中的，而FCFE的自由现金流如果想要转化为投资者手中的现金流，则需要额外的步骤，即分红或清算。所以，从模型的基础逻辑上讲，DDM相较于FCFE而言更为直接。

其实，所谓的模型创新也没有什么特别的，即我们将DDM进行一个变形：

$$V = \frac{D_1}{(1+k)^1} + \frac{D_2}{(1+k)^2} + \cdots + \frac{D_n}{(1+k)^n} + \frac{P_0 + CG}{(1+k)^n}$$

其中，V 为每股股票的内在价值，D_1、D_2… 为第0、1、2…年每股股票股利的期望值，k 为股票的必要收益率，P_0 为股票购入的成本，CG 为资本利得。

可以看出，变形的模型肯定不是为了精确计算股票内在价值，因为模型的参数中，除了各期红利是难以准确估计的之外，又增加了资本利得这个更加让人无从下手的参数。

为了能够更清楚地说明一些问题，我们有必要对上述模型进行简化。由于我们在本节的主要研究目标是研究资本利得对股票价值影响的问题，因此，股息红利的重要性就相对弱一些。且对于投机者来说，持股周期一般不会特别长，而且A股的上市公司股利支付率大多又相对偏低，故从理论上讲，股息红利对于股票内在价值的影响权重本身也不高。基于此，为了简化处理，我们将各期股息红利均假设为0，那么，模型将变成下面这个样子：

$$V = \frac{P_0 + CG}{(1+k)^n} = \frac{P_n}{(1+k)^n}$$

这时，我们可以清楚地看到，在投机者视角下，股票内在价值的决定参数有四个：投资成本 P_0、资本利得 CG、必要收益率 k 和持有期限 n。而投资成本和资本利得严格意义上来说不是独立的两个变量，因为一般来说，投资成本越低，潜在的资本利得水平就越高，反之相反。同时，投资成本与资本利得的和就是卖出价格 P_n，所以，这个新的模型和传统的模型相比，卖出价格成了一个新的且至关重要的决定股票内在价值的变量。

这个结论乍一看是比较有意思的，因为这在一定程度上将价值和价格这两个截然不同的概念界限打破，有关的问题我们会在第三章给予更加详细的论述。这里，笔者主要想表达的内容是：既然卖出价格（技术层面指标）是决定当前股票内在价值（以基本面为主导的指标）的因素，因此，任何将基本面和技术面割裂开来进行分析的投资策略理论上都不是有效的。

市场中有一部分这样的投资者，他们自诩为深度价值投资者，即仅仅将一家公司的基本面状况作为投资决策的唯一关注点，而忽视一些交易上的要点。这些投资者虽然在相当长的时间范围内，可能也会获得不错的收益，但这却会造成相当大的持有成本。

示例6：深度价值投资者面临较高持有成本的一般情况

我们通过基本面分析认为，一家光伏行业上市公司股票的内在价值为120元，但当前市场价格仅为100元，为了获取潜在20%的盈利，果断买了进去，但股价并没有如期上涨，反而进一步下跌到了70元，浮亏30%。

相信很多投资者都有过类似的经历，并将这种现象归咎于市场定价缺乏效率，从而认为A股市场之所以难以赚钱，主要是因为制度和市场结构这些短期难以解决的问题。既然如此，投资者也只能像只鸵鸟一样把头埋在脖子里度过"漫长的季节"。但如果使用我们改进过的模型，就可以非常清晰地发现，解决这个问题也许不需要从制度上进行改进，仅需要考虑一些和交易相关的问题就可以了。

我们回到这个示例6的分析。由于光伏是之前市场中非常火爆的主流赛道，且被机构抱团持股，所以，机构资金，尤其是公募机构资金的流动会对公司股价产生较大的影响，且这些影响是脱离于基本面独立存在的。换言之，如果这个深度价值投资者的基本面分析结论，即股票内在价值为120元是准确的，那么股票在价值回归的过程中为投资者带来的潜在收益，自然就是源于基本面因素的资本利得，即20元/股。但如果此时市场正在处于下行趋势之中，且成交量比较萎靡，流动性吃紧，那么在公募基金遭遇集中赎回的窗口期，基金被动减仓也会压制股价，从而形成技术层面负的资本利得，我们假设这个数值为-45元/股。那么，这只股票最终的预期资本利得水平就是20-45=-25元，预期卖出价格为75元，经过折现，最终当前股票的内在价值接近70元。基于此，当前市场价格100元虽然低于基于基本面模型估算的120元的内在价值，但如果全面考虑基本面和技术面因素引发的资本利得问题的话，公司的股价不仅没有被低估，反而还存在很大程度的高估，而最终的投资策略不仅不是买入，反而应该是观望或者卖空。而我们做出正确的投资决策的前提，仅需要考虑一些非基本面的因素，仅此而已。

所以，虽然本书主要是探讨基本面分析领域的相关问题，但我们必须要明确的是，技术面的分析不仅不是可有可无的，反而是至关重要的，因为这能够从所谓的"基本面因素"中推导出来的。

基于资本利得的DDM，我们是否可以进一步挖掘一些更加有意思的结论呢？为了达到这个目的，我们需要增加一个假设条件，即购买股票的时候，市场定价是具有效率的。换言之，购买股票的时候，购买价格就等于内在价值，由此，模型会变成下面的样子：

$$\because V = \frac{P_0 + CG}{(1+k)^n} = P_0,$$

$$\therefore P_0 = \frac{P_0 + CG}{(1+k)^n},$$

$$\therefore CG = \left[(1+k)^n - 1\right] P_0$$

经过上述简单的数学变换，我们发现，在市场定价效率较高的条件下，一只股票的潜在资本利得水平同投资者必要报酬率和持有期存在一定的关联。为了能更好地说明问题，我们不妨将这两个参数分开进行论述。

对于必要报酬率而言，假设持有期保持不变的情况下，看上去好像是必要报酬率越高，资本利得水平越高，反之相反。但事实真的如此吗？

我们想象一下，当影响股票价格的基本因素没有出现明显变化的时候，如果当期的价格大幅上涨，那么在远期价格相对固定的情况下，预期资本利得的水平就会出现下降，这也就是当期股价透支了未来的一种具体的表现；而当期的价格出现了大幅的下跌，预期资本利得水平就会出现上升，这也就是过度下跌一般会迎来报复性反弹的逻辑。所以，虽然在上述模型中，资本利得 CG 和投资成本 P_0 是两个变量，但这两个变量却不是完全独立的。其实，如果将模型进一步调整，我们发现其可以变成这个样子：

$$\frac{CG}{P_0} = (1+k)^n - 1$$

这其实说明了，这个模型背后的含义其实是一个类似将投资者的必要报酬率换了一种形式来表达，即通过资本利得和投资成本来进行重新定义。因此，其并不会像传统FCFE模型那样，现金流和内在价值存在一个相对明确的因果关系，即现金流状况影响内在价值。这种重新定义式并不反映投资者心目中必要报酬率的设定和资本利得作为投资后的收益之间的因果关系，二者是完全并列的存在。这时，我们单独去讨论必要报酬率变动如何影响资本利得，或者如何影响投资成本，本身可能就是没有现实意义的。

但这并不意味着这个模型本身没有任何意义，因为我们必须将必要报酬率、投资成本和资本利得放在一起进行讨论，为了方便阐述，这里需要假设投资成本等于FCFE模型计算出的股票内涵价值。

我们知道，必要报酬率是指投资者进行投资时所要求的最低收益水平，且其数值的大小主要和两个因子相关，其一为无风险收益率，其二为风险溢价。无风险收益率是指在没有任何风险的情况下所能获得的收益率，通常可以使用国债收益率作为无风险收益率，因此，这个因子是有一个可供参考的基准的，而在截面数据分析的时候，无风险收益率自然可以作为一个常量存在，没有太多的分析价值。所以，影响不同股票投资者必要报酬率高低的主要因素，就是风险溢价水平。

股票风险溢价所覆盖的风险种类一般包括：战略风险、宏观经济风险、行业风险、运营风险、财务风险、流动性风险和其他价格波动风险等。这里所说的风险，不是指由于所谓战略、宏观经济等方面的影响而造成投资亏损的风险，而是代表这些因素为公司股价带来的不确定性。这种不确定性不仅包括亏损的不确定性，也包括盈利的不确定性，一般用收益标准差进行表示。换言之，当一家公司无论是经营向好、经营稳定还是经营业绩恶化，理论上都可以处于同一个风险水平之下，这就类似在满足标准差相等的情况下，我们可以生成均值水平完全不同的多组数。

需要明确的是，这里我们所讲的风险溢价是决定股票投资必要报酬率的指标，且在风险溢价中，既包含基本面因素中的风险，也包括技术层面所带来的风险。这一点，同FCFE折现率的逻辑是不一样的，因为股权自由现金流的折现率，考虑的是股权内在价值的问题，因此，这个折现率中所包含的风险溢价，仅仅涉及基本面因素相关的风险。

基于此，我们发现了一个将资本利得模型和FCFE模型关联起来的路径。假如一家公司的股价主要反映的是基本面方面的因素，这种公司股票一般具有流动性水平较为充裕且保持稳定，盘子较大，投资者控盘力度较弱的特征，像是权重指数成分股，如上证50、沪深300，同时，也包括一些创蓝筹等机构青睐的价值品种，那么FCFE中的折现率同DDM中的必要报酬率是近似相等的。这时，当基本面出现改善（分子端改善），同时提升FCFE模型下股权价值的时候，当期股价大概会提升。而资本利得水平如何变化，取决于企业基本面因素的风险有没有提升。如果基本面风险同样提升，那么资本利得相较于当期股价提升的幅度会更大，反之，则更小。更全面的情景假设结论见表2-7。

表 2-7 投资者风险溢价主要源于基本面因素时的情景分析

情景	基本面估值	基本面风险	k	P_0	CG
1		↑	↑	↑	↑↑
2	↑	↓	↓	↑	不确定
3		不变	不变	↑	↑
4		↑	↑	↓	不确定
5	↓	↓	↓	↓	↓↓
6		不变	不变	↓	↓
7		↑	↑	不变	↑
8	不变	↓	↓	不变	↓
9		不变	不变	不变	不变

上面的结论看上去应该还是比较抽象，下面，我们举几个实际发生的案例来说明上述结论，应该就可以帮助读者对这一部分内容的应用逻辑有更加清晰的了解了。

示例7：ChatGPT概念横空出世，算力板块具备长牛基础（基于情景1）

ChatGPT概念出来之后，在一定程度上颠覆了人们对于AI模型的认知，一时间，AI模型训练成为一股热潮。ChatGPT概念出来之前，算力行业的主要需求还主要集中在信创、云服务等领域，但AI模型训练以及训练完成之后的推理，都需要大量的算力支持。所以，对于算力行业来说，估值模型中的现金流出现了很大程度的改善，故基本面估值提升，且市场定价有效的情况下，当期股价 P_0 也会同步走强。同时，由于我国算力产业链国产化率还比较低，如CPU、GPU等还需要进口，在中美博弈将长期持续的大背景下，算力行业在需求爆棚的情况下，被进一步卡脖子的风险也大幅提升，从而使得投资者必要报酬率 k 也有了提升。但从交易的角度来看，当期股价的走强伴随着风险的提升，预示着后续资本利得的空间将更大，因此，板块无论是在2023年上半年还是基于未来长期的角度看，进一步走强并形成长牛的可能性都是非常大的。

示例8：房地产进入存量博弈时代，非头部开发商股价将持续走弱
（基于情景5）

在我国人口出生率下降、经济发展引擎由传统行业切换至高新技术产业的过程中，地产行业逐步进入存量博弈时代。存量博弈时代对任何一个行业来说，大概都会使得集中度提升，而受益于集中度的提升，头部房企之间孰胜孰败更多地取决于彼此的竞争和博弈，不确定性较强，但对于非头部房企来讲，房地产主业的份额将持续被侵蚀，这是一个相对确定的趋势，因此这些公司的 k 会有明显的降低。因此，CG 下降的幅度可能会更大，这将直接使得非头部房企股价在经历过较大幅度下跌之后还会进一步出现大幅下跌。

可以看出，表2-7的内容可以帮助投资者更好地抓住一些投资机会。投资者想要很好地把握机会，可能需要做出一些非常规思维下的反常识性决策。

当一家公司的股价主要反映的是技术面的因素，这种公司股票一般盘子比较小，主力控盘力度强，属于游资比较热衷炒作的概念股，如中证1000、国证2000、北证50中的活跃品种，那么DDM中的必要报酬率 k 同FCFE模型的贴现率就没有直接的关系。

因此，这种情况的分析过程就比较简单了。也就是说，公司基本面的变化虽然会改变股票基于FCFE的内涵价值，同时，在市场定价有效的前提下，这种内涵价值的变化会影响当期价格 P_0，当基本面向好，当期股价走强，在 k 不变的情况下，资本利得同样会提升，反之相反。这就解释了为什么有些游资票会出现强者恒强，弱者恒弱的表现，一个很重要的原因在于，基本面的变化会直接作用于资本利得，没有其他中介变量和扰动因素。

需要说明的是，上面的逻辑是没办法解释一些游资票在缺乏基本面支撑的情况下仍能够大幅走强，并且形成强者恒强，甚至成为妖股的现象的。因为这种情

况下，基本面因素没有变化，主要变化的是基于技术面因素的必要报酬率 k，如果 k 出现较大程度的上涨，那么，当期价格在基本面因素没有变化的情况下（当然，这是一种理论的状态），资本利得会大幅走强。当资本利得走强作用到股价上，k 可能还会进一步提升，并最终进一步提升资本利得水平。虽然，使用这个模型是可以在一定程度上解释妖股的逻辑，但笔者更倾向于认为妖股的形成是一种市场定价无效[4]的结果，因此，这便违背了DDM变形的一个大前提，即市场定价有效。

最后，我们对模型中的变量 n，即持有期进行简单的说明。可以看出，我们之前的分析内容，都是建立在持有期 n 保持不变，或者说在一定程度上忽略掉持有期的问题。我们之所以这么处理，原因在于，即使是对同一只股票而言，不同投资者的持有期限是不一样的，甚至是大相径庭的。这也是为什么DDM和其他传统现金流估值模型并没有将资本利得考虑进去的重要原因，或许同一只股票对不同的投资者的价值都是不一样的。既然如此，我们不免要发出感慨：既然估值本身就是一个在不同人看来应该有不同结论的问题，那么各大金融机构还要对某一只股票公开发表其认为合理的估值水平呢？答案不得而知。但就笔者个人的认知来讲，个股研究报告中，那些仅预测未来财务数据，不公布目标价的报告，可能对于普通投资者的价值会更大。

这时，有一些专业基础的朋友可能会说[5]，不考虑 n 的另一个理由在于，如果基于连续复利的条件，那么上述表达式就会变成下面这样，从而消除了 n 的影响。

$$\frac{P_0 + CG}{P_0} = \lim_{n \to \infty} (1 + k)^n = e^k$$

其实，这些朋友在进行复利转换的时候将 k 和复利期间的利率混为一谈了，进行连续复利处理的正确逻辑应该是引入复利次数 m，同时令 $m \to \infty$，正确的表达式如下所示，可以发现，即使是连续复利的情况下，投资回报率同样和 n 有明确的关系。

$$\frac{P_0 + CG}{P_0} = \lim_{m \to \infty} \left(1 + \frac{k}{m}\right)^{mn} = e^{kn}$$

2.3.2 将寻找动态预期差的理念融合到相对估值法之中

对于资本利得的问题，本书使用了大量的篇幅去阐述，而且讨论的问题覆盖的广度和深度应该都是比较高的。但细心的读者应该发现了，上面的这么多内容，都是和绝对估值法有紧密联系的，也就是将资本利得视为一种处置现金流，从而对绝对估值模型进行变形和改造。但对于传统控制方法的另一大类，也就是相对估值法，我们还没有谈一些比较新颖的东西。因此，这一部分的内容其实就是主要谈一谈我们对于相对估值法的一些想法和思路。

对于基础稍微薄弱的投资者来说，相对估值法和绝对估值法相比的一个非常大的优势，就在于它的可理解性更强，操作起来也更加方便和直观。但即使是看上去这么简单的一个方法，要是深究起来，可能还是有很多的误区和忽略的东西，值得我们重新关注起来。同时，相对估值法的另一个大优势，就是在使用一些指标去进行分析的过程中，都会涉及市场价格这样的一个变量，而市场价格它既包括基本面因素的影响，也包括技术面因素的影响。这和传统的现金流模型相比，可能对于技术层面问题的关注度要更高一些，所以，相对估值法的综合性也就更强，实用价值自然也就更加理想一些。

对于相对估值法，我们想要谈的第一个问题，也是一个非常基础性的问题，就是对于可比公司的选择应该如何去着手。

有人说，可比公司的选择是一个很简单的问题，我们就把同行业的公司放在一起去进行对比和分析就可以了。这句话看上去很随意，实际上很多投资者，甚至是一些专业的机构投资者都是这样去操作的。例如，要对贵州茅台这家公司进行估值，那么我们对于可比公司的选择，可能就会选择白酒板块的所有上市公司。显然，这种做法过于想当然，因为同行业的公司有可能实质性差异巨大，从而根本不可比。

这个时候你可能会说，笔者的这种说法其实就是在抬杠，因为即使一些公司是属于同一板块的，看上去比较类似，但如果要细究的话，可能市场几千家上市公司中，也没有任何两家公司是完全可比的。这句话虽然是在反驳笔者之前的观点，但其实却是绝对正确的。从商业模式，产品力、所属行业、市场规模等这些维度去入手，你会发现可能真的没有可以比较的公司。因为这些衡量指标，大都是定性指标，而定性指标只要你肯去向下细分，那么两家再相似的公司都会有一些不同之处。但是，如果我们找一些定量的指标呢？而且这个定量的指标所覆盖的取值范围在一个相对较小的区间之内（不会像市值这种指标覆盖的取值范围是0

到正无穷），这样的话，我们可能就会找到一些公司是可以比较的。当然，我们不会为了寻找定量指标而去寻找定量指标，肯定是从我们所使用的估值方法中涉及的指标入手，如市盈率、市净率和市销率。

我们先以市盈率为例去说明这个问题：到底哪些公司的市盈率是可比的呢？与其去拍脑袋，想当然地选取一些指标，我们还不如就从市盈率公式去入手分析。

我们都知道，市盈率的计算公式很简单，就是股价除以每股收益（EPS）。之前我们已经有过阐述，EPS数值大小的确定是一个涉及基本面的问题。如果把EPS这个因子去进行拆分，那可能或多或少都会与绝对估值法的问题结合起来，而绝对估值法的复杂性读者应该有所认识，如果这里我们把这么简单的市盈率指标去给它复杂化，那可能最终的结果是得不偿失的。正因如此，我们所需要考虑的问题其实就是分子，也就是有关股价的问题。

我们在介绍资本利得和绝对估值法融合的问题时，使用的一个模型是DDM，它是站在投资者的视角之下，考虑股票能给投资者带来的现金流的分布，也就是股息红利。当然，这里我们就不再考虑资本利得这么复杂的问题了，并且假设被估值公司的股利可以稳定增长，那其实根据咱们中学学到的等比数列求和公式，就可以发现这样一个非常令人欣喜的结论，那就是股票的价值，其实就等于下一期的股利去除以股权成本与股利增长率之差，证明过程如下：

$$\because V = \frac{D_1}{(1+k)^1} + \frac{D_2}{(1+k)^2} + \cdots + \frac{D_n}{(1+k)^n} = \frac{D_0(1+g)^1}{(1+k)^1} + \frac{D_0(1+g)^2}{(1+k)^2} + \cdots + \frac{D_0(1+g)^n}{(1+k)^n}$$

$$\therefore \text{根据等比数列求和公式，} V = D_0 \frac{\frac{1+g}{1+k}\left[1 - \left(\frac{1+g}{1+k}\right)^n\right]}{1 - \frac{1+g}{1+k}}$$

令 $g < k$（可近似认为，股利支付率低于100%时，假设条件成立），

$$\text{则} \lim_{n \to \infty} V = D_0 \frac{\frac{1+g}{1+k}}{1 - \frac{1+g}{1+k}} = \frac{D_0(1+g)}{k-g}$$

　　其中，V 为每股股票的内在价值，D_1、D_2…为第1、2…年每股股票股利的期望值，k 为股票的必要收益率，g 为股利增长率。

　　下面，我们利用上面的结论，将市盈率的变形过程进一步展示：

　　∵ **市盈率=股价÷当期每股收益；股价=下一期每股股利÷（股权成本–增长率）；**

　　∵ **市盈率=下一期每股股利÷[（股权成本–增长率）×当期每股收益]**

　　=[当期每股收益×(1+增长率)×股利支付率]÷当期每股收益÷（股权成本–增长率）

　　=股利支付率×(1+增长率)÷（股权成本–增长率）

　　所以，通过这样的简单的数学变换，我们就可以发现市盈率其实是和企业的成长率（增长潜力），股利支付率和股权成本（风险）紧密相关的。这三个因素类似的企业才会有类似的市盈率，而同一个行业的企业并不一定具有这种类似性。基于此，这时候有人如果跟你说，贵州茅台的可比公司可能是一家造芯片的企业，或者说是一家煤炭采掘的公司，你都不能够立刻去否定他，因为如果他所罗列的这些看上去风马牛不相及的公司，增长率、股利支付率或股权成本能够可比的话，那么这些公司就是可比公司。

　　我们可以将市净率也进行类似的数学变形：

　　∵ **市净率=股价÷每股净资产，股价=下一期每股股利÷（股权成本–增长率）；**

　　∵ **市净率=下一期每股股利÷[（股权成本–增长率）×每股净资产]**

　　=[股利支付率×权益净利率×(1+增长率)]÷（股权成本–增长率）

　　同样地，我们可以将市销率也进行类似的数学变形：

　　∵ **市销率=股价÷每股营业收入，股价=下一期每股股利÷（股权成本–增长率）；**

　　∵ **市销率=下一期每股股利÷[（股权成本–增长率）×每股营业收入]**

　　=[股利支付率×营业净利率×(1+增长率)]÷（股权成本—增长率）

　　从上述推导可以看出，驱动市净率的因素有权益净利率、股利支付率、增长率和股权成本，驱动市销率的因素有营业净利率、股利支付率、增长率和股权成本。

　　从这三个指标的驱动因素可以看出，市盈率的驱动因素都可以驱动市净率和市销率，所以对于市净率和市销率，我们就可以选出它们最具有代表性的驱动因素，分别为权益净利率和营业净利率。而市盈率虽然没有属于自己的最具代表性的驱动因素，但考虑到使用市价比率的时候，一般都会和评估一家公司的成长潜力相关，所以，我们认为市盈率的驱动因素中，可能增长率的重要性和代表性会更强一些。

我们确定主要驱动因素的原因在于，通过我们的实践发现，如果使用市盈率、市净率和市销率指标进行估值，并按照各自的所有驱动因素去进行可比公司的筛选，那么最后筛选不出足够的可比公司，从而没有办法进行下一步操作。这个时候我们就要放松一下假设，有选择性地、有重点地使用驱动因素，当样本量只允许使用一个驱动因素的时候，那么选择最具代表性的驱动因素显然会更加合适一些。

这时候，另外一个问题就出现了。如果我们采用上述的比较科学的选择可比公司的方法去进行估值，那么不难发现估值的目的，就变成了从一堆被合理定价的公司当中挑一个定价不合理的公司，这就相当于是我们在尝试参与套利。但在当前的资本市场环境下，参与市场交易的投资主体类型其实是非常丰富的，有很多都是基于量化策略的基金，这些策略其实对于市场当中存在的套利机会是非常敏感的。如果有一家公司和它的可比公司相比，估值上产生比较明显的偏差，这个时候也许不用等普通投资者去发现这样的机会，很多量化套利的策略就已经把机会给抹平掉了。所以，即使我们将可比公司的选择逻辑进行了一定的科学性的优化，但在实践当中，我们也很难发现比较理想的套利机会，因此这种方法其实就变成了一种空中楼阁，只能看得见，但是却没有办法给我们带来真正的收益。

正因如此，我们才要将动态预期差的概念引入相对估值法的应用中来。因为预期差，其实是资本市场当中最重要的盈利来源，而且，基于预期差进行的投资，如果策略成功，那么其带来的盈利水平，其实就取决于这个预期和现实之间的差距到底有多大。如果这个差距很大，甚至是颠覆性的，那么其给你带来的潜在收益水平也是非常巨大的，这也就是价值嬗变策略的一个比较理想的状态。

发现预期差，其实就意味着有可能盈利或者减少亏损。而这种投资业绩的取得，其实不要求市场当中一定有错误定价（需要明确的是，预期差的发现虽然在某种意义上代表市场定价存在错误，但我们最好不要这么想，我们在上文的讨论中提过，估值对于不同的主体来说结果都是不同的，因此预期差实际上是个人估值同市场整体估值产生的差异，我们真正要考虑的是，这种差异能否伴随着时间的推移而动态收敛。如果因为预期差能够为投资者带来盈利，从而让我们觉得能够提前判断市场未来走向的决策就是正确的，市场就是错误的，那么我们便非常容易陷入静态决策的陷阱，这一点，后面会更加详细地阐述）。即使市场的定价是真实的、合理的，没有任何套利机会，发现预期差也可以给你带来盈利。如果市场当中存在错误定价，而这个错误定价一直存续下去，也不会影响预期差给你带来收益的水平，因为一个预期差的出现，会同时改变所投资公司和可比公司的估值水平。由于我们不是考虑做配对交易、价差交易，因此我们只需要关注出现预期差的这个标的的未来所运动的方向，并辅以相关的投资决策即可。

预期差和相对估值法有什么关联呢？其实这里我们把相对估值法做了一个比较广义的拓展，因为相对估值法最重要的内容是"相对"的概念。也就是说，我们考虑一家公司股票的价值是否合理，主要依据就是参照系的选择。传统的相对估值法，利用市盈率、市销率或市净率进行估值，那么它的参照系，其实就是可比公司。如果是基于预期差的角度去考虑相对估值法的问题，其实我们选择的参照系就是市场当中的一致性预期。

市场一致性预期决定的因素其实比较多，通常情况下，我们可以将卖方的研究报告观点，一些比较有影响力的专家的观点，或是通过在雪球、股吧等这些有关资本市场的舆论比较丰富的地方挖掘到的市场对于某一个问题的态度，其实都是一致性预期的决定因素，只不过，对于不同的标的，不同一致性预期来源的影响权重不尽相同。

对于卖方投研机构的一致性预期，其实主要决定了机构持仓占比比较高的股票的整体预期水平。我们可以在同花顺、东方财富等平台，轻易地获取到卖方的投研报告。当然，券商所出具的研究报告详细的PDF版本，目前很多都没有办法免费获取了，只能看到报告的摘要。但很幸运的是，我们如果只想评估一下机构的一致性预期水平，那么通过网站上免费提供的报告摘要，就可以比较清晰地了解到了。

我们以东方财富网站为例（如图2-3所示），简单地梳理一下，如何通过研究报告摘要获取机构的一致性预期水平。首先，打开东方财富的官方网站（https://data.eastmoney.com/），在页面上方的选项当中找到"研报"，点击进去就可以进入研报中心。进入研报中心，我们可以发现卖方提供的研究报告有多种类别，包括宏观报告、策略报告、行业报告和个股报告。如果我们想找到对于某一家公司的机构的一致性预期，只需要关注个股研报即可。

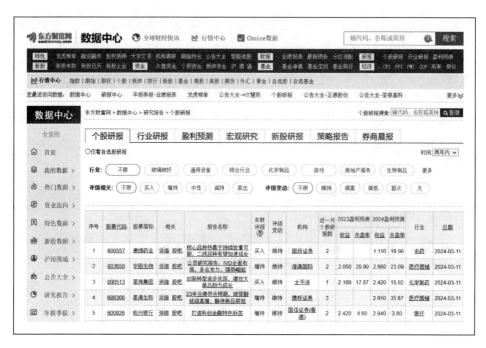

图 2-3　东方财富网研报中心页面展示

　　对于个股报告，又可以分为两类，第一类是深度报告，或者是对于一家公司的首次覆盖报告。这种报告也可以表明报告撰写的机构对于这家公司的业绩预期状况，但是由于它是首次覆盖报告，所以报告的内容是非常庞杂的。这种报告的目的其实是让潜在的投资者能够很全面地了解一家公司，因此，如果你对一家公司比较感兴趣，但是之前又没有过深入的了解，那么就可以通过阅读这种深度报告去进行一个公司投资主要逻辑的一个大致的梳理。但是，这种报告建议各位一定要看到PDF版本，因为仅仅通过摘要去阅读的话，那可能很多内容都是覆盖不到的。

　　一致性预期水平更重要的来源是业绩数据的点评报告，这类报告一般都会在上市公司披露财务数据之后的几天集中出现。例如，如果目前的时间节点临近三季报披露的时间，那么我们就可以找一下所要研究的公司在半年报披露之后，这些券商研究所披露的报告当中一致性预期的水平。如果通过自己的研究发现，这家公司的业绩很有可能超过之前的一致性预期，那么在三季报披露之后，你的逻辑被证实是正确的，最终的结果很可能就是盈利，反之就是亏损。特别要注意的是，券商的一致性预期也不是一成不变的，一般他们也会根据公司实际的业绩情况去进行调整，而且有些时候调整的幅度是非常离谱的。所以，我们不要把券商的报告奉为圭臬，因为报告当中也会出现各种错误，对于一些更加虚无缥缈的预期肯定也就不是特别准确。我们对于券商报告的研究，其实并不需要关注这家公司到底值多少钱，预期EPS到底是多少？我们所关注的其实是这家公司未来业绩指标相对于一致性预期水平会出现怎样的一个变动。因此，对于一些报告当中所披露的公司的目标价格，各位看一看就好，没有必要过多地去在意。

下面，我们以一个实际的案例，简要了解一下如何在研报的基础上应用基于预期差的相对估值法。

示例9：中兴通讯[000063.SZ] 2023年三季报研报摘要（来源：天风证券）

事件： 公司发布2023年三季报，前三季度实现收入893.93亿元，YOY-3.42%，实现归母净利润78.41亿元，YOY+14.97%，实现扣非归母净利润71.01亿元，YOY+27.93%。经营性现金流净额达92.6亿元。

单季度营收承压： 全球宏观经济环境的不确定性，给ICT产业的发展带来挑战，同时数字经济的蓬勃发展，也为数字基础设施的建设带来了新机遇。公司单Q3季度营业收入实现286.89亿元，同比下滑12.4%，我们认为主要受到整体宏观环境影响，下游需求疲软。公司在此宏观背景下，有序推进第二曲线创新业务。随着数智化时代的加速以及大模型的涌现，公司不断深化"连接+算力"两大方向的探索实践，推动技术、产品和应用创新。

利润端受计提减值影响： 公司单Q3实现归母净利润23.69亿元，YOY+5.09%。成本端看公司单Q3毛利率44.63%，环比+2.59pct，同比+6.5pct，体现公司降本成效。费用端看，受营业收入同比下滑影响，公司销售费用率/管理费用率小幅上行，同时公司持续加码研发，研发费用率同比提升3.66pct至21.85%。此外，公司主要受计提减值损失影响较大，Q3计提资产减值和信用减值损失7.4亿元，对比去年同期增加1.9亿元。

竞争力领先，持续向算力方向布局： ①公司运营商网络核心产品市场地位继续保持行业领先。5G基站、5G核心网、光网络200G等产品发货量均位居全球第二，5G RAN产品获得GlobalData领导者评级。②消费者业务持续深耕移动影像、游戏电竞、GPT+AR眼镜、平板电脑、移动Wi-Fi、5G CPE等全场景智慧生态，持续推出智能终端新品，同时5G MBB&FWA市占率保持全球第一。③5G-A领域，完成业界首个基于5G-A技术的工业现场网预商用验证、首例5G-A通感算一体车联网架构技术验证、NR-NTN低轨卫星宽带业务的实验室验证。④政企方向，公司推出包括新一代数据中心、数据中心交换机等产品，并积极拓展智算，提供包括万卡大规模集群、训推一体机等在内的端到端全栈智算解决方案，并自主研发通用大模型、预训练"N"个领域大模型，进而衍生出"×"种应用，构筑产业数智化转型新引擎。

盈利预测与投资建议：整体看，中兴通讯整体经营保持稳健，利润持续快速增长，5G份额保持领先，同时迎来AI科技巨大变革下，通信+算力打开长期成长空间。受宏观环境影响，我们调整2023年归母净利润为101亿元（前值为105亿元），预计2024—2025年公司业绩分别为126/148亿元，对应当前2023—2025年PE分别为12/10/8倍。维持"买入"评级。

风险提示：宏观政治风险、计提减值风险、算力发展不及预期的风险、运营商基站建设节奏的风险等。

可以看到，天风证券的报告摘要，是具有很强的代表性的。这种业绩披露之后的跟踪报告摘要，一般由三个部分组成：第一，对于当季的财务数据进行简单的罗列。第二，对于当期值得关注的财务上、公司经营或者行业方面的变化进行简单的阐述，这部分虽然从字数上看，占整个摘要的绝大部分，但是它对于咱们进行预期差的挖掘来讲，没有那么重要，因为这些逻辑很大程度上能够在第一部分和第三部分中反映，并且第一部分报告中的内容其实是凑字数用的。而对于第三部分，也就是盈利预测和投资建议，我们重点关注的应该是盈利预测。券商的报告当中盈利预测的部分一般都会对公司的营业收入、净利润或者是每股收益进行预测，这里我们要重点关注同一家券商，对于一家上市公司股票预测的变化，这个变化其实就体现了它预期的修正路径。当然，如果投资者的财务功底不强，那么直接看投资建议（或投资评级）的部分也是可以的（相关指标见图2-4所示），只不过这样就只能知其然而不知其所以然了。

价值嬗变的玫瑰
——具有创新意义的动态投资决策框架

76

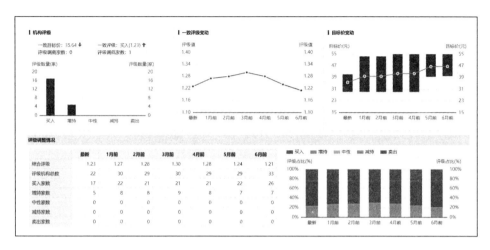

图 2-4　中兴通讯[000063.SZ] 机构评级分析结果（数据来源：iFinD）

在具体分析一个报告的摘要的时候，要进行的第一步工作，就是看一下目前机构对于这家公司的预期是什么。只有在了解了现有的预期究竟是什么的情况下，我们才能基于自己对于这家公司或者这个行业的理解，挖掘出可能存在的预期差。

回到中兴通讯的三季报，我们可以看到机构其实对于中兴通讯的营业收入的增长率，并不是特别的满意。从半年报开始，中兴通讯的营收增长就已经出现了乏力的表现，但是到了三季报，我们可以发现它的营收增速开始同比转负，这个是一个比较消极的信号。因为中兴通讯的业绩主要还是依赖于运营商业务，在5G资本开支逐渐趋于后半程的时候，机构认为，这将会对中兴通讯未来的营收带来更大的压力。与此同时，公司的规模净利润的同比增速还算比较乐观，尤其是扣非的增速还是处于一个比较高的水平。同时，公司的毛利率情况依旧在持续的改善的过程当中，这也说明中兴通讯巨量的研发投入效果可能也在逐渐体现出来。

对于天风证券的盈利预测，我们可以看到，相对于半年报点评报告结论来看，目前可能他们仅仅对于2023年的预期净利润进行了一定程度的下修，没有改变2024年和2025年的预测结果。如果各位对于其他券商的研究报告有一定了解的话，我们可以发现天风证券对于中兴通讯的态度还是偏积极的，可能更加主流的机构观点是倾向于中兴整体的营业收入和经营状态，在未来可能要面临持续的压力，不仅仅局限于2023年。

从预期差的角度来说，我们可以发现，关于中兴通讯有两个层面的预期差。第一，机构跟机构之间的预期差：天风证券这样比较积极乐观的预期与相对消极的预期。前者可能认为2023年整体业绩的压力，更多的是由于经济周期的影响的。而后者认为，中兴通讯的政企业务短期来看很难接棒运营商业务成为第二增长曲线，在运营商资本开支逐渐下滑的这样一个时间窗口，中兴通讯可能就会面临持续的经营压力。

而第二个层面的预期差，就是我们投资者自己的预期和市场主流机构的预期之间的差距。因此，这个层面的预期差，其实就是仁者见仁，智者见智，真正能够体现投资者水平的地方了。

笔者认为中兴通讯目前的经营状况还是可以让人接受的，也就是说，对于其未来的态度还是偏乐观的。首先，虽然运营商业务未来的增速可能相对弱一些，但是5G技术如果能够进一步在应用端有所发展，比如赋能传统工业、出现现象级5G应用等，那么伴随着经济周期的回暖，这部分业务可能会超出市场预期。同时数字经济在目前国家发展的战略地位是越来越重要，中兴通讯，作为ICT设备的核心提供商，必将享受这样一个时代给予的产业红利。另外，营收的下行虽然代表着公司业务规模存在下降，但公司盈利水平还是处于比较理想的状态，现金流和毛利率状况都在不断的改善，产品力也在不断增强。因此，我们认为中兴通讯的预期差可能体现在：经济回暖、5G应用、数字经济、产品力这四个关键词上。

这里我们主要介绍了如何通过券商研报的数据，挖掘到机构的一致性预期水平。那么，对于行业或者经济专家的观点，包括社交平台上的一些舆情信息，我们所关注的重点是其观点整体上呈现一个什么样的状态，无须特别关注细枝末节。换言之，我们只需要判断目前市场上的声音对于某一个问题是偏积极的，还是偏消极的，或是偏中性的态度就可以了。因为这些问题，或多或少，会更直接地作用到交易当中，比如舆情就直接代表着投资者的情绪，而投资者情绪是高是低就决定了目前市场所面临的是支撑还是压力。因此，如果我们把券商的一致性预期当作基本面的参照系，那么对于舆情相关的信息其实就是技术面的参照系。这样，我们就把基本面和技术面的问题在相对估值法的拓展当中，又进一步地结合在了一起。

再回到中兴通讯的案例当中。从舆情的分析来看，市场主流观点认为公司的质地还是不错的，至少在与A股上市的科技公司相比，中兴通讯的竞争力是毋庸置疑的。但是由于之前受到某些国家不公平对待，中兴通讯在一定程度上可能会被情绪资金短期规避。基于这样的分析逻辑，我们认为即使之前机构的一致性预

价值嬗变的玫瑰
——具有创新意义的动态投资决策框架

期，可能有点过度悲观，之后估值上肯定会存在修正，但是由于市场的情绪还不是特别的理想，因此，股价的修复持续的时间可能要更长一些。另外，即使某些因素可能引导市场，对于预期差进行一定程度的改善，中兴通讯的股价表现可能也会弱于同板块其他公司。

从上面的分析我们可以看出，对于中兴通讯来说，机构的一致性预期应该比舆情方面的问题要更加重要一些，因为中兴本身是一个机构持仓占比较高的标的。而如果你分析的公司，机构的关注度比较低，股价的表现又主要由游资主导，那么这个时候基本面和技术面的一致性预期分析，就要和中兴通讯完全反过来，也就是说，我们要重视舆情的预期和自己的预期之间的差异，而在一定程度上将公司基本面的表现作为补充。

经过分析，我们发现了自己的预期和一致性预期之间的差异，但这个时候，我们暂时还没有办法证明究竟是一致性预期是正确的，还是我们自己的预期是正确的，从而也就没有办法确定股价未来的表现是什么样子。所以，接下来的工作就是，要密切关注后续可能影响预期差的所有因素可能出现的变化。具体来说，这些因素变化的来源可能是新闻、政策、行业数据、技术进步、公司补充披露的一些信息等，它们如果能够直接作用于在分析潜在预期差的时候所总结出的关键词，那么其就是相对有效的信息。

对于中兴通讯而言，我们总结出的影响预期差的主要关键词为：经济回暖、5G应用、数字经济、产品力。任何和这些关键词能够有影响和被影响关系的信息，都可能是我们关注的内容：比如持续改善的社融数据；工业企业利润的增加，从而推动相关制造业公司开始提升资本性支出；公司的专利数量进一步提升，毛利率水平向上的驱动力进一步增强；5G终端出现颠覆性的迭代，从而催生了现象级应用的出现；国家对于数字经济的财政支持力度进一步增强，运营商资本支出回落速度低于预期等。

最后需要补充说明一点，上述对于中兴通讯预期差影响的关键词的提炼，主要是依靠定性分析，为了追求分析结果的确定性和客观性，我们也可以采用一些定量的办法筛选一些影响公司财务表现的关键性因素，这里一个比较流行的方法就是敏感性分析法。

敏感性分析是一种研究投资项目（对于二级市场投资者来说，这里所讲的项目就是各种潜在的投资机会）在各种不确定性因素影响下的经济效益的方法。在财务分析中，敏感性分析通常被用来评估一个项目在不同风险水平下的经济可行性。它可以帮助决策者了解哪些因素对项目的经济效益影响最大，从而制定相应的风险控制措施。

敏感性分析的基本步骤如下。

步骤1：确定敏感性分析的对象：选择需要进行敏感性分析的项目或决策；

步骤2：确定不确定性因素：列出可能影响项目经济效益的不确定性因素，如市场需求、成本、利率等；

步骤3：计算敏感性指标：根据敏感性分析的对象和不确定性因素，选择相应的敏感性指标进行计算，这些指标可以包括敏感度系数、临界点等；

步骤4：分析敏感性指标：根据计算出的敏感性指标，判断各不确定性因素对项目经济效益的影响程度；

步骤5：制定风险控制措施：根据敏感性指标的分析结果，制定相应的风险控制措施，如制订备选方案、进行风险规避等。

下面，我们继续研究相对估值法，只不过，这次我们是要将相对估值法（以 *TTM* 为研究对象）同 *CAPM* 结合起来，去构建一个覆盖时间区间更长的参照系。

首先，我们先看一下下面的推导：

$$\because TTM = \frac{P}{EPS}, \ ROE = \frac{EPS}{BPS}$$

$$\therefore \frac{1}{TTM} = \frac{ROE \times BPS}{P}$$

其中，*TTM* 为滚动市盈率，*EPS* 为每股收益，*ROE* 为净资产收益率，*BPS* 为每股净资产，*P* 为股票市价。

通过上述变形，我们就把 *TTM* 和 *ROE* 这两个乍一看不太相关的概念联系了起来，即 *ROE* 代表了基本面因素主导的权益报酬率，而 *TTM* 的倒数，则代表了考虑交易因素的由基本面因素主导的股东报酬率。换句通俗的话讲，*TTM* 的倒数同 *ROE* 均代表收益率的概念，且分子均由公司经营业绩的一种表现形式，即 *EPS* 表示，但区别在于前者的分母是股票的市价 *P*，而后者的分母是每股净资产 *BPS*。无论是 *P* 还是 *BPS*，均是属于公司净资产的一种计量方式，只不过前者为公允价值，后者为账面价值。二者的区别类似债券的实际利率和票面利率，即前者考虑了市场整体的风险溢价水平，而后者只是账面的数字。因此，在以公允价值为主导的股东报酬率中，其代表的是股票投资者对于这家公司股权投资所预期的最低必要报酬率的水平。而必要报酬率，通常意义上包括系统性风险溢价和非系统风险溢价。只不过根据马科维茨（Markowitz）投资组合理论，我们可以认为，在A股这一体量比较庞大的市场中，非系统风险可以通过分散化投资进行消除，因此，投资者仅需要对不可分散的系统风险获得溢价。综上，公允价值下的必要报酬率可以认为是系统风险带来的。而以公允价值为主导的股东报酬率中，股价作为分母主要由系统性风险决定，而分子的EPS由于是从财务报表中直接计算得出，因此，其并没有将非系统性风险完全剥离，只是在一定程度上相较于ROE而言，系统性风险因子的影响权重有了明显的提升。

TTM体现的必要报酬率是不考虑短期资本利得的，且我们可以假设EPS近似等价于股权自由现金流。因此，TTM估值主要的着眼点并非短线，而是对于中长线估值中枢的一种衡量，且在应用TTM估值法时，我们需要将已披露财务报告中历史数据表示的EPS调整为带有预期性质的每股收益，即EEPS。在充分理解了TTM同必要报酬率之间的关系后，我们便可以得出如下令人难以置信的结论：

结论1：TTM越大，投资者的必要报酬率越小，进而反映出所投资股权面临的系统风险越低；

结论2：TTM越小，投资者的必要报酬率越大，进而反映出所投资股权面临的系统风险越高。

这个结论相信会出乎很多人的意料，因为基于常识或者一般性思维，我们都会认为低市盈率的股票风险要小于高市盈率的股票，事实却是，一些长期稳定地处于低市盈率的行业，如银行、建筑装饰、家电、房地产等面临的系统风险要显著高于计算机、军工、电子等成长性行业。虽然市盈率较高的行业面临的非系统性风险，如经营风险、财务风险等会处于比较高的水平，但市场并不会给予这类风险显著的溢价，因此市盈率估值法的视角下，这些风险并不是我们要重点关注的。

对于上面的结论产生的缘由，我们也可以从下面的几个要点去理解：

（1）TTM衡量的是基于预期的风险评估，即使用的是EEPS而并非EPS；

（2）EEPS转换为自由现金流存在增量成本，例如你无法通过先收购再出售的方式去完全消除一家银行股票价格的偏离；

（3）中长期资本利得预期会影响风险溢价。

对于上面的结论产生的缘由，我们也可以按照如下的思路去理解：

传统市盈率估值方法并没有深度剖析市盈率本身，而是通过直接寻找可比公司市盈率的方式进行估值，因此这种估值方式是相对保守的，即在很大程度上承认市场的合理性，进而也就难以充分挖掘市场中存在的个股层面的预期差。而在这一部分，我们讨论的市盈率估值方法，是在上一部分的分析之上，剖析市盈率的驱动逻辑，进而增加对于市场错误定价挖掘的深度，以达到更好的估值效果。

本估值方法的核心思路可以总结为一句相对抽象的话：

通过建立 β 系数同TTM之间的关系进行估值。

本估值方法的具体步骤如下：

步骤1：构建基于预期的评估框架

我们在上文已经论述了将EPS调整至EEPS的必要性，即我们要建立的是 β 同公司基本面信息之间的联系，而 β 是由市场价格的波动关系计算而来，而市场价格显然是基于预期，为了框架逻辑前后的可比性，基本面信息也同样需要基于预期，而预期又是基于历史数据，因此存在如下函数关系：

$$EEPS = f(EPS) = f\big[g(x_1, x_2, \ldots, x_n)\big] = \varphi(x_1, x_2, \ldots, x_n)$$

从量化的角度看，上述函数关系表明，我们需要深入挖掘历史数据同预期基本面状况的函数关系，进而得出合理的预期每股收益。显然，这一过程对于普通投资者而言，并没有太多实际价值，因此，我们可以通过个股研究报告中，研究员进行的预测数据，近似求得公司未来2—3年的EEPS，并根据自身的预期进行调整。

而对于 β 而言，我们可以用定义法和回归法进行求解。定义法即使用标的证券收益同市场组合收益的协方差除以市场组合收益方差得出，而回归法则使用资本资产定价模型（CAPM）求得。

步骤2：寻找可比公司

市盈率估值法无论是何种形式，都难以摆脱寻找可比公司的步骤，只不过传统的方法是直接寻找市盈率可比的公司，而这里，由于我们已经把市盈率同系统性风险联系了起来，而系统性风险存在广义上的可比性，因此，名义上这一步骤是寻找可比公司，但实际上则是构建 β 同TTM之间的关系，即：

$$\beta \left[E(R_m) - R_f \right] + R_f = \frac{1}{TTM}$$

上述公式中，等式左边为根据$CAPM$得出的股票系统性风险回报率，如果基于长期的视角来看，$EEPS$可以近似等价于股权自由现金流，对于股票投资者来说，$EEPS$如果做一定的平滑处理后，可以近似折算成等额年金，因此，股票价格P就等于经调整的$EEPS$与$CAPM$计算出的股票回报率的商。由此，我们便推导出，在$EEPS$相对稳定的情况下，股票投资者系统性风险回报率等于TTM的倒数。

步骤3：计算被估值企业理论TTM

这一步骤相对简单，即通过上一步骤构建的恒等式，代入已知的β、市场组合收益率和无风险收益率，即可求得被估值企业理论的TTM。

步骤4：计算被估值企业股票的理论价格

由于$TTM = \frac{P}{EEPS}$，因此代入步骤1中的$EEPS$和步骤3中的TTM，即可求解P作为被估值企业股票理论价值的近似。

不可否认的是，这一估值模型仍旧存在一定的缺陷，例如，其较为依赖市场的有效程度，仍旧难以完全摆脱对主观决策的依赖，以及恒等式关系是近似相等。因此，我们如果使用上述模型去确定一只股票的合理价格，那么可能风险是比较大的，因为TTM的计算本身就是近似的，同时$EEPS$又包括我们的主观估计，那么由此得出的P大概是不准确的。且我们将$CAPM$同TTM联系起来计算出的TTM仅仅考虑了系统性风险，而普通的TTM则是系统性风险和非系统性风险同时作用。

普通TTM同使用$CAPM$计算的TTM之间的大小关系，也可以反映出标的的一些特性。例如，如果这两种TTM之间的大小关系是趋于稳定的，即普通TTM稳定大于$CAPM$下的TTM（情况1），或普通TTM稳定小于$CAPM$下的TTM（情况2）。普通TTM的分母由往期EPS去衡量，预期的信息仅体现在股价上，而$CAPM$下的TTM则是全部使用了市场数据，其能够更加充分地反映出公司业绩未来的预期情况。因此，如果情况1发生，说明市场对于该公司的预期比历史业绩的趋势更为乐观，那么该股未来的成长属性占优；如果情况2发生，则说明市场对于该公司的预期水平比历史业绩的表现更为悲观，那么该股未来的价值属性占优。特别地，如果使用卖方机构的一致性预期，那么在一定程度上也能够体现公司未来的发展方向，但其相较于$CAPM$而言，缺点在于不能够实时根据市场价格进行评估，并且若研究员的预判出现偏差，其调整的灵活性也不如市场价格来得更为理想。

还有一种情况我们应该给予一定的关注，即普通*TTM*和*CAPM*计算的*TTM*之间并没有稳定的大小关系，也就是说，在一段时间内，前者大于后者，在下一段时间内，后者大于前者，二者之间的差（考虑正负号）以0为轴进行周期性的变动。这个情况说明，市场对于这家公司究竟是价值属性占优还是成长属性占优的态度是随着时间进行变化的。市场的态度之所以这样摇摆不定，可能主要有以下两方面的原因：

其一，公司的主营业务模块比较多，而市场关注的模块在不同的时间内是不一样的。

示例10：大北农 [002385.SZ] 到底是猪肉股还是种子股？

大北农[002385.SZ] 主要经营两个方向的业务，其一为养猪业务，其二为种子业务，当市场关注猪周期的时候，公司的股价波动就主要反映养猪业务的动向，从而更容易体现出价值的属性，而当市场关注粮食安全的时候，公司的股价波动就具有明显的成长性特征。

其二，市场对于某些板块的风险偏好是经常变化的，而这些板块通常具有想象空间大、经营不确定性大等特点。当市场风险偏好的时候，市场便容易给出较高的估值，从而让个股的*TTM*更加具有成长性，反之，则价值属性占优。

对于价值属性和成长属性呈周期性变化的标的，当两种口径的*TTM*差异到达极值的时候，后续将必然面临收敛，而差异缩小到0之后，又必然会进一步沿相反方向扩大。

如果仅考虑*CAPM*下的*TTM*，根据传统的观点，不难发现当 β 较大（仅考虑 $\beta>0$ 的情况）的时候，*TTM*较小，标的具有强贝塔属性；当 β 较小的，*TTM*较大，标的具有弱贝塔属性。这样，市场大势，贝塔强弱和成长价值之间的关系，以及对应的投资决策就可以使用表2-8来表示。

价值嬗变的玫瑰
——具有创新意义的动态投资决策框架

表 2-8　基于两种TTM的选股逻辑汇总

市场趋势	贝塔属性	价值/成长	收益	风险	投资决策
上涨	强贝塔	价值	☆☆	☆	接受（次优解）
		成长	☆☆☆	☆	接受（最优解）
	弱贝塔	价值	☆	☆☆	拒绝
		成长	☆☆	☆☆	观察
下跌	强贝塔	价值	☆	☆☆☆	拒绝
		成长	☆☆	☆☆☆	拒绝
	弱贝塔	价值	☆☆	☆☆	观察
		成长	☆☆☆	☆☆	接受（次优解）

　　之前我们谈到利用预期差进行投研的时候，涉及选取预期差关键词这一步骤，当时，我们更多的是依赖于主观研判与敏感性分析方法进行关键词的确认。而梳理了CAPM下TTM的逻辑之后，我们通过这个新的办法可以确认一家上市公司是强贝塔还是弱贝塔，是价值型还是成长型，之后，我们按照最后的结论，在关键词中进行筛选，便可以更加精确地确认市场最关注的点到底是什么，从而形成最优的投资决策。

　　回到中兴通讯的例子（示例9），如果我们将2021年1月—2023年10月的TTM和 β 纳入统计，普通TTM和CAPM下的TTM之间的关系如图2-5所示。可以看出，两种不同口径下的TTM周期性地出现交叉。与此同时，CAPM下的TTM在近三年，更多的时候是低于普通TTM的，因此，中兴通讯的价值属性要低于成长属性。在2023年10月末这样的时间窗口期，公司的贝塔值为1.1048，高于市场平均水平且大于1，故公司属于强贝塔股。因此，成长属性以及强贝塔的关键词更加值得我们关注。回顾上文我们确认的四个关键词：经济回暖、5G应用、数字经济、产品力。其中，经济回暖、数字经济具有贝塔属性，而数字经济的成长属性更浓。故中兴通讯的股价表现中最重要的预期差，就应该是数字经济的发展情况。

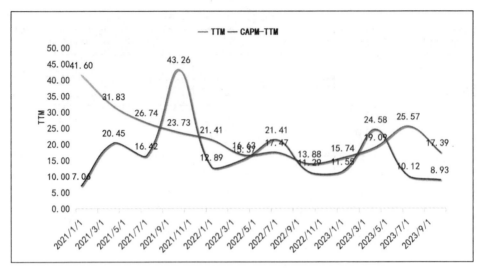

图 2-5 中兴通讯[000063.SZ] 周期性和成长性分析（数据来源：iFinD）

结合上文我们认定公司目前主要体现成长属性，那么其最终符合"下跌+强贝塔+成长"的组合，风险水平大于收益，因此应拒绝将这一标的纳入备选池。从该公司之后的走势来看，虽然在我们做出该决策的时间点，公司股价已经从高位持续下跌了40%左右，但之后股价仍旧处于萎靡不振的走势，且在2024年1月创出了阶段性新低，这也从实证的角度进一步验证了上述决策生成逻辑的有效性。

2.3.3 如何让传统估值法更加有效？

2.3.1和2.3.2中的内容整体上看，似乎有点天马行空，这让很多想踏踏实实按照相对传统的方法进行投研的读者朋友有点摸不着头脑。这里，为了能够满足这部分读者的需求，笔者也将会分享一些能够让传统估值法更加有效的几个方法。

方法1：在进行估值工作之前，需要对公司进行简单的分析

这一个步骤主要解决的问题是，要尽可能地在自己了解一家公司的基础上进行估值工作，否则无论是应用绝对估值法还是相对估值法，我们都没有办法确保参数估计的准确性以及不同模型的适用性。一般地，我们认为，对一家公司的业务及商业模式、产业环境、财务状况等方面的了解，是进行估值前的必备前置工作。对于这一部分，很多投资者，尤其是卖方投研的新手朋友，可能更多地将精力放在了客观信息的罗列上，而忽视了这些信息同之后估值工作具体步骤之间的钩稽关系。

方法2：不可忽视估值必要性评价的步骤

估值必要性评价，旨在进行具体估值之前，进行一个相对主观的研判，从而初步确定标的是否具有一定的研究价值。如果上述答案是肯定的，才需要对于公司未来现金流等一系列参数进行预测，否则直接放弃估值即可。

估值必要性评价可以从效率上增加投研工作的有效产出，更为重要的是，我们通常将专家调研在这一个步骤中引入。因为通过专家调研，投研团队可以获取更多有意义的信息，而这些信息一般都是宏观或者中观层面的，很少有专家对于一家公司的微观情况能够发表真知灼见，如预测这家公司下一年度财务费用的水平将会怎样变动这类具体的问题，谁也没有办法给予有效的估计。所以，将专家意见的引入放到估值必要性评价中，可以最大可能地让我们发现预期差，还能够增加效率，一举两得。

专家调研一般会涉及问卷的设计，专家资源的归集，以及调研数据的清洗和使用，这里我们一般使用到的方法包括德尔菲法、层次分析法和模糊综合评价法等。在实操中，我们还可以使用其他方法，因此，对于上面提到的几个方法，有兴趣的读者可以自行了解一下，本书仅在下一节示例中进行一定的应用上的展示，就不对这些方法的理论结构进行深入的分析了。

方法3：将不同估值方法的取舍问题以定量的方式解决

一家公司的估值究竟更适合使用绝对估值法还是相对估值法，是使用FCFE还是DDM，是使用PE还是PS等问题是估值分析中的难题，因为不同的估值方法对应的结果一般会存在较大的差异。实践中，除非客观条件限制，使得有些方法并不适用，如没有可比公司可供选择、公司处于资产整合期以至于难以确定营收情况等，否则估值方法的取舍问题是我们必须要解决的。解决这一问题的办法可以是定性的，也可以是定量的。定性的方法其实大多数情况下都是拍脑袋做出的，或者通过使用不同的方法计算出估值，并挑选出看上去更加靠谱的方法。显然，这些方法都不够科学。虽然我们在估值这种艺术性很强的领域强调科学可能有点唐突，但在资本市场中寻找估值锚的工作，现在人们的处理方式显然过于艺术了。据我所知，有一部分投研机构在进行绝对估值法估值的过程中，一个非常重要的工作就是调节参数使得模型输出结果符合预先设定好的数值，且调节参数的工作主要由实习生完成。这里，我并不是想说当前公开的估值有多么的不靠谱，只是想强调科学性对于估值还是十分重要的。

而所谓的科学的估值模型取舍问题，本质上就是通过量化的方式，将不同模型的适用性赋权，并将最终的结果进行加权处理。这只是其中一种方法，但是却是最简单有效的办法。赋权的方法没办法一概而论，我们同样会在下一节的案例中予以展示。

2.4 传统估值方法的创新式应用

本节的主要内容是以估值示例的方式展示传统估值方法如何纳入一些创新性因素应用到实战中。由于本章之前的内容有相当一部分都属于对于传统估值模型的拓展，且拓展的应用在前面的内容中也部分以示例的方式予以体现，所以，本节的主要内容还是以传统估值模型实际应用过程作为主体。本节主要由两个案例组成：分别涉及德尔菲法的应用案例及专家调研与传统估值的融合性应用。这些案例都是笔者在实际工作中进行的研究，希望能够对读者有所帮助。

示例11：德尔菲法的应用[6]

研究背景及目的：

交易所在2018年对股票期权经常通过各种手段进行交易限制，从而影响了期权定价的有效性。本研究旨在通过使用德尔菲法对常见的交易限制类型进行筛选，以确定最具研究价值的限制类型，并提供应对策略建议。

研究内容（节选）：

在上一节中，本研究把股票期权市场中常见的7种交易限制（限制日成交量、限制持仓、提高保证金、提高手续费、限制增量程序化报备、窗口指导、市场干预）进行了汇总说明，但本研究进行后续实证分析中，在选取实验组数据和对照组数据时，不同的交易限制类别会使得数据选择的范围存在差异。为了提高研究结果的重要性和实用性，本研究有必要在实证分析之前，对于上述7类交易限制方式，进行一定的取舍。出于减少在取舍过程中的主观性和不合理程度的目的，同时也为了提高本研究成果的应用价值，本研究的调研借鉴了德尔菲法的相关方法，并参考张伟和张庆普（2012）[7]、雷磊（2014）[8]使用德尔菲法研究社会科学问题的部分思路，通过对27名知名期权投资专家的问卷调查，选择出对于我国股票期权市场而言较为重要的交易限制类别。

（1）调查问卷的设计

由于典型的交易限制类别划分方式具有一定的常规性，所以调查的变量可直接确定为上文介绍的7种类别的交易限制：限制日成交量、限制持仓、提高保证金、提高手续费、限制增量程序化报备、窗口指导和市场干预。在对交易限制划分为常见的7种类别之后，本研究设计了第一轮重要交易限制类别专家问卷调查表（如图2-6所示），主要包括三部分：第一部分为专家的基本信息，第二部分为7种交易限制对市场的影响程度调查表（简称"影响程度表"），第三部分为7种交易限制未来使用预期调查表（简称"使用预期表"）。第一轮调查完成之后，本研究从初始的7种类别中剔除3个，并设计第二轮重要交易限制类别专家问卷调查表（如图2-7所示），包括的部分同第一轮问卷。

图 2-6　第一轮调查问卷

图 2-7　第二轮调查问卷

价值嬗变的玫瑰
——具有创新意义的动态投资决策框架

(2) 专家选择

本次调查选择的专家共计27人，其中15人为衍生品私募基金产品管理人或投资总监（简称"私募类专家"），且所在私募资产管理规模超过1亿元，其中期权类产品份额占总管理规模的20%以上；10人为金融机构衍生品业务主要负责人（包括头部券商、保险公司等，简称"业务类专家"）；2人为上海证券交易所衍生品业务对接责任人（简称"政策类专家"）。本次调研专家年龄分布在31—49岁之间，平均金融从业年限9年，且包含了市场一线交易主体，经纪业务主体和监管主体的权威专家，完全覆盖所研究问题涉及的相关利益主体。

(3) 调查问卷的赋值方法

第一轮调查问卷把交易限制对市场影响程度划分为较大、一般和较小三个级别，并分别赋值为2、1和0；把交易限制手段未来使用的预期划分为相对常用、一般和相对不常用，并分别赋值为2、1和0。

对于上述三类专家，即私募类专家、业务类专家和政策类专家，影响程度得分的乘数分别确定为4、3和15，使用预期得分的乘数分别确定为2、3和30。

本研究做出如上乘数安排的原因有两个：

其一，由于愿意配合本研究工作的专家如果按照类别来划分，各类专家的数量差别较大，为了平滑掉不同类别专家选择的系统性差异，本研究首先确定不同类别专家的最小公倍数与各类别专家的实际数量的商，以消除掉各类别专家数量不一致的影响。具体而言，私募类专家15人，业务类专家10人，政策类专家2人，三类人数的最小公倍数为30人，因此确定私募类专家的适用倍数为2，业务类专家的适用倍数为3，政策类专家的适用倍数为15。经使用最小公倍数法进行调整之后，三类专家态度对于总体结论的影响权重均为三分之一，这便在一定程度上消除了不同类别专家人数存在较大差别的问题。需要进一步说明的是，由于德尔菲法选择的专家要求较高，且由于研究资源相对有限，各类型符合研究要求的专家从数量上难以做到相对均衡，尤其是对于政策类的专家而言，具备一定政策决策权且能够配合意见调查的专家更是少之又少。因此，在上述固有的研究条件限制下，本研究使用最小公倍数法进行一定的技术性调整，以减少不同类别专家人数出现较大不均衡现象的消极影响。

其二，由于本研究使用技术方法在一定程度上修正了各类专家人数不均衡产生的消极影响，但考虑到调研涉及有关交易限制的问题包括影响程度和使用预期两个方面，且不同类别的专家发言权在如上两个方面的问题中有所差异。为了使调研结果更具有研究上的适用性特征，本研究在使用最小公倍数法确定权数的基础上，进一步调增对于影响程度和使用预期相关问题具有更大发言权专家的分数权重。具体而言，交易限制对于市场的影响程度这一问题，显然直接参与交易的专家更有发言权，而交易限制在未来的使用预期这一问题，政策类专家可以更好地回答。因此，本研究在权数按上文逻辑确认的基础之上，把各类问题对应的最具发言权的专家类别的权数乘2，以使这一类专家的总权重为50%，其他两类专家的权重均为25%，以便调研结果可以更加有效且具备实践意义，即对于影响程度问题的调研，私募类专家的权数放大至4，业务类专家为3，政策类专家为15；对于未来使用预期问题的调研，私募来专家的权数为2，业务类专家为3，政策类专家则放大至30。

而对于第二轮调查问卷，本研究要求专家从备选的4个类别中，分别勾选出2个对市场影响程度较大和未来适用预期较强的选项。本研究把专家勾选的项目和未勾选的项目分别赋值为1和0，得分乘数同第一轮调查问卷保持一致。

（4）统计学方法

在收回调查问卷之后：本研究使用专家积极系数（C_i）衡量被调查者对于调查问题的关心程度，同时对于调查变量筛选的有效性，也能够起到间接的衡量作用；使用肯德尔和谐系数（W_i）衡量专家选择结果的一致性，并进行 $\alpha = 0.01$ 的双侧显著性检验。如果肯德尔和谐系数小于0.7，则根据影响程度和使用预期双表加权右偏系数（RA），别除该值为负数的调查变量之后进行下一轮专家调查。但如果肯德尔和谐系数在第一轮就已经显著大于0.7，则不进行第二轮调查，直接选取第一轮调研中右偏系数最大的两个交易限制类别。如果另一种特殊情况出现，即双表加权右偏系数为负的项目数占比达到50%以上，则说明初始交易类别的设定存在一定的失误，需要重新设计调查项目，已达到专家调研的真正目的。

研究主要涉及的变量计算方法：

$$C_i = \frac{m_i}{m}$$

其中，m_i 为参与 i 方案评价的专家数，m 为被调查的专家总数；

$$W_i = \frac{12S}{K^2(N^3 - N) - K\sum_{i=1}^{K} T_i}$$

其中，$T_j = \sum_{j=1}^{m_i}\left(n_{ij}^3 - n_{ij}\right)$，$N$为被评价对象数；$K$为评分所依据的标准数；$S$为被评级对象的评级和与这些评级和的平均数的离差平方和；n_{ij}为第i个评价者的评定结果中第j个重复等级的相同等级数；

$$RA = \frac{\sum_{i=1}^{3} k_i m_i}{\sum_{i=1}^{3} k_i n_i} - 1$$

其中，k_i为第i类专家的评分乘数；n_i为第i类专家的人数；m_i为第i类专家的评分和。

(5) 统计结果

第一轮：本轮问卷调查共发放问卷27份，收回问卷27份，回收率100%。

调查汇总结果如表2-9所示。

表2-9 调查结果汇总（第一轮）

调查变量	影响程度表加权得分			使用预期表加权得分		
	私募类	业务类	政策类	私募类	业务类	政策类
限制日成交量	84	36	60	54	30	60
限制持仓	68	15	0	32	27	30
提高保证金	84	27	15	20	33	90
提高手续费	64	24	45	24	24	24
限制增量程序化报备	60	24	15	32	51	60
窗口指导	36	21	30	32	39	30
市场干预	16	21	45	20	24	0

统计指标结果如表2-10所示。

表2-10 统计指标结果（第一轮）

	C_i	W_i	α	χ^2
影响程度表	100%	0.2698	0.01	43.71
使用预期表	100%	0.3213	0.01	52.04

说明：本研究将肯德尔协调系数进行显著性检验的 $\alpha=0.01$，且 $\chi^2=K(N-1)W_i$。

统计结果：$\chi_{0.99}^2(6) = 16.812 < \chi^2$，故通过显著性检验。

由于第一轮问卷调查中，影响程度表和使用预期表的肯德尔和谐系数均小于0.7，所以需要进行下一轮问卷调查。在进行下一轮调查之前，本研究需要根据7个项目（按照表2-11列示的顺序，由上到下分别简称为 A、B、C、D、E、F、G）的加权右偏系数，剔除数值为负的三个类别。由表2-11统计结果可知，限制持仓、窗口指导和市场干预三个变量被剔除。

表 2-11　调查项目右偏系数表

	A	B	C	D	E	F	G
加权等级和	324.00	172.00	269.00	241.00	242.00	188.00	126.00
加权均数	1.54	0.82	1.28	1.15	1.15	0.90	0.60
RA	0.54	−0.18	0.28	0.15	0.15	−0.10	−0.40

第二轮：步骤略，统计指标结果如表 2-12所示。

表 2-12　统计指标结果（第一轮）

	C_i	W_i	α	χ^2
影响程度表	100%	0.2604	0.01	21.1
使用预期表	100%	0.2805	0.01	22.72

统计结果：$\chi^2_{0.99}(3) = 11.345 < \chi^2$，故通过显著性检验。

从第二轮的调查结果中可以看到，肯德尔和谐系数仍旧小于0.7，根据德尔菲法的研究思路，本研究应该进行下一轮专家调查。但是，第二轮调查的要求使得每一位专家均只能从4个备选选项中选择2个认为合理的结果，这一要求正是使得本轮调研结果的肯德尔和谐系数小于0.7的根本原因。

而本轮调研做出上述要求的理由是，本研究在第一轮研究已经剔除掉3种类别，而接下来进行实证分析所需要的交易类别有2个，占剩余类别的比重已经高达50%，如果第二轮调研的结果不出现类别分数集聚，或出现集聚也可以不影响拟研究的交易类别选择的情况，则出于调研效率和被调研者配合意愿衰减可能的角度考虑，按上述思路设计两轮调研已经从理论上满足了本研究的实际需求。

因此，经过两轮的专家调查，所得出的结果已经能够显著代表专家的一致意见，调查工作到此结束。

在取得显著代表专家一致意见的调查结果之后，本研究按照备选的4种类别，汇总对应的加权分数，如表2-13所示。

表 2-13 调查项目加权分数汇总

	限制日成交量	提高保证金	提高手续费	限制增量程序化报备
专家1	6	0	4	2
专家2	6	6	0	0
专家3	6	4	2	0
专家4	6	0	6	0
专家5	6	0	0	6
专家6	2	0	4	6
专家7	2	4	2	4
专家8	4	6	0	2
专家9	4	0	2	0
专家10	6	0	0	6
专家11	2	4	0	6
专家12	6	0	6	0
专家13	6	0	0	6
专家14	2	4	4	2
专家15	4	2	0	6
专家16	6	0	3	3
专家17	3	3	3	3
专家18	6	0	3	3
专家19	6	0	3	3
专家20	6	0	3	3
专家21	3	3	6	0
专家22	3	6	3	0
专家23	0	3	6	3
专家24	3	3	6	0
专家25	3	3	3	3
专家26	45	0	15	30
专家27	45	0	30	15
汇总	197	51	114	118

从表2-13统计结果可以发现，限制日成交量这一类别无疑将作为实证分析所选取的交易限制类别之一，而对于提高保证金这一类别，其得分为51分，远小于得分排名第三的114分，因此可以剔除。但对于提高手续费和限制增量程序化报备这两种类别，其加权分数分别为114和118，出现了分数集聚的现象，因而，单纯从加权分数的排序上进行交易限制类别的选择是有失公允的。

解决上述问题的其中一个方式，就是进行第三轮专家调研，或者在修改第二轮调研方式的基础上，继续按照德尔菲法的常规方式进行调研和统计分析。但是，对于提高手续费这一交易限制类别，在实证分析中，单独研究的意义不大。造成这种结果的原因在于，交易手续费是交易成本中直接可以准确度量的指标，因此，大部分期权定价模型虽然假设交易成本为0，但如果考虑这种可准确度量的成本，则上述模型均可以推导出准确的结果。换言之，我们可以认为，从理论模型的角度来说，提高手续费进行交易限制对于考虑交易费用的期权定价有效性影响很小甚至是没有影响的。所以，本研究在实证分析的部分使用的是考虑交易费用的定价模型，即已经剔除掉提高交易手续费这类型的交易限制手段。

综上，本研究选择限制日成交量和限制增量程序化报备两种交易类别进行实证分析。

示例12：专家调研与传统估值的融合性应用[9]

研究背景及目的：

A上市公司发布定增预案，为评估参与定增的价值，故对A公司股权进行估值。由于本案例涉及的部分数据不方便进行公开，故我们在此进行了脱敏处理，因此我们不对研究结论的正确性负责，旨在通过阐述研究框架，为读者使用传统估值法时提供更多的选择，望理解。

研究内容：

（1）A公司整体性分析与评价

①A公司业务简介及所属行业分析

公司前身为JSYK化工有限公司，成立于1997年某月某日。2007年，经公司创立大会批准，整体变更为JSYK科技股份有限公司。公司主营业务之一为磷系阻燃剂制造。在多年发展过程中，成功并购HF、JSXK和KMT，业务发展为以电子材料为核心，以LNG保温板为补充，以阻燃剂业务为辅助（将逐步剥离）的战略新兴材料平台型公司。电子材料业务板块在营收、利润等财务指标、客户构成、技术先进性等方面，已成为公司业务的重要组成部分。

9月14日晚，公司发布公告，拟非公开发行股票募集资金不超过12亿元，用于投建硅微粉、电子特气、光刻胶等项目。本次定增募投项目具体包括2.88亿元投建约1万吨硅微粉等电子封装材料、7000万元投建1.2万吨电子级六氟化硫和2000吨半导体用电子级四氟化碳、8.5亿元投建面板光刻胶及配套材料，另有3.54亿元补充流动资金，项目投资总额合计15.62亿元，拟使用募集资金12亿元。硅微粉和电子特气项目为原有业务基础上的产能扩建，光刻胶项目为公司收购G彩色光刻胶事业部后整合资源新建，在半导体配套材料国产化大背景下，募投项目有望助力公司抢占市场先机，提升市场竞争力和盈利能力。

② A公司所属行业分析

公司所属行业为化工行业，且近年来公司逐渐由传统化工行业转型为电子化学品平台的上市公司。

电子材料是公司目前的重点产品，具体包括显示用光刻胶（TFT光刻胶、彩色光刻胶）、前驱体/SOD（旋涂绝缘介质）、电子特气以及球形硅微粉，上述四大类产品分别应用于LCD和OLED面板的生产、存储IC的加工、特高压绝缘材料的使用以及半导体塑封填充。可以看出，公司的产品目前已经覆盖半导体行业中价值量较高的光刻、薄膜沉积、刻蚀以及封装领域。

伴随着全球的经济回暖，疫情和挖矿潮导致的供需错配等因素，共同提升半导体行业的景气度。根据WSTS统计，2018年全球半导体市场规模为4,687.78亿美元，同比增长13.7%；在2019年回落至与2017年相当水平，为4,123.07亿美元，同比下降12.0%。根据WSTS预测，2020年至2021年，全球半导体规模仍将保持增长趋势，预计增速分别为3.3%和6.2%。在新一代的高科技产业如物联网、人工智能快速发展的推动下，预期全球半导体市场规模加快提升（如图2-8所示）。

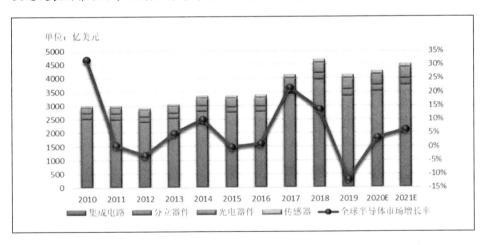

图2-8　2010—2021（E）全球半导体市场规模（数据来源：WSTS）

光刻胶是一类特殊类型的耐蚀刻薄膜材料，其溶解度可通过光束、电子束、离子束等能量辐射发生改变。根据应用领域的不同，光刻胶可进一步细分为IC光刻胶、LCD光刻胶和PCB光刻胶，其技术实现难度呈递减趋势。光刻工艺在芯片制造过程中的成本约占35%，耗时约占4%—50%，无疑是芯片制造中最关键的工艺环节。光刻胶的质量和性能对集成电路的性能、成品率及可靠性具有重大影响。

光刻胶有着较高的技术壁垒，且IC和LCD光刻胶的技术壁垒更加明显，2020

年，我国LCD光刻胶国产化率不足5%，国产替代空间较大。伴随着下游需求的不断释放，LCD电视大尺寸化趋势以及移动终端的蓬勃发展，为液晶面板行业发展注入动能。经测算，2021—2025年，LCD光刻胶CAGR约为10%—15%。

在集成电路制造环节中，先进制程给薄膜沉积带来挑战：随着3D器件结构的引入，制造工艺中的沟槽数量增加，且沟槽深宽比增大，提高沟槽填充能力成为关键突破点。原子层沉积（ALD）技术通过将材料逐层生长在基板表面，虽然生长速度较传统的物理气相沉积（PVD）和化学气相沉积（CVD）薄膜制程缓慢，但得益于ALD独特的表面生长机制，使其不受表面结构影响，能够形成厚度均匀的薄膜。同时，由于每次循环仅形成一个原子层厚度的薄膜，可以达到极为精准的膜厚控制。此外，ALD所需的制程温度远低于PVD和CVD，适用于一些无法承受高温的基板材料。随着元件发展逐步迈向尺寸微小化和结构复杂化，ALD将逐步取代传统的PVD和CVD制程（如图2-9所示）。

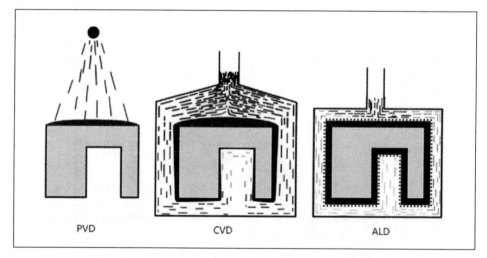

图 2-9　先进制程/3D期间结构对薄膜沉积的要求（资料来源：国研院）

应用于原子层沉积（ALD）技术的前驱体材料与化学气相沉积（CVD）所用材料存在显著差异，其在半导体薄膜沉积工艺中扮演着至关重要的角色，作为核心制造材料，呈现出高壁垒、高增长的特性，广泛应用于半导体生产制造流程。前驱体是目标产物形成前的一种存在形式，多数情况下以有机—无机复合物或固体混合物的形态存在，部分情况下则以溶胶状态存在。由于ALD前驱体材料的特殊产品属性，其技术门槛较高，开发难度较大。

国内IC前驱体材料基本处于空白的状态，公司通过收购JSXK间接拥有前驱体

价值嬗变的玫瑰
——具有创新意义的动态投资决策框架

的生产技术，从而弥补了当前国内的空白。只不过，由于公司前驱体的生产和销售均在韩国地区，故而国内市场的替代需要进一步关注公司在本土建厂扩产的节奏。

公司的电子特气业务主要由全资子公司KMT负责实施。KMT的主营业务包括含氟特种气体的研发、生产、提纯及销售，其主要产品为六氟化硫和四氟化碳。六氟化硫在各领域如电力设备行业、半导体制造业、冷冻工业、有色金属冶炼、航空航天、医疗（如X光机、激光机）、气象（示踪分析）、化工等行业中具有广泛应用。四氟化碳则可用于硅、二氧化硅、氮化硅、磷硅玻璃及钨薄膜材料的刻蚀，同时在集成电路清洗、电子器件表面清洗、深冷设备制冷、太阳能电池生产、激光技术、气相绝缘、泄漏检验剂、控制宇宙火箭姿态等领域也有大量应用。

子公司HF主要经营硅微粉相关业务，主要包括硅微粉的研发、生产和销售。HF是国内知名的硅微粉生产企业，主要产品是球型硅微粉和角型硅微粉，产品主要运用于集成电路封装材料（塑封料）及普通电器件、高压电器的绝缘浇注环氧灌封料等及封装三极管、二极管与分立器件。

LNG保温材料是在LNG运输过程中，为确保液态天然气所需温度而采用的保温材料。公司作为国内首家LNG保温绝热板材生产制造商，通过自主投资与研发，成功突破国际壁垒，为国内大型船舶制造厂商在建造大型LNG运输船舶和动力船舶时提供了关键材料的国产化保障。该公司生产的LNG绝热保温板材有助于填补我国市场空白，具有较大的发展空间。

综合预测结果显示，2020年全国天然气消费量约3200亿立方米，比2019年增加约130亿立方米。预计全国天然气（含非常规气）新增探明地质储量约8000亿立方米；国产气量（含非常规气）1890亿立方米（不包括煤制气），同比增长约9%，总体保持较快增长态势。进口天然气1400亿立方米左右，与2019年基本持平或略有增长，预计进口管道气500亿立方米、进口LNG约900亿立方米。《天然气发展"十三五"规划》中提出要开展LNG江海转运试点，运输市场将会出现更多机会。

③ A公司所面临的内外部环境分析

这里，我们使用SWOT分析法对公司面临的内外部环境进行分析，具体内容如表2-13所示，具体说明如下：

表 2-13　A公司SWOT分析表

项目	内容
优势（S）	产品结构、研发创新、客户与市场
劣势（W）	高端产品本土化、半导体光刻胶产品空白、整合
机会（O）	国产自主化、半导体周期、新基建
风险（T）	原材料价格、下游降价传导、竞争对手

S₁：产品结构——经过几年的战略转型，公司由以前面临行业规模和市场占有率双重天花板的阻燃剂行业龙头公司转型发展成为战略新兴产业进行配套、解决国内战略新兴材料卡脖子的平台型公司。2020年，公司业务主要分为电子材料、LNG保温绝热板材和阻燃剂三个业务板块。公司以电子材料业务为发展核心，以LNG保温绝热板材业务为补充，以传统阻燃剂业务为辅助，各个业务板块相互协作，共同促进公司可持续发展。公司产业结构布局明确，资源配置优势明显。

S₂：研发创新——公司在电子材料、LNG保温复合材料和阻燃剂等均有较强的研发能力，并且拥有多项专利和专有技术，形成了比较雄厚的技术储备。在电子材料业务板块，研发团队包括中国大陆、中国台湾和韩国等经验丰富的行业内技术专家，开展包括半导体前驱体材料、显示屏光刻胶、半导体光刻胶和集成电路封装材料等技术开发和产品试制。在LNG保温复合材料板块，研发团队包括中国和法国的技术专家，开展了LNG深冷复合材料的发泡技术、关键原材料和多种规格产品柔性制造工艺等研发。同时，LNG保温复合材料承担了两项国家重大海工装备科研课题项目。

S₃：客户与市场——公司同时拥有国际和国内两种市场资源，并且与主要客户建立了良好紧密的业务关系。电子材料业务板块全球客户包括SK海力士、美光、三星电子、铠侠电子和英特尔等国际领先的芯片制造商，以及LG显示屏和友达光电等国际大型面板制造商；国内客户包括中芯国际、长江存储与合肥长鑫等国内主流芯片制造商，以及京东方、华星光电和惠科等国内大型面板制造商。LNG保温复合材料业务板块已经和沪东中华、江南造船和大连重工等国有大型船厂建立了紧密的战略合作关系，并同时开拓了俄罗斯北极二期天然气项目重点客户。

W₁：高端产品本土化——公司通过外延并购的方式拥有了技术含量较高、国产替代率较低的显示用光刻胶和前驱体等电子化学品的生产技术，但目前所收购的公司的市场和客户主要是韩国下游的厂商，且产能也主要集中在韩国，故公司高端产品暂时未能充分享受国产替代背景下的市场红利，未来国内产能以及客户的出现还需要一定的时间。

W₂：半导体光刻胶产品空白——公司显示用光刻胶产品主要包括彩色光刻胶和TFT光刻胶，并未覆盖半导体光刻胶产品。相较于显示用光刻胶，半导体光刻胶的技术开发难度更大，产品的毛利水平自然更高。所以，显示用光刻胶并没有为公司在半导体领域构筑充分的护城河，这也在一定程度上削弱了公司构建半导体化学品平台的增量效用。

W₃：整合——公司通过外延并购的方式进行扩张，其好处在于可以比较快速地实现规模的增加以及实力的增强，但缺点在于被并购主体能否在经营理念、业务协同以及企业文化等层面实现深度的融合，从而降低各业务条线之间的摩擦成本存在较大不确定性。特别地，公司并购了韩国的企业从而进军显示用光刻胶和前驱体行业，而跨国并购后产生的整合风险，由于地域、文化、政治等方面的不同会更加凸显。

O₁：国产自主化——中国5G通信技术领先世界，这使得美国等西方国家对于中国科技实力的崛起开始关注，并择时择机进行打压。根据逻辑推演，美国等西方国家对于中国高科技产业"卡脖子"的行为预期还会持续，且半导体将会作为主战场之一。为了应对高科技领域的限制，中国政府势必会继续推动相关板块的国产替代政策，从补贴、税收优惠、产品集采等方面促进国内高端制造业的发展。

O₂：半导体周期——自21世纪初互联网时代快速发展起，至2020年年末，全球总共经历过4个完整的周期，平均周期为3.6年。最近的一轮周期起始月为2019年8月，目前还在持续扩张，且此次半导体周期的成因属于多重利好因素共振的结果，包括疫情的停产、挖矿潮以及疫情背景下上云需求旺盛引发的需求增加等。

O₃：新基建——新基建主要包括5G基站建设、特高压、城际高速铁路和城市轨道交通、新能源汽车充电桩、大数据中心、人工智能、工业互联网7大领域，涉及诸多产业链，是以新发展为理念，以技术创新为驱动，以信息网络为基础，面向高质量发展需要，提供数字转型、智能升级、融合创新等服务的基础设施体系。而公司的光刻胶、电子特气、前驱体等产品与新基建多个领域相关。

T₁：原材料价格——公司属于电子化学品行业，其毛利水平同上游原材料的价格走势紧密相关。由于疫情防控期间，全球流动性充分释放，通胀的压力与日俱增，且会首先传导至上游原材料行业。因此，伴随着通胀的深化发展，上游材料成本问题会逐渐成为掣肘公司业务绩效和估值的问题。

T₂：下游降价传导——公司所在的中游行业，议价能力会因为产品结构的不同而不同。具体而言,公司的光刻胶和前驱体产品的客户主要是韩国本土企业,其中前驱体第一大客户海力士的营收占比高达80%以上,且上述两个业务板块主要是依靠收购获得技术非独占使用许可,因此公司对于客户的议价能力相对较弱,这也是在后续可预期的LCD以及存储IC价格下降后,公司毛利空间会受到挤压的原因。

T₃: 竞争对手——伴随着国家对于科技自主产业的扶持,目前相关半导体产业链的上市公司已经构成了对公司现有业务的挑战和竞争。对于国内市场,公司在电子特气、硅微粉领域存在较强的竞争对手,例如华特气体、联瑞新材等。

④ A公司财务分析

·盈利能力

由表2-14所示,A公司毛利率水平在2019年出现较大幅度的上涨,这主要是由于2019年并表所致,同时,联瑞新材和华特气体在2020年ROE水平明显下降是因为公司IPO导致的。除此之外,华特气体毛利率在2020年明显下行的理由是执行新的收入准则,公司需要将运输成本计入营业成本。除了上述影响因素之外,可以发现四家公司并没有因为疫情而受到较大的影响,整体的经营还是相对稳健的。但问题在于,A公司的ROE水平整体还是比较低的,从杜邦分析体系入手,我们可以发现,公司ROE水平较低的原因在于财务杠杆过低。而造成财务杠杆过低的原因之一在于,公司并购的资金来源多是权益类资本,同时并购的资产也并不依靠财务杠杆提振ROE水平。同时,A公司营业净利率过低也是影响ROE水平的另一个原因,这主要是由于公司的费用管控存在一定的欠缺导致。因此,A公司相较于可比公司,股东回报水平还是偏低的,但近三年以来,这种问题正在出现改善的趋势。

表2-14 A公司盈利能力对比分析表

公司	年份	毛利率(%)	ROE(%)	营业净利率(%)
A公司	2018	28.01	4.07	9.14
	2019	37.14	6.81	17.05
	2020	35.52	9.07	18.19
联瑞新材	2018	42.87	22.41	20.98
	2019	46.31	19.24	23.69
	2020	42.84	11.97	27.44
华特气体	2018	32.91	12.85	8.29
	2019	35.38	12.44	8.60
	2020	25.98	8.63	10.65
华懋科技	2018	40.24	12.48	28.11
	2019	35.60	10.03	24.05
	2020	35.86	8.25	21.17

· 偿债能力

由表2-15可知，上述四家公司的财务杠杆水平比较稳健，同时短期偿债能力也没有特别的风险点需要重点关注。相比之下，A公司的短期偿债能力近期存在小幅恶化的倾向，但对于公司整体经营不构成实质性威胁，后续需要关注短期偿债能力指标是否出现改善，相关关注点包括销售回款能力、存货状况、营运资本管理情况等。

表 2-15　A公司偿债能力对比分析表

公司	年份	流动比率	经营现金流净额/负债	资产负债率（%）
A公司	2018	4.06	0.50	10.55
	2019	4.07	0.63	10.32
	2020	2.23	0.18	17.99
联瑞新材	2018	5.22	0.59	22.76
	2019	8.95	0.63	12.46
	2020	8.84	0.69	11.77
华特气体	2018	2.47	0.21	26.39
	2019	5.19	0.32	15.84
	2020	5.40	0.51	14.12
华懋科技	2018	8.16	1.29	10.32
	2019	8.75	1.20	10.12
	2020	9.04	0.85	10.66

· 成长能力

由表2-16可知，A公司归母净利润同比增幅显著高于可比公司，这主要是由于并表导致的结果，同时，由于A公司原有业务景气度持续下行，这也使得基数较低，从而加剧了同比增幅的扩大程度，同时也可以解释营收同比相对稳定的现象。对于可比公司，除了华特气体之外，其他两家公司反映在营收上的表现均不是很乐观，这主要是由于2018—2019年市场处于新旧半导体周期的交界时期，景气度有所波动，但从研发收入比的数据来看，A公司和可比公司均保持较为中性的研发投入比，在国内半导体产业发展的中前期，基于细分市场的专精特新公司在保持中性研发投入强度的条件下，就可以在一定程度上夯实目前公司的护城河。

表 2-16 A公司成长能力对比分析表

公司	年份	营收同比（%）	归母净利润同比（%）	研发收入比同比（%）
A公司	2018	36.58	284.89	3.09
	2019	18.41	120.20	3.47
	2020	24.04	41.18	3.22
联瑞新材	2018	3.90	39.86	2.64
	2019	3.23	6.99	3.01
	2020	18.43	46.66	3.03
华特气体	2018	31.82	38.14	3.79
	2019	13.37	27.97	4.07
	2020	28.19	48.49	4.89
华懋科技	2018	−0.62	−0.58	4.15
	2019	0.24	−14.34	4.51
	2020	−3.66	−15.10	4.87

· 营运能力

由表2-17可知，A公司相较于可比公司而言，存货周转能力相对较弱，且近期有持续恶化的倾向，这主要是由于LNG保温材料等产品的库存积压导致。库存积压一方面是由于供销存在一定的错配，另一方面，疫情导致的下游企业，如造船厂等主体开工率下滑导致上游材料需求的下降也会造成存货周转率的下行。对于应收账款方面，可以看出相较于可比公司，A公司的回款状况是比较乐观的，这主要是由于公司客户的稳定性和黏性较强。总资产周转率方面，A公司的表现同可比公司无明显差异。

表 2-17 A公司营运能力对比分析表

公司	年份	存货周转天数	应收账款周转天数	总资产周转率
A公司	2018	80.77	80.76	0.47
	2019	99.29	83.86	0.37
	2020	105.54	82.26	0.41
联瑞新材	2018	59.68	103.56	1.11
	2019	69.60	94.49	0.77
	2020	64.21	71.56	0.68
华特气体	2018	119.00	159.38	0.77
	2019	111.30	125.69	0.43
	2020	77.89	100.70	0.38
华懋科技	2018	68.67	138.60	0.39
	2019	66.76	124.98	0.37
	2020	72.61	127.59	0.34

⑤ 关于A公司综合性评述

A公司由传统化工企业转型为半导体材料平台类的公司，目前所延伸新型材料包括硅微粉、显示用光刻胶、电子特气、前驱体/SOD。从公司的发展战略上来看，构建半导体材料平台有助于深度绑定客户，并且能够为客户提供具备成本优势的产品组合。但就目前的情况来看，A公司的转型还需要解决以下三个问题。

·原有业务的剥离问题

公司原有业务主要为阻燃剂的生产和销售，从近期的财报看，这一业务的毛利率水平以及业绩贡献已经显著下滑，同时，公司也有意向将其剥离出去，但目前仍旧没有实质性进展。阻燃剂等传统业务是掣肘公司ROE水平以及资产运营效率的关键因素，所以，公司能否成功转型并明显改善业绩状况，需要持续关注原有低贡献业务的剥离情况。

·半导体化学材料业务深度有待提高

公司目前虽然将业务延伸到新型材料的领域，但从细分领域去看，新型材料中的一部分产品其实并没有和半导体有较大的关联。例如，公司光刻胶产品主要应用于LCD和OLED等显示面板的生产，并不能应用于半导体工艺；电子特气产品线，公司目前主要从事六氟化硫和四氟化碳高纯度气体的生产，二者的营收占比约为7∶3。但占比较高的六氟化硫产品却主要应用于特高压输电网的绝缘材料，由于纯度有待进一步提高，所以暂未能应用于半导体清洗和刻蚀等工艺节点。所以，公司未来仍旧需要进一步的研发和外延并购，深入介入半导体化学材料的版图，才可以实现平台转型的预期。

·新材料国内市场有待进一步开拓

公司通过收购韩国企业获得了显示用光刻胶、前驱体/SOD材料的相关技术，并进行生产和销售。但目前，这两项业务的主要客户群体是韩国厂商，如海力士、三星电子等。公司暂未能涉足国内市场可能是因为隐形协议等因素的安排，或者是相关专利使用和产能扩张存在一定的限制。公司如果想要享受国产自主化的红利，需要进一步扩大国内市场的份额。

所以，公司的转型任重而道远，可以预见的是，此次转型的红利释放期至少应该是下一轮半导体周期，即2023年第4季度之后，本轮周期剩余的时间大概还有一年半的时间，无论是产品线进一步丰富，还是国内市场的开拓，一年半的时间都很难达成既定的目标。

同时，此次定增并没有扩展新的产品线，主要是对于硅微粉、电子特气以及光刻胶产能的扩张，且投产时间预计在2年之后，所以，公司的爆发性增长可能要在一两个半导体周期之后，也就是5年左右的时间。另外，国产自主化进程的加快，可以在一定程度上缩小上述时间范围，同时，如果伴随着公司未来进一步的资本运作，提前达成相应目标的可能性依旧是存在的。

（2）估值必要性评价

在运用估值模型对A公司股权进行实际估值之前，我们需要对估值的必要性进行评价。换言之，估值必要性评价是为了确保此项目具备一定投资价值，从而使具体的估值有实际意义，否则，将直接放弃此项目，无须进行实际估值。同时，估值必要性评价相较于使用财务模型进行估值，其主观性更强，从而容纳更多的非可量化变量，并为最终的估值结果提供参考。最后，估值必要性评价的有关结论，会对最终估值结果中市场法和收益法估值权重的设置提供依据。

需要说明的是，估值必要性评价需要借助专家的判断进行操作，考虑到A公司项目的特殊性以及投研团队拥有的资源禀赋，我们选择了6位专家参与评价过程，其中包括3位基金经理，1位电子行业卖方研究员，2位电子化学品行业专家。

在评价环节，我们仅对专家的评价结果进行列示分析，得出此结果的依据和逻辑，我们大都已经在第一部分予以阐述。

① 构建A公司股权价值评价体系

本研究试图由外部环境以及内部环境两大环境要素层面，来探究投资方在进行项目投资时需考虑的因素。外部环境主要包括宏观因素和产业因素，内部环境主要包括成长能力和股东回报因素，详细内容及分类见表2-18。

② 使用层次分析法（AHP）计算指标权重

层次分析法，即Analytic Hierarchy Process(AHP)，是美国运筹学家Saaty于20世纪70年代初期提出的一种主观赋值评价方法。层次分析法将与决策有关的元素分解成目标、准则、方案等多个层次，并在此基础上进行定性和定量分析，是一种系统、简便、灵活有效的决策方法。

本研究根据表2-18所示的评价指标体系，向6位专家进行调研，分别对影响股权价值的因素进行重要性排序打分，打分标准按照Santy的1—9标度法进行，详细内容见表2-19。

表 2-18　A公司股权价值评价体系

一级指标	二级指标	三级指标	具体描述
外部环境	宏观因素	经济周期	经济周期可以影响任何一个产业和公司的发展，对于经济周期的评估，有助于把握产业和公司发展的底层逻辑和保障，起到基础性的作用
		通货膨胀	货币政策和财政政策能够影响全球通胀水平，这里尤其需要关注重要经济体央行的货币政策，其可以比较直接地影响全球通胀率。通货膨胀可以引起大宗商品价格的涨跌，也可以通过价格影响需求，从而改变下游产品的定价逻辑
		国际政治扰动	半导体等新型材料属于高科技领域，一些国家的相关不平等政策对于相关行业的消极影响不可小觑。但需要注意的是，国际政治的扰动不仅存在于消极层面，随着经济和政治形式的变化，不排除会出现结构化和阶段性的积极变化
		技术发展	公司所处行业为技术密集型行业，技术的发展和迭代会在很大程度上影响相关材料的供需状况
	产业因素	竞争状况	同级别经济性竞争者和数量、经济性竞争者多元化以及经济性竞争者进退壁垒
		产业政策	产业政策包括财政政策和其他产业政策，在新兴产业发展初期，产业政策的促进以及政府的扶持是至关重要的
		产业生命周期	产业生命周期包括萌芽期、成长期、成熟期和衰退期，且这种分期可以进一步应用于细分产品，通过确定产业和产品的生命周期，可以在一定程度上预估行业整体的成长性和前景，甚至有助于公司决定经营战略
		产业集中度	产业集中度又称产业集中率或市场集中度，是指某行业的相关市场内前N家最大的企业所占市场份额（产值、产量、销售额、销售量、职工人数、资产总额等）的总和，是对整个行业的市场结构集中程度的测量指标，用来衡量企业的数目和相对规模的差异，是市场实力的重要量化指标
内部环境	成长能力	毛利率变动趋势	毛利率不仅代表产品的收益能力，其更能反映出产品力和公司的护城河水平，同时也代表了公司未来的成长性
		研发能力	研发能力对于高科技行业来说至关重要，且伴随着技术迭代速度的增加，研发能力不仅代表着公司未来的成长性，还有助于判断公司未来的经营安全性
		营收增速	营收增速是最基本的成长能力指标，相较于利润增速，其规避了研发、营销、财务融资等活动对于成长性判断准确性的扰动
		资本运作效率	资本运作效率对于公司而言比较重要，原因在于公司过往历史沿革表明，其扩张手段主要是外延并购而非内源式发展，因此，后续的资本运作效率将直接关系到公司的规模、成长和业绩
	股东回报因素	ROE水平	ROE作为最佳的衡量股东回报水平的指标，属于杜邦分析体系中的核心，其重要性不言而喻
		资产运营能力	资产运营能力综合体现了公司的运作效率，其在一定程度上可以帮助投资者减少现代公司经营权所有权相分离而引发的信息不对称风险
		财务杠杆	财务杠杆需要平衡公司偿债风险和杠杆收益进行设置，其对于股东回报的影响较为直接
		股权结构	股权结构是公司治理层面上对于公司所有者构成的综合评价体系，其对于公司的经营以及股东的预期回报会产生较为深远的影响。强大的股东背景有助于公司尽快实现预期的扩张，而低效的股权结构则会使得公司内耗程度增加，甚至造成决议失败的风险

表 2-19 Santy 标度法

标度	含义
1	表示两个元素相比，具有同样的重要性
3	表示两个元素相比，前者比后者稍重要
5	表示两个元素相比，前者比后者明显重要
7	表示两个元素相比，前者比后者极其重要
9	表示两个元素相比，前者比后者强烈重要
2,4,6,8	表示上述相邻判断的中间值
1—9的倒数	表示相应两因素交换次序比较的重要值

根据专家反馈的结果，本文分别生成了宏观因素、产业因素、成长能力和股东回报因素的判断矩阵，详见表2-20，表2-21，表2-22，表2-23。

表 2-20 宏观因素指标判断矩阵

	经济周期	通货膨胀	国际政治扰动	技术发展
经济周期	1.00	0.38	0.22	0.19
通货膨胀	2.62	1.00	0.21	0.28
国际政治扰动	4.58	4.82	1.00	1.59
技术发展	5.31	3.56	0.63	1.00

表 2-21 产业因素指标判断矩阵

	竞争状况	产业政策	产业生命周期	产业集中度
竞争状况	1.00	0.79	0.48	2.29
产业政策	1.26	1.00	0.79	3.63
产业生命周期	2.08	1.26	1.00	4.22
产业集中度	0.44	0.28	0.24	1.00

表 2-22 成长能力指标判断矩阵

	毛利率变动趋势	研发能力	营收增速	资本运作效率
毛利率变动趋势	1.00	0.24	1.00	1.39
研发能力	4.16	1.00	4.38	1.71
营收增速	1.00	0.23	1.00	0.28
资本运作效率	0.72	0.58	3.56	1.00

表 2-23 股东回报因素指标判断矩阵

	ROE水平	资产运营能力	财务杠杆	股权结构
ROE水平	1.00	5.04	4.31	6.46
资产运营能力	0.20	1.00	0.55	3.30
财务杠杆	0.23	1.82	1.00	1.71
股权结构	0.15	0.30	0.58	1.00

根据以上四个判断矩阵，使用方根法计算各项目的权重，即先将矩阵数据按行乘积，并将得到的向量进行标准化处理，从而得出标准权重向量。然后求解特征根λ和CR值，进行一致性检验，当CR值小于0.1的时候，表明上述结果通过一致性检验。详细内容见表2-24。

表 2-24　三级指标权重及一致性检验结果

三级指标	权重	λ	CR	是否通过一致性检验
经济周期	0.07			
通货膨胀	0.12	4.11	0.04	√
国际政治扰动	0.46			
技术发展	0.35			
竞争状况	0.21			
产业政策	0.30	4.01	0.00	√
产业生命周期	0.40			
产业集中度	0.09			
毛利率变动趋势	0.16			
研发能力	0.50	4.27	0.09	√
营收增速	0.11			
资本运作效率	0.23			
ROE水平	0.62			
资产运营能力	0.14	4.17	0.06	√
财务杠杆	0.17			
股权结构	0.07			

③ 使用模糊综合评价法（FCE）修正评价结果

模糊综合评价法是在模糊环境下，考虑了多因素的影响，为了某种目的对一事物作出综合决策的方法。

根据评价A公司有关的各个指标对股权价值的影响力度，设定评语集并进行赋值，从而在此基础上确定隶属度。

V= [V1,V2,V3,V4,V5] = [大，较大，一般，较小，小] = [150,125,100,75,50]

理论上确定隶属度的方法有三：模糊统计法、借助已有的客观尺度和指派法。本研究使用模糊综合评价法确定隶属度，原因在于所研究的问题个性化色彩较浓，难以寻找已经存在的客观尺度，同时，常用的模糊分布对于此问题的适用性存在较大不确定性，所以本研究利用上述6位专家的判断，使用模糊统计法进行操作，以保持判断的统一性。具体而言，我们以少数服从多数的方式选取相应指标的评语层级比重为隶属度，结果如表2-25所示。

表 2-25　三级指标隶属度表

三级指标	大	较大	一般	较小	小
经济周期	0%	40%	40%	20%	0%
通货膨胀	20%	30%	30%	20%	0%
国际政治扰动	70%	30%	0%	0%	0%
技术发展	50%	50%	0%	0%	0%
竞争状况	10%	40%	40%	10%	0%
产业政策	60%	40%	0%	0%	0%
产业生命周期	30%	50%	20%	0%	0%
产业集中度	0%	0%	80%	20%	0%
毛利率变动趋势	50%	20%	30%	0%	0%
研发能力	100%	0%	0%	0%	0%
营收增速	20%	70%	10%	0%	0%
资本运作效率	80%	20%	0%	0%	0%
ROE水平	20%	20%	60%	0%	0%
资产运营能力	70%	10%	20%	0%	0%
财务杠杆	0%	0%	90%	10%	0%
股权结构	0%	10%	90%	0%	0%

根据表2-25隶属度表的数据，本文使用AHP法计算得出的权重数据计算得出因素的评价向量，相关结果详见表2-26。以宏观因素为例，评价向量（$\overline{M}$）和评价值（F）的计算过程如下：

$$\overline{M} = (0.07,\ 0.12,\ 0.46,\ 0.35) * \begin{bmatrix} 0\% & 40\% & 40\% & 20\% & 0\% \\ 20\% & 30\% & 30\% & 20\% & 0\% \\ 70\% & 30\% & 0\% & 0\% & 0\% \\ 50\% & 50\% & 0\% & 0\% & 0\% \end{bmatrix}$$

$$= (0.52,\ 0.38,\ 0.06,\ 0.04,\ 0.00)$$

$$F = (150,\ 125,\ 100,\ 75,\ 50) * \begin{bmatrix} 0.52 \\ 0.38 \\ 0.06 \\ 0.04 \\ 0.00 \end{bmatrix} = 134.66$$

表 2-26　二级指标评价向量表

评价结果	宏观因素	产业因素	成长能力	股东回报因素
大	0.52	0.32	0.79	0.22
较大	0.38	0.40	0.15	0.15
一般	0.06	0.24	0.06	0.62
较小	0.04	0.04	0.00	0.02
小	0.00	0.00	0.00	0.00
评分	134.66	125.19	143.23	114.32

根据上述思路，本研究进一步将评价值细化至三级指标进行计算，相关结果见表2-27。

表2-27　二、三级指标评价值信息

二级指标	评价值	三级指标	评价值
宏观因素	134.66	经济周期	105.00
		通货膨胀	112.50
		国际政治扰动	142.50
		技术发展	137.50
产业因素	125.19	竞争状况	112.50
		产业政策	140.00
		产业生命周期	127.50
		产业集中度	95.00
成长能力	143.23	毛利率变动趋势	130.00
		研发能力	150.00
		营收增速	127.50
		资本运作效率	145.00
股东回报因素	114.32	ROE水平	115.00
		资产运营能力	137.50
		财务杠杆	97.50
		股权结构	102.50

④A公司股权估值必要性评价结果

在使用AHP方法和FCE方法对指标权重以及评价值进行确认后，本文需要依据专家对于上述内外部因素，在2019年、2020年的回顾情况以及2021年的预期情况进行评判的结果，最终确定A公司所面临的内外部环境对公司股权估值的友好度。

需要说明的是，考虑到A公司股价已经从2018年的低位连续上涨了接近300%，叠加公司估值水平的提升，故可以认为目前的股价已经开始透支市场对于公司未来前景的预期。所以，在定增资金并没有开拓新的业务领域的条件下，只有当2019—2021年内外部环境因素均逐步走强，并支撑股价进一步上行，才可以证明公司股权存在估值必要性。

本文使用扩散指数的构建方法，以0.5为枯荣线，0和1为极值，通过专家调研的方式确定如上3个年度的分值，结果如表2-28所示。

表 2-28　内外部环境指标综合评分表

三级指标	年份	改善	持平	恶化	分值
经济周期	2019	2	2	2	0.50
	2020	0	1	5	0.08
	2021(E)	3	3	0	0.75
通货膨胀	2019	1	2	3	0.33
	2020	1	4	1	0.50
	2021(E)	3	3	0	0.75
国际政治扰动	2019	4	1	1	0.75
	2020	3	3	0	0.75
	2021(E)	2	4	0	0.67
技术发展	2019	3	0	3	0.50
	2020	2	1	3	0.42
	2021(E)	6	0	0	1.00
竞争状况	2019	0	6	0	0.50
	2020	0	5	1	0.42
	2021(E)	2	3	1	0.58
产业政策	2019	3	3	0	0.75
	2020	4	1	2	0.75
	2021(E)	6	0	0	1.00
产业生命周期	2019	0	5	1	0.42
	2020	1	5	0	0.58
	2021(E)	3	3	0	0.75
产业集中度	2019	0	6	0	0.50
	2020	0	6	0	0.50
	2021(E)	0	6	0	0.50
毛利率变动趋势	2019	2	1	3	0.42
	2020	1	1	4	0.25
	2021(E)	3	3	0	0.75
研发能力	2019	2	2	2	0.50
	2020	3	3	0	0.75
	2021(E)	4	2	0	0.83
营收增速	2019	2	1	3	0.42
	2020	1	1	4	0.25
	2021(E)	3	3	0	0.75
资本运作效率	2019	2	4	0	0.67
	2020	3	3	0	0.75
	2021(E)	1	4	1	0.50
ROE水平	2019	2	2	2	0.50
	2020	3	0	3	0.50
	2021(E)	4	2	0	0.83
资产运营能力	2019	1	3	2	0.42
	2020	3	3	0	0.75
	2021(E)	2	2	2	0.50
财务杠杆	2019	1	3	2	0.42
	2020	2	2	2	0.50
	2021(E)	2	2	2	0.50
股权结构	2019	0	6	0	0.50
	2020	2	4	0	0.67
	2021(E)	0	6	0	0.50

　　经计算，A公司外部环境2019—2021年的得分分别为150.47、157.83和224.93，内部环境得分分别为128.60、153.42和186.14，时间序列走势如图2-10所示（三级指标中，不同的指标对A公司股权价值的影响方向不同，在测算的过程中，我们已经将其进行了同向性修正）。

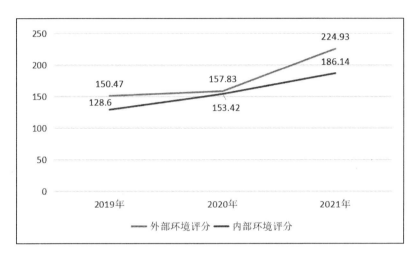

图 2-10　A公司内外部环境评分时间序列

　　根据测算结果，不难发现，无论是外部环境还是内部环境，2019—2021年的评分结果均呈向上的趋势，这使得市场情绪和资金有可能继续支撑其拥有相对较高的估值。对外部环境曲线而言，2020年出现了明显的增速下滑，这主要是由于新冠疫情导致的，但在疫情防控取得阶段性成果后，2021年外部环境评分便出现了报复性的上涨，这说明外部环境中的扰动因素暂时不改变半导体行业的景气度，此次半导体周期还会继续持续，公司也能够继续享受由此带来的红利。对于内部环境曲线而言，可以发现其几乎呈直线状态，这说明公司内部环境在稳定地改善，出现黑天鹅和灰犀牛事件的概率较小。与此同时，内部环境评分曲线处于外部环境评分曲线的下方，这说明公司未来一定时间，相对于板块内部的其他公司而言，表现可能会相对温和一些，其不具有较高的板块内阿尔法收益机会，这和公司平台化转型仍需时日的判断是相吻合的。

　　综上所述，A公司通过估值必要性评价。

（3）A公司股权估值——FCFE

① 自由现金流收益期的划分

自由现金流折现法在实务中一般有两种具体的应用：一种是一阶段增长模

型，企业在未来经营中始终保持稳定持续的经营状态；另一种是多阶段增长模型（一般为两阶段），即将企业未来收益期划分为多个阶段，其中包括告诉发展期或详细预测期，以及稳定发展期。

A公司是一家善于通过外延并购发展的企业，因此，预期其现金流的难度是比较大的，但经过我们审慎的评估，对A公司股权进行估值时使用FCFE模型还是存在一定的可行性，原因如下：

首先，A公司的并购，尤其是规模较大的并购，一般会通过定向增发股份的方式进行，对公司ROE水平的未知影响相对小一些，2016年以来，公司通过收购HF、UP和KMT特种气体有限公司，进军电子材料领域，与之相对应的是，公司于2017年、2018年以及2020年通过定向增发的方式募集资金进行并购。其次，公司此次定增并没有改变原有的业务版图，相关产品的构成预计不会出现非常大的变化。

综合上述两个方面的因素，此次应用FCFE进行估值的过程中，我们在预测未来现金流量时，无须关注不可控的因素，仅需就目前的业务进行预测就可以实现预期的目标；同时，在确定资本成本的过程中，因为公司没有通过增加财务杠杆的方式进行并购，或是使用自有资金进行资产购买，因此未来的不可控因素的影响权重也会大大降低。

由于公司目前所处的行业同半导体周期紧密相关，所以，在确定详细预测期的时候，需要考虑半导体周期的影响。具体来说，我们当时预计2021年第2季度，此次半导体周期将达到顶部位置，从而2021第2季度—2023第4季度将是此次半导体周期的下降周期，而下一轮半导体周期的上行和下行期预计分别在2024—2026年和2027—2028年。根据目前学术界和实践中的观点，详细预测期一般不超过5年。对于此项目而言，5年的详细预测期，即2021—2025年，几乎覆盖了一整轮半导体周期的时间，并且通过周期的运行方向，可进一步细分为2021—2023年和2024—2025年两个周期，即下行期和上行期。而对于2026年及以后的时间，本研究将其作为稳定期予以估算。

②自由现金流的预测

在进行企业价值评估的过程中，自由现金流是以企业历史绩效为基础，通过预测得出的。具体来说，对A公司自由现金流展开分析及预测，是在2017—2020年绩效分析的基础上（自外延并购以进入电子材料行业之后的时间为起点），应用销售百分比法，根据营业收入与其他成本费用等项目之间的比例关系，预测各项指标未来5年发展趋势并考虑半导体周期的影响进行修正。根据税后经营利润、资本支出及营运资本增加的情况调整后，预测企业在2021—2025年自由现金流。其中，税后经营利润现金流是税后经营利润加上固定资产折旧和无形资产摊销后的现金流量，是企业日常经营所需要的现金流量。

· 营业收入预测

表 2-29　A公司2017—2020年营业收入统计表

行业	科目	2017年	2018年	2019年	2020年
电子材料	营业收入（亿元）	1.47	7.13	10.49	17.16
	毛利率	42.21%	42.07%	33.85%	34.58%
化学材料	营业收入（亿元）	9.86	8.34	7.00	4.88
	毛利率	16.32%	16.32%	26.58%	24.49%
设备租赁	营业收入（亿元）	0	0	0.17	0.39
其他	营业收入（亿元）	0	0	0.65	0.30

如表2-29所示，A公司2017—2020年业务的营业收入统计结果中，电子材料包括硅微粉、光刻胶、前驱体/SOD和电子特气，化学材料包括LNG保温材料、阻燃剂等。

化学材料方面，2017—2020年营收贡献整体呈下降趋势，原因有二：其一，阻燃剂传统业务持续收缩，景气度走差；其二，LNG保温材料所处的行业周期处于下行阶段。对于未来的预测，阻燃剂预计会持续收缩，但收缩的进程较慢，同时，LNG保温材料目前处于周期底部，预计未来会进入扩张周期。综合考虑，我们预计在详细预测期，化学材料的复合年增长率可达到15%的水平。

设备租赁和其他，由于营收贡献较低，且不具有可预测性，因此，我们将2019年和2020年的均值水平作为详细预测期的预测值。

表 2-30　电子材料细分项营收数据

产品类别	科目	2017年	2018年	2019年	2020年
HF-硅微粉	营业收入（亿元）	1.30	1.77	1.57	1.51
	毛利率	35.23%	34.39%	34.47%	33.38%
JSXK-前驱体/SOD	营业收入（亿元）	5.18	7.82	6.59	9.51
	毛利率	44.89%	43.28%	39.14%	41.06%
KMT-电子特气	营业收入（亿元）	2.73	4.29	4.25	4.50
	毛利率	46.52%	48.55%	45.72%	47.81%
KTM-光刻胶	营业收入（亿元）	–	–	3.73	3.42
	毛利率	–	–	16.10%	16.10%

电子材料方面，由于2018—2020年并表的影响，我们需要更加详细的数据进行细分项营收构成分析，从而确定详细预测期的预测值。通过公司公告以及其他公开数据，电子材料细分项营收数据如表2-30所示（由于并表过程中，会存在未实现内部销售损益等影响，并且各业务并表的时间不同，从而使得细分项营收数据与总项数据存在钩稽关系不符的情况）。同时，我们需要考虑此次定增后扩产对于各项目的营收贡献影响情况，以及半导体周期的潜在作用，相关预测结果如表2-31所示。需要说明的是，预测增速的设定依据为现有研究报告中对于行业的整体增速预测，而营业收入的预测数据与预测增速的不匹配，主要是由于前者的预测考虑了本次定增后未来潜在扩产带来的增量营收影响。

表 2-31　A公司2021—2025年营业收入预测

营收项目	科目	2021年	2022年	2023年	2024年	2025年
HF-硅微粉	营业收入（亿元）	1.59	1.66	3.75	8.50	10.20
	预测增速		5%		20%	
JSXK-前驱体/SOD	营业收入（亿元）	9.99	10.48	11.01	13.21	15.85
	预测增速		5%		20%	
KMT-电子特气	营业收入（亿元）	4.73	5.96	6.26	7.51	9.01
	预测增速		5%		20%	
KTM-光刻胶	营业收入（亿元）	3.42	18.42	22.10	26.52	31.83
	预测增速		0		20%	
化学材料	营业收入（亿元）	5.61	6.45	7.42	8.54	9.82
	预测增速			15%		
设备租赁	营业收入（亿元）	0.28	0.28	0.28	0.28	0.28
	预测增速			0		
其他	营业收入（亿元）	0.48	0.48	0.48	0.48	0.48
	预测增速			0		
总计	营业收入（亿元）	26.09	43.74	51.30	65.04	77.47

· 营业成本预测

营业成本的预测值可以通过使用营业收入预测值和毛利率计算得出。从产品生命周期的角度分析，电子材料处于成长期，毛利率相对稳定，而化学材料处于成熟期，毛利率容易出现下滑的走势。基于上述考虑，我们假定电子材料的毛利率保持恒定（2020年的水平），而化学材料的毛利率逐年调减1%。对于设备租赁和其他项目，由于营收占比较低，且较难获得可靠的毛利率数据，故对于这两项业务的营业成本的估算,则采用省略的方式进行处理。综上思路,A公司2021-2025年营业成本的预测结果如表2-32所示。

表2-32 A公司2021—2025年营业成本预测

项目	科目	2021年	2022年	2023年	2024年	2025年
HF-硅微粉	营业收入(亿元)	1.59	1.66	3.75	8.50	10.20
	毛利率	33.38%	33.38%	33.38%	33.38%	33.38%
	营业成本(亿元)	1.06	1.11	2.50	5.66	6.79
JSXK-前驱体/SOD	营业收入(亿元)	9.99	10.48	11.01	13.21	15.85
	毛利率	41.06%	41.06%	41.06%	41.06%	41.06%
	营业成本(亿元)	5.89	6.18	6.49	7.79	9.34
KMT-电子特气	营业收入(亿元)	4.73	5.96	6.26	7.51	9.01
	毛利率	47.81%	47.81%	47.81%	47.81%	47.81%
	营业成本(亿元)	2.47	3.11	3.27	3.92	4.70
KTM-光刻胶	营业收入(亿元)	3.42	18.42	22.10	26.52	31.83
	毛利率	16.10%	16.10%	16.10%	16.10%	16.10%
	营业成本(亿元)	2.87	15.45	18.55	22.25	26.71
化学材料	营业收入(亿元)	5.61	6.45	7.42	8.54	9.82
	毛利率	23.49%	22.49%	21.49%	20.49%	19.49%
	营业成本(亿元)	4.29	5.00	5.83	6.79	7.90
总计	**营业成本(亿元)**	**16.57**	**30.86**	**36.62**	**46.41**	**55.45**

· 费用预测

费用预测部分包括管理费用(利润表口径)、销售费用、财务费用、研发费用和税金附加(不包括所得税),预测的方法是根据2017—2020年各项目占营业收入的百分比均值进行计算,相关数据详见表2-33。

表2-33 A公司2021—2025年费用预测(单位:亿元)

项目	2017年	2018年	2019年	2020年	销售百分比	2021年	2022年	2023年	2024年	2025年
营业收入	11.33	15.47	18.32	22.73	–	26.09	43.74	51.30	65.04	77.47
税金附加	0.08	0.16	0.12	0.1	0.71%	0.18	0.31	0.36	0.46	0.55
销售费用	0.57	0.81	1.03	0.57	4.60%	1.20	2.01	2.36	2.99	3.56
管理费用	1.31	1.68	2.17	2.49	11.31%	2.95	4.95	5.80	7.35	8.76
研发费用	–	0.48	0.64	0.73	3.27%	0.85	1.43	1.68	2.13	2.53
财务费用	0.12	-0.01	-0.07	0.16	0.33%	0.09	0.14	0.17	0.21	0.25

· 折旧/摊销预测

如图2-10所示，A公司2017—2020年的报表数据显示，固定资产、在建工程和无形资产同营业收入水平存在一定的相关性，因此，对于折旧/摊销的预测，本研究使用销售百分比法是具有现实基础的，相关计算和预测数据详见表2-34。

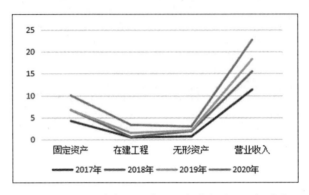

图 2-10 A公司2017—2020年部分报表项目走势相关性分析（单位：亿元）

表 2-34 A公司2021-2025年折旧/摊销预测（单位：亿元）

年份	固定资产	在建工程	无形资产	营业收入	折旧	摊销	折旧率	摊销率	折销比	摊销比
2017	4.21	0.48	0.68	11.33	0.42	0.02	8.96%	2.94%	41.39%	6.00%
2018	6.73	0.57	1.87	15.47	2.75	0.22	37.67%	11.76%	47.19%	12.09%
2019	6.69	1.5	2	18.32	0.84	0.09	10.26%	4.50%	44.71%	10.92%
2020	10.02	3.33	2.94	22.73	2.99	0.36	22.40%	12.24%	58.73%	12.93%
历史平均	–	–	–	–	–	–	19.82%	7.86%	48.01%	10.49%
2021	12.52	2.74	26.09	2.48	0.22	–	–	–	–	–
2022	21.00	4.59	43.74	4.16	0.36	–	–	–	–	–
2023	24.63	5.38	51.30	4.88	0.42	–	–	–	–	–
2024	31.22	6.82	65.04	6.19	0.54	–	–	–	–	–
2025	37.19	8.12	77.47	7.37	0.64	–	–	–	–	–

· 债务现金流预测

债务现金流预测的思路同折旧/摊销类似，即首先确认债务现金流同营业收入的相关性，如具有相关性，则根据详细预测期的营业收入预测值，估算债务现金流水平。但二者的区别在于，折旧/摊销在资产负债表中所体现的数量相较于债务现金流偏小，故本研究需要利用回归分析法构建总负债水平同营业收入的预测模型，并将模型输出的结果作为债务现金流预测值。

价值嬗变的玫瑰
——具有创新意义的动态投资决策框架

如图2-11所示，本研究使用2014—2020年年报中营业收入和总负债的数据进行拟合，发现线性预测模型和多项式预测模型的拟合优度均比较高（R2>0.8）。考虑到公司2020年年末资产负债率为18%，同期电子行业上市公司资产负债率算数平均值和中位数分别为36.68%和35.41%，相比之下，公司存在进一步使用财务杠杆以提升ROE的动力；同时，伴随着营业收入的增长，当公司没有通过外延并购或内部研发的方式创造出新的增长极，即整体保持原有的发展模式进行运作，那么总负债的提升程度一般会有所增高；多项式预测模型的拟合优度相较于线性模型更高一些。

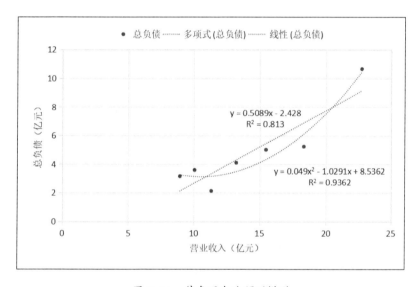

图 2-11　债务现金流预测模型

基于上述原因，本研究理应选择多项式作为预测模型，但需要说明的是，通过营业收入的预测结果可知，未来5年公司营收增速较高，营收水平快速增长，如果采用多项式预测模型，那么总负债的预测值会按照几何级数水平增长，常规意义上讲，这是不符合现实要求的。而模型与实际应用之间的差异，主要由于预测模型拟合时使用的数据并不能代表未来（业务转型和并购等因素导致）。所以，综合考虑上述因素，本研究仍旧选择线性模型作为总负债的预测工具，虽然拟合优度有所下降，但其下降幅度有限，且根据现实意义。

本研究使用线性预测模型，预测出2021—2025年A公司的总负债水平，并计算出债务现金流，相关结果详见表2-35。

表 2-35　A公司2021—2025年债务现金流预测

年份	营业收入（亿元）	总负债（亿元）	债务现金流（亿元）
2021	26.09	10.85	0.19
2022	43.74	19.83	8.99
2023	51.30	23.68	3.85
2024	65.04	30.67	6.99
2025	77.47	37.00	6.33

· 资本支出现金流预测

资本支出是指在一定期间内，企业为了取得某项长期资产而发生的各项支出总额。企业财报的资本支出由企业的净经营性长期资产增加额与企业在本期间发生的折旧与摊销共同组成的，净经营性长期资产增加额可以根据本期间内企业的经营性长期资产增加额与经营性长期负债增加额的差值取得。资本支出现金流使用销售百分比法进行预测，相关计算结果详见表2-36。

表 2-36　A公司2017—2020年资本支出销售百分比试算表（单位：亿元）

	2017年	2018年	2019年	2020年
经营性长期资产增加额	0.48	19.43	1.67	7.45
− 经营性长期负债增加额	−0.02	0.23	0.11	0.05
= 净经营性长期资产增加额	**0.50**	**19.20**	**1.56**	**7.40**
+ 折旧与摊销	0.44	2.97	0.93	3.35
= 资本支出	**0.94**	**22.17**	**2.49**	**10.75**
营业收入	11.33	15.47	18.32	22.73
资本支出销售百分比	8.30%	143.31%	13.59%	47.29%

A公司2017—2020年资本支出占销售的百分比起伏比较大，这主要是由于近4年公司处于业务转型期，且各期合并财务报表的合并主体差异较大。考虑近4个年份中，2017年和2019年上述变化相对较小，同时假设后续公司业务板块相对稳定的条件下，本研究使用这两年资本支出销售百分比均值作为详细预测期的预测值：10.94%，相关预测结果详见表2-37。

表 2-37　A公司2021—2025年资本支出预测

年份	营业收入（亿元）	资本支出（亿元）
2021	26.09	2.86
2022	43.74	4.79
2023	51.30	5.61
2024	65.04	7.12
2025	77.47	8.48

· 经营营运资本预测

经营营运资本代表着企业在发展过程中的资金需求量，通过比较相邻年度的经营营运资本增加额来衡量企业发展趋势及经营规模，通常根据经营性流动资产增加额与经营性流动负债增加额的差值得出企业在一定期间内的经营营运资本增加额。经营营运资本现金流使用销售百分比法进行预测，相关计算结果详见表2-38。

表2-38　A公司2017—2020年经营营运资本销售百分比试算表（单位：亿元）

	2017年	2018年	2019年	2020年
经营性流动资产增加额	−0.02	0.23	0.11	0.05
− 经营性流动负债增加额	−0.53	1.25	0.37	3.79
= 经营营运资本增加额	0.51	−1.02	−0.26	−3.74
营业收入	11.33	15.47	18.32	22.73
经营营运资本增加销售百分比	4.50%	−6.59%	−1.42%	−16.45%

A公司2017—2020年经营营运资本占销售的百分比起伏比较大，这主要是由于近4年公司处于业务转型期，且各期合并财务报表的合并主体差异较大。考虑近4个年份中，2017年和2019年上述变化相对较小，同时假设后续公司业务板块相对稳定的条件下，本研究使用这两年资本支出销售百分比均值作为详细预测期的预测值：1.54%，相关预测结果详见表2-39。

表2-39　A公司2021—2025年经营营运资本预测

年份	营业收入（亿元）	经营营运资本增加额（亿元）
2021	26.09	0.40
2022	43.74	0.67
2023	51.30	0.79
2024	65.04	1.00
2025	77.47	1.19

· 股权自由现金流的测算

对于详细预测期，在上述变量的预测结论下，本部分进行股权自由现金流的测算，测算过程和结果详见表2-40。特别地，由于A公司合并主体部分适用25%的所得税税率，部分适用15%的所得税税率，因此，本部分的计算使用20%的税率进行替代。

表 2-40 A公司2021—2025年股权自由现金流测算结果（单位：亿元）

	2021年	2022年	2023年	2024年	2025年
营业收入	26.09	43.74	51.30	65.04	77.47
－ 营业成本	16.57	30.86	36.62	46.41	55.45
－ 税金及附加	0.18	0.31	0.36	0.46	0.55
－ 销售费用	1.20	2.01	2.36	2.99	3.56
－ 管理费用	2.95	4.95	5.80	7.35	8.76
－ 研发费用	0.85	1.43	1.68	2.13	2.53
= EBIT	**4.33**	**4.19**	**4.48**	**5.70**	**6.62**
－ 所得税	0.87	0.84	0.90	1.14	1.32
＋ 折旧/摊销	2.70	4.52	5.30	6.72	8.01
－ CAPEX	2.86	4.79	5.61	7.12	8.48
－ NWC	0.40	0.67	0.79	1.00	1.19
= FCFF	**2.90**	**2.41**	**2.48**	**3.16**	**3.63**
＋ 净债务流	0.19	8.99	3.85	6.99	6.33
－ 财务费用	0.09	0.14	0.17	0.21	0.25
＋ 利息抵税	0.02	0.03	0.03	0.04	0.05
= FCFE	**3.02**	**11.28**	**6.19**	**9.98**	**9.75**

③ 折现率的估算

FCFE模型使用的折现率为权益资本成本。企业的权益资本成本即企业在进行资金募集时所占用的成本。本研究选取资本资产定价模型（CAPM）进行权益资本成本的计算。

· 无风险收益率（R_f）

无风险收益率指的是不存在任何风险的报酬率，但完全没有任何风险的投资活动是不可能存在的。国债被认为是所有投资活动中风险最小的，且不存在违约风险，本报告采用国债利率替代无风险收益率。不同计息期国债利率是不同的，为了参数的准确性，本研究选取与企业未来自由现金流量相适用的十年期以上的国债利率2020年的均值作为无风险收益率，即2.90%。

· 资本市场收益率（R_m）

资本市场收益率即股票收益率，资本市场中，股票的变动趋势能够反映出市场经济宏观变化趋势，股票指数的长期变化趋势反映市场平均收益率，然而股票起伏变动受国家经济、证券市场、行业变化等众多因素影响，运用几何分析法，可以将宏观经济的影响降至较低水平，同时考量复利的作用，将时间价值考虑在内。本报告采用2012年5月—2021年4月中证500指数行情数据计算得出（A公司属于中证500成分股，且该期间覆盖两个相对完整的牛熊周期），资本市场收益率（年）为6.41%。

· 贝塔值（β）

贝塔值能够反映证券组合收益率与证券市场收益率之间的关系，是衡量投资组合对于系统风险敏感程度的重要指标。经测算，A公司的贝塔值为1.0676。

· 权益资本成本（K_e）的计算

$$K_e = R_f + \beta(R_m - R_f) = 6.65\%$$

④ A公司股权价值评估

基于上述分析，A公司的价值评估数据如表2-41所示。其中，详细预测期为2021—2025年，后续稳定增长率按照中国长期经济潜在增速，即4.5%计算。

表 2-41　A公司股权估值结果（单位：亿元）

	2021年	2022年	2023年	2024年	2025年	稳定增长期
FCFE	3.02	11.28	6.19	9.98	9.75	—
折现率	6.65%					
折现现金流	2.84	9.92	5.10	7.72	7.07	343.58
股权价值	376.22（模拟定增后）					
股本	5.13亿					
目标价	73.34元					

（4）A公司股权估值——相对估值法：PS

① 估值方法的选择

相对估值法，是通过某一共同变量获得标准化的可比性指标，如盈利水平、现金流状况、营业收入水平等，又因为证券资产的内在价值能够从可比资产的相对应的指标估算得到，因此相对估值法也常被称为相对乘数法或对比法，这里，我们使用的是PS估值法。PS是市价和营业收入的比值，主要用于成长性较高的科技企业，收入的质量对衡量企业收益的稳定性和持续性是有效的，但其没有考虑产品成本、相关费用、关联方交易等核心因素的影响。显然，A公司的估值选择PS估值法是合适的。

② A公司股权价值评估

在应用相对估值法之前，我们需要找到可比公司。传统寻找可比公司的逻辑大都是选择同行业或业务相似度较高的标的，但由于A公司的业务领域为电子化学品平台类企业，稀缺性较强，同时A公司属于混业经营，因此，难以寻找同业可比公司。基于上述考虑，我们需要对市销率公式进行变形，以在所属行业相似的板块中，寻找决定市销率的通用指标——营业净利率相似的标的，在对极端PS值的公司进行剔除之后，确定最终的可比公司样本。

根据上述逻辑，本报告共筛选出12家可比公司。按照2021年4月30日的行情数据以及2020年年报的数据进行测算，A公司营业净利率为18.19%，市销率为12.04，每股营业收入4.91元；可比公司加权市销率为20.88；故PS估值法计算得出A公司股权目标价为102.52元/股，市值为474.67亿元（定增前）。

（5）综合FCFE和PS估值法后的最终估值结果

FCFE和PS估值法分别隶属于收益法和市场法。收益法侧重于关注公司自身的情况，故内部环境因素对股价的影响权重更大，而市场法侧重于关注市场本身基于上市公司的定价模式，其更容易受到市场，尤其是板块内部估值水平和情绪的整体影响，故外部环境因素对股价的影响权重更大。本报告基于FCFE和PS两种估值方法得出的A公司目标股价分别为73.34元和102.52元，二者差异较大，因此有必要进行综合考量从而确定较为合理的目标价格。需要明确的是，两种估值方法对于市值的估算口径不同，前者估算的是模拟定增之后的市值水平，后者则是估算定增前的市值水平，二者不可比，且没有办法统一化，原因在于定增价格目前尚不确定，所以本报告仅对每股价格这一可比项目进行分析。

根据对于外部环境因素（宏观因素、产业因素）和内部环境因素（成长能力、股东回报）的评价值结果可知，外部环境评价值总和为259.85，内部环境评价值总和为257.55，由此得出外部环境和内部环境对于公司股价的影响权重分别近似为50.22%和49.78%。所以，通过将两种估值方法得出的结论进行加权计算，本报告最终确定A公司合理股价为87.99元/股，以2021年4月30日收盘价59.11元/股为基准，A公司股价上浮空间为48.86%，且该估值结果也可用于参与公司非公开发行项目的参考。

第三章 资本市场中的价值规律

3.1 资产的价格与价值

这一节的标题乍一看和第一章第二节是差不多的，但其实二者的区别在于，本节主要阐述的问题是价格和价值之间的关系，而不是仅仅讨论资产价值的问题。本节的内容同前面的章节中所涉及的理论以及理念有很强的关联性，如果在阅读的过程中有一些不是十分清楚的点，那么请回到前面的章节中进行回顾查询。特别需要说明的是，相比于第二章令人头疼的数学公式以及各种图表，本章的内容可读性会更强一些，对于基础相对薄弱的投资者来说会友好很多。

3.1.1 价值，投资者心中的幽灵

坦率地讲，这个小节的标题笔者想了很久，也没有想到一个最能够表达内心真实想法的表达方式。一次非常偶然的机会，笔者在观看一部电视剧时，被一段台词中的"幽灵"一词吸引，经过反复的思索，笔者突然发现，幽灵其实就是自己心目中价值的最好诠释。

这种说法，或多或少都有些唐突，甚至让人情感上会被一些阴森恐怖的色彩笼罩。但如果让笔者给资产的价值真真正正下一个定义，那么答案也许还是一样的。这个所谓的定义，其实有三个关键词，其一为幽灵，其二为心中，其三为投资者，可以说，除了"的"字之外，都是非常关键的。下面，我们就来详细阐述一下，这个定义的内涵是什么。

首先，我们先要回答一个问题：价值真的存在吗？

价值，作为一个所谓的标准、参照，在一定程度上代表着正确的价格水平，这个观点就类似一个几何公理一样的存在。公理，是指经过人类长期反复实践的考验，不需要再加以证明的基本命题。例如，过两点有且只有一条直线；两点之间，直线最短；在同一平面内过直线外一点有且只有一条直线与已知直线平行等。这些几何公理可以通过实践进行相对充分的确认，但价值的存在似乎没有人能够通过某种途径进行所谓的确认。

为什么会这样？一个非常重要的原因在于，我们没有办法观测到价值，而更多的是通过价格这一价值的表征，对价值进行间接观测。但谁也没有办法证明，价格这个指标是否能够作为价值的表征。而按照政治经济学的观点，价值就是凝

结在商品中无差别的人类劳动，这种以直接下定义的方式去生成价值这个概念的确会让价值存在。但需要注意的是，我们这里探讨的是资产的价值，或者更精确地讲，是股票的价值。股票代表着股东对公司的所有权，所以经常会有人将其直接等价于公司的净资产，而净资产可以使用马克思价值的定义去描述，但是，股票相较于净资产而言，基于其交易属性的一系列风险收益特征和公司净资产相比，则会产生较大的差异，所以，股票的价值似乎没有办法直接使用经济学中的定义予以确认。例如，一个认沽期权在标的资产大幅下跌的时候价格显著提升，我们很难去说服别人这里面同无差别的人类劳动有什么内在联系（图3-1）。

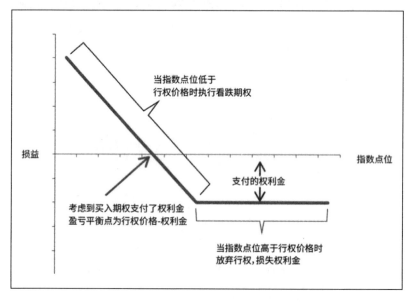

当指数点位低于
行权价格时执行看跌期权

损益

指数点位

支付的权利金

考虑到买入期权支付了权利金
盈亏平衡点为行权价格-权利金

当指数点位高于行权价格时
放弃行权，损失权利金

图 3-1　认沽期权买方损益图

　　根据第一章第二节有关资产价值的阐述中，虽然我们洋洋洒洒写了很多内容，但不知道读者有没有发现，我们关注的重点都绕开了这个最核心的问题：价值是否存在。无论是资产价值的来源，还是来源的表现形式，似乎都基于价值是否存在的这个隐含的假设，即使本书的论述看上去已经比较深入了，但却还是没有证实也没有办法证实价值是否真的存在。

　　话说到这里，一种难以名状的感觉涌上心头，这种感觉，像是失落，也有些恐惧。失落，主要是因为如果价值不存在，那么一切与之相关的分析、结论都成为无源之水，无本之木；恐惧，主要是因为如果价值不存在，那么价格似乎就没有办法被约束在一个合理的范围内波动，从而就像地球没有了太阳的牵引，最终流浪到何方全凭天意一样恐怖。

这时有人可能会说，如果我们强行假设价值存在，那么也不会产生什么问题吧？从逻辑上讲，确实不会有什么影响，毕竟现实中很多学科中的大部分模型，都是基于各种各样的假设条件的，所以假设并不会动摇模型存在的意义。但此时，另一个十分棘手的问题就出来了：我们假设价值存在，可是却没有一个办法去计算价值到底是多少。换言之，这引出了我们需要回答的第二个问题：价值可知吗？

其实，这涉及社会科学当中的一个共同的问题，即社会科学中的模型涉及到的假设过于严苛，以至于在现实中难以复刻。同时，社会科学的一些问题变量对于参数变化的敏感度是很高的，并且是非线性的，所以，我们即使努力降低理论同现实之间的差距，但得出的理论结果同现实结果可能也相去甚远。

所以，通过上一章的内容，我们发现，即使理论上存在各种各样的估值方法，但每种方法都有一些比较大的限制条件，以至于没办法在实践中比较容易地去使用。例如：绝对估值法对于现金流的估计，以及相对估值法中对于可比公司的选择等。可以说，100个人对于同一只股票的估值可能是100个甚至是100个以上的结果，我们又应该如何去判定孰是孰非呢？[10]

有人说，我们可以通过统计的方式进行判断，例如取期望值作为价值的估计结果。然而，这种做法看上去有效，实际上可能也是荒谬的。比如，对于同一只股票的估值问题，我们找到10个分析师进行建模求解，结果其中5人认为股票价值为20元，另外5人认为股票价值为40元。难道此时，我们就能够理直气壮地说，这只股票的价值应该等于30元吗？显然不是这样的。有人会说，上面的例子太过于极端。那么我们换一个例子：还是10个分析师对同一只股票估值的问题，只不过这10个人的估值结果分别为22、24…38、40元。难道此时，我们会更加理直气壮地说这只股票的价值应该等于31元吗？显然也不是这样的。有人这时又会说，你就不能举一个正常一点的例子吗？好，那我们就换一个正常的例子，还是10个分析师对同一只股票进行估值的问题，只不过这次十个人的估值结果分布是一个钟形曲线，即类似正态分布（我们先不考虑10个人的样本数据量过少的问题），且均值为30.5元，那么我们就可以理直气壮地说，这只股票的合理价值应该在30.5元吗？好像从表面上看，确实是这样的，但可惜的是，如果想要更加严格地确认上述结论的合理性，我们需要确认这10个人的判断是不是相互独立的。但可惜的是，10个人完全做出相互独立的判断在现实中几乎是不可能的。原因在于，无论他们从属于哪个机构，哪个国家，就读于哪所高校，他们对于股票估值的逻辑，除非是天赋异禀极具创新力的人才，否则大概脱离不了绝对估值法和相对估值法的传统框架，因此，从这个角度说，他们彼此之间的判断不可能绝对独立，从而最终的结论也就不一定是正确的。

在资产价值是否存在，或是假设资产价值存在的条件下其是否可知这两个基础性的问题没有解决，那么这可能就预示着我们基于价值的理念所做的所有投资决策都是无效的。这可是一种莫大的讽刺啊！

这其实和资本市场价格遵循随机游走的理论有异曲同工之妙。资本市场价格随机游走理论是现代金融学的基础理论之一，它认为资本市场价格的变化是随机的，并且这种随机性是不可预测的。这一理论在金融经济学中具有重要的地位，为投资决策和风险管理提供了重要的指导。随机游走理论得到了大量的实证支持。例如，学者们发现股票价格的自相关系数非常接近零，这意味着过去的价格信息对未来的价格预测没有帮助。此外，学者们还发现股票市场的收益率分布是近似正态分布的，这意味着市场波动具有随机性和风险性。

但如果仅仅是投研工作都成为无用功，倒还好说，因为还有另一种情况对于投资者而言的伤害会更大，即在一段时期，某些所谓的投资策略是有效的，但过了这个窗口期，策略会系统性失效。这种现象其实就是所谓的策略周期现象。

策略周期现象在市场中非常普遍，如2019—2021年是价值投资策略的高光时刻，而2021年之后，尤其是进入2022年以来，题材投机策略又大有卷土重来之势。不仅对于主观策略有这种周期性的现象，量化策略也是一样，如有些时间段指数增强策略的效果会很好，但过一段时间，中性T0策略的风险收益比又会占据上风。同时，对于普通投资者而言，我们也会发现策略周期同样对自己投资组合的收益有着非常大的影响，而且这种影响甚至会大于专业机构投资者。

笔者曾经接触过一位个人投资者，他是做期货起家的，曾经靠螺纹钢品种的超短线交易成功达到千万资产级别，后来，他转战股票，操作习惯仍旧是超短线。并且由于习惯了期货保证金交易带来的大开大合，一般股票的波动难以满足他的胃口，所以，他便非常喜欢交易小盘强势股。很幸运，他的超短线交易策略在股票上一开始也是十分适用，入市一年多，资产又翻了一倍多，更为厉害的是，这位投资者虽然是短线交易强势股，但止盈止损的纪律执行的非常到位，以至于这一年多的时间，他资产的最大回撤只有14.73%。笔者对这个数字记得非常清楚，因为这个成绩是非常令他满意的，以至于我们一见面他就会念叨这个成绩，久而久之，笔者便记下来了。但可惜的是，之后市场风格有所变化，虽然他的交易纪律一直执行得相当不错，也没有出现过较大的单日回撤，但他的策略就是持续地遭遇止损、止损、再止损。后来，他也就越来越少地谈论投资的事情了，具体亏了多少，也就不得而知了。

上面的这位投资者的故事其实是很典型的，我们作为普通投资者，投资业绩经常一段时间好，一段时间差，而且有的时候和行情本身的好与坏没什么关系。这其实反映出的深层次的逻辑在于，任何一种投资模型的假设条件能否成为现实，是策略是否有效的关键。且由于过度自信等人性方面的问题，一般亏损造成的伤害要大于盈利带来的好处，最终的结果自然不用多说。

所以，笔者之所以用这么多篇幅去谈有关资产价值的基础性问题，主要在于其可以真真正正影响实际的投资，因此，这并不仅仅是理论性的探讨。这就好像为什么人们一直致力于不断地计算圆周率一样，据说目前已经可以精确到小数点后62.8万亿位（图3-2）。这看上去是一个很无聊的问题，但在科学界，这个问题可能关系现代数学和物理体系是否存在根本性错误的风险，甚至关系到人类认识的宇宙是不是自然形成的问题。如果这些无聊的问题真的能够对现实产生颠覆性的改变，那么人类可能付出的代价也是巨大的。

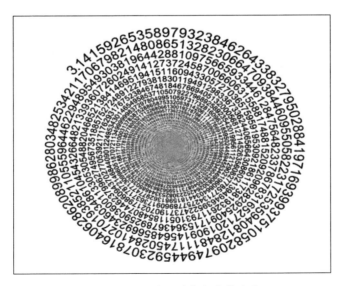

图3-2　圆周率π的部分计算结果

回过头来，笔者之所以将资产的价值定义为幽灵，一个十分重要的原因在于，就目前的认知而言，我们没办法证明价值是否存在：要是说价值存在，我们连它的影子都摸不到；要是说它不存在，相对有序的市场定价体系似乎又和这个结论矛盾。既然如此，与其如此痛苦地陷入这种类哲学的思考，还不如跳出这个怪圈，不去关注其是否存在，权且将价值的概念等同一个幽灵，说它存在就存在，说它不存在就不存在。

同时，这个幽灵是住在人们心里的，而人们心里的东西，一般都是现实世界的映射，而价值，就是价格的映射。

投资者这么关心资产价值的最核心原因，还是源于对成功预测资产价格的渴望。一切的问题，其实都是价格的问题。想象一下，如果人们能够准确预测资产价格的涨跌，那么又有谁还关心价值的问题呢？正是因为人们的预测和实际情况产生了较大的差异，人们才会假设存在一个类似于真理般存在的价值，从而衍生出各种理念、方法、模型去追求它。这在一定程度上，已经成了投资者的信仰，以至于没有人去思考价值是否存在的问题。但正是因为这种信仰对人产生的麻痹效果，才使得人们对于估值已经到了过度狂热的地步，从而出现了诸如市场定价效率这种令人匪夷所思的论调。

上面短短二百余字的文字，其实是具有一定颠覆性的。当然，笔者也不能够确定这种想法有几分道理，毕竟当局者迷，也许笔者信誓旦旦地讲出自认为完美无瑕的言论在别人看来就是无稽之谈，而且也可能确实是无稽之谈。但笔者还是要勇敢地讲出来，因为这些疯言疯语最大的价值在于，让更多的疯子加入到创新和突破的大军中，从而在推动投资研究发展的宏伟工作中，贡献微不足道的力量。

笔者认为，市场永远是有效的，因此，市场永远是对的。

认为市场可能无效的观点所使用的论点，可能都离不开市场泡沫的催生和破裂问题。而一谈到市场泡沫，基本上都离不开荷兰郁金香泡沫事件。

在17世纪初的荷兰，郁金香这种美丽的花卉成了一种疯狂的投机活动的对象。人们被郁金香的价格不断上涨的势头所吸引，纷纷涌入市场，希望通过购买郁金香球茎赚取暴利。在那个时代，荷兰经济繁荣，航海、贸易、工业和金融等领域都取得了长足的发展。然而，随着郁金香价格的飙升，越来越多的资金开始追逐利益，许多投资者开始大量购买郁金香球茎进行投机。他们仿佛看到了一夜暴富的捷径，纷纷投入自己的财富和精力。

在郁金香市场达到顶峰时，一株稀有的郁金香球茎的价格甚至可以抵上一栋豪宅。富商巨贾、王公贵族们争相竞购，郁金香球茎的交易量一度占据了荷兰证券交易量的绝大部分。然而，普通手工业者和贫民也渴望加入这场狂欢，但他们并没有足够的资本去购买昂贵的郁金香球茎。于是，一种新的金融产品应运而生——郁金香期货合约。人们可以不必拥有真实的郁金香球茎，只需购买或卖出合约即可参与投机。这使得更多的人有机会追逐利润，但同时也为市场埋下了巨大的隐患。

随着时间的推移，人们渐渐对郁金香如此高的价格产生了动摇，越来越多的投资者开始获利了结。然而，就在他们开始抛售郁金香球茎时，市场崩溃了。郁金香价格暴跌，许多投资者一夜之间沦为穷人。那些曾经富有的人也失去了自己的财富和地位。

郁金香泡沫的例子看上去是在说明当交易价格远远高于郁金香的价值时，那么市场将可能快速修复，而且在修复的过程中将会释放巨大的风险，而修复的目标，就是所谓的价值。

一切看上去如此顺理成章的例子背后，却隐藏着巨大的问题。试想一下，市场价格就是交易者形成的共识，即无论交易价格是高还是低，都是一个具体的时点市场博弈的结果。换言之，虽然郁金香价格处于高位，看上去其价格远高于价值，但需要注意的是，这里的价值，可能更多的是指其观赏价值和药用价值。而市场之所以给郁金香如此高的估值，其核心原因是通过购买郁金香，能够拥有短期资产快速增值的机会。如果现在能够给那些高位接盘郁金香的投资者进行一个调研，那么可想而知有多少人是真正因为郁金香的观赏价值和药用价值接盘的呢？

所以，估值其实都是基于某一种视角下对于某项资产的片面的判断，一项资产真正的价值，其实就摆在那里，每个人都可以看到，那就是市场的价格！只不过，投资者习惯于对价格视而不见，反而在心理层面将价格转换为一种更加神圣的形式，即所谓的价值。

而对于资产价值定义中第三个关键词，即投资者，其背后的逻辑在于，同一项资产可以有不同的价值，或者说，每个投资者心中资产的价值水平都是不一样的。而正因为存在这样的分歧，交易行为才会产生，当交易行为出现之后，成交价格就是当前的市场价格。

这里，笔者没有将"当前的市场价格"写成"市场价格"或者"公允价值"，因为我认为，市场定价是具有瞬时性的，即市场价格究竟出现在哪里，取决于当前互为对手盘的多空双方的分歧价格，这个价格不具有稳定性，因为下一个时点交易的对手盘很可能就换人了。所以，笔者对于将交易性金融资产以市场公允价格进行确认的理念是不认同的，因为所谓的公允价格其实就是一个时点的瞬时价格，这虽然符合资产负债表作为时点报表的逻辑，但如果一个股票的价格波动较大，那么这种计量方式可能不会真正反映企业金融资产的核心特性。

所以，虽然我们将市场价格和资产价值视为一个相同的东西，但这里的价值的特点却和我们印象中价值具有的稳定性、一致性大相径庭。

基于这个逻辑，我们可以进一步得出下面的结论，即任何人都可以成为市场定价主体，无论你资金体量是大还是小、风格是激进还是保守。只不过，资金雄厚的交易主体，会尽可能地将市场价格控制在符合其自身估值逻辑的区间运行，而资金小的投资者只能在小级别时间上影响股价的走势。

3.1.2 真正的估值工作应该如何展开?

对于这个问题的答案，其实就是简而言之一句话：立足于市场进行研判。

其实，就这简简单单的一句话，就已经完全体现了我们所推崇的投资理念。为了能够更加具体地进行阐述，本节基于前面章节有关预期差投研框架的分析，进行更加宏观的阐述（图3-3）。

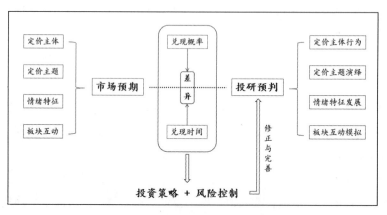

图 3-3 基于动态预期差的投研框架

如图3-3所示，所谓预期差，其实就在于市场的预期以及投研预判之间的差异。这里需要明确一点，即我们所说的预期差，不是自己的预期和市场预期之间的差异。如前文所述，我们认为市场定价是合理的，所以，对于同一时点来说，任何和市场不同的预期都是错误的，因此也就没办法通过这种错误的预期差盈利。基于此，我们需要挖掘的预期差，是当前时点市场预期和下一个时点市场预期之间的差异，从而提前介入，赚取合理收益。也就是说，我们将股价的演绎方

价值嬗变的玫瑰
——具有创新意义的动态投资决策框架

式当作一个时间序列，投研工作需要做的，是基于时间序列的逻辑演绎，从而推算出下一个重要的时间节点市场的价格大概会如何表现，仅此而已。

上述有关预期差的论述，实质上是在探讨所谓动态预期差的问题，这和我们平时所说的预期差的含义是不同的。平时我们所说的预期差，是对某一个时点，市场预期和投资者预期之间的差异，即所谓的静态预期差。静态预期差的前提假设是，投资者要比市场更聪明，以至于市场在未来纠错的过程中，为投资者带来理想的回报。细品一下，不难发现，通过挖掘静态预期差从而实现盈利的方法所应用的大前提，其实还是市场定价有效性是不足的。我们不能说这种方法不具有应用价值，但不可否认，这种预期差的挖掘方式挑战性是蛮大的，因为市场在正常情况下，平均预期水平并不显著落后于投资者。而基于动态预期差的挖掘，主要是通过演绎未来而发现投资机会，这种策略的拥挤度目前看是比较低的，因为市场有的时候会比较短视和局限（交易心理等因素导致），并不能充分反映动态预期差视角下的对于未来的综合性演绎结果；同时，预期演绎的逻辑路径多种多样，并不是像静态预期差那样非黑即白，因此获利的难度就会降低很多，同时还可以增加投资决策的连续性。

示例13：2023年12月美联储议息会议的预期差

2023年12月初，市场对于美联储本月议息会议（2023年12月13日结束）上的态度预期是偏鸽派的，且维持联邦基金利率的目标区间在5.25%—5.5%不变。如果投资者想要挖掘静态预期差，那么需要考虑的是美联储会不会超预期加息或降息的问题。显然，虽然不能说这种事情一定不会出现，但在没有出现突发事件扰动的情况下，本月美联储议息会议的静态预期差是难以出现的，最终的结果就是，我们似乎没有办法在静态视角下获利。

但是，如果基于动态预期差的逻辑去思考，那么我们认为，无论此次FOMC释放出什么信号，加息周期接近尾声，甚至开启降息周期的预期会越来越明确，这时，市场的预期会在动态视角下持续回暖，这对于美国资本市场的促进作用是非常明确的。同时，我们还需要考虑的是，同美元周期有关的因子会不会产生其他影响，从而使得上述判断出现问题。此时，一个最直接的担忧就是，美国经济可能会出现超预期走弱，进而让美联储鸽派的表态和操作成为市场担心经济硬着陆风险释放的信号。基于这种考虑，我们还应该关注美国经济指标的情况，从而判断经济情况会不会改变乐观的市场预期。通过通胀数据、非农数据等信息，我们认为经济在2024Q1的时间范围内暴雷的风险较低，因此，市场预期将持续动态回暖。基于上述动态预期差的结论，我们认为美股虽然已经大幅反弹，但仍旧具备上涨空间，且美元利率的问题对于纳指的影响将大于道指（虽然道指已经率先创出新高），故我们首选的投资标的仍旧是成长属性比较强的纳指（图3-4）。

图 3-4　道琼斯工业指数和纳斯达克指数收益率曲线对比（数据来源：iFinD）

　　经过关于动态和静态预期差的解释，我们相当于把前面章节遗留下来的有关预期差的问题说清楚了，接下来，我们就正式开始对动态预期差相关问题的深入阐述（图3-5）。

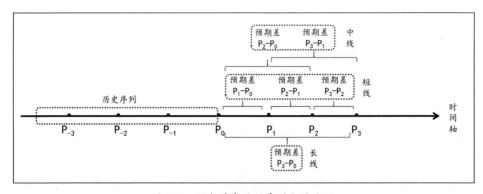

图 3-5　预期差在时间序列上的体现

　　具体地，如图3-5所示，动态预期差其实就是不同时间对应的不同价格之间的差异。例如，图中P_1和P_0、P_2和P_1、P_3和P_2代表的就是短线的预期差，也就是基于当前的市场预期，演绎几天或一周之后市场的合理价格；图中P_2和P_0、P_3和P_1代表的是中线预期差；而P_3和P_0代表的就是长线预期差。而常规意义上的预期差，则是在0时点，投资者要充分挖掘P_0这个定价是否存在错误，从而期望在未来修正的过程中赚取合理收益。这种逻辑存在的小问题是：如果说市场定价存在错误，那么我们可以将图3-5中的历史序列视为价格的修正，如P_{-2}是对P_{-3}的修正，P_{-1}是对P_{-2}的修正，P_0是对P_{-1}的修正，从而我们得出了一个没有实际价值的结论，市场的价格一直处于不断的修正中。所以，仅从这个角度讲，传统的预期差其实和我们所说的预期差并没有本质区别。

但传统预期差却存在一个非常大的问题，即这种决策框架非常容易让投资者陷入静态的分析框架中，而难以根据市场动态变化做出反应，从而在自己大概存在预判失误的情况下，还是持续地坚持这种错误。这种做法既可能使自己错失很多投资机会，也可能会使自己成为接盘侠而不自知。恰巧，笔者认识的两位基金经理就是很好的例子。

示例14：第一位基金经理——转基因的梦

第一个基金经理自2020年就开始关注国产种子转基因商业化概念，他从各种渠道获取商用落地的政策以及时间信息，同时估算商业化落地之后相关上市公司如大北农、荃银高科、隆平高科的市场空间，前景非常乐观。于是，他便基于自己的预判认为，市场目前对于这个概念的认知是处于不足的状态，所以便重仓持有这个板块。原本，这位基金经理认为最晚2021年年末就会有实质性的消息出来，但可惜，直到2023年年末，这位基金经理还在等待这个逻辑兑现，持股周期已经长达4年，未来可能会更久。按照权益投资必要报酬率10%来计算，这个板块需要在逻辑兑现之后达到50%左右的盈利才能弥补由此浪费的机会成本，显然，这是得不偿失的。

示例15：第二位基金经理——看涨消费板块

第二位基金经理在2022年年末强烈看涨服务消费板块，所以便重仓中国国航、中国中免、天目湖等标的。一直到2023年春节，他的收益还算不错，于是这便强化了自己策略正确性的认知，从而更加坚定地认为，待消费数据回暖确认之前，板块大概会持续强势。但可惜的是，春节之后，板块整体热度急转直下，由于这位基金经理认为经济数据方面还没有利好兑现，因此这波下跌可能是短期错杀，所以，便忽视市场给予的消极信号，继续持股。最后的结果就不用我多说了，相信各位打开交易软件后看看相关个股的表现就会很清楚。

无论是错失无数投资机会，还是成为不自知的接盘侠，本质上都会对自己的投资业绩产生较大的消极影响。而造成这种结果的根本原因在于，投资者没有严格贴近市场，过度自信。如果基于动态的视角进行投研，那么无论是转基因板块该涨不涨，还是服务消费应涨反跌，都会为我们带来一个很明确的信号，即一定是自己犯了什么错误。

我们继续回到图3-3中。基于实践序列的预期差表明，我们投研的主要工作，是基于当前的市场预期，从而通过投研预判演绎未来股价的表现方式。而当前市场预期主要由四个方面的因素决定：定价主体、定价主题、情绪特征和板块互动。

定价主体所关注的是当前市场究竟是哪类资金进行主导？是外资主导还是内资主导？外资主导的情况下，是交易盘占优还是配置盘占优？内资主导的情况下，是公募机构力量占优还是游资力量占优？具体到个股，定价主体可能会具体到某几家机构和某几个游资，这些机构和游资的操作风格是什么，风险偏好特征如何等都是在分析定价主体时考虑的问题。

定价主题所关注的内容是具有很大的广度和深度的，具体包括基本面的因素，如宏观经济环境、产业发展状况、公司财务表现等。在中短期视角下，随时会出现的一些新闻、数据都可能成为影响定价主题的因素。当然，有的时候，一些看上去特别无厘头的因子也会成为潜在的定价主题，如生肖主题（2023年四季度市场集中炒作名称包含"龙"字的股票）等。关于定价主题方面的挖掘，是非常考验投研者的专业素质、知识面和想象力的。随着入市时间的增加，笔者越来越明确地认识到，无论是A股市场还是其他成熟的资本市场，定价的基准真的是只有我们想不到，没有市场办不到的。

情绪特征主要涉及技术面的因素，同时决定了一波行情，无论是上涨行情还是下跌行情所覆盖的时间级别。情绪，是市场定价中难以摆脱的因子，无论是主观交易还是量化交易，皆是如此。即使是量化交易这种通常意义上不受任何情绪影响的交易方式，本质上，其"冷漠"的特质同样属于一种情绪。当量化的冷漠和主观情绪碰撞一起的时候，就会出现一些比较特殊的化学反应，如2020年市场的狂热和2023年市场的冷清，其实都是这种化学反应的结果。

板块互动主要考虑的是市场行情演绎过程中的板块轮动效应，即什么时候具有相似属性的板块会出现轮动，什么时候完全背离的板块会出现轮动。对板块轮动效应的把握能够节约很多的投研资源，因为这是一种自上而下的选股逻辑，而并非自下而上，应用起来，会相对方便一些。

在从上述四个方面把握市场当前的预期情况之后，接下来就是演绎的过程了。演绎的过程同样是基于上述四个方面，充分推理：定价主体会不会产生变化，如果不产生变化，主体行为模式会不会有不一定的地方？市场未来关注的定价主题是什么？哪些最可能成为核心焦点？市场情绪是处于什么样的状态？未来行情会在什么级别下运行？所处的运行阶段是什么？板块之间有哪些机会和风险？情绪和关注点如何沿着板块运行？

通过这一系列问题的动态梳理，我们就会有一个市场演绎模式的预判。而这个预判的结果，大概同当前市场的状态是不同的。所以，基于时间序列的预期差就出现了。但我们发现了这个预期差之后，在直接应用于投资之前，还要进一步评估这个预期差兑现的概率以及兑现的时间。从而确定这个概率和时间是否满足投资策略的需求？如果不满足，则需要进一步挖掘其他预期差，如果满足，我们就要进一步生成投资策略和相应的风险控制计划了。

策略和计划制定完成之后，我们就要严格地按照计划进行操作。为了避免情绪对投资的干扰，上述计划最好在非交易时间制订，而交易时间只进行计划的执行，这样能最大可能避免情绪受到市场噪声的影响，从而付出不必要的代价。最后，通过投资实践结果，我们要进一步去修正和完善之前的投研预判框架，进行盈利或者亏损的归因，从而为下一次预期差的挖掘做好准备。

到此为止，基于时间序列预期差的投研框架就介绍完了。这里，我们需要再次说明一下上文的内容同第二章的关联。第二章主要介绍了传统估值法，虽然传统估值法存在很多应用上的难点以及不足，但毕竟这些方法是估值理论中的基石，即使想要对已有的方法进行改进，也要基于对传统方法有着比较充分的了解的基础之上才可以进行。同时，第二章我们还介绍了一些关于传统估值方法的优化和创新的点，这些都是以以点带面的方式进行的阐述，希望可以起到抛砖引玉的作用。最后，上一章的内容还在一定程度上对于时间序列预期差投研框架的基本理念，即预期差、基本面和技术面的结合以及资本利得的重要性予以了初步的渗透式探讨。所以，第二章的内容看上去专业性很强，理解起来比较有难度，但实际上，这些内容是第三章的基石。第三章的内容虽然可阅读性较好，但实际上，要想能够比较理想地将这个框架进行较好的应用，那么第二章的内容的掌握程度与应用效果十分重要。

基于此，我们在这里将传统估值法和时间序列预期差投研框架的一些结合式应用逻辑进行探讨，一方面，可以帮助各位回顾一下第二章的部分内容。另一方面，有助于读者真正理解时间序列预期差投研框架的基本内容。这里，我们以传统估值法在应用中所遇到的实际困难为突破口进行分析，汇总内容如表3-1所示。

表 3-1　传统估值法中的困难和供参考的应对思路

序号	传统估值法的困难	供参考的应对思路
1	绝对估值法的参数难以准确地估计	部分没有办法估计的参数大概不能成为可预期的市场关注点，因此，不考虑这些参数理论上对行情的预判效率不会对投资业绩产生较大的消极影响；一些反映在基本面上的关键因子中，不可预知一般都是0→1类型的，而真正贡献利润的大都是1→10类型的
2	相对估值法下可比公司的选择难题	基于当前可能发生的不同情景假设，选择历史上可比的市场环境下相应标的股价的演绎方式作为参考。通过在时间轴上寻找可比情景作为可比公司的补充，可以最大限度地提升预测的准确度
3	传统估值法难以覆盖技术层面的因子	决定市场预期的四个要素同时覆盖基本面因子和技术面因子，甚至会在广义上更加关心技术层面的问题，如交易心理、基本面逻辑在板块中的扩散路径等，因为除了对于深度价值投资者而言，资本利得可能是其他投资者最主要，甚至是全部的收益来源
4	如何解决不同传统估值模型结果互相冲突的情况	将市场关注的估值逻辑权重增加，将市场未予以充分关注的估计逻辑权重降低，从而确定哪一类估值方法更加适用于当前时点的估值问题
5	如何判断可能的预期差能否带来理想的收益	要注意预期差实现的概率和实现的时间是否满足自身的投资需求。其中，概率问题同投资者的风险偏好有关，而时间问题则和投资者的投资期限有关。特别地，对于概率的问题，很多投资者都比较重视，但对于时间问题，大多数投资者的重视程度都不够。一个再好的投资机会，如果兑现的时间过长，那么可能最后给投资者带来的增量效用都会不够理想，千万避免因逻辑兑现时间出现误判从而被动将投资周期拉长的事情出现
6	CAPM中市场报酬率确定	将备选的市场指数纳入计量，选择置信水平最高的指数作为市场的界定方式，同时，将影响股价的主要因子产生作用的时间周期作为取值的时间范围。但需要明确的是，股权成本对于市场报酬率的敏感性很高，尤其是A股市场中，不同的指数以及不同的取值范围，会让股权成本的估计结果存在很大差异。所以，上述计量方法只是理论上的，实际上，如果对于估算股权成本所使用的参数没有较大的信心，那么不妨直接使用经验值8%或10%进行计算，最后的结果也不会有太大的问题。做出上述建议的理由在于，我们的投研逻辑更加注重伴随时间的推移而产生的边际效果，而不在于非常精确的数值预判
7	如何预判市场的预判	注重培养自己拥有信息差的能力（动态预期差的挖掘也同样依赖于信息差的大小），就能够在预判市场预判的时候，处于有利的大环境下。拥有信息差的能力的培养方式包括但不限于： （1）终身学习——注重广度、兼顾深度。如果价值投资的理念在A股中的流行度产生质的提升，那么深度相较于广度来说，重要性会提升，而且深度的培养，要有一定前瞻性，即对未来10年的时间范围内，比较友好的行业知识要给予充分的重视，而高新技术产业则是。 （2）培养人脉——注重产业层面人脉资源的积累。产业层面的人脉资源可以帮助我们获取一手的产业信息，这些信息大都不是公开的，同时卖方投研机构对于产业信息覆盖度也不尽相同，所以，这是非常容易产生信息差的。 （3）敢于想象——无法被证伪的想法都有可能成为现实，拥抱每一个不切合实际的想法。有趣且创新的想法在资本市场中是非常宝贵的资源，我们可以通过日常训练的方式提高这一能力，具体训练方式主要包括复盘和头脑风暴。其中，复盘并不仅仅是看当天市场板块走势的逻辑是什么，更重要的是基于某一个时间段来动态地回顾市场，并思考如果自己重新回到那个时间段，又可以挖掘哪些新的逻辑等。 同时，丰富的想象力也要以充足的知识储备作为基础，因此，这又体现出终身学习的重要性

3.2　资本市场中的价值规律

本节作为本书第一篇的收尾，将在更加宏观的视角下探讨有关价值的问题，旨在从理念上进一步完善我们之前有关资产价值的论述。

本节的标的其实同之前章节的主要内容有一定的区别，即我们不再局限于探讨资产的价值，而是立足于整个资本市场，以自上而下的视角看待资产的价值规律。同时，上一节的内容表明，我们认为市场对资产的定价是有效的，但这并不意味着市场是有效的。为了进一步厘清市场有效性和定价有效性的区别和联系，以及帮助我们更加客观地认识资本市场的实际状况，我们先基于有效市场假说（Efficient Markets Hypothesis，EMH）的理论进行一定的探讨。

3.2.1　有效市场假说概述

自19世纪末以来，经济学家吉布森对有效市场假说进行了突破性的研究，他的成果标志着该理论新篇章的开启。此后，众多卓越学者如詹森、萨缪尔森、法码等对有效市场假说进行了深度探讨和研究，使得理论内涵日臻丰富，从定性分析逐渐转变为定量分析，进而走向专业化与系统化。

有效市场假说理论的发展在金融市场理论和社会发展方面发挥了至关重要的作用。一方面，该理论为金融市场理论提供了关键支撑，进一步推动了社会经济体系理论化的进程；另一方面，它还为诸多定性分析方法，如优化交易策略（OPT）、资本资产定价模型（CAPM）以及资产定价理论（APT）等奠定了理论基础。众多研究有效市场理论的著名学者和学术报告为推进社会金融体系更高质量发展做出了贡献。

（1）有效市场假说的主要内容[11]

根据学术界所积累的研究经验，通常观点认为对市场有效性产生影响的因素主要是信息。各种各样的信息会导致价格有所差异，而这种价格的差异反过来又能反映信息的差异，从而形成各种不同类型的效率市场。在目前的研究中，我们可以将市场划分为三种信息市场：公司内部信息、公开信息以及历史信息。这三种信息分类分别对应着三种有效性水平的市场：强式、半强式及弱式有效市场。下面我们将对这些内容进行详细的阐述。

① 弱式有效市场

弱式有效市场是有效市场的最低级形式，但这并不意味着市场处于糟糕的状态，而是指市场价格仅对历史信息的反映相对合理，因此，投资者试图在弱势有效市场中通过历史数据分析（技术分析）来获利是不现实的。

虽然我们不能在弱式有效市场中准确预测未来的价格趋势，但这并不意味着没有人可以通过使用历史信息来赚钱。一部分投资者通过对历史信息的分析可以获利，而另一部分投资者则可能遭受损失。对同一部分投资者而言，他们在一段时间可以通过使用历史信息获益，但另一段时间又会出现亏损。总的来说，在弱式有效市场中，没有一个基于历史信息的策略是可以长期保持盈利的。

② 半强式有效市场

半强式有效市场的公开信息全部以股票价格的形式得以反映，它们涵盖了所有的历史信息和最新的发布信息。在这样的市场中，即使公开了一部分信息，所有的投资者也不能利用这些公开的信息，如实证分析等，来赚取超常的利润。

根据金融理论中的市场价格规律，在市场处于完全自由竞争状态时，价格波动主要源于供需关系的变化，这是由一个相对平衡状态不断转变为另一个新平衡状态的过程。简言之，当股票价格因历史信息影响而达到平衡时，可认为该价格代表了股票的当前价值。若此时出现其他影响股票价格的信息，平衡将被打破，股票价格将进入另一种震荡状态。随后，市场内在调整机制发挥作用，使市场恢复至新的平衡状态，进而形成新的价值。但由于市场对于公开信息的处理能力是非常强的，因此，理想的状态下，我们可以认为信息处理在瞬时间就可以完成。而如果出现影响股价的新的公开信息，股价也会以跳涨或闪跌的方式得以正确反映。

半强式有效市场并不一定要求市场中的每个投资者都拥有完备的信息处理能力，而只需要存在这样强大信息处理能力的投资者，并且他们的资本量是比较大的就可以。因为即使不具有完备信息处理能力的投资者对于市场的定价可能带来消极影响，但其他投资者可以通过强大的资本体量，促使股价在短期回归到合理价值。

③ 强式有效市场

强式有效市场是有效市场假说的三种形式之一，它强调市场能够充分且及时地反映所有公共信息和私有信息。在强式有效市场环境下，证券价格已全面体现了各类信息，包括公司财务数据、交易数据、经济数据及内幕消息等。因此，信息不对称现象在此市场中荡然无存。这意味着，任何人都无法凭借信息优势获取超额收益。

对于强式有效市场而言，更多的只是一种理论上的假设，在现实中不会存在。原因在于，如果市场价格能够反映内幕信息，那么这种市场是违反"三公"原则的，其在世界任何一个资本市场中，都是不能被接受的。具体来说，内幕信息由于其私密的特征，本身就是违反"公开"原则的；如果内幕信息被反映在定价中，那么这就意味着某些投资者能够利用他们的内幕信息优势来获取超额收益，这违反了资本市场的"公平"原则；此外，如果内幕信息的存在使得某些投资者能够在交易中获得优势，那么这就可能引发市场的操纵和欺诈行为，这又违反了资本市场的"公正"原则。

（2）有效市场假说的理论基础

有效市场理论的基础包括三个方面的内容：交易成本为零、存在理性的投资者、交易的随机性和独立性。

① 交易成本为零

交易成本又可以分为信息成本和交易费用。当市场中的信息成本为零时，表明市场参与主体可以获取足够的信息并无需负担成本，这也就使得所有投资者获得的信息是充分且均匀分布的。同时，当投资者将信息进行处理、加工，并生成对应的投资策略后，具体的交易行为就会发生，而交易费用就是代表着这些交易行为所需要的成本，如交易手续费、税收、价格摩擦成本以及融资成本等。只有以信息成本和交易费用为代表的交易成本为零时，市场才可能达到有效市场假说中所提到的状态。

② 存在理性的投资者

理性的投资者一贯以实现效用最大化为目标，他们能够精准地评估证券价值的高低。经济学家鲁宾斯坦对投资者理性的概念进行了深入阐述，他假设投资者的偏好遵循Savage公理，即投资者偏好具备完整性、传递性和独立性。

在完备性的前提下，投资者在决策过程中，会全面分析各种投资组合，以挑选出优质合理的投资组合。例如，假设存在两种投资组合A和B，投资者会有三种不同的偏好情况：偏好A大于B，偏好B大于A，或者对A和B的偏好无显著差异。除此之外，投资者的偏好也具有传递性。具体来说，如果投资者认为对A的偏好大于B，并且对B的偏好又大于C，那么在A、C这两个投资组合之间，投资者会认为对A的偏好大于C。此外，投资者的偏好还具有独立性，即使引入新的投资组合，原先的组合偏好顺序也不会改变。

需要明确的是，有效市场假说只要求存在理性的投资者即可，而不需要所有投资者都是理性的。

③ **交易的随机性和独立性**

当证券市场面临大量非理性投资者时，由于他们缺乏对市场的理性认知能力，从而使得投资者在交易的过程中难免会受到非理性偏差的影响。但根据大数定律（我们暂且不论大数定律的适用范围能否包括资本市场的问题），当市场中突然涌现大量非理性投资者的随机交易行为时，由于交易的独立性，市场将会达到一种有效的状态，即他们的交易行为会相互抵消，确保证券价格不受任何影响，也不会产生系统性的偏差。

从另一个角度来看，如果出现某一证券的价格因非理性投资者的存在而出现大幅上涨或下跌，从而使得证券价格向极端情况演变，那么这种偏差也大概会很快被市场消化。因为对于理性的投资者而言，他们会发现这一价格回归价值的过程所带来的潜在收益，从而进行套利（当然，这属于静态投资决策框架的内容）。这种市场自发的行为，确保了市场不会产生系统性的偏差。

综上所述，只要市场存在理性投资者，并且满足交易的随机性和独立性，那么有效市场假说就具备合理性的基础。

3.2.2 A股市场属于EMH中的哪一类市场？

在了解了EMH对于市场的分类以及理论基础之后，接下来的问题就是，A股究竟属于哪一类市场？

首先，我们可以排除强式有效市场，理由前面已经论述过，这里不再赘言。接下来，我们就要考虑一下A股有没有达到半强式有效市场？

经研究发现，A股市场尚未达到半强式有效市场的标准。在实证分析中，以指数层面或个股层面影响股价的关键因子或事件为基准，对比基准点前后的收益率序列，发现二者之间差异显著。这表明，市场在公开信息发布后，会持续通过交易周转进行反应和消化，反应时间的中位数约为6个交易日。

那么最后一个问题就是，A股市场有没有达到弱式有效呢？

这里，如果从理论上来看，主流观点认为，A股已经达到了弱式有效的水平。但通过实践的检验，我们发现，这个理论上的结论是不具备说服力的。一个最直接的反例就是，如果说A股已经达到了弱式有效，那么如何解释量化策略例如动量策略能够在市场中比较稳定地盈利呢？

我们知道，虽然量化策略五花八门，逻辑上各有不同，风格也可以做到十分迥异，但大多数量化策略本质上都是基于对历史数据的研究得出的。所以，量化

价值嬗变的玫瑰
——具有创新意义的动态投资决策框架

策略能够在不同的市场环境下，取得比较令人满意的成绩，其就在一定程度上证明了，市场未能达到真正意义上的弱式有效。

既然如此，那究竟是哪里出了问题呢？

一方面，有效市场假说理论的成立需要满足一系列前提条件，这些前提条件或者叫理论基础包括交易成本为零，存在理性的投资者以及交易的随机性和独立性。

这里，我们认为A股市场能够满足存在理性投资者条件的，因为伴随着交易主体类别的不断丰富，专业投资者定价权的不断提升，市场中存在理性投资者这种并不严苛的条件满足起来难度还是很低的。但对于其他条件，可能理想和现实的差距就会大一些。

对于交易成本而言，掣肘A股市场投资者最大的成本项目在于做空成本，除此之外，交易费用、印花税以及摩擦成本其实在一定程度上可以忽略不计。正是因为A股目前对于普通投资者而言，缺乏低成本的做空渠道，才使得一些所谓的市场乱象层出不穷。例如，一些缺乏基本面支撑的妖股被资金肆意炒作，部分次新股上市之后的股价操纵等。同时，也正是由于机构和普通投资者对于可融券资源的掌控力存在较大的不对等情况，才使得2023年以来，舆论上对于量化、融券T0策略、转融通等制度问题大为诟病。所以，在做空成本居高不下，甚至对于一些散户来说，做空成本趋近于正无穷的情况下，A股的交易成本是绝对不会满足为零这样的假设的（图3-6）。

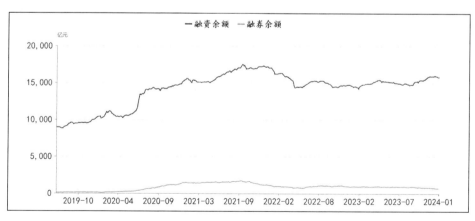

图3-6 A股融资融券余额之间的巨大差距（数据来源：iFinD）

如果说交易成本问题可能是A股的特有问题，那么交易随机性和独立性假设不被满足，可能就是所有资本市场共同的问题了。尤其是对于交易独立性而言，在市场广泛存在羊群效应的情况下，各路资金之间的交易不仅不存在独立性，反而还存在较高的相关性，甚至是协同性，从而使得市场价格波动的风格容易向极致化发展，使得股价存在一定的可预测性。基于这样的逻辑，我们甚至可以认为，所有资本市场可能都不能满足有效市场假说的理论基础的。

另一方面，我们认为，用于检验市场是否满足弱势有效的模型也存在一些问题[12]。

检验弱势有效市场的办法，主要是用股票的历史数据来做实证研究。观察这些数据有没有能预测未来股市变化的规律，如果有，就可以用这种规律来预测股市并赚钱。如果实证检验没发现这种规律，那就说明市场已经达到弱势有效。常用的检验方法是看价格数据之间是不是独立的。

检验股票价格是否独立，其实就是看数据之间有没有自相关性。如果数据检验结果显示有明显的序列相关性，那就说明股价的涨跌会对未来的价格产生影响。检验的方法就是建立一个m阶的自回归模型来分析股价的时间序列。自回归模型使用的前提是时间序列要稳定，如果原时间序列不稳定，可以通过一阶差分或者取对数的方式进行模型转换。比如，一阶差分模型转换的结果是这样的：

$$\Delta P_t = \alpha + \theta_1 \Delta P_{t-1} + \theta_2 \Delta P_{t-2} + \cdots + \theta_m \Delta P_{t-m} + \varepsilon_t$$

其中，参数 θ_m 表示股价变化的滞后影响。若处于这一阶段的市场在弱式有效状态下，我们便可从参数之间是否具备相关性角度考虑，意味着股票价格之间没有序列相关性，即模型中的参数 θ_m 与零相比不具备一定的显著性。反之，说明股票的历史价格会对未来价格造成一定程度的影响，市场处于弱式有效的结论将无法成立。

对于这个检验模型来说，相较于复杂的资本市场而言，还是过于简化了。例如，现实情况下，变量之间的相关性不一定为线性关系，同时，对于价格在不同时间节点的取值也没有一个规律性的定式可以参照。

有效市场假说中关于弱式有效市场的判定还是过多地局限在了技术领域，主要关注的指标为股价、成交量等，但在实践中，技术分析和基本面分析相结合的投资决策框架已经逐渐被证明是一种更加具有优越性的框架。将基本面因子，甚至是舆情等另类因子融入技术分析，使得其有效性大大增强。所以，这或许说明了有效市场假说关于弱式有效与半强式有效的分离其实是不符合实践经验的做法。

在资本市场理论不断进步的过程中，人们发现有效市场假说（EMH）在实际应用中的局限性越来越明显。而分形市场假说，基于非线性动力系统，可以通过流动性和投资起点来解释有效市场假说无法解释的市场现象。定性分析和定量分析表明，有效市场假说其实是分形市场假说（Fractal Market Hypothesis，FMH）的一种特殊情况，只在某个特定时段可能出现。

分形市场假说认为：

市场是由许多投资者组成的，他们的投资水平各有不同（投资时间尺度不同），且投资水平会对投资者行为产生很大影响。在FMH框架里，由于信息影响主要取决于投资者自身的投资水平，所以技术分析和基本面分析都适用。市场的稳定（供需平衡）靠的是市场流动性的维持，只有当市场由投资水平不同的众多投资者组成，流动性才能实现。价格不仅表示了投资者根据技术分析进行的短期交易，还反映了基于基本面分析对市场的长期评估。如果证券市场与整体经济周期无关，那市场本身就没有长期趋势，交易、流动性和短期信息决定市场走势；如果市场与经济长期增长有关，随着经济周期的确定，风险逐渐降低，则市场交易活动比经济周期更不确定（表3-2）。

表3-2 EMH和FMH的区别

	有效市场理论（EMH）	分形市场理论（FMH）
市场特性	线性孤立系统	非线性、开放、耗散系统
均衡状态	均衡	允许非均衡
系统复杂性	简单系统	具有分形、混沌等特性的复杂系统
反馈机制	无反馈	正反馈
对信息的反应	线性因果关系	非线性因果关系
收益序列	白噪声 不相关	分数噪声 长记忆（对于初始值敏感）
价格序列	布朗运动(H=0.5)	分形布朗运动(H∈[0.5,1))
可预测性	不可预测	提供了一个预测的新方法
波动有序性	无序	有序
二者之间关系	有效市场是分形市场的一个特例，分形市场拓展了有效市场的含义，分形市场理论更广泛地、准确地刻画市场	

在分形市场理论中，Hurst指数H是一个非常重要的指标参数，H的大小可以反映市场的趋势特征[13]。当Hurst指数的取值范围不同时，存在以下三种关系：

当H=0.5时，时间序列遵循布朗运动，时间序列呈现一个随机过程；

当H∈（0,0.5）时，这个时间序列具有反连续性，遍历时间序列是一个平均恢复过程；

当H∈（0.5,1）时，时间序列遵循分形布朗运动。

分形理论给我们提供了一种客观的方法来检验市场是否有效。当Hurst指数等于0.5时，说明市场中的多空双方在经过一段时间的博弈后，达到了平衡，这时市场就会表现出随机游走的特征。现在，随机游走理论和市场均衡理论已经成为支持分形理论检验证券市场有效性的两大支柱，而Hurst指数也变成了评估证券市场有效性的重要参考数值。

我们用Hurst指数来检验沪深两市核心资产的走势，时间范围是2013年1月到2022年12月。发现大部分时候，Hurst指数都在0.5—1这个区间，只有少部分时间在0—0.5这个区间。这意味着A股市场价格有一定的技术预测性，并不属于弱式有效市场。

3.2.3 如何理解"定价有效"和"市场无效"的同时出现？

如果将本节的内容和第二章的内容结合起来看，不难发现，定价有效与市场无效的判断同时用于描述A股市场，看上去是矛盾的。但其实，就是这一对看似矛盾的概念，才是我们需要掌握的核心。

所谓市场无效，是基于有效市场假说产生的概念，而有效市场假说又是将市场是否有效着眼于通过信息获取超额收益的可行性之上。所以，这里所说的市场无效，原则上是指A股市场的投资者是可以通过各种信息的加工和处理盈利的。同时，很幸运的是，A股市场的投资者既可以通过历史信息进行盈利，也可以使用其他公开信息进行盈利，所以，技术分析也好，基本面分析也罢，都可以成为在A股进行博弈的抓手。

特别地，根据有效市场假说，学术界通常将A股界定为弱式有效市场，从而推导出技术分析是没有用的。对于这个结论，笔者是非常不认可的。因为技术分析虽然是使用价格、成交量等历史数据进行研究的方法，但我们需要明确的是，技术分析的理论基础之一就是"价格涵盖一切信息"。这里的信息，既可以包括历史信息，也包括公开信息，还包括市场博弈过程中的动态信息。所以，真正的技术分析，应该不仅仅局限于有关价格和成交量的历史信息的，因为这种技术属于集大成的类型。

但由于有效市场假说的影响，以及技术分析的直观性、低门槛性，使得一些营销属性很强的投资顾问、股评家等使用这门技术对普通投资者进行误导，显然，这种做法是没有办法长久的，因为这些所谓的"老师"，很快就会被市场打脸。当然，作为投资者的我们，如果相信了这些人的说辞，例如他们使用的技术分析方法有多么多么神，那么等待我们的就只有亏损一条路。通过笔者和一些普通投资者的接触，发现真的有相当多的人会被这种忽悠式的营销手段洗脑，也正是因为如此，技术分析在一定程度上被这些只会忽悠的"专家"搞臭了，从而至少从感觉上，很容易让人认为技术分析是无用的，但实际上却完全不是这样。

这种认知上和实质上的偏差其实广泛地存在于金融领域之中，一个再合适不过的例子就是保险。

示例16：被误解的保险业

所谓保险，其存在的根本目的就是投保人和承保人之间的风险交换，前者通过支付一定的费用将不确定的风险转移给承保人，而承保人通过精算等手段在风险交换的过程中赚取风险溢价。但可惜的是，这么理想的风险管理工具，在相当一部分国人眼里，却沦为骗人的工具，甚至一提到保险，便有一种弃之如敝屣的感觉。保险之所以让国人这么嫌弃，本质原因在于其属于金融领域的舶来品，在引进的过程中，由于有关制度不够健全，从而使得保险理赔、保险合同的规范以及保险代理人不合规展业等方面的问题层出不穷，并最终给老百姓带来了一定的伤害。很多对金融工具不够了解的人，都有过在银行稀里糊涂地将存款置换成了保险而不自知，等到真正用钱的时候才发现自己买了保险，但可惜的是，由于涉及提前终止合同的问题，收益上受到了很大的损失。

所以，从保险的例子也可以看出来，按照所谓的常识得出的结论不一定是正确的，保险是如此，期货（对于期货的问题，这里就不再细说了，有兴趣的读者可以自行查阅相关的材料）是如此，技术分析也是如此。希望通过我们的解释，那些对技术分析抱有偏见的朋友可以给自己一个重新认识技术分析的机会，因为我们已经证明，A股市场并不是有效的，量化策略的有效性又可以在长时间内保持，同时，本书有关价值评估的理念，都是将基本面和技术面结合起来看的。

对于定价有效的问题，上一节已经有了很详细的说明，这里我们和市场无效的问题结合起来做一个说明，从而可以更加明确地体现二者的关系和区别。

投资者可以使用历史信息、公开信息等在A股市场中获取收益，而收益的来源，并不是挖掘市场定价错误从而出现潜在估值回归给我们带来盈利，而是认为市场定价都是有效的，资产的价值也是实时变化的，投资者可以通过使用信息，预测价值或价格未来的表现形式，从而提前介入获取收益。所以，无论是市场的无效性还是定价的有效性，本质上都是静态的概念，但赚取收益的过程却是动态的。

基于静态的投资在一定程度上可以称之为套利，而套利机会是非常稀缺的，尤其是在资本市场日益健全的今天，更是如此。基于动态的投资本质上是一种预判，由于增加了时间这个维度，进而使得问题的复杂度相较于静态的套利来讲有了大幅度的提高，这也就是为什么静态的套利空间很小，从而资金很难赚取较高的收益，但动态的预判反而能够带来超额收益的原因。

3.2.4 资本市场中的价值规律

通过对有效市场假说、A股市场的有效性、市场有效性与定价有效性的关系的论述，我们已经把资本市场中价值规律正式提出之前所需要铺垫的内容完全梳理完成，这些内容可能乍一看和我们即将引出的价值规律关系不是很大，但如果从深层次的逻辑去理解价值规律，我们会发现，前面所讲的内容都是十分必要的。

资本市场的价值规律：从表象上看，资本市场的价格是价值的直接体现，且价值会在中枢的牵引下不断地进行波动。而影响资产价值的因素分为可知因素和不可知因素，其中，可知因素影响中枢的运行轨迹，而不可知因素则决定了股价在中枢牵引下的近似无规则的运动轨迹，因此，当因素无限趋近于可知的时候，资产的价格和价值就并没有明确的区别了。

资本市场价值规律可以用示意图来表示，这个示意图大体和政治经济学中的价值规律图类似，只不过有一些点要更加复杂一些，如图3-7所示。

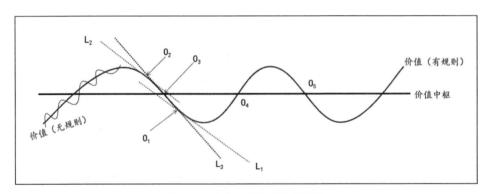

图 3-7 资本市场中的价值规律

要点1：资本市场的价格是价值的直接体现

这个点，我们之前已经一再强调过了，这里再次强调的原因在于，如果只看这个图而忽略了之前我们讲述的逻辑，那么很容易将图中的曲线当成价格线，中枢当作价值线。但实际上，本书所讲的资本市场价值规律框架中，价格和价值是相同的概念，所以图中的曲线既是价格线也是价值线。

要点2：价值会在中枢的牵引下不断地进行波动

资产的价值不会随意波动，因为定价的逻辑不会完全随机演绎。例如，在美联储加息的大背景下，港股市场的定价因子，虽然不同的时间不尽相同，但美元利率的问题可能仍旧是影响市场核心因子，因此，价值走势也就不会偏离于价值中枢。

并且，价值的中枢可以通过明确的定义予以量化，即中枢可以认为是价值曲线每一波上涨和下跌浪中，切线斜率绝对值最大点的连线（如图3-7所示，同一波下跌浪中，O_3切线L_3的斜率绝对值大于O_1、O_2的切线L_1、L_2的斜率，因此，O_3就是中枢所在的位置，O_4、O_5同理，那么将O_3、O_4、O_5连接起来的线就是中枢线）。基于动态的视角，我们可以发现，这样去定义中枢背后的逻辑在于，中枢的位置往往是价值运行轨迹中停留时间最短，或者价值运行动能最强的点。一个普遍的误区在于，人们会习惯性地将中枢位置定义为最合理的价值水平，但如果这样去理解，我们又会回到静态估值的框架中。我们需要记住的是，价值曲线上的每一个点，都是当时资产价值的最佳估计，而中枢的经济含义，则是影响资产合理价值走向的因子集的一种形象化的体现。

所以，表面上看，中枢是价值轨迹停留的时间最短的位置，但如果考虑影响价值背后的因子，无论是情绪、经济数据预期、产业发展规律等，我们在确定的过程中，都会受到动量效应的影响。例如，对于经济数据的预期，如果在偏暖的时间窗口，我们的预判更容易激进，而在偏冷的时间窗口，我们的预判会更容易保守。我们可以认为，所有的因子都涉及预判，因为基于动态的视角，投资者所要做的事情有且只有预判才是有直接实际价值的，而预判就会受到情绪的影响，而情绪的问题，就自然会有过度反应的情况，因为这是人性使然的。基于此，合理的预期往往存在于实际预期之外，而实际预期往往能够直接影响价格和价值，所以，价值线和中枢线又可以理解成实际预期和合理预期的表现形式，那么在情绪的过度反应作用下，自然价值线停留时间最短的位置就是中枢线的合理位置。

要点3：可知因素影响中枢的运行轨迹，而不可知因素则决定了股价在中枢牵引下的近似无规则的运动轨迹

虽然从理论上讲，无论是价值短期的波动还是长期的运行，都能够归因到某些因子，从而如果能够穷尽所有影响股价表现的因子，那么资产未来价值的变动也就能够被精确地预测。但是，这仅仅是一个非常理想的状态，实践中，我们不可能穷尽所有的因子，就像你不可能知道所有参与一只股票交易的资金背后的投资逻辑、资金属性、操作习惯等信息。所以，对于小级别的股价波动，即图中价值（无规则）曲线的运行，我们没有办法预测。但是，只要抓住了影响行情的大逻辑，那么对于价值（有规则）曲线的运行还是可以预测的。当然，对于不同的人来说，掌握的信息、信息处理以及预测的能力都是不一样的，所以，对于究竟

是有规则曲线还是无规则曲线的界定也是不一样的。但可以确定的是，越是能够精确预测股价的投资者越能够取得超额收益。

对于上段中最后一句话的结论，似乎和实际情况并不相符。笔者曾经做过一个研究，即个人投资者换手率同收益率之间的关系。研究所覆盖的时间范围是2014年1月—2018年12月，投资者样本数量为5322人。研究结果显示，个人投资者的换手率同投资回报率呈显著负相关关系。这个研究结果同我们刚才分析的价值规律如果结合起来，那么我们可以认为，个人投资者亏损的一个核心原因，在于他们过高地估计了自己精确预测股价的能力。说得更加直白一点，个人投资者容易因为过度自信等影响，做自己能力圈范围之外的事情。

这种现象其实是非常普遍的。相信我们每个人身边，都会有几个认识的朋友在炒股，如果这些人不是那种被套牢之后变成鸵鸟的投资者，那么这些人相较于普通人来讲，他们给人的感觉一般是知识面很广，什么都懂一些。曾经有一个段子，说自己身边什么都懂的人，要么是间谍，要么是股民。其实，这体现出了A股的普通投资者对于股票的选择是非常博爱的，对于各种投资题材的涉猎度也是十分广泛的。相较于机构投资者而言，他们的研究深度是不足的。从而也就造成了容易在过度自信的作用下，过高地估计了自己的预测能力。所以，我们建议读者未来在投资之前，要更加深刻地了解自己的能力圈，确认哪些因子对自己来说是可知的，哪些是不可知的，不要轻易做自己不熟悉的事情。如果想要成为可以在不同行业、板块和题材中来回穿梭同时又游刃有余的投资者，有且只有一条途径：终身学习。

下面，有关资本市场中的价值规律还有几个问题需要补充说明。

第一，投资者进行的所有投研工作，旨在对价值中枢的走势进行评估，而价值曲线的运行轨迹，其很大程度上受到不可知因素的影响，因此，对于具体的择时策略的实际表现，我们不应该有过高的期望。但即使我们在发现价值中枢所带来的投资机会之后，错过了最佳的介入点位，那么无论你是继续等待合适的时机介入，或者直接以相对较高的成本介入，都不会对这笔投资未来的盈利产生质的影响。这个结论之所以正确的核心原因在于，价值中枢是相对稳定的，一旦出现趋势性的改变，那么其可以维持的时间是比较长的。而价值中枢之所以相对稳定，主要是因为影响市场的核心逻辑一般不会在短期出现较大变化，所以，我们将投研的主要精力和资源分配给挖掘市场主要定价逻辑以及逻辑的演绎路径上就可以了。

第二，当价值中枢没有变化的情况下，价值的波动水平也可以出现变化，这表现在K线上就是震荡幅度的提升或收缩，表现在统计指标上就是波动率的走高或走低，如图3-8所示。

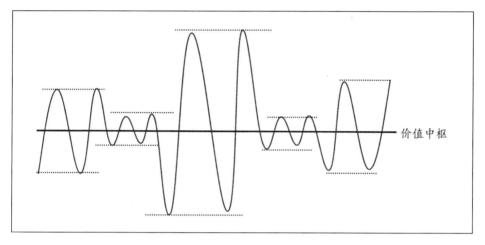

图 3-8　价值中枢不变，价格曲线运动具有对称性

由于价值的不稳定性较强，因此当价值曲线出现波动率的变化时一定要厘清价值中枢是否出现变化。如果中枢也出现了变化，那么价值曲线的变化大概是由中枢引起的。但如果中枢没有变化，那么价值曲线的波动率变化可能单纯是由于非可知因素引起的。此时，由于价值曲线的运动和中枢放在一起是存在对称性特征的，所以，波段操作便成为可能，即使你不清楚波动率放大的原因是什么，也可以通过交易获益。

第三，当价值曲线的运行轨迹不以价值中枢为对称轴时，需要考虑对价值中枢的位置进行修正，如图3-9所示。

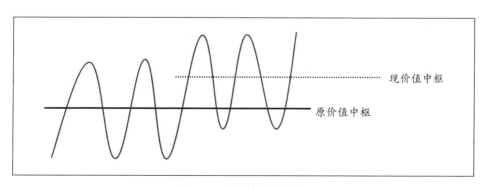

图 3-9　价值中枢的修正

价值曲线是市场交易的客观结果，是相对确定的，而价值中枢则是投资者进行投研的成果，是相对不确定的，其容易受到投资者的各种认知偏差的影响而出现错误。当股价运行的轨迹使用原价值中枢缺乏对称性的时候，即使投研的结果暂不支持将价值中枢进行变动的结论，我们也要警惕投资决策过程是否出现了问题甚至是错误。这种思路本质上也是技术分析和基本面分析相结合的做法，即使用技术分析对基本面分析的结论也可进行修正。

同时，图表3-9中价值中枢的变化是一个简略的表现方式，实际上，如果原价值中枢的确定没有错误的情况下，一般而言，原价值中枢和现价值中枢之间是连续的，即两个中枢以曲线的形式连接成一个中枢，连接的平滑度则取决于中枢决策因子的变化是突然还是渐变的。例如，同样是中美关系的问题，在2018年其对于价值中枢的影响是突然的，而2022年可能就是渐变的，究竟是突然还是渐变取决于市场对这个事件的发生的提前预知的程度，越是超预期的事情，越容易带来中枢曲线突然的变化。

第四，价值中枢不一定是水平的，其既可以向上倾斜，也可以向下倾斜。当价值中枢向上倾斜的时候，说明可知定价因子正在处于持续回暖的过程中；当价值中枢向下倾斜的时候，说明可知定价因子正在处于持续趋冷的过程中。特别地，可知定价因子回暖还是趋冷一般是存在一定持续性的，这往往同一些所谓的周期有关，如经济上的技术周期、库存周期、投资周期等；以及其他类型的周期，如政策周期、政治周期、技术周期、气候周期等。在各种周期力量的综合作用下，形成了资本市场中的价值中枢周期，只不过价值中枢周期是多种周期的复合形态，所以并没有一个规律性的周期长度和深度可供参考，需要具体问题具体分析。

这里，请读者不要混淆价值中枢和技术分析中的趋势线这两个概念。虽然价值中枢和趋势线都在一定程度上代表着影响市场价格的一些核心逻辑，但毫无疑问的是，价值中枢相较于趋势线来说更加稳定。

如图3-10所示，一个上涨趋势如果要被确认突破，那么一波下跌走势就可以达成这个目标。如果考虑假突破可能的话，那么也就需要这波下跌走势中的反抽结束点位在前期上涨趋势线的下方即可。但如果一个上涨的价值中枢被跌破，则需要两笔较大幅度的下跌、一笔较大幅度的上涨，因为价值中枢需要寻找价值曲线切线斜率最大的点（如果是上涨或者是下跌趋势中，那么这个点需要将趋势做一个横向的模拟，才可以确定切线斜率最大的点），并且两点才能确认一条直线，同时额外的一笔下跌作为确认方向的工具。除了这种理想的情况，如果下跌笔出现之后，股价只是下了一个台阶后继续保持上扬，那么价值中枢的方向并没有改变，变的只是价值中枢的位置而已。因此，价值中枢方向的改变，需要的时间更长，行情所属的级别也就更大，相较于趋势线而言，更容易同基本面因子结合起来进行分析。

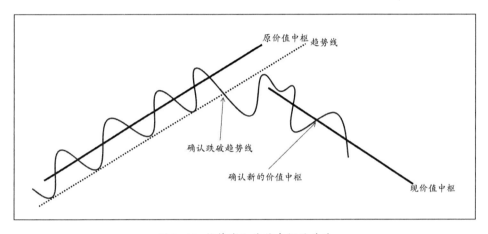

图 3-10 趋势线和价值中枢的关系

价值嬗变投资决策框架主要由两部分组成：一是基于靶点对行业和个股的画像，抓住影响某一投资标的或板块的主要矛盾，这个部分涉及的分析是离散的，即板块、个股之间并不一定有明确的交集，也不是基于一个时间序列进行分析；二是基于周期对时间轴上可能出现的事件进行预测，显然这是属于连续分析的范畴，这个部分主要是为了完成行情逻辑的动态演绎，是静态与动态投资决策框架的核心差异点。

价值嬗变投资决策框架又可以进一步细分为行业分析、周期分析、技术分析和个股分析。行业分析主要是基于未来3年左右的时间范围，对重要行业的筛选逻辑以及靶点进行确定；周期分析则是基于动态的视角，推演未来一段时间影响市场波动的主要因子；技术分析则是从市场定价权的角度，对大量的备选标的进行优中选优，从而使得价值嬗变投资决策框架是一个基本面和技术面并重的投研方法；个股分析主要是从公司层面进行排雷操作，以负靶点的方式排除一些风险并不可控的标的。

在本篇最后，我们以投资过程中应用价值嬗变投资决策框架的真实案例，展示了这一方法在实战中的应用方法以及强大的应用价值。

第四章　价值嬗变在资本市场中的特殊意义

4.1　认识价值嬗变策略

由第四章开始，我们正式进入本书的第二篇内容，即在第一篇有关价值论述的基础上，引入嬗变的概念，并阐述如何将价值嬗变的逻辑和投资相结合，以及寻找价值嬗变机会的方法。

如果说第一篇内容最大的特点是具有一定的理论深度，理解难度相对高一些，那么第二篇内容我们认为其最大的特点在于理论深度不高，但涉及的知识面很广，基本上覆盖了投资分析中所有宏观、微观和中观的内容。例如，宏观分析主要涉及经济学的内容，微观分析主要涉及财务分析、公司战略以及行为金融学的内容，而中观部分中，除了在自上而下的视角下对于全球产业格局以及国内产业结构有一个整体性的把握外，还要对未来具备一定增长潜能的重点行业进行了解。所以，乍一看，这么多的内容几乎可以单独写好几本书了，那么我们如何将这些内容浓缩在一本书里面的一章呢？

其实，我们在本篇中涉及的有关内容，虽然从知识体量上来看是比较大的，但由于本书的主题或者说本篇论述内容的核心在于"嬗变"，因此，我们仅仅把同"嬗变"有关的内容进行重点阐述即可。至于其他内容，虽然从学习的完整性以及理论体系建设等方面来看，学了总比不学强，但考虑到和价值嬗变投资策略相结合的目的，这些内容的重要性就没这么高了。例如，在宏观分析中，我们需要了解当前GDP增速的情况以判断经济大环境是否支持某一个行业具备困境反转或者换挡提速的条件，但我们却没有必要对GDP的三种核算方法（收入法、支出法和生产法）以及区别和联系进行全面的掌握；又如，我们在财务分析的过程中，需要关注公司主营业务毛利率的变化情况，但无须对营业收入的确认原则进行过多的掌握，也无须对新收入准则中收入确认的五步法进行全面的了解。

同时，这部分内容看上去是比较散的。如果我们把宏观、中观和微观层面的内容分开论述，其实也是可以的，但为了能够为读者建立起更加完善的分析框架和体系，我们也是在部分段落中尝试将宏观、中观和微观层面的分析结合起来，从而让读者习惯这种跨学科的融合研究方式。而这种研究方式，恰恰是实践中最稀缺的能力之一。

4.1.1 嬗变的含义

嬗变，这个词的字面意思是蜕变、更替，而所谓价值嬗变，就是指资产价值出现了蜕变。而所谓价值嬗变策略，顾名思义，就是提前挖掘出资产价值变化的方向，从而参与投资获取超额收益。

这时有人可能会说，这个策略有什么特别的吗？不是绝大多数投资策略都是这个逻辑吗？

的确，如果把嬗变理解成是变化的意思，那么结论的确是这样，但嬗变的意思是蜕变、更替，这说明嬗变中的变，是一种更加彻底的变革。比如，季节由夏天变为秋天，这就是一种季节变革，但如果我们的关注点是天气入秋之后越来越凉，那么这其实就是一种天气变化。类似的逻辑，对于煤炭钢铁等传统资源类行业来说，2015—2016年的供给侧改革就是对于行业的炒作逻辑产生了质的变化，这自然就是一种变革，但对于新冠疫情之后资源股的上涨，本质上是经济周期导致的估值变化，相较于供给侧改革的逻辑而言，则其更倾向于是一种量的变化。结合第一篇的内容，我们其实更加推崇读者将嬗变看成价值中枢的变化，而普通的变化则是价格线的变化，这样做的好处在于，一方面能够增加投资者潜在的获利机会，从而避免自己成为深度价值投资者；另一方面也更加迎合本书对于价值嬗变投资决策框架的设计理念。

同时，嬗变强调的是蜕变或者更替的节点，也就是说，相较于可能更加均匀的变化而言，嬗变更加体现的是在变革的时点所带来的价值。这其实就从时间维度进一步丰富了价值变动的逻辑框架。其实，无论是金融投资领域的科普读物，还是一些专业化的书籍，对于股票投资有关时间的考虑大都是不充分的。就科普读物而言，我们经常会看到书中总是在大篇幅地探讨具有什么样特质的公司是具有投资价值的，但对于这种投资价值为什么在当前市场中却没有体现，或者如果未来要体现，那么将在什么时间体现等问题，进行了回避。就专业的投资书籍而言，我们以第一篇讨论过的估值方法为例去看，不难发现，相对估值法基本上完全没有考虑时间这个维度的问题，而绝对估值法虽然考虑了时间，却仅仅将与时间有关的问题局限在基本面分析之中，对于市场价格和模型估值结果之间的差距何时收敛，却没有一个明确的结论。

现在就职于一家头部量化私募公司的一位策略研究员曾经对笔者说：时间维度的问题在股市当中是最难以琢磨的一个变量，如果有一个模型能够将时间完全纳入投资决策框架，那么在这个模型没有被市场充分发现之前，一定会成为让我们趋之若鹜的投资圣杯。

　　不错，时间对于投资的重要性不言而喻，因为决定我们投资业绩水平的变量中，收益率是一个，时间就是另外一个。而时间问题之所以难以解决，本质原因在于这涉及投资当中最根本的问题：投资收益的来源是什么？如果基于传统价值规律的角度去思考资产的价值和价格的关系，那么你对投资收益来源的考虑更多的还是基于静态的角度，大概是没办法将时间考虑在内的。也是基于此，我们在第一篇价值新论中，大力提倡基于动态的视角去分析市场，不要过多地执着于资产应该值多少钱的问题，应将精力投入到市场价格变化的时间序列预测上，可能性价比更高，因为这种投研思路，不仅要考虑资产本身的问题，还会基于此预判价值未来的运行情况，而这也自然包括了时间维度的考量。

4.1.2　嬗变在资本市场价值规律中的体现

　　如果将价值嬗变同资本市场价值规律结合起来看，那么我们会更加直观地了解价值嬗变策略的根本逻辑，如图4-1所示。

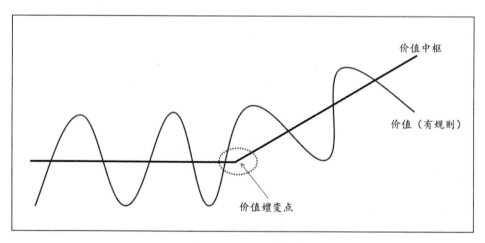

图4-1　价值嬗变在资本市场价格规律的体现

　　图中，我们已经标注出了价值嬗变点所处的位置，可以看出，价值嬗变点是价值中枢曲线的拐点，而并不是股价本身的拐点。同时，我们这里仅仅强调拐点，并没有说明是向上的拐点还是向下的拐点。因为从广义上讲，如果市场同时支持做多和做空，那么不论拐点是向上还是向下，都可以给我们带来赚钱的机会，因此也就没必要区分拐点的方向。只不过，就目前A股市场的状况而言，做空机制对于普通投资者的友好度还不是十分理想，因此我们暂时也就将重点放在价值中枢向上拐点的挖掘工作之上。

为什么价值嬗变的点只出现在价值中枢之上呢？如果这时您心里还存在这个疑问，那么说明您对我们第一篇的内容掌握得还是不够充分。其实，解释这个问题的理由有两个：其一，价值曲线上的拐点大多是不可知的，因为我们没有办法穷尽所有的影响价值的因子逻辑，故而只能抓住主要矛盾，去研判价值中枢的变动逻辑；其二，价值曲线上的拐点一般级别比较小，且这些拐点很多都是由于一些不是很重要的因素决定的短期逻辑，而嬗变体现的是一种变革，级别肯定要大很多，所以，这也同价值中枢的级别相对应。

在挖掘出嬗变可能在是什么时间点出现之后，我们接下来就要确认当前距离所预测的嬗变时间点的距离，如果距离过远，如在图4-1中水平价值中枢最左边的时候，我们即使100%确认中枢的拐点将在未来出现，也不应该去付诸行动，提前买入，因为会浪费大量的时间成本。只有在时间处于图中虚线圆形区域所覆盖的范围时，我们才有介入的必要。同时，需要明确的是，图中虚线圆形区域不仅覆盖嬗变点的左边，也覆盖了右边的区域，这意味着我们并不一定要左侧交易，右侧交易也可以在价值嬗变策略中应用。正是由于价值嬗变出现之后，股价会在价值中枢的牵引之下出现相对大幅度的走强，所以即使错过这波上涨的最低点，也可以获得不错的收益。

需要特别说明的是，虽然我们说价值嬗变主要考虑的是"蜕变"带来的投资机会，看上去好像一些短线的机会没有必要去关注一样，但实际上，"蜕变"的标准却是因人而异的，取决于投资者对于不同级别蜕变机会的敏感程度。从价值规律的角度上讲，"蜕变"指的是价值中枢的趋势变化带来的机会，也就是说，其包括一切可知因素为价值中枢带来的影响，并没有一个明确的时间级别标准。对于短线投资者，其更关注的是短期的价值中枢变动，一些小级别周期的更迭甚至是一些领先指标的变化就可以带来投资机会，但对于中长线投资者来说，短线投资者决策使用的信息是不可知信息，其关注的主要为影响更大级别周期走势的信息。

4.2 价值嬗变策略和其他主观多头策略的关联

4.2.1 常见的主观多头策略

这一节，我们首先介绍当前市场中比较流行的主观多头策略，并在此基础上将价值嬗变策略与这些流行的策略进行一个简单的对比，从而进一步明确价值嬗变策略的优劣势以及适用范围。

如图4-2所示，我们采用四象限法将目前主流的主观多头策略进行三种不同口径下的分类。

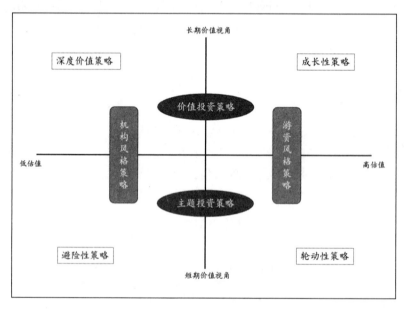

图 4-2 主观多头策略的分类

我们的四象限分类方式主要是基于两个维度：其一为估值维度，其二为期限维度。特别需要说明的是，这里所讲的期限维度，和我们上一节中所讲的时间没有直接的关系，因为时间的概念更加精确，而四象限中的期限维度只是将投资策略的着眼点进行一个期限上的笼统的分类，本质上还是属于静态的策略类型。由此，上述四个象限分别对应着四种不同的维度组合：长期价值视角+高估值、长期价值视角+低估值、短期价值视角+低估值、短期价值视角+高估值。

在长期价值视角+高估值的维度组合中，最具代表性的策略是成长性策略。这类策略的着眼点并不在估值水平，而是一家公司的商业模式、护城河以及行业竞争力等因素。

价值嬗变的玫瑰
——具有创新意义的动态投资决策框架

　　成长性策略的最大的优点在于，其可以在一定程度上穿越牛熊，并且策略容量巨大。为什么成长性策略可以穿越牛熊呢？原因在于，资本市场的定价逻辑目前主要还是着眼于未来的，从而具备成长性的标的往往是投资者追捧的目标。例如，2019年的通信板块，2020年的新能源、半导体和军工，都是属于成长性很强的板块。由于板块内的龙头个股一般都是资金追捧的对象，而板块龙头大都在行业内处于领先的地位，因此，其市值往往不会很小，同时，在成长性估值的驱动下，这类标的往往会具有成长性蓝筹的属性，二级市场中可容纳的资金体量是比较大的（图4-3）。

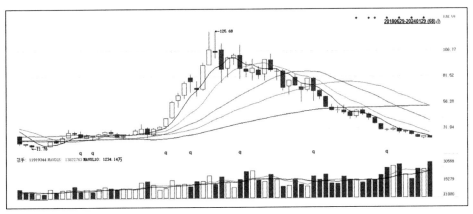

图 4-3　隆基绿能[601012.SH] 2018—2023年周线图（数据来源：iFinD）

　　成长性策略的缺点在于，在操作的过程中，一定要注意在合适的时机进行获利了结，并切换到下一个具有成长性的板块之中，否则容易出现巨大的回撤[14]。并且，这种回撤一般是在估值水平逐渐降低的情况下出现的，这对于前期踏空的资金来说，回撤的过程往往成了他们抄底的过程，但这类板块一旦回头，就意味着长期的阴跌，所以，中途抄底的资金往往和没有及时获利了结的资金一样，都会面临让人难以接受的亏损。例如，2022—2023年是光伏板块景气度集中兑现的时间，但这段时间也是前期板块明星标的的主跌浪，直到本书成稿的时候，依旧没有明确的止跌迹象出现。

　　在长期价值视角 + 低估值的维度组合中，最具代表性策略的是深度价值策略。这类策略也被称为逆向投资策略，主要的投资逻辑是筛选出因市场过度反应而出现大幅低估的品种从而获取估值回归的收益。这类策略在生成的过程中，是非常依赖传统静态估值的，因为估值结果同市场价格的差异就是策略未来潜在的获利空间。需要特别说明的是，成长性策略也比较依赖传统估值，但成长性策略的标的一般具有很强的成长性，所以，无论是市场定价还是估值模型参数的估计，都存在很大的不确定性，或者说得难听一些，存在很大的随意性。这种随意性的最好的体现，就是泡沫越吹越大，估值指标也越来越离谱，最后依靠梦想的水平去估值，俗称市梦率。而深度价值策略覆盖的标的，估值结果一般是比较稳定的，这也就使得其更加注重价值品种的研究。

深度价值策略的优点在于其较好的防御性，且容易在熊市当中获取超额收益，同时，即使出现回撤，要么回撤幅度相对温和，要么较大的回撤需要较长的时间才可以兑现。而深度价值策略的缺点在于，在极端的行情下，同样可能出现巨额回撤，并且在牛市中的进攻性要偏弱一些。主要投资于传统行业的公募基金就是使用深度价值策略的代表，这类基金的业绩一般表现得比较稳定，但2019年的这波以消费股为代表的价值品种的估值大幅提升，也增加了这类基金的波动水平，而2021年以来的大幅回撤（回撤水平超过50%），也说明了这类策略同样遵循盈亏同源的规律，即前期大幅上涨之后，后续也一定会出现大幅走弱从而实现估值回归（表4-1）。

表 4-41　近3年回撤幅度较大的公募基金（数据截止日：2024年1月26日；数据来源：iFinD）

基金代码	基金名称	近1年(%)	近2年(%)	近3年(%)	年化回报(%)
512170.SH	华宝中证医疗ETF	-37.89	-37.51	-59.28	0.89
161726.SZ	招商国证生物医药指数A	-38.82	-41.5	-57.92	-4.68
003096.OF	中欧医疗健康混合C	-36.38	-36.31	-54.27	8.18
003095.OF	中欧医疗健康混合A	-35.86	-35.28	-53.17	8.67
512010.SH	易方达沪深300医药ETF	-29.92	-29.71	-51.84	3.93
007119.OF	睿远成长价值混合A	-32.33	-41.78	-49.67	1.61
005827.OF	易方达蓝筹精选混合	-32.37	-34.09	-48.92	9.09
588080.SH	易方达上证科创板50ETF	-27.5	-39.56	-47.36	-17.07
159949.SZ	华安创业板50ETF	-38.27	-44.83	-47.02	-4.52
588000.SH	华夏上证科创板50成份ETF	-26.86	-38.62	-46.44	-16.63
159915.SZ	易方达创业板ETF	-34.73	-41.87	-45.78	5.23
180012.OF	银华富裕主题混合A	-23.1	-29.87	-45.18	12.82
163417.SZ	兴全合宜混合(LOF)A	-30.16	-34.19	-44.46	2.21
260108.OF	景顺长城新兴成长混合A	-30.62	-28.37	-44.09	9.81
000083.OF	汇添富消费行业混合	-28.48	-31.71	-43.79	15.9
162605.SZ	景顺长城鼎益混合(LOF)A	-30.63	-27.56	-43.78	15.29
501049.SH	东方红睿玺三年定开混合A	-24.7	-26.13	-42.46	1.35
320007.OF	诺安成长混合	-25.39	-41	-42.02	3.06
163402.SZ	兴全趋势投资混合(LOF)	-24.64	-33.31	-40.9	16.26
400015.OF	东方新能源汽车主题混合	-44.22	-53.01	-39.72	7.35

在短期价值视角 + 低估值的维度组合中，最具代表性的策略是避险性策略，这类策略一般作为功能性策略进行使用（代表性标的为"中证红利指数"）。在某些特定的市场环境下，如熊市初期的暴力下跌阶段，以及每年年末红利策略表现偏强的时间窗口，都是这类策略被推崇的时候。避险性策略旨在短期的视角下，选择一些具有安全边际的低估值、低波动品种进行配置。这类策略的受众主要是认为市场不确定性过大，但又必要拥有一定持仓的投资主体，如公募基金、险资、券商自营等（图4-4）。

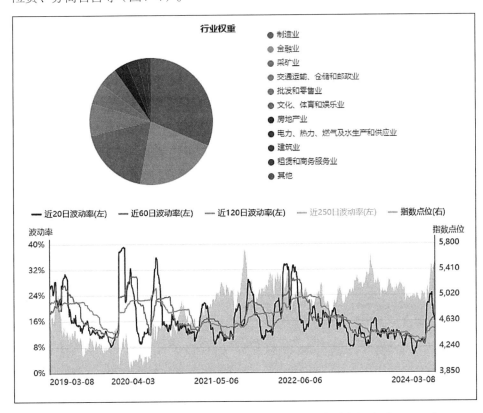

图 4-4　中证红利[000922.CSI] 行业构成和收益风险结构（数据来源：iFinD）

避险性策略的优点在于其相对的安全性，即在市场面临整体性风险，但恐慌情绪还没有集中释放，市场表现没有泥沙俱下的时候，是这一策略最能体现价值的时候。而避险性策略最大的缺点则在于，其适用条件过于严苛，以至于大多数情况下，这个策略都是一个食之无味、弃之可惜的鸡肋策略。一方面，这个策略缺乏进攻性，自不待言；另一方面，这个策略虽然能够在特定的条件下供避险使用，但如果在非特定条件下，有很多办法可以替代这个策略，如仓位管理、衍生品交易等。因此，在很多策略分类框架中，是不包含这一策略类型的，但我们为了逻辑的完整性，进行了简要的介绍。

在短期价值视角 + 高估值的维度组合中，最具代表性的策略是轮动性策略，这类策略会根据短期行业政策的边际动向、行业景气度变化以及消息面的题材进行综合研判，从而筛选出最能够迎合市场胃口的主题进行投资。而轮动性策略所投资的主题大都是偏短期的，所以策略的换手一般比较高，很少出现长期持股的情况。同时，为了能够在短期获得最大的收益，这类策略一般会选择板块题材中的小市值标的进行操作，这类标的的交易活跃度一般很高，能够方便较大规模资金的进出从而对股价的影响很低。另外，这类标的也更容易被资金吹起泡沫，从而扩大收益水平。

轮动性策略的最大优点在于其为投资者提供了能在短期获得较大收益的机会，并且和成长性策略一样可以穿越牛熊。由于轮动性策略具有上述优势，因此受到高风险偏好的游资和散户的偏爱。但可惜的是，经过我们内部的数据分析，发现轮动性策略的收益水平和投资者的资金规模成正比，且资金规模大于2000万元的条件下，策略平均收益水平才显著高于宽基指数的水平。为什么会出现这种情况呢？因为在A股的大环境下，这类型的策略在小盘股上更容易体现为一种类赌博性质的行为，本质上已经成为筹码的博弈。因此，占据筹码优势的投资者一方面有更大的安全边际，另一方面使用筹码还可以在合法合规的情况下，引导多空双方的博弈节奏，所以，资金体量比较大的投资者更适合这类策略，且资金量越大，越容易获得超额收益。但目前，交易所为了提升资本市场的运行效率，近年以来一直在持续加大对于股价非合理波动的监控，所以，这种集中在小盘股或者是微盘股的行情对于大多数投资者而言，已经不具备广泛参与的价值。取而代之的是，题材股的炒作也会在一些市值偏小但具备一定基本面支撑的标的中出现，而不仅局限于那些完全脱离基本面的标的。因此，投资者如果能够在基本面分析的基础上参与一些具有投资和投机价值的股票交易，不必非龙一不买，科学合理地使用轮动性策略，未来依旧能够保持很好的收益。

这时，有一个问题可能读者会非常感兴趣。伴随着我国资本市场制度的不断健全，以及监管的不断深化，A股当中的这些脱离业绩支撑的小票，甚至是一些具有基本面支撑，但缺乏足够业绩亮点的股票，会不会像美股和港股那样成为仙股呢？如此而言，轮动性策略的潜在收益水平可能就会在未来大打折扣，从而在中长期视角下，吸引力逐渐丧失。

按照正常的逻辑来讲，似乎上面的预测是正确的，但笔者有一点不一样的想法，即A股市场的投机属性在未来长时间的范围内，都会显著高于美股和港股，即使在注册制的背景下，IPO数量不断增加，市场容量持续增大，A股也不太可能出现大面积的仙股，因为总有一部分投资者热衷于中小市值股票的炒作，无论是老玩家还是新股民，这种炒作的动力会一直存在。

为什么会这样？我们认为，国内股市交易者的处事风格是相对激进的，所以，相较于西方国家的交易者而言，这种赌性很强的交易策略还是不容易退出历史舞台的。

示例17：交易模式的差异

西方技术分析理论中，非常讲究趋势交易，即在没有明确足够的外力改变趋势的情况下，市场会默认趋势会持续进行下去。这是西方技术分析领域的基石——道氏理论的核心思想。这种思想背后的逻辑同西医如出一辙，即没有证据证明当前状态是不合理的情况下，我们就默认其是合理的。但A股投资者在技术分析领域可能更注重高抛低吸，波段交易，即使是对趋势投资抱有信仰的投资者，也非常注重抄底和逃顶的精确性。

基于上述逻辑，我们认为在A股市场中，轮动策略性的有效性还会持续下去，同时A股也不会像美股那样走出长牛，因为在预期自我实现的驱动下，美股的长牛可能是因为美股投资者相信趋势，A股的震荡可能是因为A股的投资者更认同波段操作而已。

上述四种策略其实也可以在另外两个层面进行分类。如果按照估值的重要性进行分类，那么深度价值策略和成长性策略统称为价值投资策略，而避险性策略和轮动性策略同属于主题投资策略的范畴；如果按照风格进行分类，那么深度价值策略和避险性策略同属于机构风格策略，而成长性策略和轮动性策略同属于游资风格策略。

按照四象限分类对于四种类别的策略进行研究，主要是为了了解不同的策略的优劣势以及适用条件，从而指导相应市场环境下的策略选择；而将四种类别的策略按照估值的重要性以及风格进行重新分类，则旨在发现市场所处的策略周期是什么从而可以更好地指导自己进行选股。

无论是价值投资周期、主题投资周期，还是机构风格周期、游资风格周期，都会持续一段时间，不会今天是机构风格，明天就立刻切换成游资风格，即使市场是这么表现的，那么大概也是短期的风格漂移现象，中期视角下，风格还是相对稳定的。我们不太建议投资者去统计过去对应策略周期的持续时间从而预测未来风格切换的时点，因为统计样本量过少以至于得出的结论并不具有代表性。例如，经过我们的统计，机构风格的持续时间一般在1.5—2年，而游资风格的持续时间会在2—2.5年之间，但这也仅仅是一个参考，不能够刻舟求剑。对于策略周期的把控，还是要从更加深刻的逻辑入手，基于动态的视角，判断市场未来在什么时候会出现一定的周期轮动。

4.2.2 价值嬗变策略和常见主观多头策略的关联

经过了第一节对于价值嬗变策略的介绍，相信各位应该对这一策略有了一定的了解。同时，本节中我们对于常见的主观多头策略进行介绍，相信读者心中应该对于二者的区别有了一定的感觉。总体来看，四象限法分类的策略中，深度价值策略、成长性策略都是非常标准的静态策略，即在一个时间节点，评估股票市场价格同内在价值之间的差异，从而选择低估的品种进行配置，在之后市场价格逐渐向内在价值靠拢的过程中，获取一定的超额收益。而对于避险性策略来讲，其本质上属于工具性策略，是投资主体没有选择的选择，在应用这一策略的过程中，投资主体表现出的更多是被动而并非主动。因此，我们可以认为，避险性策略尽管不是标准的静态策略，也不是一种比较典型的动态策略。整体来看，轮动性策略是四类策略中最像动态策略的一种了，但可惜的是，轮动性策略在实际应用中，一方面过度集中于资金博弈，另一方面，资金在考虑轮动的驱动因子的时候，很少涉及长期因子，如经济周期、行业中长期增速、企业市场占有率变动趋势等。所以，如果说轮动性策略属于动态策略，那么它也只是一个相对局限的动态策略。

除此之外，四象限法分类体系下的这四类策略，彼此是互斥的，没有任何交集，且这四种策略组合后就形成了主观多头的策略总体。而价值嬗变策略是动态的，并且能够覆盖基本面和技术面等各种维度考量的综合性策略，它又该与这四种传统策略形成什么关系呢？从构建模型的角度讲，既然四种策略已经构成了一个总体，那么一种新的策略如果想要出现，就必须增加维度，这就意味着四象限这种二维模型将要被扩展成三维模型，才能够去定义价值嬗变策略。这里，我们在图4-2这个二维模型的基础上进一步构建了三维模型，如图4-5所示。

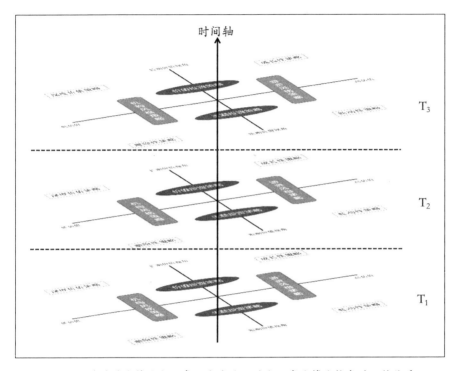

图 4-5 价值嬗变策略与四象限分类法下的主观多头策略构成的三维体系

如图4-5所示，我们在图4-2中以估值水平和价值视角期限为坐标轴的二维坐标系中增加了第三条坐标轴，即时间轴。在这个三维体系中，我们可以看到，沿着时间轴有无数个二维坐标系，其背后的经济含义是，价值嬗变策略在不同的时间窗口期内，会演变成四个传统策略中的一个。换言之，价值嬗变策略在二维体系中不属于四个传统策略中的任意一个，但在三维体系中却可以成为任何一个传统策略。例如，在时间为T_1的时候，价值投资策略中的成长风格占优，那么价值嬗变策略的选择自然就是成长性策略；但经过了一定时间的演绎，T_2的窗口期内，价值风格已经转变为主题风格，且游资炒作热情非常活跃，那么价值嬗变策略就演变为轮动性策略。所以，对于某一只个股来说，价值嬗变策略是基于市场当前的定价水平以及其他因素，预判在下一个时间节点股价所处的位置，从而挖掘出投资机会；对于策略的选择来讲，价值嬗变策略同样是基于市场当前的策略周期以及其他因素，预判下一个时间节点的最优策略选择。当然，在策略与策略的对比中，嬗变本身的价值并没有得到很好的体现，因为其主要体现在个股选择以及介入时点上，但价值嬗变策略思想之下的策略选择，却可以通过动态调整的方式而更加丰富和灵活。

我们都知道，当一个事物提升了一个维度，那么必将对于低维度的挑战形成降维打击，而价值嬗变策略虽然只是将时间纳入分析框架中，逻辑上不难理解，但和传统的策略相比，也体现出强大的优越性。即使我们不能够准确预判不同时间节点究竟应该使用什么策略，选择什么标的，也可以对我们的投资业绩带来质的提升（当然，在之后的部分会使用大量的篇幅分享如何预测未来市场的变化）。

价值嬗变策略的优越性体现在以下几个方面：

第一，避免让投资者过于执着于某一种策略，从而拥有更多的投资机会。

投资者在实践中使用的投资策略往往缺乏灵活性，即习惯于长期使用一个策略，一条道走到黑。也许在其他领域，如科研、技术工种以及重复性劳动中，专精于某一方面从而成为细分领域的专家是利大于弊的，但可惜的是，投资领域中，专精于某一类策略而不知跟随市场环境进行变通的投资者收益曲线的波动会非常的大。

2020—2021年，是深度价值策略的黄金期，价值投资在A股当中的风靡程度也达到了前所未有的高度。当时，专精于深度价值策略的机构、基金经理甚至一些网红投资专家，大都十分光鲜，因为他们在这段时间取得了傲人的成绩。但可惜的是，进入2021年，伴随着价投白马的回落，机构抱团逐步瓦解，那些所谓具有永续投资价值的标的即使在基本面没有出现任何变化的情况下，也都出现大幅的回调。这些股票的下跌，并不是因为行业景气度，也不是因为公司的非系统风险，可能仅仅是因为市场的风格出现了变化而已。可惜的是，之前光鲜亮丽的明星价值投资者似乎在一夜之间被拉下神坛，旗下的基金、管理的组合无不出现大幅下跌的走势。下跌初期，那些执着于价投策略的投资者还抱有一定的信仰，但伴随着跌幅的不断加深，信仰也就变成了束缚自己的枷锁。

由此可见，在二维视角下，没有任何一种策略可以一直带来超额收益，只有通过更高维度的策略才可以实现这一目标。即使我们没办法准确判断在某一段时间最合适的策略是什么，基于策略轮动的大逻辑下，我们在实践中可以让自己认识到不应该执着于某一种策略不放，还是应该基于动态的视角去看待这个市场，避免任何一劳永逸的想法。这样，伴随着时间的推移和经验的积累，您会逐渐发现自己越来越能够跟得上市场的脚步，资金利用效率也越来越高，从而真正实现穿越牛熊的概率也自然越来越大。

第二，在投研过程中，可以从策略选择的层面进行更加有效的风控。

投资者在进行投资组合管理的过程中，一般都是在个股或个股组合的层面实施风控。但通过实践中的风控数据，我们发现有相当一部分风控交易指令是错误的，即止盈后个股继续上涨或者止损后个股企稳反弹。造成这种情况的根本原因，在于风控阈值设定不够合理。但可惜的是，对于风控阈值的设置，很多投资者对不同的标的，阈值的设置逻辑都是相同的，这势必会造成大量的风控策略可能并不适合所投资的标的。例如，对于强势品种和弱势品种，止损风控阈值的标准应该是不同的，且强势品种的阈值应该大于弱势品种；又如，对处于上涨周期不同位置的标的，风控阈值自然也应该不同，即那些上涨初期和末期的标的阈值应该显著小于处于上涨中期的标的；除此之外，仓位占用情况、股价波动率、换手率等指标均对风控阈值的设置存在影响。所以，我们似乎难以穷尽影响风控策略设计的指标，进而难以形成科学合理的风控。

但是，通过将时间的维度引入投资决策中，从而确定当前时间范围内市场最适合的策略风格是什么，进而在符合相应风格的标的中交易，我们就可以在一定程度上，替代需要个性化设置的风控策略。这个逻辑成立的原因在于，影响市场风格或策略周期的因素相较于个股或个股组合层面的因素更加宏观，自然也就更加稳定，因此，在对应的风格或策略周期中，更加容易有比较好的表现的标的，自然总体风险就会小很多。这个时候，在一定程度上提高个股层面的风控阈值，或者说，降低个股层面风控的决策权重，就可以避免风控出现问题。如果各位还是不太理解上面的逻辑，请试想一个极端的例子，即一个标的在当前的策略周期中具有非常完美的表现预期，那么，我们完全不用在个股层面进行风控，只需要观测更加稳定和宏观的因素何时能够对策略周期产生作用即可，因为策略周期不改变，这只股票可能会持续走强，甚至不会出现较大的回调。

第三，策略的选择可以降低对于个股研究存在的各种误判所产生的消极后果。

这一点其实和第二点有一些共通的逻辑，即更大级别的赛道选择好了之后，细分研究的容错度会更高，无论是细分的风控还是投研，都是如此。

对于个股的投研，我们在做出最终的结论之前，需要进行很多的预判、估计甚至是猜测，而这些具有重大不确定性因子的确认，将很大程度上影响最终的个股选择。但究竟哪一种结论是正确的，恐怕在最终的走势没有出来之前，是很难提前预知的，因此，我们也就没有办法去进行足够的事前监测。但如果我们在甄选个股的过程中，将着眼点放在相较于个股更加宏观的层面进行策略标的的选择，便可能有助于投资者取得更好的业绩水平。

示例18：从策略层面选择个股

假设现在我们需要在食品板块中选择标的，不同的研究员可能选择的标的都是不一样的，有人可能会选股票A（机构风格），有人会选股票B（游资风格），有人会选股票C（游资风格）。事前，我们没有办法判断孰是孰非，或许平均分配资产是一个比较好的选择。最后，当行情走出来，我们发现股票A上涨5%，股票B上涨6%，股票C上涨10%，从而组合收益约为6.93%（5%*0.33+6%*0.33+10%*0.33）。当然，我们也可以在事前对这三只股票进行进一步的甄选，从而筛选出潜力最大的标的进行投资，但由于我们没有办法确定最终的结果是对是错，因此，基于期望收益的角度看，最后的预期报酬率依旧是6.93%。

但是，如果基于策略或风格层面的动态逻辑，我们认为当前市场的风格还是偏游资风格，这时，无论是我们在游资风格的备选标的中甄选，还是简单粗暴地进行平均分配，组合预期收益均为8%（6%*0.5+10%*0.5）。可以看出，这个收益水平是显著高于静态策略的预期收益的。

第四，有助于普通投资者进行FOF或MOM组合的有效管理。

对于相当一部分的普通投资者而言，投资可能更多的还是一项副业，自己大概是没有充足的精力和资源去进行个股层面的投研以及投资的。所以，投资基金产品或者在投资中参考一些比较优秀的投资顾问的意见是普通投资者最适合的投资方式。

但至少从目前的情况来看，投资者无论是参与基金投资还是跟踪投顾组合，效果都不太理想。造成这种结果的根本因素，同我国的金融体系和制度肯定有一定的关系，但我们认为，更大的问题还是出在我们自己身上。

笔者之所以冒昧地说出这个结论，其实是建立在自己长期的观察和经验之上的。笔者个人有一段在证券公司经纪业务的工作经历，也和大量的零售客户打过交道。这些客户对于基金的投资决策，具体包括买不买基金？什么时候买基金？买什么基金？这些问题，基本上都是由基金销售人员建议。无论是券商也好，银行也罢，也包括一些第三方机构，这些机构的销售人员为客户做出投资建议的基础，相当一部分是以公司考核为导向的，即公司让卖哪个产品，他们就主推哪个产品。尤其对于部分公募基金而言，很多时候一个新的赛道已经达到了一个阶段性的高位了，却开始集中发行相应赛道的主题基金，如果投资者不幸买入了，那最后的结果不是高位接盘又是什么呢？

对于跟踪投顾组合的投资者来说，他们的情况也不比基金投资者好到哪里去，甚至如果您跟踪的投顾是一些野路子的江湖术士，根本没有正式的职业牌照，那么结果可能更惨。一般来讲，券商或者第三方投顾机构提供的组合，大都比较激进，因为如果没有非常亮眼的业绩曲线，那么这些组合大概也卖不上价格。但我们知道，这种风格的组合风险是很高的，一方面其投资的标的波动率本身就大，另一方面策略容量也比较小，如果跟踪的人多了，那么最后可能会出现多杀多的局面。所以，这就使得风格单一化成了投资者跟踪投顾组合的最大问题。

如果普通投资者既不投资基金也不跟踪投顾组合，强行自己投资的话，那么结果恐怕更惨。资本市场中七赔二平一赚的定律并不适用普通投资者，因为据我们测算，两轮牛熊周期过后（以2014—2015年；2016—2018年为时间区间），普通投资者盈利的概率大概不足一成。而这不到一成的盈利的投资者中，有相当一部分是投资了还算不错的企业，但因为介入时机不好，从而被动持很久才解套。

所以，投资对于普通投资者来说，绝对不是一件容易的差事。但这即使非常困难，我们也有一些办法可供投资者参考使用。

方法一：在家庭可供参与权益类投资的资产中，建议分配70%到基金产品上，20%—30%分配到投顾组合，剩余部分可自行操作；

方法二：在筛选基金产品或者投资组合的时候，要基于动态的思维从风格上把握其与未来市场的匹配度，从而选择最合适的产品和组合，并且要跟随市场环境的变化灵活调整持仓；

方法三：同时对接多个基金销售人员和组合管理人员，虽然从素质上看，机构中的这些岗位的员工是良莠不齐的，但在当下财富管理大趋势不可逆的环境下，金融零售队伍中也不乏优秀的人才，如果能够挖掘到，就是非常有意义的事情。

上述三个方法中，方法二其实就是普通投资者进行类FOF和MOM管理的具体做法，显然，这也是基于价值嬗变逻辑进行的，且这一部分是策略层面决定投资绩效好坏的关键。对于FOF和MOM管理的具体方法，我们会在后面的内容中予以阐述。

第五，策略容量非常大，可以帮助管理规模较大的机构投资者持续获得较高的超额收益。

价值嬗变策略的容量是非常大的，可以帮助专业机构投资者解决大规模资产管理效率的问题。笼统地讲，当某位投资经理权益类主动管理规模达到百亿以上，那么他的投资收益水平就会到达一个瓶颈，原因在于，二维框架下，其能力圈更多地只能支撑自己在当前的市场环境下管理这么多的资产。但如果基于动态的逻辑尝试进行轮动式交易，在经过策略习惯转型的阵痛期之后，单一基金经理也好，一个投资管理团队也罢，其可有效管理的策略容量的上限一定会有一个质的突破。

4.3 价值嬗变在资本市场中的特殊含义

本章前两节的内容，分别是从价值嬗变在资产层面和策略层面的意义和价值进行阐述。可以直观地感受到，我们对价值嬗变在策略层面的阐述内容是远多于资产层面的，这倒不是因为策略层面的内容更加重要，主要是因为策略层面的嬗变其实更容易被投资者忽视，因此，我们便多说了一些。

对于第三节的内容，其实更多的是对前两节进行一个总结和升华，从而提炼出价值嬗变理念的精华。

一言以蔽之，价值嬗变在资本市场中的特殊含义是：

要迫使自己善变，以充分挖掘不同时点的价值差，无论是对于资产还是策略，都是如此。

可以看出，上面这句话中，"善变"是核心，因此，在某种意义上，读者认为"嬗变"是"善变"的通假也未尝不可。

资本市场中充满不确定性，而不确定又是资本市场中唯一确定的东西。作为投资者，我们如果想要在资本市场中分得一杯羹，在不确定的环境中淘金，又怎能寄希望于某种一成不变的方法和框架呢？真正能够迎合市场的投资方法，一定是跟随市场节奏而不断变化的，这种变化包含的内容非常之广：投资标的、仓位设定、风险控制策略、投研框架、定价模型结构、模型参数估计等都需要时刻变化。所以，我们必须要让自己动起来才可以。

既然和资本市场中有关的内容都是动态的，都是变化的，我们又怎么能够面面俱到，完全跟上市场的节奏呢？显然，这种颇具完美主义色彩的想法是不切合实际的。任何人，甚至是任何决策群体，都会存在这样或那样的认知偏差，同时，在自然界广泛存在的高斯分布在资本市场当中却少之又少。但值得庆幸的是，投资者在资本市场中赚取超额收益，也不一定需要达到认知层面的完美。

其实，对于这个结论，我们在第一篇的内容中就已经有过说明。基于动态的视角，我们虽然难以判断资产价值在不同时点的具体位置，也不能够穷尽所有影响资产价值因子的具体情况，但我们只要抓住存在主要矛盾的因子，并预测这个或这几个因子未来的运行方向，就可以判断出股价的运行方向，从而获取收益了。

当然，上述简单的逻辑想要得出并能够指导投资，还是需要下一些功夫的，例如我们要明确不同行业同哪些因子更具有关联性，哪些因子是主要矛盾，什么时点参与最为理想等这些内容我们会在接下来的章节进行详尽的论述。同时，如何进行风险控制与投资绩效评价也是非常重要的，这些内容我们会在第三篇进行说明。但在这里，我们希望读者朋友明确的是，嬗变不要求面面俱到，也不是一个只存在于理想化世界中的空中楼阁，反而是一个非常具有实践价值的策略。

您读到这里，如果逐渐已经感觉价值嬗变策略并没有想象的那么复杂，那么恭喜您，您或许已经清楚了这个策略的真谛了。其实，本书从开始到现在，13万字左右的内容，就是为了说一件事：让策略动起来。从模型上看，也就是在常规的投资策略模型中加入了时间轴而已。但如果没有这13万字的论述，各位不一定能够如此深入地认识这个策略，并理解这个策略存在的积极意义。

为什么会这样？因为对于价值嬗变理论的发现是需要一些创新精神的。我们对于身边的事物，小到一张纸、一个塑料杯，大到汽车、火车、飞机、火箭，虽然现在看上去一切都是可以理解的，但在它们问世之前，又有谁能够轻松地想到它们未来的存在呢？

当然，我不是自诩价值嬗变策略已经堪比这些伟大的发明，我也清楚本书的内容只是具有一些创新价值，要想真正成为相对严谨的理论体系，甚至开创一片新的投资策略蓝海，现在所做的一切还是远远不够的。但通过本书的内容可以看出来，创新的思维已经融入字里行间，我们渴望看到与之前不一样的东西。从这个意义上讲，即使本书的一些内容和投资策略没有直接的关联，但其中或多或少也都表明了我们的善变，这也是嬗变的具体体现。

第五章　基于价值嬗变思想的投资决策框架

5.1　构建价值嬗变投资决策框架的总体思路

　　第五章是一篇非常庞大的章节，其内容的丰富度接近前四章的总和，因此从篇幅上讲，这一章自然是本书的核心。上一章开篇的时候我们已经提到过，本篇的内容是比较琐碎的，覆盖的面非常广，但理论深度相对第一篇的内容来讲是偏低的。

　　对于本章内容为什么看上去比较琐碎，主要原因在于这一章的写作目的是帮助读者真正学会在动态决策框架中，寻找价值嬗变带来的超额收益机会。如何寻找这样的机会呢？由于我们的决策体系是相对全面的，因此对于影响资产价值的方方面面都要涉及，包括宏观分析——经济指标分析、经济周期、宏观政策研判；中观分析——产业格局、重点行业；微观分析——财务分析、技术分析等。

　　可以看到，"宏观—中观—微观"的投资决策框架其实和一般的投研框架是类似的，但基于价值嬗变的投资决策框架同其他框架在两个方面存在显著区别：其一，价值嬗变分析框架中，重点关注的是能够引起嬗变的要素，因此，我们的分析虽然涉及宏观、中观和微观层面的问题，但却不涉及每个层级的方方面面，都要有非常明显的侧重（在不同的时间节点有不同的侧重结果）；其二，价值嬗变的分析框架是以一个特殊的形式将宏观、中观和微观层面的问题组合起来，即通过中观层面的行业分析入手，结合自上而下的动态选股框架。基于此，本节的内容主要介绍价值嬗变投资决策框架是如何将各个层面的问题组合起来的。

5.1.1　灵感的起源

　　将上述不同层级的分析统筹起来的框架设计灵感，源于笔者一次坝上草原的旅游经历。

　　笔者还清楚地记得那是2019年5月。笔者是属于比较宅的，轻易不出门。当时也是因为没有做好攻略的缘故，认为5月已经是春天了，而且坝上草原离北京这么近，气候上应该不会有太大的差别，所以，就穿了春天的衣服去草原。到了之后，笔者整个人就呆住了，整片草原基本上都是土黄色的，而且气温是比较低的，早晚温差就更大，可以说没有什么春天的气息。估计也是因为这次旅途的实际情况和想象中的差别很大，致使笔者旅游的热情自打一到那里，就基本上消失殆尽了。所以，这次去草原旅行，笔者没有骑马，也没有在草甸上散步，更多的时间，则是参与到了那些简陋的草原游乐场项目之中。

虽然5月份草原的气候还不是特别友好，但奇怪的是，来这里的人却是比较多的，每玩一个项目都要排10—20分钟的队。当笔者来到一个打靶场，看到共有7个靶子，每个靶子的颜色是不一样的，7个靶子在一起组合成彩虹的颜色。靶场是露天的，且是按东西方向建成的，即打靶的人在东边，靶子在西面。当笔者琢磨着要去哪个靶子排队的时候，发现不同的靶子排队的人数差异很大。笔者清楚地记得，那次在刚进门的红色靶子附近，看到红、橙、黄靶的排队人数都很少，但绿、青、蓝和紫色的靶子排队人数却很多，且排队的人数差异接近一倍。

出于好奇，笔者特意向远处人多的靶子处走了走，发现除了靶子的颜色有区别之外，其他的地方没有任何区别。这时，一些问题突然浮现在笔者的脑海中：为什么不同的靶子排队的人差异这么大？那些在人多的靶子处排队的人不知道来人少的地方吗？这么明显的套利机会为什么这么多人视而不见？带着这样的疑问，笔者找到了靶场的工作人员，希望能找到上述问题的答案。

通过沟通，笔者了解到来靶场玩的人很多都是带着孩子过来的，而小孩子对光线的敏感度比较强，在上午，由于打靶的时候，靶子是正对阳光的，所以，那些颜色偏冷的靶子就比较受欢迎，颜色偏暖的靶子有可能因为反光看不清；而下午的时候，靶子是背光的，而那些上午很受欢迎的靶子由于颜色比较深，背光的时候反而看不清了，因此，那些上午被嫌弃的暖色靶子便成了被人追捧的对象。

由于职业习惯的原因，笔者常常将生活中的一些有趣的事情同投资联系起来，而这件事给笔者的启发是比较多的。

第一，这件事情表明，你认为某项资产是存在套利机会的时候，其实并不意味着真的存在套利机会，要看定价权在谁的手里，并且拥有定价权的这个人是否也和你想的一样。就好像我在靶场的经历中，如果参与的人都和我一样，那恐怕就不会出现上面这么有意思的现象了，因为作为一个对射击既不专业，也没有什么兴趣，只是想通过这个项目打发打发时间的中年人来说，靶子是什么颜色的根本不重要。

第二，时间是影响资产价值的重要变量之一，切不可仅仅关注资产本身的属性而忽视了时间。如果我们仅仅关注靶子距离射击位置的距离、形状、颜色、图案等，那么我们或许永远也不会发现不同的靶子之间的价值会有这么大的差异。时间是一个非常重要的变量，因为时间可以改变其他一些因子，致使在截面数据分析的时候，某些参数是一个常量，但如果是基于时间序列的角度分析，这些常量就演化成了变量。

第三，如果将着眼点放在过于微观、具体的因子，而不抓住主要矛盾进行分析，那么最终的分析结果可能会与真实情况大相径庭。还是这个靶场的例子，试想一下，如果这7个靶子除了颜色不一样之外，剩下的一些要素如形状、图案、距离等都不一样，那么我们就没有办法得出这个结论，甚至想都不容易想到。有的时候，我们在投研的过程中，对于一个标的的价格影响因素和逻辑分析得太过全面，以至于抓不住重点，自然也就没办法发现规律，要记住，真正重要的结论在我们这个缤纷繁杂的世界中，大都是通过控制变量法得出的。从另一个层面来说，即使对于涉及主要矛盾的要素，我们在分析的过程中也应该进行合理简化。例如，如果靶场中的靶子不是7个，而是70个，甚至是700个，并且依旧按照光谱的顺序一字排开，那么在上午的时候，我们会发现绝大多数的人也只是选择绿色的靶子（因为绿色距离靶场入口最近），这时，我们可能就发现不了上面的规律，从而误以为人们对绿色的靶子基于某些不为人知的原因而拥有特殊的偏好。

5.1.2 价值嬗变投资决策框架的总体思路——基于离散与连续的视角

我们在分析资产价值的时候需要考虑的因素之间的关联，恰恰可以使用靶场这个例子进行复刻。前面的章节已经提到，价值嬗变主要考虑的问题有两个：其一，寻找可能出现价值嬗变投资机会的方向；其二，确定这个方向上出现价值嬗变的时间范围。

对于价值嬗变投资决策框架的构建，我们的核心思路是先建立一个机会集合，并将未来一段时间具有投资机会的细分板块放进去，同时确定细分板块的主要驱动因素。待细分板块的驱动因素开始纳入市场的定价，那么这个基于价值嬗变的投资机会就被确定下来了。对于价值嬗变可能出现的时间，也是我们必须关注的问题。只有当投资者能够大致确定时间问题，才能够最大可能避免浪费大量的时间成本。

对应地，我们不难发现，不同细分板块组成的各种集合就是各种各样的靶子；细分板块的驱动因素就是靶子的属性，如颜色、形状等；时间与驱动因素的耦合就是将静态投资策略转换为动态投资策略的最重要的步骤，而耦合的点就是驱动因素和各种时间周期的内在联系和逻辑；最后一个经常使人忽略的就是定价权的问题，即参与射击游戏的人主要是谁。

当我们建立好上述框架之后，再将本节一开始讨论的各种层次的分析融入这个框架之中，价值嬗变投资决策框架构建的总体思路就出来了，如图5-1所示。

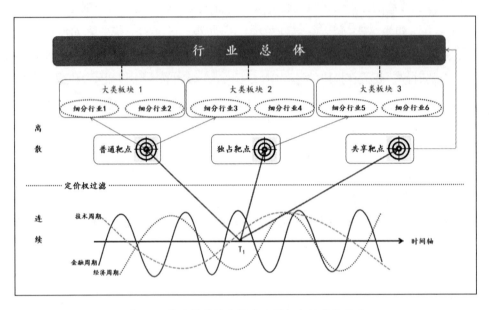

图 5-1　构建价值嬗变投资决策框架的总体思路

我们由下往上对这幅图进行说明。首先，随着时间的推移，事物肯定处于不断地运行当中，这看上去是一句废话，但这句废话背后的核心在于，事物的不断运行是具有一定的规律的。如果没有规律，那么资本市场就会成为强式有效市场，股价随机游走，也就没有所谓的超额收益的说法了。而规律之所以成为规律，主要是因为事物之间存在因果关系，且因的出现具有一定的规律或可预测性，即万事万物均存在周期，我们对于周期的研究，要注重对因的分析。

示例19：重因轻果——来自中医的启示

如果读者朋友们了解过中西医对于恶性肿瘤治疗方面的差异，那么就应该很好地理解中西医之间的另外一个巨大的差异就是对因和果的认知。

西医面对恶性肿瘤的时候，首先要利用影像学等手段（如超声、CT、MRI、PET）评估肿瘤的分期。对于较小的、没有转移病灶的早期肿瘤，西医一般采用手术的方式进行根治性治疗；而对于较大的、存在转移（淋巴结转移、远处转移等）的肿瘤，则采用保守的方式进行治疗，如介入治疗、化疗、放疗、靶向治疗、免疫治疗等。总的来说，西医对于恶性肿瘤的治疗，核心思路在于"对抗"，无论是手术还是保守治疗，都是如此（不难发现，很多西药的名字，都有"抗"字，如抗病毒、抗生素、×××单抗等）。而西医对抗的手段，主要是通过人为手段直接作用于结果的方式进行。不同于西医的是，中医对于恶性肿瘤的治疗，主要是通过影响病因的方式进行，例如，利用中药调理体内微环境，恶化肿瘤生存基础等。正是因为中医对因的注重大于果，使得中医临床上并没有癌症的概念，而血瘀、气滞、痰凝等症候，以及日常生活中的不良习惯和心态，正是引发恶性肿瘤的部分原因。

有一个比喻特别形象地说明了中医重因轻果的好处，即人的身体可以看作是一块木头，木头在潮湿的环境中容易生出蘑菇，而蘑菇就可以看作是恶性肿瘤。中医为了不让木头上长出蘑菇，采用的方法是改变木头所在的环境，如降低湿度，通风等，这样，木头在干燥的环境中就再也长不出蘑菇。而西医的做法是将蘑菇切除，但这并不是一劳永逸的，因为木头在潮湿的环境中，还会在其他地方长出新的蘑菇。如果长一个，切一个，虽然表面上确实没有蘑菇了，但长此以往，木头里面的养分也就被蘑菇消耗光了，从而其最终变成了一块腐木（图5-2）。

图 5-2 腐木生菇

周期，作为没有办法完全解释但又确定存在的规律，是事物运行的最根本特征。在投资领域中，最重要的三个层面的周期就是技术周期、经济周期和金融周期。其中，金融周期是衡量经济中短期运行情况的最敏感的周期，且在金融体系日益发达的今天，在某种程度上，金融周期的运行也不完全是逆周期调节的结果，其对经济的反作用程度也越来越强；而经济周期则是一个更加宽泛的概念，其包括了库存周期、设备投资周期、房地产周期等，其主要是从影响经济总量的各个细分方向入手，衡量经济整体运行的规律性波动；而对于技术周期，是相对独立的一个周期，这个周期对于经济的影响是潜移默化的，但又十分重要，因为技术相较于传统宏观、中观和微观视角下的要素而言，其可以作为一个外生变量影响整个经济体系。技术周期的持续时间会比较长，因此在中短期投资决策中，其经常被作为常量来看待，因此，我们似乎没有必要对技术周期进行过多关注。但问题在于，当下的时间节点，正好处于上一轮技术周期的尾部阶段，而技术周期进行更迭的过程，其往往能够对于经济未来增长逻辑以及速度的预期产生巨大的影响。所以，本书对于周期的分析，是必须要包括技术周期的，并且对于技术周期的分析，还是一个不能被忽略的重点。

时间轴上的每一个点，代表着一个时间节点，无数个节点组成了连续的时间轴。三大周期以简谐曲线的方式运行在时间轴的两侧，由于振幅、周期长度、运行轨迹的不同，对于每一个时间节点来讲，均对应着一个独一无二的周期组合。在这种组合之下，每一个时间节点都会产生可供市场交易的主题、机会、逻辑甚至仅仅是一种想法，但这些都或多或少能够对市场产生影响。

这些能够影响市场的因素就像一颗颗子弹一样，从一个时间节点出发，朝着不同的方向射向远方的靶心。需要注意的是，图5-1中有关时间节点的示例笔者命名为T_1，这时候有朋友可能会问，T_0时点在哪里呢？其实，这并不重要，因为在T_1时点左边的任何一个位置，都可以当作所谓的T_0时点。换言之，我们在当下可能预判未来各种级别的事情，无论这个级别是T_1、T_2还是T_3，只要相对规律性的周期存在，我们就可以拥有预测未来的机会。

当无数颗子弹发射出去后，它们就会逐渐进入一个新的空间，即由原来的连续空间到达一个离散的空间。在连续空间的时候，一颗颗子弹是连续的流体，或者是类似波一样的存在，但进入离散空间之后，这些子弹就会变成单独的粒子飞往属于自己的目的地。这或许就是属于因素子弹的波粒二象性吧！当然，连续的世界和离散的世界有一个明确的界限，这个界限不是静态的界限，而是基于动态逻辑产生的界限。这个界限源于市场行为，即这些因素子弹进入离散世界之前，需要经过市场的检验，即市场定价权会对这些因子进行过滤，而市场行为的研究就属于技术分析的范畴，包括量价关系、市场情绪、资金属性等，如此，我们再一次证明了基于价值嬗变的投资，一定是兼顾技术面因素的。

因素子弹经过定价权过滤后进入离散世界会被分流，一部分会分流到不同的靶点上，另一部分没有靶点的子弹就成为这一时期被放弃因素，或者我们也可以说这些因素并不是当前市场关心的点。例如，在2018年市场情绪极度悲观的时候，消极因素基本上都有各自的靶点，但积极因素，例如业绩预增等利好信息，均不幸脱靶，因此，市场在消极因素的影响下不断下跌。

对于没有脱靶的子弹，它们有三种去处，分别对应三个类别的靶点：共享靶点、独占靶点和普通靶点。

共享靶点，顾名思义，就是可以对市场所有类别的资产定价均能产生效果的靶点，如市场利率水平、人民币汇率、中美关系等。我们在一定程度上可以认为，共享靶点一般都是影响市场系统性风险水平的要素，与此同时，贝塔系数的不同使得其对不同资产的影响程度有所不同。从措辞的角度上讲，我们把子弹称为因素，把靶点称为要素，二者的关系是因素是要素的具体化。例如，如果人民币利率是要素，是靶点，那么人民币利率走强或者走弱就是所谓的因素或者子弹。

独占靶点，同样可以顾名思义，就是只对某一个标的定价产生影响的靶点，如公司生产的具有差异化属性的产品、某项专属的技术、资本运营水平等。这些靶点相较于共享靶点来说，其只能够提供阿尔法机会，并且专属性很强。在实践中，因素子弹能够射中独占靶点的机会是相对偏小的，但一旦中靶，潜在的超额收益会非常丰厚。挖掘独占靶点机会最好的办法就是通过详细的公司层面的分析，如通过定期报告、投资者活动关系信息以及实地调研等方式，均可以帮助自己挖掘独占靶点，从而帮助自己预判什么时间能够命中哪些独占机会。尤其是在市场大环境不好的时候，独占靶点的挖掘工作其实性价比非常高，因为这是投资者收益大幅领先市场的绝佳机会，而牛市的时候，大多数的靶点可能都属于共享靶点和普通靶点了。

普通靶点，就是除了共享靶点和独占靶点之外的所有靶点。换言之，普通靶点既不属于纯贝塔因子的范畴，也不属于纯阿尔法因子的范畴，其更多的是对市场中某一个板块，或者某一类题材影响最大。另外，虽然普通靶点的名字中带有"普通"两个字，但其价值对于普通投资者来说是三种靶点中最大的。因为对于A股来说，结构性行情的是最为普遍的，所以，普通靶点能够帮助投资者比较简单地获取超额收益，而无须等待全面牛市，或者通过某一家公司的深度调研而赚钱。另外，在全面牛市中，虽然共享靶点的重要性有所提升，但普通靶点也可以提供收益，且这种收益属于超额收益，自然，全面熊市的时候也是如此。再者，把握普通靶点，还可以有助于投资者对于独占靶点的挖掘，而降低其对深度调研，或精细的财报分析等诸多对于普通投资者来说门槛太高的工作的依赖。

子弹中靶之后，并不会停止运动，因为靶点背后还会有一个这些子弹的最终的归宿，即与之相对应的资产类别。具体而言，经过共享靶点的子弹会根据贝塔系数播散到各个类别的资产大类和细分行业之中；经过普通靶点的子弹则最终落在某些大类板块中的细分行业上。这里，我们仅强调行业或者板块，并没有说个股的事情，原因在于，我们的投资成绩究竟是好是坏，更多地取决于我们对赛道的选择是否正确，具体的个股选择其实对于整体投资业绩来说，意义并不是太大。

但对于个股的选择问题，我们需要注意，虽然个股选择没有赛道的选择那么重要，但是，我们却不能在确定一条赛道后对于个股的选择不加任何思索。因为，我们在投资的过程中，需要规避暴雷的风险。中观层面的暴雷风险可以通过周期分析以及靶点的选择进行应对，但个股层面暴雷风险的规避，还是需要我们对公司层面的问题有一定的了解才可以。所以，那些命中独占靶点的对股价产生消极影响的子弹还是值得我们额外关注的。

子弹命中独占靶点之后，一般会落到一个具体的公司，这一点很好理解，无须多言。但图5-1中，我们对独占靶点的子弹落脚点划到了细分行业5，没有划到具体的公司。我们这样处理的原因是希望投资者注意到股市当中经常出现的阿尔法因子贝塔化的规律，即某一家上市公司迎来利好或利空，即使这些影响因素对于同板块的其他公司没有任何影响，但很多时候，也会产生板块的行情。投资者不要认为这种市场表现就是荒谬的，没有任何意义的，从而也就不需要参与，要时刻记住，本书的核心观点之一，就是市场定价是完全有效的。所以，上述看似荒谬的过程其实可以认为是伴随着阿尔法机会的出现，市场定价权过滤的标准出现了变化，或者普通靶点的数量有了明显的增多，从而使得市场出现了系统性的机会。

需要说明的是，共享、独占和普通靶点的分类方式是比较烦琐的，这主要是考虑到专业投资者在量化建模和业绩归因等方面的需求，但对于普通投资者而言，可能是没有什么太大意义的。因此，出于简化的目的，本书后续的内容中，就不再区分普通靶点和共享靶点了，将其统一看作普通靶点，这样就能够对价值嬗变投资决策框架进行最大限度的简化，同时不影响阿尔法和贝塔收益的区分。

当某一时刻的所有子弹穿过靶点，并最终落在细分行业之上，价值嬗变机会挖掘框架中的最后一个步骤，其实就是在子弹所落的细分行业之中挑选覆盖子弹数量最多的板块，而这一个板块就是当前市场环境之下，可能最能给你带来最大超额收益机会，或者说风险收益比最高的板块。

这时，就会出现一个问题：既然我们最终确定细分板块的标准是子弹的数量最多，也就是在当前市场中所有可能影响股价的因素最为集中的板块就是我们的最终目标，那么我们为什么还要通过寻找靶点的方式去挖掘所谓的细分行业呢？这样一来不是感觉有点多此一举吗？

其实，所谓的靶点，在一定程度上，就是最终所选板块的一个特征集合。我们确定最终所选的板块，其实就是要寻找满足当前市场偏好特征的板块。这种方法，并不是简单的自上而下的决策方式，而是从中观分析入手，增加投资决策在行业层面的针对性，自然，其对于股价影响因素以及市场逻辑的考虑会更加全面，更具综合性，自然效果也会更好一些。

示例20：按部就班地研究才可能挖掘出更多有价值的信息

如果当前的经济环境并不是十分乐观，GDP上涨乏力，CPI指数又临近通缩的节点，居民可支配收入下降，消费信心不高，那么由此哪些板块是具有一定的投资价值呢？简而言之，如果我们假设当前市场整体的表现比较弱势，投资者信心不足，从而公募机构的资金面临相对紧缩的环境，那么当前市场的定价权还是在游资的手里，所以，定价权过滤这个步骤就基本上把机构重仓股排除在外了。基于此，如果我们直接去判断，或者说一个投资经验相对比较足的投资者进行经验性的判断，那么大多数人会把未来投资的方向直接锁定在游资主导的，且为中小市值的具有刚性消费需求的板块之中。

但其实，这个操作是有点跳步的，正确的步骤应该是由当前的经济环境推导出具有刚性需求的行业是具有一定增长潜力的，而所谓的刚性需求其实就是一个普通靶点。通过寻找满足这个靶点的行业，我们发现不仅消费行业可能在一定程度上具备刚性需求，除此之外，公用事业板块、能源、交运板块在一定程度上也都具有一定的刚性特征，只不过这些板块的刚性需求一部分是来源于需求侧，另一部分是来源于供给侧。

与此同时，大多数情况之下，最后市场的表现结果，可能对于刚性消费这个板块而言，也并不是尽如人意的。因为对于这个过于直观的逻辑，可能市场在之前的时间节点就已经反馈出来了，进而在定价权过滤这一步，这个靶点就已经被过滤掉了。因此，那些没有被充分市场定价的板块，或是常规的思维想不到的品种，可能会有一些更加出人意料的表现。

通过示例20就可以看出，如果把靶点的选择这个步骤给省略掉，我们的考虑可能并不会特别的健全，只有这样一步一步地进行分析和拆解，那么即使是对于市场当中比较有经验的投资者来说，也是能够帮助他们进行更加全面的市场预判的。所以，靶点的设置绝不是多此一举，而是全面评估市场的最理想的途径。

最后，我们来看一下行业分类的问题，也就是图5-1当中靠上的部分。

上文对于这幅图的解读其实是由下至上的，只不过说到细分行业的时候，整个流程就已经基本结束了。那对于靠上的这一部分，也就是行业总体和大类板块以及细分行业之间的关系，我们还没有进行详细的说明。非常重要的一点是，所谓行业总体，其实是覆盖了市场当中所有可供交易的标的的，但是行业总体下面的大类板块并不是行业总体的另一种表现。换言之，行业总体下面的大类板块是从总体当中挑选出一些具有增长潜力的板块集合而已，而并不是覆盖了所有行业当中的所有标的。

我们之所以要从行业总体当中挑选一些具备投资潜力的板块，其中最主要的目的还是提高决策效率。因为如果我们直接把行业总体作为研究对象，那么我们会发现，最后所筛选出来的靶点集合会非常的庞大，以至于我们没有办法通过连续性的分析，比较顺利地转化为离散分析，并最终确定某一个板块甚至个股。同时，如果我们的分析没有主要和次要之分，那么我们在一定程度上也很难把握市场的行情主线。这样的话，投资者在实际应用的过程当中，很可能就会走向两个极端：第一个极端，就是你的持仓会极度的分散化，导致投资组合可能会获得一个市场的平均回报水平，没有办法获得比较理想的阿尔法收益；第二个极端，就是你的持仓可能严重偏离市场的主线，从而使得投资收益大幅落后于市场总体。显然，这两种极端所导致的后果并不是投资者想要看到的，因此，为了使得我们既能够跟上市场的平均节奏，还能够尽可能地挖掘出行业的超额收益或者板块、题材的超额收益，我们就必须要有所取舍。

对于大类板块和细分行业的关系，我们可以从图5-1中比较直观地看到，二者其实是包含与被包含的关系。在图中，我们把这种包含与被包含的关系只设置为两层，主要是为了显示方便和图片美观。在实践的过程中，究竟板块之间要分多少层，还是要具体问题具体分析。同时，大类板块的分类方法并不仅仅要按照

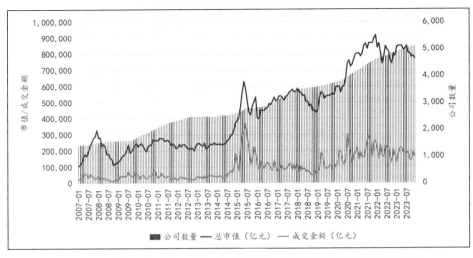

图5-3 A股市场不断扩容,精细化选股意义日益凸显(数据来源:iFinD)

行业分类,也可以按照板块的风险收益特征、周期属性以及所属题材等一系列方法进行分类。在本书后面的论述当中,我们的分类方式和选择重点行业的结论,对于读者而言,更多的只是一种参考和对我们整体投资决策框架进一步认识的帮助,在实际操作的过程中,各位还是要按照自己的思路去进行,否则完全按照一个现成的模板进行投资决策,我们可以想象潜在的超额收益也并不会太高,因为早在定价权过滤这一步,可能就把被市场已经充分认知的逻辑剔除出去了。

本书从下一节开始,就要对上面所讲的价值嬗变决策框架当中的内容进行逐一的具体的讨论,这也就形成了本章的主体结构,即四个方面的内容:行业分析、周期分析、技术分析、个股分析,同时,我们的论述顺序也是如此。这一顺序一般也是我们在实践中所推崇的研究顺序,即先通过行业分析找到潜在的靶点,然后通过周期分析判断当前时间节点中,"子弹"能够与哪些靶点产生较为紧密的关联,在此基础之上,通过技术分析过滤掉市场交易主体行为环境不够友好的标的,最终在个股层面,剔除存在较大风险点的标的,从而实现优中选优。需要明确的是,这个顺序和本节介绍价值嬗变投资决策框架的顺序是不同的,这主要是考虑本框架的决策顺序一开始是不容易理解的,大多数普通投资者习惯从宏观层面的因素入手进行分析,因此,我们也就迎合读者的这种习惯,以方便理解。另外,价值嬗变投资决策框架是动态的,在刚开始接触它的时候,从周期分析开始介绍,也能够强化读者对于这一框架动态性的认识。

5.2 行业分析：一门取舍的艺术

本节，我们首先对图5-1的内容进行详细的论述，即要解决大类板块的划分以及重点行业的筛选的问题。

需要明确的是，本节的内容更多的基于前瞻性的预判，因此，是具有一定的时效性的。为了能够更加明确本节内容的适用条件，我们做出如下统一的设定：本节内容是根据2023年年末的情况对未来3年左右的时间进行的预判。各位读者在使用本节结论的时候，一方面需要注意上述的时限安排，另一方面，需要根据市场情况的实时变动而做出调整和取舍。

当然，笔者希望读者通过阅读本节的内容，能够了解一定的行业分析思路，并应用到日后的投资当中，这比直接使用文中不一定正确的结论要有意义得多。而本节之所以没有以讲述一般化的行业分析框架知识为主的原因则在于，不同行业的分析框架差异很大，在一本书中很难穷尽其所有重点。

本节的内容主要分为两个方面：

第一，立足于全球视角对世界产业格局进行探讨，并结合当下的热点论述未来A股市场宏观层面的投资机会都有哪些；

第二，在第一方面的基础上，对于需要重点关注的行业进行更加详细的分析。

特别地，本节的内容并不涉及对于行业的全方位分析，主要的关注点还是价值嬗变逻辑下的投资机会。所以，我们分析的重点在于行业层面上动态的"变"，从而有助于后续结合连续观的内容进行总体的说明。

5.2.1 全球竞争格局的探讨以及中国未来的发展方向

在阐述具体的板块之前，我们需要对全球视角下经济和产业的大背景进行一个简单的分析，并在此基础上确定一些未来具备一定增长潜质的，尤其是基本面存在很大改善空间的行业方向。

对于行业分析这一部分的内容，其实我们的主要宗旨就是要抓住主要矛盾，不追求面面俱到，因为也做不到所有方面都能够顾及到，所以，价值嬗变投资决策框架下的行业分析，是一门有关取舍的艺术。同时，行业层面的分析，我们认为从自上而下的角度入手，可能更加具有实际意义。原因在于，通过上一节我们对于价值嬗变体系整体的框架性介绍不难发现，行业分析其实是处于价值嬗变体系的偏上层的位置，所以，如果我们在行业层面的分析采用自下而上的方式，那么就会使得整个的投研体系趋于碎片化。在中国资本市场逐渐扩容的背景下，本身资金就是相对紧俏的，因而资金所追求的板块就一定是稀缺的。这个时候，如果我们将投研碎片化，那么很大程度上会顾此失彼，抓不到主要矛盾，自然也就容易出现错失主升浪的情况。同时，从宏观上把握那些大方向具有投资价值，在一定程度上可以提升策略的容错率。毕竟我们最终的策略抓手还是在具体个股上，但是对于某一个公司的分析过程中，我们难以穷尽影响其股票价值的所有因素，进而出现一些认知的偏差和误判。这个时候，如果我们把大方向把握正确，那么即使在细分问题的领域上存在错误，投资的风险也并不是很大。因为即使短期被套，只要这只股票所处的板块没有太大的问题，那么它的股价也一定会企稳反弹。用最通俗的话一言以蔽之：站对了队，就不怕被套。这个逻辑，其实美股的投资者应该更容易理解。从美国股市的走势来看，其基本上是处于长期牛市，这个时候，即使你介入的具体时间点可能并不是特别理想，但经过一段时间的行情演绎，我们的持仓也可以走出令人满意的成绩（图5-4）。

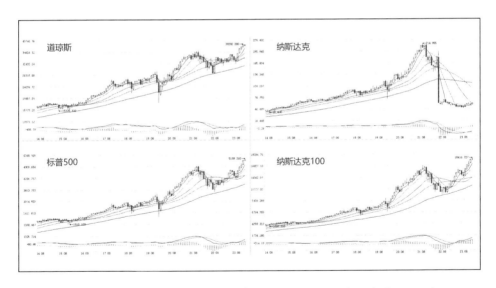

图 5-4 美股主流指数月线图（数据截止日：2024.1.30；数据来源：iFinD）

我们从全球视角去考虑，中国资本市场当中哪些行业具备投资价值的问题，与当前逆全球化的趋势其实是不矛盾的。虽然我们都说，逆全球化在近些年是国际关系领域当中最明确的主题，而且从目前世界大国的态度上来看，逆全球化的趋势可能既不是暂时的，也不是局部的，相反是长期的，普遍的。那么，我们为什么还要立足于全球视角去看待行业机会呢？其实一个最根本的原因在于，当前的逆全球化趋势即使会长期存在，而且波及很多个国家，但是每一个国家或者每一个战略集合体，它们进行逆全球化政策的实施，从程度上来看应该不会特别大。造成这种现象的原因在于，当前全球整体的经济增速是相对乏力的。在这样一个内卷程度非常高的时间窗口，各个国家不太可能较大程度上去牺牲由比较优势带来的增长机会。所以，国与国之间，对抗归对抗，但是对抗的程度应该还是能够控制的。因此，在逆全球化没有达到完全去全球化的时候，大国博弈依旧可以对一国资本市场的走势以及不同板块之间的演绎逻辑产生较大的影响，从而基于全球视角去分析未来的行业机会无疑是正确的（图5-5）。

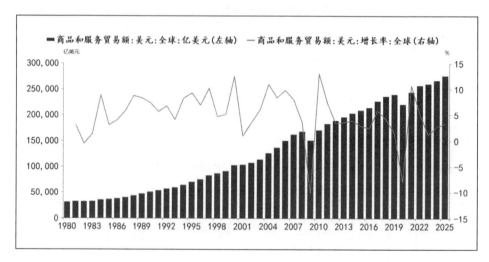

图 5-5　全球贸易情况概览（数据来源：iFinD）

　　当前全球经济之所以内卷程度比较高，一个非常重要的原因就是我们当前所处的阶段其实是上一轮技术周期的末期。对于技术周期的问题，在本书之后的部分还会详细去说，这里我们只要明确，当前所处的阶段，技术上已经不能够为生产效率以及经济增长提供之前那样较高的赋能水平了。在处于技术周期末期的大背景下，国与国之间的差距可能会出现明显的减小，换句话来说，对于曾经落后于发达国家的经济体来讲，它们弯道超车的机会就会变大。

　　面对百年未有之大变局，我们对于中国的未来充满信心，因为中国未来能够顺利实现增长引擎切换还是存在很多契机的。

　　首先，构建新发展格局是有非常好的基础的。对于内需来讲，改善内需的核心动力来源于消费升级，而外需其实主要是通过成本领先战略的向外拓展。无论是消费升级驱动的内需，还是成本领先战略驱动的外需，在一定程度上都能够打破中国内生经济增速不足的局面（图5-6）。中国有大量的资本留存在金融系统之内，当信心这种边际上变动弹性较大的变量出现转变，这些资本无论是对于虚拟经济还是实体经济，均能够起到四两拨千斤的作用，从而进一步推动中国经济的发展。即使没有外资大量流入的情况下，中国作为高储蓄率的国家，从资本的角度来看，也可以实现比较理想的内循环，虽然这是以一定效率水平的牺牲为代价，但在全球经济处于阴霾之中的窗口期，依赖于内资的发展模式可以避免国际资本流动对于一国经济的冲击，似乎也是一件利大于弊的事情。

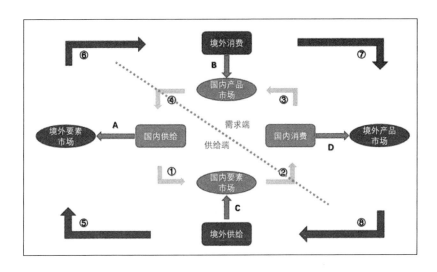

图 5-6　新发展格局下资金流动模型

同时，中国的人口红利虽然已经接近尾声，但是工程师红利，未来还是能够为中国带来更高的要素生产率。尤其是对于高新技术产业来讲，工程师红利是一个非常重要的资源禀赋。这也就为我国在技术上弯道超车，产业升级提供了更大的保障（图5-7）。同时，对于人口老龄化带来的人力成本上升的问题，伴随着AI等智能化技术的成熟，也在一定程度上能够解决。同时，技术周期也使得我国实现弯道超车的概率是比较大的，尤其是我们对于一些前瞻性产业的投入，不仅能够制衡强大的竞争对手，还有可能在下一个技术周期当中实现质的超越。

图 5-7　中国工程师红利正在持续释放（数据来源：iFinD）

　　我国拥有制度上的优越性。在未来全球经济处于下行周期的时间窗口，如果出现一些风险事件，在当前的制度体系下，相信我们的效率也会维持比较高的水平。而对于房地产的问题，虽然目前其仍旧是我国经济发展过程中需要解决的重要问题，但我们有充足的理由相信，房地产不会引发我国经济硬着陆。这强大的自信心，依旧是源于制度，即在当前的制度框架内，危机降临的时候，经济系统内不会出现较大的内耗，从而错失解决危机的窗口期，而这种基于底线思维的制度框架，也使得我国在风险暴露的情况下，有着更高的容错率。

5.2.2　基于申万行业分类下的模型适用行业的确定

　　在介绍完中国未来发展的大体的战略方向之后，我们便可以着手确定模型适用的行业了。进行行业选择之前，我们需要明确模型行业选择的标准。适用标准的确定需要立足于价值嬗变投资决策框架的核心，即寻找潜在边际变化最大的行业，这一点是很好理解的。

　　需要明确的是，这里所讲的行业选择，并不意味着选择的行业就是我们最看好的，也不意味着没有选择的行业就不存在投资机会。由于本书的内容在于介绍价值嬗变策略，因此，我们选择的行业只是适用于这一策略的方向，并不是作为行业推荐。另外，当行业纳入分析框架，我们还需要基于连续性的择时，即行业纳入只是第一步，并不意味着纳入分析框架的行业就证明我们认为这些行业将持续上涨，反而有可能出现下跌。本书所做的所有阐述，均不存在推荐板块和个股的情况，真正的目的是希望读者通过掌握价值嬗变策略的精髓，从而通过自己的分析，挖掘出理想的个股和投资时点。

结合中国的战略方向，我们认为未来中国的发展一定是兼顾发展和安全的，且二者的地位是并重的。这就说明，有相当一部分行业是具有安全或者说防御属性的。问题在于，由于未来两年，全球范围内存在诸多不确定因素，所以，未来的发展道路是一波三折的。这时，考虑到中国的具体国情，由此产生的具有防御属性的行业可能更多地要服务于实体经济。因此，这些板块的股价更多地以低波动率的表现为主。如此看来，防御性板块大多数情况下不符合价值嬗变策略的核心理念，为了简化分析，这部分行业本书予以剔除。

而对于具有价值波动性的板块，才是价值嬗变策略需要重点关注的。而这个板块，又可以进一步一分为二，即强周期板块和弱周期板块。强周期板块，即板块景气度同经济周期或其他周期紧密相关，从而让股价波动同样具有周期性，而周期的运行拐点，在一定程度上就是强周期板块波动率最大的时候，也就是价值嬗变出现的时候。所以，即使强周期板块同样会有比较明显的下行周期，但只要我们通过有效的研究和分析，抓住上行周期的机会，那么其会在一定程度上为我们带来非常理想的贝塔收益。弱周期板块，即具有增长潜力的成长型品种，这些标的具有穿越牛熊的能力，本身不具有特别明显的周期性特征。只不过，成长板块所涉及的概念比较广，且细分领域需要的研究深度和想象力都比较大，所以，板块内细分领域的选择是获取超额阿尔法收益的重要抓手，而阿尔法收益的来源，就是这些细分领域在某些特定的时间窗口的价值出现嬗变。

综上，我们对于重点行业的选择标准，就是选择非防守型的行业板块（强周期和弱周期）。

为了方便读者理解，也为了尽可能地使得本书与其他投研材料的口径一致，我们选择申万行业分类标准进行全板块的梳理和重点行业的选择。

需要重申的是，如下对于行业特征的简要概述，只是基于笔者的认识得出的结论，并不涉及行业推荐，且不同的投资者对于同一个行业会有不同的理解，读者可以根据自己的认知进行修正甚至是颠覆。

（1）大消费行业

大消费行业又分为商品消费和服务消费，其中商品消费包括农林牧渔、食品饮料、医药生物、家用电器、纺织服饰、轻工制造；服务消费包括社会服务、商贸零售、美容护理。

对于商品消费板块，相关二级行业的信息、未来五年的行业特征以及模型适用度如表5-1所示。

表 5-1　商品消费板块二级行业信息汇总表

申万一级行业	申万二级行业	含义	特征	模型适用度
农林牧渔	种植业	指以土地为依托，使用农耕生产工具，从事植物的培育、栽培、管理及采收等工作的总称。包括谷物、豆类、薯类、棉花、油料、糖料、麻类、烟叶、蔬菜、花卉等的种植，以及树木的栽培抚育管理	防御型	☆
	渔业	指在一定的水域中，利用水体从事水生动物、植物的养殖，以及捕捞等生产活动的总称。包括海洋渔业和淡水渔业两类，海洋渔业又分为海洋捕捞和海洋养殖两种，淡水渔业则包括池塘养殖、水库养殖、网箱养殖等	防御型	☆
	林业	指培育和保护森林以取得木材和其他林产品的生产事业的总称。包括造林、育林、护林、森林抚育管理、森林采伐及销售等	防御型	☆
	饲料	指用于动物饲养的粮食及其他农产品加工品，如配合饲料、浓缩饲料、添加剂预混合饲料等	防御型	☆
	农产品加工	指对农业生产的动植物、微生物及其产品进行分类、清洗、干燥、分级、包装等加工的过程。包括谷物碾磨加工品、谷物粉类制成品、谷物烘焙食品等	防御型	☆
	养殖业	指利用各种陆地或水域资源，通过人工饲养或繁殖，生产出人类所需的肉、蛋、奶等食品以及其他物品的生产活动。包括畜禽类、水产品等	强周期型	☆☆☆
	动物保健	指为预防和治疗家畜家禽及水生动物的疾病，提高其生产性能和产品质量，保障人类健康和畜牧业发展而进行的活动。包括兽药生产、兽医服务、动物疫病防控等	强周期型	☆☆
	农业综合	指上述各子行业以外的其他农业相关行业，如农业科技服务、农业环境保护等	防御型	☆
家用电器	白色家电	指以替代人力功能为主的家电产品，如冰箱、洗衣机、空调等	强周期型	☆☆☆☆
	黑色家电	指以娱乐休闲功能为主的家电产品，如电视机、音响、录像机等	强周期型	☆☆
	小家电	指相对于大型家电而言的小型电器产品，如电饭煲、微波炉、榨汁机等	防御型	☆
家用电器	厨卫电器	指用于厨房和卫生间的电器产品，如燃气灶、抽油烟机、电热水器等	强周期型	☆☆☆
	照明设备	指用于室内外照明的电器产品，如灯泡、灯具、LED灯等	防御型	☆
	家电零部件	指用于制造和维修家电产品的零部件和配件，如电机、控制面板、电路板等	防御型	☆
	其他家电	指上述分类之外的其他家电产品，如空气净化器、加湿器、除湿器等	强周期型	☆☆

续表

申万一级行业	申万二级行业	含义	特征	模型适用度
食品饮料	食品加工	指将原材料加工成食品的过程，包括各种肉类、粮食、果蔬等食品的加工，如肉类加工、粮食加工、果蔬加工等	防御型	☆
	白酒	指以高粱等粮谷为主要原料，以大曲、小曲或麸曲及酒母等为糖化发酵剂，经蒸煮、糖化、发酵、蒸馏、陈酿、勾兑而制成的蒸馏酒产品	防御型	☆☆
	非白酒	指除白酒以外的各种酒类，包括啤酒、葡萄酒、黄酒等	防御型	☆☆
	饮料乳品	指各种饮料和乳制品的生产和销售，如碳酸饮料、果汁饮料、酸奶、牛奶等	防御型	☆
	休闲食品	指各种休闲小吃和零食的生产和销售，如糖果、巧克力、膨化食品等	防御型	☆
	调味发酵品	指各种调味品和发酵制品的生产和销售，如酱油、食醋、味精、泡菜等	防御型	☆
纺织服饰	纺织制造	指以天然或化学纤维为原料，经过织造、印染等加工制成的纺织品，如棉纺、毛纺、麻纺、丝绸等	防御型	☆
	服装家纺	指用于家庭和个人的穿着和装饰的纺织品，如服装、床上用品、窗帘、地毯等	防御型	☆
	饰品	指用于装饰和美化人体的各种小物品，如珠宝、首饰、手表、太阳镜等	防御型	☆
轻工制造	造纸	指以木材、竹子等为原料，经过加工制成的纸制品的生产活动，如纸张、纸板、纸浆等	防御型	☆
	包装印刷	指对各种商品进行包装和印刷的生产活动，包括包装材料、包装机械、包装印刷品等	防御型	☆
	家居用品	指用于家庭和办公室的各种用品，如家具等	强周期型	☆☆☆☆
	文娱用品	指用于文化娱乐活动的各种用品和设备，如书籍、文具、乐器、娱乐设施等	防御型	☆
医药生物	化学制药	指以化学原料为起始，经过化学合成或生物合成等过程，制得的药物及其制剂的制造活动。包括化学原料药及制剂的制造	防御型	☆
	中药	指以中国传统医药理论指导采集、炮制、制剂，说明作用机理，指导临床应用的药物的加工。它具有安全、有效、毒副作用较小的特点	弱周期型	☆☆☆☆
	生物制品	指应用普通的或以基因工程、细胞工程、蛋白质工程、发酵工程及酶工程等生物技术获得的微生物、细胞及各种动物和人源的组织和液体等生物材料制备用于人类疾病预防、治疗和诊断的药品	弱周期型	☆☆☆
	医药商业	指药品流通企业，包括医药贸易商、医药批发商、医药零售商等，主要经营药品的批发、零售和进出口等业务	防御型	☆
	医疗器械	指用于预防、诊断、治疗人类疾病、损伤或残疾的设备、器具、器材、材料和其他物品	弱周期型	☆☆☆
	医疗服务	指提供各种形式的医疗服务的机构，包括CXO、医院、诊所、护理院、康复中心等	强周期型	☆☆☆

① 农林牧渔

农林牧渔属于第一产业的范畴，而第一产业关乎民生的根本。从这个角度来讲，如果不考虑通胀的影响，行业整体并没有比较强大的涨价逻辑。因此，虽然二级行业中部分板块会出现景气周期的变化，但整体来讲还是相对平稳的。这主要是由于，行业供需力量的周期性变化，会被国家的逆周期调节对冲，即收储和放储，从而平抑价格波动。基于此，农林牧渔行业的价值可能并不存在明显的变化倾向，自然也就不适合价值嬗变的分析框架。

相对来讲，养殖业和动物保健行业周期性会更强一些，这主要是由于猪周期和鸡周期的影响（图5-8）。但未来，这个周期的震荡幅度可能也会倾向于逐渐收敛，因为伴随着养殖行业的去散户化，供给侧的稳定性会大大增强，在需求同样保持稳定的基础上，养殖业的供需错配情况也会出现很大改善。美国自2000年以后，由于养殖规模化已经达到了相当高的水平，致使国内养殖周期从原先的3—4年延长到了7—8年，且影响周期的主要因素更多的是由疫情等外部因素导致，内生供需结构问题不再成为影响周期的主要矛盾。而动保行业的周期更多的是依存于养殖周期，在动物疫情肆虐的时间窗口期，其波动性会存在超过养殖板块的情况，其他大多数条件下，其波动率水平要弱于养殖板块。需要明确的是，如果是因为疫情（如蓝耳病、口蹄疫、非洲猪瘟）等突发因素导致的供需大幅度错配，那么养殖以及相关板块即使是在规模化养殖占比提升的情况下，依旧会出现较大的价格波动，但由于这类事件难以提前预测，故暂不予考虑，投资者可根据实际情况进行斟酌。

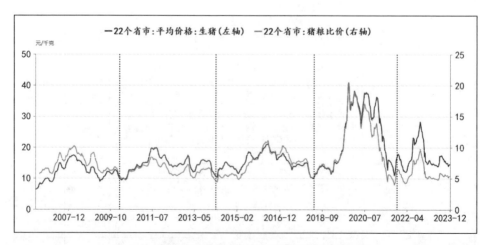

图 5-8　中国最近的5轮猪周期（数据来源：iFinD）

价值嬗变的玫瑰
——具有创新意义的动态投资决策框架

从概念层面讲，转基因、海水污染、碳交易和疫情是驱动农林牧渔行业部分细分板块的核心逻辑。相比之下，转基因的炒作可能是更具持续性的。但由于转基因板块比较疯狂的时间是在2020年，也就是新冠疫情导致粮价上涨预期较高的时间窗口期，而自2022年以来，整体粮价趋于稳定，因此，考虑到转基因的风险问题，政策上对这个细分板块的驱动大概还是偏谨慎的。同时，转基因概念已经持续被市场关注了3年多的时间，且板块内部可以预见的利好在近一两年可能会面临持续落地，后续想象空间相对有限。

总的来说，农林牧渔板块建议的整体模型适用度并不是很高，相对来讲，养殖业和动物保健这两个当前具有强周期属性的二级行业会有更高的适用性。

② 家用电器

家用电器属于成熟行业，并且外需情况是行业景气度强弱的关键变量之一。如果内、外需强弱程度存在对冲，那么整个行业的周期也就会相对平稳一些。在当前中美经济周期出现错配的情况之下，以及当前政策之间的分歧，预计未来内外需情况将继续保持对冲的状态，这使得行业景气度保持不温不火的状态。

二级行业中，白色家电、黑色家电和厨卫电器，在一定程度上同房地产周期相关度更高，而房地产周期又是影响国内经济周期的核心要素，因此，这三个二级行业具有强周期型的特征。同时，由于当前经济正值新旧增长动能的切换期，市场对于房地产板块未来的走向是充满分歧的，而分歧就意味着价值嬗变的土壤会更加的肥沃，尤其是对于白色家电和厨卫电器而言，行业景气程度和楼市的关联度更高，因此，这两个行业的模型适用度则更高一些。

同时，虽然家用电器行业属于成熟行业，但其发展的过程中可能会涉及创新，如洗地机、扫地机器人都是近些年影响力比较大的创新品类。创新类大单品的出现，也会催生某一家或某几家公司出现估值的大幅提升。但这主要是由于个股层面的因素导致的，在挖掘阿尔法收益的时候可以重点关注，但对于着眼点放在行业层面的价值嬗变策略来说，可能适用性还是不够理想的。

③ 食品饮料

伴随着2018年年末开启的价值投资风潮。食品饮料板块整体的表现是非常亮眼的，尤其是在2021年之前，板块中除了业绩垃圾的个股，几乎没有走势不牛的股票，这使得公募基金的赚钱效应是很强的。但目前价值投资风潮已经过去，基金抱团的板块也分崩离析，这使得食品饮料板块也出现估值回归。

食品饮料行业和农林牧渔一样，都是关乎于民生的行业，所以，在价值投资风潮等能够撬动板块大级别行情机会的因子没有成为现实的情况下，板块整体的趋势还是相对稳定的，具有明显的防御型特征。二级行业当中的白酒和非白酒类，其实在一定程度上可以作为我们的核心资产去进行配置，这或许已经成为A股投资者的共识。但核心资产可能更多的是红利属性大于成长属性，所以它们虽然具有配置价值，但对于价值嬗变的投资框架来说，并不是特别适用。可能未来市场如果继续对这些核心资产板块进行估值压制，那么强压之后的反弹具有一定价值嬗变的属性，所以，对于这两个二级行业，我们认为仅有稍高一点的模型适用度。

④ 纺织服饰

纺织服饰行业在A股的存在感是比较低的，一方面是行业本身缺乏看点，行业内的公司，成长性和价值性都不是特别明确；与此同时，纺织服饰行业中的A股上市公司整体体量比较小，技术含量也偏低，而家喻户晓的龙头，如李宁、安踏、波司登等，都是在港股上市，这就使得A股纺织服饰板块的市场关注度更低，以至于更加难以出现板块整体性的行情。最终，行业内的A股上市公司股价的总体特征就是：上涨的时候也涨不了多少，下跌的时候也跌不下去，食之无味弃之可惜，如同鸡肋一般，所以我们将其作为防御型行业看待，自然对于价值嬗变模型的适用度也就比较低。

⑤ 轻工制造

轻工制造行业在一定程度上和纺织服饰有类似的地方，如整体缺乏看点，体量小，技术含量偏低等，所以，大多数二级行业都属于防御型，且模型适用度较低。

但这里需明确的是，轻工制造二级行业中的家居用品是一个非常特殊的板块，其模型适用度很高且属于强周期的类型。因为家居行业的景气度在一定程度上同房地产紧密相关，所以这个板块属于强周期板块也就不难理解了。同时，从2023年开始，政策层面对于家居行业的驱动也是非常的明显，如商务部会同国家发展改革委、工业和信息化部、住房和城乡建设部、市场监管总局等12部门印发了《关于促进家居消费的若干措施》。基于此，这个板块未来有较大的潜力成为政策刺激经济的主要抓手之一。不仅如此，家居用品行业还可以同高科技联系起来，从而提出家居智能化、家居互联等让市场感觉到兴奋的概念，且这些概念具备为相关上市公司提供实际业绩贡献的可能性和时效性都是比较高的。所以，家居用品未来所面临的变数是比较大的，自然也就比较适用于价值嬗变的决策框架。

⑥ 医药生物

医药生物行业的重要性不言而喻，无论是对于民生的考虑，还是对于投资皆是如此。

以最朴素的投资观念来讲，生老病死是我们每个人一生当中最关心的事情，所以，在中国人口老龄化趋势日益明确的当下及未来，医药生物行业可能会成为成长期相当长的朝阳行业之一。

与此同时，近两年以来，医药板块受到的利空是相当多的，从而使得板块龙头自2021年以来出现了大幅度的调整。结合这个行业本身的属性来看，当前这个时间点，虽然不确定是不是最为理想的投资介入点，但可以确定的是，如果采用价值投资的策略进行交易，那么对于这个板块的优质上市公司来说，只要公司层面没有出现不可逆问题，那么大概是不会被套的（图5-9）。

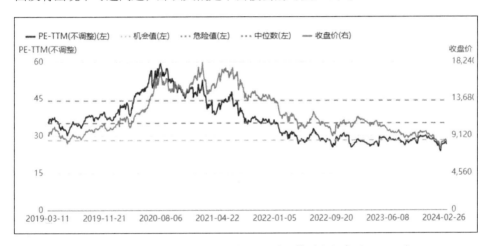

图 5-9　医药生物[000808.CSI] 板块估值优势（数据来源：iFinD）

同时，医药生物板块不仅和民生相关，在一定程度上和消费升级也有联系，尤其是二级行业当中的中药、医药商业、医疗器械这三个板块。

其中，中药行业由于政策的持续利好，使得这个板块具有穿越经济周期的能力，即特点为弱周期型行业。以此为基础，伴随着医疗观念的持续转变，以及中医药的循证研究的不断丰富，中药行业，尤其是中药创新药领域的企业可能会出现比较大幅度的估值波动，因此，重要板块是具有较强的模型适用性的。

医药商业行业同商贸零售行业的逻辑类似，具体分析见下文，这里我们的结论是，医药商业属于防御型板块，即板块内部价值整体表现稳定，不存在大涨大跌基础，模型适用度较低。医疗器械行业在新冠疫情的时候，出现了一段时间的景气度抬升，未来在人口老龄化压力的驱动下，行业景气度有望持续偏强，从而周期性特征较弱。

生物制品行业一般要同化学制药一起进行分析。而生物药相对于化学药来说，未来的发展潜力显然会更大，如生物药的分子量一般在1kDa以上，即大分子药物，这使得生物药在作用机制和效果上相较于化学药具有更大的优势；生物药具有很强的多样性特征，例如，根据技术平台的差异，生物药可以分为单抗、双抗、ADC药物、细胞治疗、干细胞、基因治疗等，这为治疗各种疾病提供了更多的选择和可能性。而化学制药受制于药物分子设计、化合物筛选环节的制约，未来的多样性发展空间受限，以及化学药的副作用和风险的影响，后续的发展节奏会更慢。据弗若斯特沙利文的报告，2021—2026年，全球生物药市场规模增速预计在12.0%的水平，而化学药市场增速仅有2.5%。基于此，我们认为化学制药更加具有防御型的特征，而生物制品，尤其是创新药企则具有弱周期型的特征，并且后者更加适用于价值嬗变决策框架（图5-10和表5-2）。

而对于医疗服务行业，非常特别的是，其属于强周期型行业，原因在于医疗服务当中的一个非常重要的细分题材，即CXO，其景气度同美元利率、经济周期紧密相关。CXO行业的客户主要是具有医药研发生产外包需求的药企，而具有外包需求的药企一般规模较小，比较依赖于某一条或某几条管线的突破。这些药企外包的需求同其可以获得的创新药融资紧密相关，而融资又同利率、经济周期有关，这就使得医疗服务行业和其他医药生物行业特征出现根本性的不同。同时，在美元利率下行的周期中，CXO行业整体是偏暖的，但对于中国的CXO上市公司而言，国际药企转向韩国和印度以及国内CXO行业竞争力的边际变化都会让这个板块存在较大的价值波动，从而增加对价值嬗变模型的适用性。

值得一提的是，对于创新药和CXO这两个板块，港股当中也有很多竞争力很强的公司，我们不应该把关注点仅仅局限于A股范围之内。

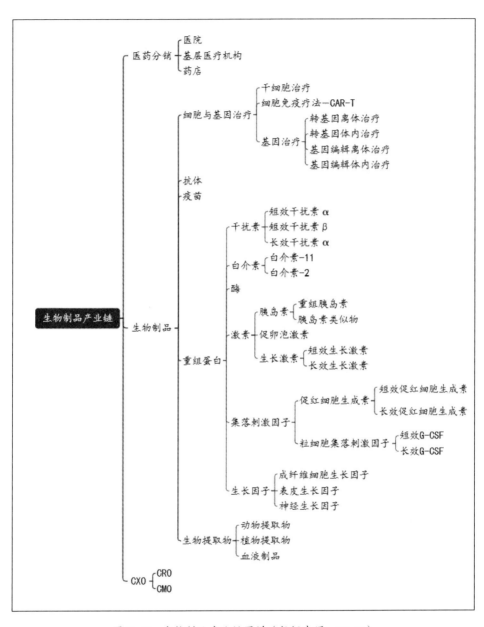

图 5-10 生物制品产业链图谱（数据来源：iFinD）

表 5-2　港股上市的生物医药龙头公司（数据截止日：2024.1.30，单位：亿港元）

证券代码	证券名称	总市值	所属GICS行业	公司简介
2269.HK	药明生物	985.71	生物制品	公司的主要产品包括临床活性药物成分、无菌液体制剂、冷冻干燥制剂以及注射用药物小分子抗生素
3692.HK	翰森制药	715.56	化学制药	公司已在以下领域确立领先地位(i)中枢神经系统、(ii)抗肿瘤、(iii)抗感染及(iv)糖尿病。公司还关注消化道及心血管治疗领域。上述六大治疗领域2018年合计占中国药品总销售额的62.5%,增长快于整体中国医药行业,2014年至2018年平均增长8.1%
1093.HK	石药集团	707.05	化学制药	公司包括四个业务部门：成药部门、抗生素（中间体及原料药）部门、维生素C（原料药）部门及咖啡因及其他（原料药）部门，分别从事生产及销售相关药品业务
1177.HK	中国生物制药	552.76	化学制药	公司通过三项业务分部进行运营。中药现代制剂及西药分部从事生产、销售及配销中药现代制剂产品及西药产品业务。投资分部从事长期及短期投资业务。其他分部主要从事研发活动、向第三方提供服务以及从事相关医疗及医院业务
1801.HK	信达生物	544.12	生物制品	公司的主要产品包括PD-1抗体信迪利单抗（IBI-308）、贝伐珠单抗（阿瓦斯汀）生物类似药IBI-305、利妥昔单抗（美罗华/Rituxan）生物类似药IBI-301和阿达木单抗（修美乐）生物类似药IBI-303
9926.HK	康方生物	342.31	生物制品	康方生物科技(开曼)有限公司,于2019年1月30日注册成立,公司是一家临床阶段生物制药公司,致力于自主发现、开发及商业化首创及同类最佳疗法。公司专注于满足肿瘤、免疫及其他治疗领域在全球的未决医疗需求
1548.HK	金斯瑞生物科技	297.24	生物制品	公司通过四大分部运营。生命科学研究服务分部包括基因及多肽合成、脱氧核糖核酸及核酸引物合成、脱氧核糖核酸测序、定制抗体服务、蛋白质表达及稳定细胞株生产。临床前药物研发服务分部包括蛋白及抗体工程、体外药效研究及体内药效研究。生命科学研究目录产品分部提供抗体、重组蛋白、蛋白分离及分析仪器、分子生物学试剂、多肽、生物化学产品及稳定细胞株。工业合成生物产品分部开发及生产工业用酶
0867.HK	康哲药业	289.33	化学制药	公司直接网络主要产品包括黛力新、优思弗、新活素、莎尔福、亿活及施图伦滴眼液等。其代理商推广网络产品包括沙多力卡、伊诺舒及喜达康等。其产品用于治疗胃病、心脏病、外伤感染、肝病及眼疾等
0013.HK	和黄医药	175.99	化学制药	和黄医药(中国)有限公司于2000年12月18日在开曼群岛注册成立。公司是一家处于商业化阶段的全球生物医药公司,专注于发现、开发及商业化治疗癌症及免疫性疾病的靶向疗法及免疫疗法

价值嬗变的玫瑰
——具有创新意义的动态投资决策框架

通过前面的论述，不难发现，医药生物行业中，我们需要关注的点其实很多也很细碎，一些可能出现的投资机会大都是以二级行业、更小的细分板块甚至单个公司的范围演绎的。所以，从一级行业的这个角度来看，基于这样偏宏观的视角进行价值嬗变研究的意义并没有那么大，因为这一个板块的投资价值主要还是集中于阿尔法机会。基于此，对于这个板块，我们可以在公司层面进行重点关注，也就是自下而上的研究比自上而下的研究更有效。

对于服务消费板块，相关二级行业的信息、未来五年的行业特征以及模型适用度如表5-3所示。

表5-3　服务消费板块二级行业信息汇总表

申万一级行业	申万二级行业	含义	特征	模型适用度
商贸零售	贸易	指商品和服务的买卖活动，包括进出口贸易、国内贸易、转口贸易等	防御型	☆
	一般零售	指在实体店铺或线上平台销售日常生活用品、文化用品等非专业性商品的业务	强周期型	☆☆
	专业连锁	指在特定领域内提供专业性商品或服务的连锁经营模式，如药店、书店、快餐店等	防御型	☆
	互联网电商	指通过互联网平台进行商品或服务的销售和采购，包括B2B、B2C、C2C等模式	防御型	☆
	旅游零售	指在旅游景点、机场、车站等场所销售旅游纪念品、土特产等商品的零售业务	防御型	☆
社会服务	体育	指以体育为核心产业，通过体育活动创造经济效益和社会效益的企事业单位。包括体育赛事组织、运动员经纪、体育场馆运营、体育媒体等	防御型	☆
	本地生活服务	指为当地居民提供生活服务的相关产业，如餐饮、家政、美容美发、洗浴、超市等	防御型	☆
	专业服务	指专业性较强的服务行业，如法律服务、会计服务、审计服务、工程服务、翻译服务等	防御型	☆
	酒店餐饮	指提供住宿和餐饮服务的企事业单位，如酒店、度假村、餐厅等	强周期型	☆☆
	旅游及景区	指提供旅游和景区服务的企事业单位，如旅行社、景区管理机构等	防御型	☆
	教育	指提供各级各类教育服务的机构	防御型	☆
美容护理	个护用品	指用于个人护理和卫生用品的产品，包括洗发水、沐浴露、牙膏、卫生巾等	防御型	☆
	化妆品	指用于改善个人外貌和皮肤状况的化妆品，包括护肤品、彩妆品、香水等	弱周期型	☆☆☆☆
	医疗美容	指提供医疗美容产品的企业，如玻尿酸等，主要业务包括整形手术、激光美容、注射美容等服务需要的产品	弱周期型	☆☆☆☆

① **商贸零售**

商贸零售行业的属性是偏防御型的，因为这个行业中的公司大都是通过高周转的同质化业务进行竞争的。如果从概念的角度去说，商贸零售行业相对活跃的概念是免税和互联网平台电商。

但免税板块属于牌照生意，且目前免税店之间的竞争格局也已经相对稳定，同时伴随着消费观念的转变，以及国民自信心的持续恢复，国外产品的需求面临持续下滑的风险。在去全球化进程持续的大背景下，免税的生意虽然之前被市场认为是一个增长性比较强且护城河牢固的板块，但伴随着市场对于这个行业的更加清醒的认识，以及业绩兑现的实际情况低于预期，整个行业的估值也是在持续的回落当中。但由于免税板块的成分股大都属于线下零售的龙头企业，因此，从板块景气度上来看，其和经济周期还是存在一定的关联的，故我们将其视为强周期型行业，但受制于未来想象空间的限制，其模型适用度并不算理想。

另一个比较活跃的概念就是互联网平台电商，行业玩家主要还是以京东、阿里巴巴、拼多多、抖音这几个互联网巨头为主。但由于这些板块的上市公司大多集中在港股和美股，且公司的体量是非常庞大的，集团投资所覆盖的行业广度是比较大的，在前期政策层面规范平台企业发展的历史影响下，这些公司在一定程度上也丧失了成长性，所以从实质的角度看，互联网电商行业属于防御型行业。通过跟踪分析，这些互联网平台巨头本身价值嬗变的机会并不大，但其投资的企业，尤其是那些已经或即将独立上市的公司，或者是内部分拆上市的公司，则具有更大的价值弹性。但这些公司隶属于不同的行业，所以即使这些公司当中的部分存在较高的模型适用度，但单纯从互联网电商这个二级行业来看，其适用度依旧不高。

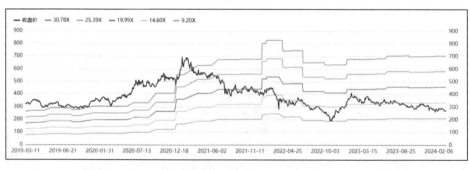

图 5-11 腾讯控股[0700.HK] 估值变化（数据来源：iFinD）

② **社会服务**

社会服务行业，在A股的存在感也比较低，甚至对于一些没有太多投资经验的股民来讲，一说到社会服务，可能都不能够立刻想得出这个行业覆盖了哪些典型的上市公司。出现这种情况的原因，其实不仅仅是因为股民知识的匮乏，更重要的原因在于社会服务这个行业，并没有出现一个具有统治性地位的龙头企业，这也就使得整个板块是很难出现整体性的机会的。

需要提示读者的一点是，社会服务行业下属的酒店餐饮二级行业，在一定程度上是属于强周期行业的，因为酒店行业和经济周期的关联度是比较高的。在一线城市和部分二线城市中，酒店行业的景气度其实和商旅出行的关系是非常密切的，而商旅出行又是经济景气度（尤其是第三产业）的领先指标，所以，这就是这个板块为什么是作为强周期型板块而存在的（图5-12）。

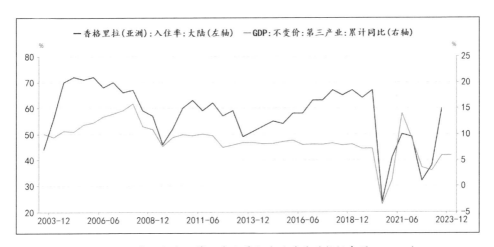

图 5-12　酒店入住率同第三产业景气度的关系（数据来源：iFinD）

③ 美容护理

美容护理行业，是申万一级行业视角下我们需要重点关注的第一个行业大类。我们需要关注美容护理的原因，主要在于其二级行业当中的化妆品和医疗美容，在一定程度上可以认为是弱周期型板块，可以穿越牛熊周期，并且业绩和股价的弹性都比较理想，从而价值嬗变策略的适用度比较理想。

虽然2023年这一板块的上市公司业绩基本上都出现爆雷的情况，同时估值也因为机构资金的被动减仓而被压得很低，但是这并不妨碍行业价值后续依旧存在较多的嬗变机会。

常规思路可以认为，驱动化妆品和医疗美容行业景气度的重要因素之一，就是消费升级是否充分，但是比较特殊的是，经济如果面临持续走弱的窘境，这些行业不仅有可能不会出现明显的景气度下行，还会出现超预期的景气度上行的情况。以日本为例，在过去的30年中，日本经济虽然一直保持羸弱的状态，但根据日本经济产业省的数据，从1990年到2019年，日本化妆品市场的销售额从1.4万亿日元增长到了2.6万亿日元；根据日本整形外科医师协会的数据，从1990年到2018年，日本医美市场的销售额从1000亿日元增长到了3000亿日元。

在经济衰退时期，化妆品和医美行业的景气度反而上行的原因有以下几点：

第一，刚性需求：化妆品和医美行业的需求与个人审美、社交、健康等刚性需求密切相关。在经济衰退时期，虽然人们的收入和消费水平可能会下降，但是对于美的追求和对于健康的关注仍然存在，因此化妆品和医美行业的需求不会受到过大的冲击。

第二，社交需求：在经济衰退时期，人们可能会更加注重社交和人际关系，从而用精神享受替代物质享受。化妆品和医美行业的产品可以提供一定的社交需求，例如美容院、SPA等场所提供的服务，可以让人在社交场合中更加自信和受欢迎。

第三，放松消费：在经济衰退时期，人们可能会感到压力和焦虑，因此对于放松消费的需求会增加。化妆品和医美行业的产品可以提供一定的放松和享受，例如口红、面膜、按摩等，因此这些产品的需求可能会增加。

显然，未来两年中，大环境是充满不确定性的，虽然我们不能够100%确定全球经济是否真正陷入衰退，但这并不影响我们应该对美容护理行业，尤其是化妆品和医疗美容二级行业给予较高的关注度。一方面，这些行业具有穿越经济周期的属性，甚至忽略经济周期的下行，所以弱周期属性非常明显；另一方面，当前板块市场估值水平被压制得较低，后续价值波动的机会更大，结合周期分析的情况下，如果选择较好的入场机会，那么将会带来比较理想的潜在收益，故这个板块是非常适用于价值嬗变策略框架的。

而对于个护用品这个二级行业来说，其更多地拥有刚需品的属性，所以，这个行业并没有呈现弱周期的属性，反而防御型的特点要更明显一些，因此，个护用品不是非常适合使用价值嬗变的逻辑进行研究。

（2）大制造行业

大制造行业可以按照所处产业链的位置分为上游、中游和下游行业，其中上游行业包括石油石化、煤炭、有色金属；中游行业又可以细分为材料类和设备类板块，前者包括基础化工和钢铁，后者包括电力设备、机械设备、国防军工、公用事业、环保和汽车；下游行业包括房地产、建筑材料、建筑装饰和交通运输。

对于上游板块，相关二级行业的信息、未来五年的行业特征以及模型适用度如表5-4所示。

表5-4　大制造上游板块二级行业信息汇总表

申万一级行业	申万二级行业	含义	特征	模型适用度
有色金属	金属新材料	指经过加工或制造流程，形成具有特殊性能或功能的金属材料。包括其他金属新材料和磁性材料等	强周期型	☆☆☆☆
	工业金属	工业生产中应用的金属材料，包括铝、铜、铅、锌等	强周期型	☆☆☆☆
	贵金属	指具有高价值和稀有性的金属，如黄金和白银等	强周期型	☆☆☆☆
	小金属	指在地壳中含量相对较少，但在现代工业和科技中具有重要作用的金属，如稀土、钨、钼等	强周期型	☆☆☆
	能源金属	指与能源领域相关的金属及其制品，如钴、镍、锂等。这些金属在新能源、储能等领域具有广泛应用	强周期型	☆☆☆☆
煤炭	煤炭开采	指从事煤炭开采、加工和销售的企业。这些企业通常拥有煤炭矿藏的采矿权，并通过开采、筛选、洗选等工艺流程，将原煤转化为可销售的煤炭产品	强周期型	☆☆
	焦炭	指生产和销售焦炭的企业。焦炭是一种主要由煤经过高温焦化而形成的固体燃料，具有高能量密度和较低的污染排放特性，被广泛用于钢铁、化工、电力等领域	强周期型	☆☆
石油石化	油气开采	这是能源产业链上游产业，具有广泛的下游需求。作为能源，成品油是交通运输的动力，天然气是日常生活的重要能源。作为原材料，经由化工产业链产出各类化工品到达食品、材料、服装等衣食住行各个行业	强周期型	☆☆
	油服工程	油田服务、油气及炼化工程等服务的行业	强周期型	☆☆
	炼化及贸易	主要业务包括石油化工、油品石化贸易及其他石化相关业务	强周期型	☆☆

① 有色金属

有色金属行业和制造业景气度紧密相关，同时这个板块最特殊的一点在于，其每一个二级行业基本上都具备很强的关注必要性，而且每一个二级行业所需要我们关注的重点和逻辑都有区别。

从相对宏观的层面来讲，制造业是未来中国发展的最重要的领域，因为制造业的发达在一定程度上就意味着产业链的安全，而有色金属对于制造业周期的敏感度是比较高的。所以，从一级行业的角度来讲，全行业均具有强周期型特征，并且其作为我们价值嬗变策略的重点关注对象应该没有任何的疑问。

对于有色金属行业的二级行业来讲，金属新材料往往和新技术、新产品有关；工业金属和经济周期的关系最大，同时对于铝、铜、铅、锌等这些大宗商品的价格走势来分析，我们也可以更好地把握工业金属行业的景气度情况；而贵金属主要是指黄金、白银、铂金这些有较高价值和比较稀有的金属，它在一定程度上具有很强的避险属性，尤其是在美元利率下行的大周期内，贵金属整体的表现应该还是以偏强的走势为主；小金属可能在一定程度上所涉及的行业是科技含量比较高的，这和我们着力于发展高新技术产业，切换传统经济发展动能的大趋势也是相吻合的（图5-13）。

图 5-13　主要有色金属价格走势（数据来源：iFinD）

而对于能源金属，其景气度主要还是同新能源行业紧密相关，虽然从短期来看，能源金属面临一定程度的供给过剩，但是后续这种情况肯定会出现改变，并且不排除会有一些新的金属加入能源金属的大军之中（因储能技术迭代等）。因为有关能源的问题，无论是从政治的角度、经济的角度，还是在技术周期的角度去看，都是非常核心的，尤其是在储能方面存在发展瓶颈的当下，一旦有任何突破，对于上游的需求都会出现非常大的提振。所以，我们对于能源技术的关注度绝对不能够降低，更不能因为近期能源金属价格的下行而出现战略性的放弃。

②煤炭

煤炭行业在2020年开始出现了一波比较大幅度的上涨，这主要是由于多重利好因素共振所导致的，如在新冠疫情影响下，国际煤炭大宗商品的价格出现大幅度的上涨，以及国内供需错配的严峻环境，都使得煤炭价格出现持续上行。但伴随着长协价的推行，以及供需矛盾的阶段性缓和，从2022年开始，煤炭板块已经从原来的成长性板块逐渐转换成红利性板块。从行业整体的历史走势来看，不排除在出现股价企稳并且震荡重心小幅下移的情况下，后续出现进一步的超预期下行。从时间周期的角度来看，未来两年可能煤炭板块均不具有符合价值嬗变逻辑的介入性机会，即使这个板块依旧是属于强周期板块。

表 5-5　2022年A股分红情况汇总（数据来源：iFinD）

申万一级行业	盈利公司家数	分红公司占盈利公司的比例（%）	盈利公司股利支付率（%）
食品饮料	106	91.51	70.01
纺织服饰	75	96.00	56.87
传媒	93	73.12	53.99
公用事业	103	82.52	49.41
煤炭	34	79.41	48.66
家用电器	88	75.00	47.38
轻工制造	127	85.04	43.30
钢铁	34	94.12	41.45
社会服务	44	65.91	40.08
商贸零售	69	86.96	38.36
交通运输	107	85.98	36.34
建筑材料	57	89.47	35.25
计算机	239	78.66	35.21
农林牧渔	86	74.42	35.10
美容护理	25	84.00	34.97
机械设备	498	75.10	34.57
环保	107	78.50	31.60
医药生物	392	86.99	31.01
综合	15	73.33	30.86
汽车	231	77.92	30.15
石油石化	36	75.00	29.97
房地产	76	80.26	29.55
非银金融	73	94.52	29.30
电子	399	74.94	27.42
基础化工	368	81.79	27.15
国防军工	115	73.91	26.25
电力设备	329	81.16	26.06
有色金属	125	76.80	23.20
银行	42	95.24	19.56
建筑装饰	126	79.37	19.27
通信	108	74.07	15.81

③ 石油石化

整体而言，石油石化行业，同煤的逻辑是类似的，而它和煤炭最大的区别在于这个板块可能不具有红利性特征，是典型的强周期型行业，因为石油石化领域比较容易受到国际油价的影响，而国际油价较容易受到美元走势、经济周期、地缘政治以及OPEC原油生产安排等因素出现大幅波动。在全球经济周期相对偏弱的大环境之下，以及在新能源汽车的渗透率不断提升的背景之下，石油石化行业也面临持续的压力，因而从大级别的机会上看，价值嬗变的机会也不会特别丰富。

对于中游板块，相关二级行业的信息、未来五年的行业特征以及模型适用度如表5-6所示。

表 5-6 大制造中游板块二级行业信息汇总表

申万一级行业	申万二级行业	含义	特征	模型适用度
基础化工	化学原料	指用于化学工业的原料，包括各种无机和有机化学原料，如纯碱、烧碱、聚氯乙烯等	强周期型	☆☆☆
	化学制品	指以化学原料为起点，经过化学反应等过程，制成的一系列化学品，如涂料、合成树脂、化肥、农药等	强周期型	☆☆☆
	化学纤维	指经过化学加工制成的纤维，包括人造纤维和合成纤维，如尼龙、涤纶、人造丝等	强周期型	☆☆☆
	塑料	指以聚合物树脂为主要成分，经过加工制成的各种材料，如聚乙烯、聚丙烯、聚氯乙烯等	强周期型	☆☆☆
	橡胶	指以天然或合成橡胶为主要成分，经过加工制成的各种材料，如轮胎、橡胶管、橡胶鞋等	强周期型	☆☆☆
	农化制品	指用于农业生产的化学制品，包括农药、化肥等	强周期型	☆☆☆
	非金属材料	指以非金属元素或化合物为主制成的各种材料	强周期型	☆☆☆
钢铁	冶钢原料	主要包括铁矿石、焦炭、石灰石等原料	强周期型	☆☆☆
	普钢	普通钢是工业上使用最早、用量最大的基本材料，包括长材、板材和线材等形式。普钢广泛地用于建筑结构、桥梁构件、船体结构、交通运输、机械制造、农业、轻纺、国防工业、金属制品、食品工业、家用电器等国民经济各个部门	强周期型	☆☆☆
	特钢	即特殊钢，是机械、汽车、军工、化工、家电、船舶、交通、铁路以及新兴产业等国民经济大部分行业用钢最主要的钢类。特钢是衡量一个国家能否成为钢铁强国的重要标志	弱周期型	☆☆☆
公用事业	电力	指电力生产和供应行业，包括发电、输电、配电和售电等环节。电力行业是国民经济的基础产业，也是现代社会不可或缺的重要行业之一	防御型	☆☆
	燃气	指燃气生产和供应行业，包括天然气的开采、运输和销售，以及液化石油气的生产和销售等。燃气是一种清洁、高效的能源，广泛应用于居民生活、工业和商业等领域	防御型	☆
电力设备	电机	指将电能或其他形式的能源转化为机械能的装置，包括电动机和发电机。电机在工业、交通运输、电力系统等领域都有广泛的应用	防御型	☆☆☆
	其他电源设备	指除电机之外的其他电源设备，包括UPS电源、逆变器、变压器等。这些设备在电力系统中也有着重要的作用	防御型	☆☆

续表

申万一级行业	申万二级行业	含义	特征	模型适用度
电力设备	光伏设备	指利用太阳能进行发电的设备，包括太阳能电池板、逆变器等。光伏设备的应用范围涵盖了电力、建筑、交通等多个领域	防御型	☆
	风电设备	指利用风能进行发电的设备，包括风力发电机组、塔筒等。风电是一种清洁、可再生的能源，风电设备的应用范围也越来越广泛	防御型	☆
	电池	指将化学能转化为电能的装置，包括锂离子电池、铅酸电池等。电池在交通运输、电力储能、消费电子等领域都有广泛的应用	弱周期型	☆☆☆☆
	电网设备	指电力系统中用于输电、配电和用电管理的设备，包括变压器、开关、电缆等。电网设备对于电力系统的安全、稳定运行至关重要	防御型	☆
汽车	汽车零部件	指汽车制造业中生产各种零部件的企业，如发动机、制动器、轮胎等	强周期型	☆☆☆☆
	汽车服务	指提供汽车销售、维修、保养、二手车交易等服务的业务	强周期型	☆☆
	摩托车及其他	指生产摩托车及零配件的企业，以及其他非汽车类交通运输设备制造企业	强周期型	☆☆
	乘用车	指生产乘用车及零配件的企业	强周期型	☆☆☆☆☆
	商用车	指生产商用车及零配件的企业	强周期型	☆☆☆
机械设备	通用设备	指生产各种通用设备的制造业，如机床、泵、阀门等	强周期型	☆☆☆
	专用设备	指生产各种专用设备的制造业，如冶金设备、化工设备、食品加工设备等	强周期型	☆☆☆
	轨交设备	指生产和维修轨道交通设备和系统的企业	防御型	☆
	工程机械	指生产和维修工程机械的企业，如挖掘机、起重机等	防御型	☆
	自动化设备	指生产和维修自动化设备的企业，如机器人、自动化生产线等	弱周期型	☆☆☆☆☆
环保	环境治理	从事通过一系列措施和手段，对环境进行保护、改善和治理，以保护生态环境、改善空气质量和水质，以及减少环境污染等的业务的企业	防御型	☆
	环保设备	从事生产销售控制环境污染、改善环境质量而由生产单位或建筑安装单位制造和建造出来的机械产品、构筑物及系统业务的企业。这些设备包括固废处理设备、环境监测设备、空气净化设备、污水处理设备等，用于处理和治理环境污染，改善环境质量	防御型	☆

① 基础化工

基础化工行业所属的二级行业种类非常多，而且涉及到一些化学领域的名词，在行业研究的过程当中理解难度就比较高，同时对于每一种不同的化工产品，可能所涉及的产业链又都是不一样的，因此进行化工行业的研究，需要比较细致地对各个产业链进行有体系性的了解，否则很容易出现认知上的偏差。

但好在这个板块有一个非常明显的特性，那就是无论是哪一个二级行业，整体来看，可能都不具备很强的成长性，大体还是符合强周期型板块的主要特征。同时，二级行业之间分化程度并不是很高，即使某些细分的领域在一定阶段出现分化，但这种分化之后的估值回归也很快会来临。由于成长性的缺失，同时业绩上又有一定的保证，所以在价值投资风潮之下，板块当中的龙头企业就有可能成为资金的主要追捧对象。但是当价值投资未来可能难以出现的情况之下，同时整个经济周期相对平稳偏弱，那么对于基础化工板块，我们认为其对于价值嬗变模型的适用性也就仅仅处于适中的水平。

② 钢铁

钢铁行业的二级行业，包括冶钢原料、普钢和特钢。其中，前两个二级行业和传统经济的主要驱动力——房地产和基建紧密相关，而特钢同高新制造业的关联度会更大一些。所以，冶钢原料和普钢都是属于强周期型行业，而特钢则属于弱周期型行业，原因在于和其关联度较为密切的高新制造业具有较高的成长性，从而可以穿越经济周期。但为什么我们没有把钢铁行业作为重点关注的对象呢？原因在于普钢和冶钢原料，对传统行业的敏感性比较强，虽然房地产领域的动态预期差可能会比较大，但是整个基建板块在未来可能并不会拥有很强的价值嬗变机会。原因在于，目前政策层面已经阶段性放弃了用粗犷的方式去进行经济发展，所以，即使会出台一些针对传统行业的刺激政策，但更多的也不会依赖于大规模的传统基建。而对于高新制造业来说，虽然这个大方向是国家重点发力的对象，但由于特钢所覆盖的下游行业比较广，如包括汽车、军工、家电、船舶等很多的行业，所以整体走牛的契机并不充足，除非在经济周期上出现超预期的景气度上行，但从目前的状态来看，这种情况出现的概率并不是很大。

③ 公用事业

公用事业行业主要包括电力和燃气两个二级行业。燃气自然不用多说，几乎没有什么看点，以前每逢冬天的时候可能要对燃气进行一个短期的炒作，但这种炒作逻辑，市场越来越不认可，毕竟这种逻辑既没有同基本面情况有很强的关

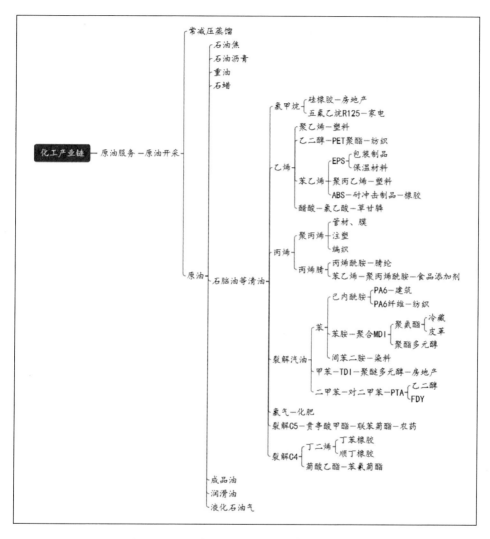

图 5-14　化工产业链图谱（数据来源：iFinD）

联，也没有荒谬到具有一定的娱乐属性，所以这个板块作为防御型行业，并不适用于价值嬗变投资决策框架进行研究。

对于电力行业而言，我们需要清楚的是，在新能源板块火热的 2020—2022 年，电力板块的估值水平也已经在很大程度上透支了未来的预期，即使电力建设目前还处于相对乐观的状态，但整体来讲可能已经比较乏力了。特别有意思的是，笔者出席了 2023 年某券商的年度策略会，竟然发现行业分论坛中竟然没有和新能源、电力有关的场次，可以看出，作为过去的超级板块，但细分上缺乏看点的电力行业，恐怕未来仍会保持相当长时间的低迷走势。未来这个板块存在一些细分领域的概念，可能集中在电力市场化改革、虚拟电厂、火电灵活性改造、绿电等。但这些细分板块的机会即使有，我们也很难说会不会引起整个行业的估值提升，或者局部的行情能够演绎的深度有多强。所以，对于电力行业，即使其对价值嬗变投资决策框架的适用度高于燃气，但绝对水平也并不是很高。

④ 电力设备

电力设备行业中所涉及的二级行业种类是比较多的，这里我们只需将精力重点放在电池上，原因在于新能源产业之所以发展不如预期，核心原因是在于储能环节。储能环节问题的核心就是在于电池技术并没有出现一个质的突破，从而电池在寿命、容量、充电速率和安全性等诸多方面上存在短板，当然这主要是集中于技术环节。同时在风电、光电、水电等新能源的大力发展之下，新能源发电和用电时间之间的错配问题，我们也只能通过火电或者储能去解决，显然，用储能的方式解决是最理想的状态，而这方面的投资也是将来重点的方向。未来基于补短板的目的，储能行业肯定还会进一步发展，电池技术自然是首当其冲的。所以，电池行业是具有弱周期型特征的，同时其对于价值嬗变投资决策框架的适用度也是比较高的。

而电机领域虽然和一些具备较强成长性的下游行业的景气关联程度是比较高的，如汽车、机器人、高端装备以及军工领域，但由于电机行业下游客户范围过广，在分散化效应的影响下，电机行业仍旧具有一定的防御型特征。而电源设备例如UPS逆变器。变压器，在数字经济时代也都会有比较大规模的应用，但受制于新能源大级别的周期已经过去，未来这个行业可能会向红利板块演绎，所以，同样属于防御型的行业。需要特别说明的是，电机行业虽然属于防御型行业，但我们认为这个板块对价值嬗变投资决策框架的适用度是偏高的，原因在于，电机行业的上市公司市值都比较小，所以个股层面的波动活跃度是比较大的，尤其是在游资主导定价的市场中，更是如此。这个行业之所以是防御型的，主要源于基本面的因素，但纳入价值嬗变模型当中，经过定价权过滤之后，其非防御型的特征便释放了出来。

而对于光伏设备、风电设备和电网设备，更多的是体现出防御型的特征，尤其是光伏本身的产能过剩问题，可能是短期难以有效解决的。新能源电力设备产能过剩的原因一方面是供给端的因素导致，即产能的过度释放，另一方面需求层面的因素也不可忽视。同时，光伏也好，风电也罢，以及一些电网的设备，本质上都不具有较高的技术护城河，所以，在新能源刚发展的时候，我们将这个行业作为高端制造业进行定位，但实际上，这个行业目前来看，还是属于中低端制造业。因此，从未来两年的情况来讲，光伏、风电和电网设备可能都不是价值嬗变投资决策框架的适用对象。

⑤ 汽车

汽车行业的重要性，应该不用我们多说，就能够知道其理所应当成为未来两年我们需要持续重点关注的领域。

从政策的角度来看，近四五年的时间以来，只要有关于刺激内需的政策出台，就一定会出现促进汽车消费的政策，所以汽车行业已经成了我们稳增长的重要抓手，因为汽车产业链是除房地产之外产业链最长的覆盖经济价值最高的行业。在经济相对萎靡的当下，后续的刺激政策有望持续，汽车行业的景气度就不会太差。

考虑到技术创新、市场需求、环境压力等方面的影响，汽车未来的发展方向为电动化、智能化和轻量化。因此，汽车的产业链所覆盖的行业中，除了传统汽车所覆盖的原材料（钢铁、有色金属、塑料、橡胶、玻璃）、汽车零部件（内燃发动机、底盘、车身、电气设备、轮胎）、涂装等，对于汽车电子、智能汽车软件、自动驾驶算法以及新材料等高新技术产业也会有更多的覆盖。这将有助于我国依托汽车产业链，实现制造业转型升级。

只不过在新能源汽车渗透率快速提升的这段时间，即2020—2023年，汽车板块整体已经出现了较大的涨幅，目前的估值水平不能说算高，但也绝不算低，在后续增量利好预期不足的情况下，我们不排除会出现一段时间，甚至是较长时间的调整。但我们之所以还是将汽车行业纳入价值嬗变投资决策框架的重点领域，一方面由于行业本身的强周期属性，另一方面在于政策对其的呵护程度以及其在经济中的重要战略意义，都是非常重大的。可能未来，汽车行业的整体性机会要少一些，但对于细分领域，如汽车零部件以及乘用车二级行业，还是有很大的机会出现价值的明显变化的。

⑥ 机械设备

机械设备行业细分的五个二级行业，其中轨交设备和工程机械是和传统基建紧密相关的，上文我们已经提到过，传统基建已经不是未来经济发展的重要抓手，自然这两个板块的走势也就会更具有防御型的特征，并不适用于价值嬗变的分析体系。

而对于通用设备和专用设备，这两个行业的产品主要是赋能传统制造业降本增效和转型升级，但是它的缺点在于下游客户分散，如果行业景气度周期错配，那么可能在一定程度上会熨平通用设备和专用设备的景气曲线。同时，在经济周期持续偏弱的情况下，制造业景气度达不到非常理想的水平，那么这两个行业的价值嬗变机会也不会太高。这就是我们为什么将这两个行业作为强周期行业，但模型适用度只是达到一般水平的原因。

机械设备行业当中最具有看点的就是自动化设备，这一点从2023年下半年以来的政策倾向就可以明确看出来。机器人、自动化生产线、基于自动化的工业母机装备都是未来我们发展高科技制造业的重要抓手，同时，这些细分的领域还都具有很强的国产替代的逻辑，所以，对于自动化设备这个二级行业，它既是穿越牛熊的弱周期型行业，同时也非常适用于价值嬗变的投资决策框架。

⑦环保

环保行业属于民生行业，在提倡高质量发展的初期具有一定的炒作机会，但长期来看这一板块的上市公司整体还是防御型的特征比较强。另外，从业绩的表现来看，环保行业上市公司整体业绩相对不够理想，从而板块的估值水平还是存在虚高的嫌疑的。尤其是对于客户结构中地方政府占比较高的公司，由于毛利率较低以及回款能力的问题，使得相关的公司的业绩表现会更加没有看点。对于环保板块未来的一个潜在的炒作方向，可能就是电池回收。这的确是一个成长性比较强的细分概念，但考虑到电池的寿命以及过往几年的行业景气度情况，我们预计电池回收为环保行业上市公司贡献业绩的时间可能要到2030年，距离现在已经超过了2—3年的观察期。综上，环保行业目前对价值嬗变模型的适用度还是比较差的。

对于下游板块，相关二级行业的信息、未来五年的行业特征以及模型适用度如表5-7所示。

表 5-7　大制造下游板块二级行业信息汇总表

申万一级行业	申万二级行业	含义	特征	模型适用度
交通运输	物流	指涵盖运输、仓储、包装、配送等环节的物流服务行业。该行业的主要任务是将物品从一个地点运输到另一个地点，包括各种运输方式和运输工具的使用	强周期型	☆☆☆☆
	铁路公路	指以铁路和公路为主要运输方式的交通运输行业	防御型	☆
	航空机场	指以航空运输为主要方式的交通运输行业	强周期型	☆☆☆
	航运港口	指以水路运输为主要方式的交通运输行业	防御型	☆☆
房地产	房地产开发	指的是对土地和建筑物进行规划、设计、开发、建设和销售等活动的企业。这些企业通常会从政府部门获取土地使用权，然后进行房屋建设和销售，同时也可能涉及物业管理和租赁等后续服务	弱周期型	☆☆☆☆
	房地产服务	指的是为房地产交易和物业管理提供服务的企业。这些企业包括房地产中介、房地产评估机构、房地产交易平台、物业管理公司等。这些企业提供的服务包括房屋销售和租赁、房屋估价、房屋买卖中介、物业管理等	弱周期型	☆☆☆☆
建筑材料	水泥	指以石灰石、黏土等为原料，经过破碎、配料、磨细等过程，制成水泥熟料，再经过烘干、粉磨等工艺制成的建筑材料。水泥是一种重要的建筑材料，广泛应用于建筑、道路、水利等工程中	强周期型	☆☆☆
	玻璃纤维	指以玻璃为原料，经过熔融、拉丝、织布等工艺制成的纤维材料。玻璃纤维具有轻质、高强度、耐腐蚀等优点，广泛应用于建筑、汽车、船舶等领域	强周期型	☆☆☆
	装修建材	指用于房屋装修和建设的各种建筑材料，如瓷砖、地板、门窗、墙纸、涂料等。这些材料在房屋装修和建设中发挥着重要的作用，能够提升房屋的美观度和舒适度	强周期型	☆☆☆☆
建筑装饰	房屋建设	指进行房屋、住宅、商业用房等建设的行业。包括房屋的设计、施工、装修等环节	防御型	☆
	装修装饰	指对建筑物、室内空间等进行装修、装饰的产业。包括家装、工装等不同类型	强周期型	☆☆☆☆
	基础建设	指为社会生产和居民生活提供公共服务的物质工程设施，包括交通、水利、通信、能源、市政等基础设施领域	防御型	☆
	专业工程	指在建筑、交通、水利等领域内，提供专业工程服务的企事业单位。这些单位通常具备相应的专业资质和技术能力，能够提供专业的工程设计、施工、维护等服务	防御型	☆
	工程咨询服务	指为工程项目提供咨询服务的行业，包括工程管理咨询、工程技术咨询、工程经济咨询等不同类型。这些咨询服务单位通常具备专业的知识和经验，能够为工程项目提供专业的意见和建议	弱周期型	☆☆☆☆

① 交通运输

交通运输行业当中物流行业，需要我们重点关注，因为物流行业对于解决当前内循环顺畅程度以及运行效率的问题具有举足轻重的作用，这关乎全国统一大市场的建设，也关乎整个经济体系降本增效的核心问题。与此同时，物流行业也是可以通过高科技赋能的，如通过算法、AI技术，建设智能仓储、智能运输规划和执行、在途运输管理以及物流路径优化。由此可见，物流行业既具有强周期型的特征，同时在技术赋能的情况下，因其成长性还具有一定的弱周期特征。

但由于智能物流的发展还是需要较大的前期投入的，既包括资金，也包括时间。同时，我国物流体系智能化程度还有待进一步提高。因此，未来五年的视角下，我们认为物流行业还是以强周期型特征为主。但是，经济周期的回暖，以及市场对其成长性的预期，龙头企业的发展进程，都将会使得行业内的上市公司出现较多的价值嬗变的机会，故物流行业对模型的适用性是比较高的（图5-15）。

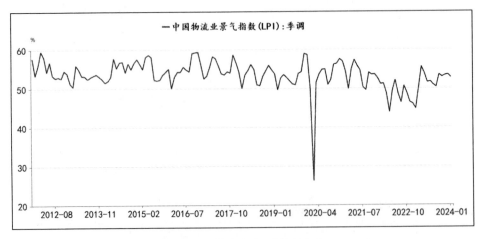

图 5-15 中国物流业景气指数 （数据来源：iFinD）

与此同时，物流行业还有出海的逻辑，一旦走出国门，其增长的弹性就能够被显现出来。随着跨境电商的异军突起，与之配套的跨境物流成为物流业境外投资热点，中国快递业可以抓住跨境电商快速发展契机，对接国际物流资源，加速在国际市场占一席之地。"一带一路"倡议的推进，为我国物流业的海外发展创造了巨大市场空间，尤其是中欧班列的开通，为中国物流企业提供了新的出海机会。多年的激烈竞争为中国快递企业积累了丰富的经验，同时，随着物联网、大数据、人工智能等技术的发展，中国快递企业在技术方面也具备了较强的实力，可以更好地适应海外市场，尤其是对地广人稀以及劳动力成本较低的国家来说，低成本的物流企业出海是具有非常强的竞争力的。同时，中短期来看，物流行业还是属于资本和劳动密集型行业，不会涉及那些非常高精端的技术，所以，西方国家对于中国的封锁行为，应该也不会在这个板块上出现。

同时，航空机场在当前逆全球化的大背景之下，是处于相对弱势的状态，但未来如果逆全球化出现边际改善，这个板块在交通运输行业当中应该也具有相当高的弹性，所以，其对价值嬗变模型的适用度也处于适中的水平。

航运港口和铁路公路这两个板块在"一带一路"于2014年刚开始成为市场交易主题的时候，表现还是非常抢眼的，但伴随着成长性的缺失以及概念炒作的结束，这两个板块的波动性以及机会已经大大减少，整体还是体现出防御型行业的特征，对价值嬗变模型的适用度不是很高。

② 房地产

房地产行业是非常值得我们重点关注的（这里重点关注的板块还包括建筑材料和建筑装饰一级行业中同房地产景气度紧密相关的二级行业，以及轻工制造行业下的家居用品，这一点比较特殊，请读者务必重视。因为在下一部分我们对于重点行业的靶点筛选的时候，这些行业的重要性都比较高，同时靶点是共享的，因此我们就放在一起去分析，而不再单独去讲了），这可能和绝大多数投资者的认知存在冲突。这里，我们有必要重申一下，所谓在一级行业层面要重点关注的板块，是我们认为其在未来2—3年的时间范围内，会出现比较适合使用价值嬗变投资决策框架进行研究的板块，而并不是说这个板块在未来将会出现大幅度的上涨，从而让投资者轻松获益。因为价值嬗变投资决策模型是一个静态和动态、离散和连续相结合的综合体系，那些价值上存在较大波动潜力的板块就是我们关注的重点，因为结合这时间维度的分析，我们就能够得出在什么时间窗口期能够获得超额收益。如果各位看到我们重点推荐的板块就无脑买入，相信最后的结果依旧不容乐观。

当前，房地产领域的预期差可以说是市场当中所有板块最高的。我们认为，当前房地产行业整体还会出现类似2016年之后的高景气度的情况的概率是非常低的，甚至可以说，这种可能在未来2—3年的时间内几乎不存在，因为在人口出生率下降、经济增长动力转型的大背景下，房地产行业的景气度中长期是处于震荡下行（悲观预期）或弱势震荡（中性或乐观预期）的（图5-16和图5-17）。

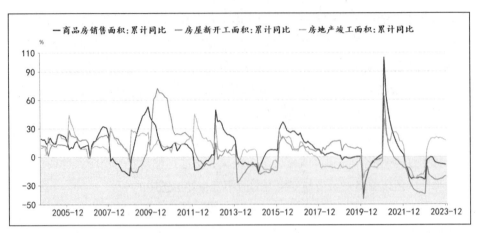

图 5-16 中国房地产行业景气度走势（数据来源：iFinD）

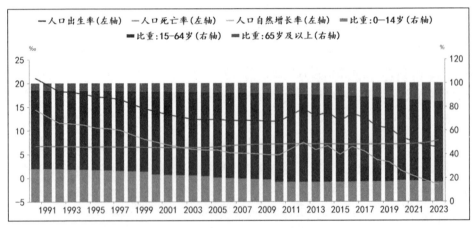

图 5-17 中国人口数据汇总（数据来源：iFinD）

但我们要知道的是，经济增长动力的切换并不是一蹴而就的，中间肯定有反复的过程，因为周期的调整往往伴随着超调。例如，经过数据估算，2023年我国房地产投资占GDP的比重在6%—6.5%之间，而2024年，这一比例可能会下降到6%以下。而根据美国和日本的数据来看，房地产投资占GDP的比重分别处于7%和6.5%左右。可以看出，自房企流动性收紧导致的此次房地产行业的风险出清，目前已经出现明显的超调迹象，虽然大趋势还是偏弱，但后续的结构性或阶段性的回暖是完全可以期待的。

如果我们是立足于未来5年及以上去看待整个行业的问题，那么我们不排除在政策的驱动之下，房地产行业也会出现高质量发展的可能，即一些优质的房企逐渐地成为房地产行业的主要玩家和领导者。在行业集中度提升的背景之下，这些公司的估值也可能会出现明显的回归。同时需要明确的是，房地产服务板块，即以物业企业为首的这些公司在未来很可能会出现价值的重估，也就是在旧城改造的驱动之下，这些板块大概会由原来附属于房地产开发板块的角色，逐渐独立出来，为社会，为行业，为人民提供更多的价值。而比较优质的物业企业更多的是集中在港股上市，所以对于这个板块，我们需要将港股也纳入研究的范围之内（表5-8）。需要额外提示的一点是，房地产行业在过去是经济周期运行的核心动力来源，但未来这个板块在一定程度上会脱离经济周期运行，因此，我们将房地产行业划分到弱周期型行业当中。

表 5-8 港股中市值排名靠前的物业公司（数据截止日：2024.1.30；数据来源：iFinD）

证券代码	证券名称	实际控制人	市盈率	股利收益率（2022，%）	总市值（亿港元）
1209.HK	华润万象生活	中国华润有限公司	18.89	0.92	528.40
6098.HK	碧桂园服务	杨惠妍	10.46	2.13	178.85
2669.HK	中海物业	中国建筑集团有限公司	11.84	0.97	174.86
6049.HK	保利物业	中国保利集团有限公司	11.56	1.48	155.21
9979.HK	绿城管理控股	绿城中国控股有限公司	10.22	4.84	94.87
2869.HK	绿城服务	寿柏年、宋卫平、夏一波	11.80	2.65	78.58
9666.HK	金科服务	金科地产集团	-2.32	0.00	52.63
1516.HK	融创服务	孙宏斌	7.01	6.18	49.22
2156.HK	建发物业	厦门建发股份	14.83	2.69	46.19

③ 建筑材料

建筑材料在一定程度上属于强周期型行业，它一方面和房地产相关，另一方面和基建也有很大的关联，所以这就使得这个行业对于价值嬗变投资决策框架的适用度没有那么强，可能只有和房地产行业关联度最大的装修建材板块的适用性会更强一些。

这里需要明确的是，虽然说建筑材料和基建相关度比较高，但为什么我们将二级行业的模型适用度都设置在三颗星或三颗星以上呢？其实，我们虽然都知道，中国经济增长的引擎的确是要切换，这自然可以推出基建行业相较于科技、高端制造业的成长性肯定要更弱一些。但是，当经济转型出现阵痛的时候，基建可能还是我们经济的重要抓手之一。例如，2023年四季度国家决定增加发行万亿国债，旨在缓解地方在灾后恢复重建和提升防灾减灾救灾能力方面的财政支出压力，同时可以抑制通缩压力、优化债务结构、降低地方债务风险、提高财政效能。而建筑材料又是对基建景气度比较灵敏的指标，所以这一行业价值嬗变的机会还是有一些的，所以模型的适用度也就达到了中等偏上的水平。

④建筑装饰

建筑装饰板块和建筑材料有类似的地方，但是建筑装饰会更多地和旧改紧密相关，而旧改是未来财政政策重点的发力方向。其中，在二级行业的视角之下，我们需要重点关注装修装饰和工程咨询服务这两个细分行业。这两个行业会直接受益于旧改，而房屋建设、基础建设以及专业工程更多的是和传统基建相关，且涉及的上市公司一般体量比较大，如中字头板块，而这些品种大都属于防御型资产，供低风险偏好投资者进行配置，因此，价值嬗变模型的适用性会比较低。

这里需要整合性地解释一个问题。我们不难发现，房地产、建筑材料和建筑装饰行业相关性比较强，但相关二级行业的特征却不一样，尤其是对于非防御型的行业，一些是强周期型的，而另一些是弱周期型的，我们这么分类的原因是什么呢？其实，像水泥、玻璃纤维这些和传统基建密切相关的行业划分为强周期型行业应该不难理解，因为基建主要由财政驱动，而财政又是逆周期调节经济的工具，所以其自然和经济周期有着比较紧密的关系。对于房地产开发、房地产服务以及工程咨询服务行业，其属于弱周期型行业的根本原因在于房地产进入存量竞争时代，且政策上也主动将房地产周期和经济周期脱敏，所以，这些板块面临价值重估，市场定价的逻辑会出现根本性的变化，会阶段性地出现比较理想的介入机会，但其和经济周期的关联度并不大。最具争议的地方，应该是我们对装修建材以及装修装饰行业的划分，因为这些板块也属于和房地产周期紧密相关的行业，但为什么没有将其划分为弱周期型行业呢？本质原因在于，这些板块并没有出现价值重估的情况，而是在房地产存量博弈时代以及旧改等因素的驱动下有望即将迎来一波新的景气周期，且这些行业的景气周期同经济周期的关联度是很高的。

（3）大科技行业

大科技行业主要包括电子、计算机、通信和传媒。对于大科技板块，相关二级行业的信息、未来5年的行业特征以及模型适用度如表5-9所示。

表 5-9 大科技板块二级行业信息汇总表

申万一级行业	申万二级行业	含义	特征	模型适用度
电子	半导体	指以半导体材料为基础，经过加工制成的各种电子器件和集成电路，如二极管、晶体管、集成电路等	弱周期型	☆☆☆☆☆
	元件	指用于电子设备中发挥特定功能的零部件或装置，如电阻、电容、电感、变压器等	强周期型	☆☆☆
	光学光电子	指利用光学技术制造的光电子器件和组件，如激光器、光电探测器、光学镜头等	强周期型	☆☆☆
	其他电子	指不属于上述分类的其他电子元器件或组件	强周期型	☆☆☆
	消费电子	指用于个人和家庭消费的电子产品，如电视、手机、电脑、音响等	强周期型	☆☆☆☆☆
	电子化学品	指在电子工业中使用的各种化学品和材料，如抛光液、光刻胶、电子特气等	弱周期型	☆☆☆☆
计算机	计算机设备	这主要涉及计算机及其相关设备的生产和销售。例如，电脑制造、打印机制造、服务器制造商等都属于这个领域	弱周期型	☆☆☆
	IT服务	这是一个提供信息技术服务的行业，包括系统集成、IT咨询、外包服务等。这个行业的主要目标是帮助客户优化他们的信息技术系统，提高效率	弱周期型	☆☆☆
	软件开发	这个行业指的是开发计算机软件的工作，包括系统软件、应用软件等。软件工程师、程序员等都属于这个领域	弱周期型	☆☆☆☆
传媒	游戏	这指的是游戏开发和发行行业，包括电脑游戏、手机游戏、主机游戏等。游戏公司如腾讯游戏、网易游戏等是这个行业的代表	弱周期型	☆☆☆
	广告营销	这个行业主要涉及广告的制作和发布，以及营销策略的制定和执行。广告公司、媒体公司等都属于这个领域	强周期型	☆☆
	影视院线	这指的是电影和电视剧的制作、发行和放映，包括电影线、电视台等。例如，万达影业、华谊兄弟等是这个行业的代表	强周期型	☆☆
	数字媒体	这个行业指的是利用数字技术进行信息传播的媒体，包括互联网、移动媒体等。新媒体公司、社交媒体公司等都属于这个领域	强周期型	☆☆
	社交	这指的是社交网络和社交媒体的开发和运营，如微信、微博等	弱周期型	☆☆
	出版	这指的是图书、报纸、杂志等传统出版物的制作和发行，出版社、报社等都属于这个领域	防御型	☆
	电视广播	这指的是电视和广播节目的制作和播放，电视台、广播电台等都属于这个领域	防御型	☆
通信	通信服务	这指的是提供通信服务的业务，包括移动通信、固定通信、数据通信等。运营商如中国移动、中国联通等是这个行业的代表	弱周期型	☆☆☆☆
	通信设备	这指的是制造和销售通信设备的业务，包括路由器、交换机、防火墙、无线控制器、无线接入点等。华为、中兴是这个行业的代表	弱周期型	☆☆☆☆☆

对于大科技板块来说，我们从一级行业的角度就要给予重点的关注，这一点应该不会有任何的疑问，因为对于未来，以数字经济为代表的大科技行业肯定是经济发展的核心，因此，有关行业我们必须重点关注。

① 电子

电子行业，非常符合我们价值嬗变投资决策框架的适用要求，因此我们要重点关注。由于电子行业下面的二级行业种类比较多，我们也要区分着看（图5-18）。

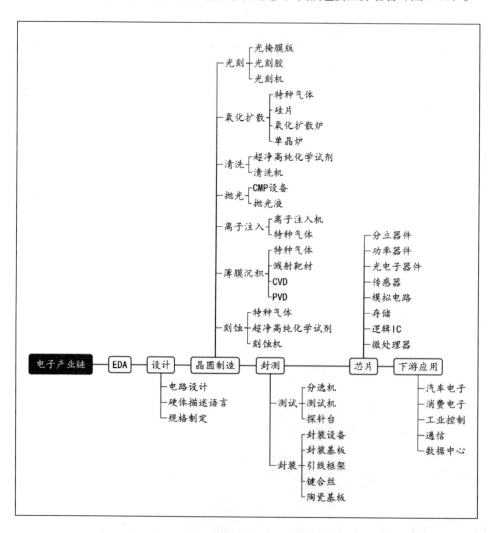

图 5-18 电子产业链图谱（数据来源：iFinD）

对于元件和其他电子这两个二级行业，由于国产替代率相对较高，且同消费电子周期紧密相关，因此，这两个板块可以认为是强周期属性中相对稳定的品种，其弹性远没有其他二级行业大，同时，伴随着国产化率的提升，这两个行业的毛利率可能会面临长期承压的风险，所以，其对于模型的适用度处于适中的水平。

但对于半导体、光学光电子、消费电子和电子化学品来说，国产替代逻辑肯定还会持续，在摩尔定律失效的情况下，中国在半导体领域弯道超车的机会是比较大的。所以，国产替代概念是比较典型的弱周期概念，而半导体、电子化学品行业自然也就属于弱周期型行业。

对于光学光电子和消费电子行业，在一定程度上是和消费周期紧密相关的，甚至我们可以说，这两个和行业与经济周期的关联度也比较大，所以我们把它们划分到了强周期型行业。

电子行业同化工行业是有类似的地方的，二者一个最为相似的特点就是，二级行业涉及的产品类型以及产业链都是非常复杂的，且对于非理工科背景的投资者来说，理解的难度可能是比较大的。但与化工不同的一点是，化工内部板块行情的演绎逻辑和演绎结果是不存在较大的分化的，但电子行业内部的分化程度很大，这就使得这个板块的价值嬗变机会将层出不穷，只不过不同的阶段所演绎的机会也各不相同。这就使得我们在对电子行业进行研究的过程中，要注意积累和持续跟踪，否则，很难抓住未来潜在的风口究竟在哪里。

② 计算机

计算机行业在数字经济的大背景下，自然不用多说，也是我们需要重点关注的板块，其对于价值嬗变投资决策框架的适用度同样很高。计算机板块既包括计算机设备这样的硬件二级行业，也包括IT服务、软件开发这种以软件为主要产品的二级行业。而我们知道，无论是硬件还是软件在数字经济发展的过程中都是至关重要的。只不过在数字经济发展的初期，由于需要一些算力的支持，从投资的角度来看，硬件的景气度会更高一些，在硬件基础打牢之后，相对的后期软件的机会可能会更多。对于硬件来说，行业整体性的机会更多一些，而对于后期应用端的软件，可能我们要更多地集中在公司层面去挖掘相应的机会。2022年年底和2023年年初的时候，软件端就已经有了一定程度的炒作，但是，这主要集中在政府信创领域，对于后期工业信创的需求，其实要远比政府信创大得多。而硬件端则在炒作AI大模型过程中，作为一个独立的分支进行演绎的。虽然这些板块在近一年的时间内均被作为主线行情炒作过，但后续的价值嬗变机会依旧较多，且成长性属性较强的情况下，其弱周期的特点是十分明确的。

③ 传媒

传媒行业虽然属于大科技板块，但传媒领域的成长逻辑其实主要在于以AI为代表的数字技术和智能技术对这个行业进行效率上的变革，而整个行业的基础逻辑并没有改变，而且行业整体的技术含量也并没有太高，因此，传媒行业不作为策略关注的重点领域。

相对来讲，游戏可能是这个行业当中最值得关注的板块，因为游戏这个板块是更有可能诞生人工智能时代或者5G时代的现象级应用的，一旦现象级应用出现，那么对于游戏板块整体的估值水平还会有进一步的提振，提振的程度可能不亚于2023年炒作ChatGPT的这一波。

而对于广告营销、数字媒体、社交、出版和电视广播，成长性就相对缺失一些。部分行业，如广告营销、数字媒体是属于强周期行业，因为经济周期的位置决定了商业活动所处的程度，而这又直接和传媒方面的需求紧密相关；而社交行业的上市公司一般都属于互联网企业，独立的社交上市公司是比较稀缺的，尤其对A股来说，更是如此，所以，这个板块其实并没有太多可关注的东西。而对于出版和电视广播，在一定程度上关乎民生，因此这两个二级行业是典型的防御型行业。

影视院线行业是比较特殊的行业，因为其兼具强周期和弱周期的属性。一方面，影视院线行业的景气度和消费相关度高，这是其强周期的具体体现，而另一方面，影视院线又可以被AI等技术赋能，从而走出类似游戏行业的逻辑，这又体现出弱周期的属性。但相比于游戏来说，由于影视院线在一定程度上更为依赖人，而AI技术能够赋能的地方主要集中在动画制作、特效制作上，相比于游戏来说，AI能够赋能的领域要小一些。基于此，我们认为影视院线更多以强周期属性为主要特点。

④ 通信

通信行业也是对价值嬗变投资决策框架具有较强适用性的一级行业。

在数字化和智能化的时代，信息是最重要的资源，而通信技术则是实现信息传输和处理的基石。首先，通信技术能够实现快速、高效、可靠的数据传输。无论是人与人之间的信息交流，还是设备与设备之间的数据传输，都需要通信技术的支持。例如，在工业自动化领域，传感器、执行器等设备需要通过网络进行快速、可靠的数据传输，以便实现实时监控和远程控制。其次，通信技术能够实现各种智能化应用。在数字化和智能化的时代，各种智能化应用层出不穷，如智能家居、智能城市、智能交通等。这些应用都需要通信技术的支持，以便实现设备之间的互联互通和信息共享。例如，在智能家居中，各种智能设备需要通过家庭网络进行连接和通信，以便实现远程控制和自动化控制。最后，通信技术还能够保障信息安全和隐私保护。在数字化和智能化的时代，信息安全和隐私保护变得越来越重要。通信技术可以通过加密、认证等方式保障信息安全和隐私保护，避免信息泄露和滥用。

同时，市场对于5G价值的认识还是不够的。自2019年以来，市场对于通信板块的炒作主要集中在5G基础层，即基站设备等，而在2023年下半年，市场对于6G的炒作也主要集中在基础层。对于5G的应用层，由于目前没有出现现象级的应用，从而使得市场的关注度是比较低的。但不可否认的是，5G应用层的主要看点，很可能不是在消费端，而是在生产端。例如，工业互联网领域：5G网络的大带宽、低时延特性能够满足工业互联网的需求，实现设备间的快速通信和数据传输；智能制造领域：5G网络可以连接各种工业设备，实现生产过程的自动化和智能化，例如，利用5G网络和视频监控、AR眼镜、视觉检测设备等数据采集设备，可以实现环境监控与巡检、物料供应管理、产品检测、生产监控与设备管理等应用；智能物流领域：5G网络可以实时跟踪物流信息，提高物流效率和服务质量，例如，利用5G网络和物联网技术，可以实现货物的实时监控和追踪，提高运输效率和安全性。所以，在2030年之前，5G预计还会有充分的时间体现价值，从而让市场认知并形成价值嬗变的机会。

综上，通信行业的成长性与想象力使得其属于弱周期型板块，同时，也是我们应用价值嬗变模型过程中不能够忽视的重要行业。

（4）大金融行业

大金融行业主要包括银行和非银金融。对于大金融板块，相关二级行业的信息、未来五年的行业特征以及模型适用度如表5-10所示。

① 银行

银行板块在市场中的定位一直属于红利型资产，受到了一些大型机构资金、低风险偏好资金的青睐，因此，仅仅基于这个逻辑，我们就可以判断银行板块大都是典型的防御型行业，从而使得模型的适用度比较低。

同时，银行在当前的市场和经济环境之下，还存在另一个问题。这个问题产生的根源在于目前政策层面对银行的定位，其实主要是赋能实体经济的角色。银行需要支持中小企业的发展，同时还要配合上层解决一些房地产行业的遗留问题，甚至可以说是顽疾，如地方政府债务化解，各种所有制下房地产企业的融

表 5-10 大金融板块二级行业信息汇总表

申万一级行业	申万二级行业	含义	特征	模型适用度
银行	国有大型银行	指由国家拥有或控制的银行，包括中国银行、中国建设银行、中国工商银行、中国农业银行等。这些银行通常具有较大的规模和影响力，是国家金融体系的重要组成部分	防御型	☆
	股份制银行	指由国有资本和非国有资本共同出资成立的股份制商业银行。这些银行通常具有一定的规模，在中国金融市场占据一定的地位	防御型	☆
	城商行	指城市商业银行，通常是由当地政府或企业出资成立的区域性商业银行。这些银行主要服务于当地企业和居民，为地方经济发展提供金融服务	强周期型	☆
	农商行	指农村商业银行，通常是由当地农村信用社改制而成的金融机构。这些银行主要服务于农村地区的企业和农民，为农村经济发展提供金融服务	强周期型	☆
	其他银行	指不属于上述类型的其他类型的银行，如外资银行、政策性银行等	防御型	☆
非银金融	证券	从事证券发行、交易、承销、自营等业务的金融机构，主要业务包括证券承销、证券交易、证券投资等	强周期型	☆☆☆
	保险	从事保险业务的金融机构，主要业务包括人身保险、财产保险、责任保险等	强周期型	☆☆☆☆☆
	多元金融	经营多元金融业务的金融机构，其业务范围比较广泛，包括信托、租赁、典当、资产管理、投资银行等	防御型	☆

资，以及保交楼等问题。所以，这说明政策的导向是要把利益从金融系统转移到经济实体，那么这就一定会影响银行行业的景气度。对于一些资产质量并不是特别理想的中小银行来讲，它们的经营风险也不能够被忽略，对于一些经营风险过大的小银行，不排除未来破产会成为常态。这也就是为什么我们将城商行和农商行作为强周期行业（经济周期极大程度地影响这些银行资产端的风险度），但同时对于价值嬗变模型的适用度同防御型行业一样低的原因。

所以，从行业属性的角度看，银行业不能作为价值嬗变策略的核心行业，从政策导向的角度讲，银行业的景气度可能在相当长的时间范围内，都不会有特别理想的提升，从而带来价值嬗变的博弈机会。

②非银金融

非银金融行业下，不同的二级行业的差异相较于银行来说要大得多。因为不同的二级行业的银行，无论是大型银行还是小型银行，它们的大逻辑都是共通的，只不过风险程度是不一样的。

首先，证券行业一直被市场认为是牛市的旗手。但是，从资本市场的建设，尤其是未来可能存在将建设重心由融资端转向投资端的情况下，证券行业在一定程度上也和银行一样，要让利于投资者，让利于实体经济，例如，2023年高层提出活跃资本市场的要求之后，有关降低交易所佣金成本、降低印花税、完善IPO、增发以及减持的制度等，均涉及对券商业绩的消极影响，相信这种趋势在未来还具有很强的持续性。当前，券商作为牛市旗手的预期还是存在的，且可以断定的是，下一波大行情起来之前，券商也一定会有比较好的表现，但其在未来牛市中能够具有的弹性和向上的空间，相信和之前相比，是不可同日而语的。这也就是我们将证券行业作为强周期行业看待，但其对于价值嬗变模型的适用性却仅仅处于中等水平的原因。

而未来真正有可能成为牛市旗手的，恰恰是非银金融行业中的第二个二级行业——保险，因为保险行业的资产端的景气度和二级市场的景气度是具有最直接的联系的。在负债端相对稳定的基础之上，保险公司的股价走势理论上应该和资本市场的走势一致性会比较高，由此，新的牛市旗手也就由此诞生了。除了证券和保险公司经营上的因素，政策上对于险资入市与资本市场繁荣度的关联认定，也是推动未来保险板块成为牛市旗手的另一个原因，且如果让保险作为牛市旗手，那么相较于证券公司而言，其在牛市中的走势会更加温和，投资者操作难度也会有所降低。所以，保险行业自然也是强周期型行业，且其对于价值嬗变模型的适用度在未来是比较高的。

多元金融行业其实是一个存在感比较低的二级行业，因为这个行业的公司或者涉及的业务，包括信托、期货、融资租赁、资产管理、股权投资等。对于信托来讲，伴随着房地产周期的走弱，信托行业也都是死的死、伤的伤，未来增长的潜力几乎是看不到的；而期货公司的体量相对又比较小，这主要是由于基于投机进行炒作的客户，可能在期货市场当中生命周期都会比较短，所以，期货公司一般不会产生比较明确的规模效应，在这样的一个基础之上，这些公司的市值大多数维持相对的稳定，并不会出现比较大幅度的波动；而其他领域的公司，规模整体也不是很大，市场关注度也不是很高，这就使得虽然它们可能具有一些周期属性，但经过定价权过滤之后，这些板块也就失去了周期性，从而表现出很明显的防御型特征，进而不适用于价值嬗变的策略进行分析研究。

5.2.3 价值嬗变投资决策框架适用性较为理想的行业的靶点举例

在对31个申万一级行业进行概述后（其中，综合行业没有涉及，因为该行业上市公司仅20余家，且没有特别明确的行业属性，故分析的必要性不高），我们筛选出7个重点行业：美容护理、有色金属、汽车、房地产、电子、计算机和通信。接下来，我们将对这7个行业的靶点，即能够显著改变行业价值的敏感因素进行举例，并阐述理由，以期为投资者未来的投资决策提供参考。

在具体地展开之前，我们需要进行如下三点说明：

第一，由于靶点是相对敏感且更新迭代较快的价值决策因子，所以，在本书没有办法准确地预测长期未来的情况下，只能基于2023年年末的情况进行分析，读者在实际投资的过程中，应该根据当时的具体情况进行靶点的更新，这样才能避免机械式、模仿式的无效投研；

第二，对于这一部分没有涉及的申万一级行业，我们也可以为它们进行靶点归纳，这样可以进一步加深对行业的理解，另外，本书筛选出的7个重点行业，只是基于认知得出的结果，一定会存在局限性甚至是错误的地方，读者应该带有批判性的眼光进行阅读；

第三，靶点只是行业价值嬗变的驱动因素，其本身不存在利好或利空的方向性问题，只有结合这连续的动态分析，观察靶点的变化，才可能确认其对行业价值具体的影响方向。

（1）美容护理

① 普通靶点：估值修复、就业、消费信心

·估值修复·

截至2023年12月，美容护理板块在2023年板块涨跌幅排行中位列倒数第一，全年下跌幅度超过25%。站在2023年年末这一时间节点，我们认为虽然美容护理板块的下跌的确存在可以合理解释的理由，但考虑到2023年已经是主板市场进入熊市的第三个年头，在消极情绪的影响下，板块的错杀是非常正常的事情，尤其是跌幅第一的板块，即使基本面状况没有出现明显的改善，当市场整体出现回暖的时候，也有望迎来较强的上涨弹性，这是基于市场整体估值修复的逻辑。而基于板块内部估值修复的逻辑，我们认为，当预期对该行业出现较大下调之后，业绩层面则更可能超预期利好而非利空，基于此，每当业绩披露的窗口期，可能就是板块内部估值修复靶点驱动价值嬗变的理想时间节点（图5-19）。

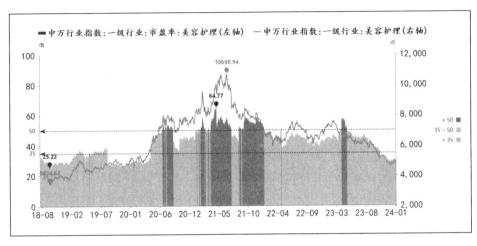

图5-19 美容护理板块走势及估值（数据来源：iFinD）

· 就业

就业状况的好坏将直接影响美容护理行业的景气度情况。青年就业压力增大在一定程度上表明，传统行业景气度走弱，从而使得中低端消费群体的消费能力保持相对低迷的状态。因此，就业状况直接关系到美容护理这一可选消费分支行业的景气度，尤其是依赖于中低端产品的公司。但对于投资者而言，在跟踪就业数据的时候，可以使用PMI—从业人员、规模以上工业企业利润变动等。当然，如果就业状况，或者说经济状况持续低迷，那么这一靶点可能会对美容护理行业产生完全相反的影响。这一点，我们在第二部分的内容已经阐述过原因。而当前我国经济仍旧处于通缩初期，虽然经济较为低迷，但持续的时间还不是很长，如果未来经济超预期下行，那么这种反方向的价值嬗变可能会出现，从而为投资者提供可观的阿尔法收益。

· 消费信心

消费信心和就业靶点存在一定的相似性特征，但消费信心更多地反映了中产阶层的消费情况，而中产阶层对于美容护理行业景气度的业绩贡献占比是更高的，因为作为典型的可选消费行业，其中高端产品是主要的业绩贡献来源，而这一部分业绩的变化主要是由中产阶层贡献的，高收入群体或者说富裕阶层对于行业的贡献是比较稳定的（图5-20）。影响中产阶层消费信心的因素主要包括财务状况（如果收入稳定、储蓄充足，负债水平可控，那么消费信心可能会更高；反之，如果财务状况不佳，如收入下降、负债累累，那么消费信心可能会受到打击）、经济环境（经济增长迅速、市场活跃时，消费者往往更加愿意消费，因为他们对未来的经济前景更加乐观；反之，当经济增长放缓或出现衰退时，消费者可能会更加保守，降低消费水平，等待经济复苏的到来）、政策因素（政府的政策调整也会对中产阶层的消费信心产生影响，例如，政府推出刺激消费的政策，如减税、鼓励消费等措施，可能会提高中产阶层的消费信心；反之，如果政府采取紧缩政策，如加税、限制消费等措施，可能会对消费信心产生负面影响）以及预期（如果消费者对未来充满希望，对消费品的需求和价值观较高，那么其消费信心可能会提高；反之，如果消费者对未来感到担忧，对消费品的需求和价值观较低，那么其消费信心可能会受到影响）。

图 5-20　中国消费者指数走势（数据来源：iFinD）

②独占靶点：渠道、大单品、功效、核心成分、国产化、合规性、成瘾性

·渠道

自2020年以来，直播电商已经成了美容护理行业公司的重要销售渠道。直播电商通过视频直播的形式，可以更全面、直观地展示美容产品的使用方法、效果展示以及使用技巧，吸引潜在客户的兴趣，促进产品的销售。同时，通过主播与消费者的互动，消费者可以实时提问，了解产品的特点，从而提高购买的信心。但伴随着线上流量成本的提高，头部主播带货能力的下降以及监管对于直播电商的政策压力，目前，直播渠道对于产品销售的贡献度已经有所下滑，后续不排除会被进一步压缩。所以，行业层面销售渠道的创新以及公司层面渠道的建设成果，就成为未来美容护理行业上市公司在竞争程度逐渐激烈的市场环境中破局的关键。未来可能的新兴销售渠道包括线下体验店（在线下渠道回暖的契机存在的情况下，这些店铺为消费者提供了亲身体验产品的机会，特别是在需要专业指导的领域，如护肤和彩妆。线下体验店通常提供个性化的服务，根据消费者的肤质、年龄、需求等为其挑选适合的产品。此外，这些店铺也可能定期举办活动，如美容课程、新品发布会等，以吸引和保留客户）、多场景私人定制（随着消费者对个性化需求的增加，私人定制服务在美容护理行业预计逐渐流行。这种服务根据消费者的特定需求、肤质、生活方式等，为他们量身定制护肤品或彩妆产品。私人定制服务提供了一种高度个性化的购物体验，使消费者能够得到最适合自己的产品）、AI医疗（AI医疗在化妆品行业的应用主要体现在皮肤诊断和个性化建议上。通过AI技术，消费者可以在线获取专业的皮肤诊断，并根据诊断结果获得个性化的护肤和彩妆建议。这种渠道不仅提供了方便快捷的咨询服务，还通过精准的建议提高了消费者的满意度和产品效果）。

·大单品

大单品的塑造以及销售数据能够在公司层面为投资者带来价值嬗变的机会，同时大单品并不仅仅在头部公司出现，在中小规模的公司，尤其是专注细分市场的公司可能更容易出现爆款大单品的机会。大单品由于其销售量和口碑的优越性，往往可以获得更高的售价和利润空间。通过打造大单品，公司可以提高整体的盈利能力，为未来的发展提供更多的资金支持。有关大单品的例子包括：雅诗兰黛小棕瓶系列——该系列包括多款产品，如精华液、面霜、眼霜等，以抗衰老和修复肌肤为主要功效；资生堂红腰子系列——该系列包括精华液、面霜等多款产品，以其独特的配方和出色的效果赢得了众多消费者的喜爱；SK-II神仙水：神仙水是SK-II品牌的核心产品之一，以其高效的保湿、抗衰老效果赢得了众多消费者的青睐，该产品以高浓度的天然原料为主要成分，通过独特的配方和制作工艺，为肌肤提供深层的滋养和修复。

·功效

美容护理行业的产品功效，是驱动公司业绩的重要因素。值得一提的是，行业产品功效类别是非常丰富的，如防晒、美白、补水保湿、舒缓、抗衰老等，而在不同的时间段，市场对不同的产品功效会有不同的青睐，从而让行业内的阿尔法机会会比较多。这一点，有点类似2023年有关减肥药的炒作，其实就是基于功效靶点对医药行业阿尔法机会的挖掘。对于未来，我们认为防晒和美白两条赛道会有更多的机会。

·核心成分

核心成分是医美行业一个划分强赛道产品的维度，如玻尿酸、肉毒素、再生材料、胶原蛋白等。其中，再生材料和胶原蛋白预计未来成长性较强，伴随着新产品的不断上市，我们可以跟踪对应产品的业绩，如果产生爆发性增长，那么这一条赛道的领跑者将会受到较大程度的估值提升。同时，需要明确的是，美容护理行业中新品类的需求是高于其他行业的，这个行业内的需求不会因为对新品的观望态度而使得新品拥有较强的渗透期，反而对新品的欢迎程度会更高，因为新品往往代表了最新的美容技术和护肤理念，消费者在追求美丽的过程中，对于新鲜、有效的产品有着更高的接受度；新品常常是根据消费者的不同需求和肌肤状况量身定制的，随着消费者对个性化需求的增加，新品更能满足他们的需求，提供更贴心、更专业的服务。所以，持续跟踪新品，关注以核心成分创新为代表的新赛道，也是博取行业价值嬗变机会的重要抓手之一。

·国产化

2022年中国化妆品市场占有率的榜排名中，前七名都来自国外化妆品品牌，其中欧莱雅和宝洁分别以13.4%、9.3%的市占率位列第一、第二，远超其他公司；本土公司中，百雀羚、伽蓝集团、珀莱雅市占率水平分别为1.9%、1.8%、1.5%，分列为第八、第九、第十名。我国虽然是世界上第二大化妆品消费国，但化妆品产业的国产化率却非常低，根据2022年的数据测算，中国化妆品产业国产化率为20%—30%。化妆品行业国产化率低的原因主要是原料和设备难以自给，同时，消费者的观念也是一个重要的因素。未来，在逆全球化大趋势不变的情况下，伴随着化妆品国产化进程的增加，以及民族自信的提升，化妆品国产化概念甚至是在国产化之后的出海概念也大概会成为市场交易的核心逻辑之一。

·合规性

合规性主要是体现监管对行业发展的要求上，这一点对于医美行业来说尤为重要。2021年以来，监管部门对于医美行业的重视是非常明显的，且规范化的要求涉及资质审核、营销宣传、药品器械、运营体系、评价标准等各个方面。强监管对医美行业的影响主要体现在提升行业集中度（强监管将进一步推动医美行业的正规化，有利于合规医美机构和产品生产商的发展；通过加强资质审核、内容合规性监管以及药品监管，不合规的医美机构和产品将被淘汰出局，为正规医美机构提供更加公平、有序的市场环境）、提高医美渗透率（强监管有利于医美渗透率的加速提升，推动医美行业的整体发展；随着合规医美机构和产品的增多，消费者对医美的信任和接受度将提高，进而促进医美市场的拓展）、提高竞争质量和行业创新水平（强监管环境下，医美行业将更加注重技术创新和产品研发。

合规医美机构和生产商需要不断提升技术水平和服务质量，以满足消费者的多元化需求，并在竞争中脱颖而出）。

· 成瘾性

美容护理行业的部分产品具有成瘾性是2020年以来板块高估值的核心逻辑之一，尤其是对于医美行业来讲，其对于用户天然的成瘾性使得行业整体的业绩水平得以保证。但也正因为这一点，公司与公司之间的竞争壁垒不高，从而让行业竞争格局能够比较快速地达到比较高的水平。伴随着行业规范化、精细化、创新化等高质量发展进程的不断推进，成瘾性有助于行业在下一轮快速成长过程中以及其他消费品行业增速切换的空档期催生更大的价值嬗变机会。

（2）有色金属

需要说明的是，由于有色金属下不同的二级行业的公司走势分化程度相对偏高，而且基本面逻辑独立性也较强，因此，我们在做靶点举例的过程中，如有需要，我们会说明具体针对的是哪些二级行业，从而相应的靶点也只对所属的二级行业有效。

①普通靶点：利率、库存周期、估值修复

· 利率

最近的一轮美联储加息周期已经在2023年基本宣告结束，对于启动降息周期的时间，目前市场的预测是存在较大分歧的。总的来说，市场认为未来降息的时间有可能是在2024年的一季度或者二季度。由于大宗商品很多都以美元为计价货币，因此，美元利率的高低直接关系大宗商品价格的强弱程度，有色金属也不例外。在美元利率边际下行的窗口期，有色金属价格整体来讲是有强势的基础的。但我们需要明确的是，有色金属的需求侧还同经济周期紧密相关，如果美元的利率降低是基于对未来经济前景过于悲观所导致的逆周期政策调节结果，那么这也会在一定程度上影响有色金属价格的强势程度。就目前的情况来看，市场对于未来有色金属的价格预期大致还是相对稳定的，也就是说，美元利率的利好和经济周期的利空，当前大概是维持多空平衡的状态，那么未来我们也要基于这样的框架，积极寻找预期差出现的地方。同时，以黄金为代表的贵金属同美元利率的相关程度会更加强一些，因为黄金属于具有货币属性的有色金属，其与经济周期的关联度要弱一些，所以，对于黄金的定价，美元利率可能是更加敏感的指标（图5-21）。

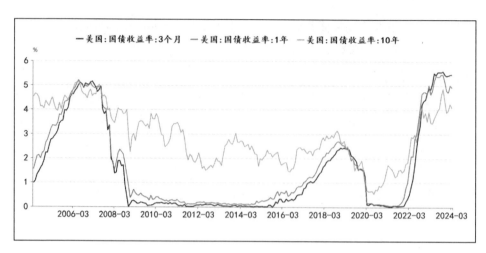

图 5-21　不同期限的美债收益走势（数据来源：iFinD）

- 库存周期

库存周期在一定程度上代表着经济周期。我们对于有色金属价格的预测，可以把具体观测的指标放在库存周期上。市场已经达成共识的是，2023年7月中美已经共振式地进入了被动去库存的周期，但截至2023年年底，还没有明确的证据表明，中美两国已经进入了补库周期。如果经济进入补库周期，生产端的需求会非常旺盛，从而推动有色金属的需求快速回暖。值得一提的是，中国的新一轮补库周期，同时还伴随着产业的升级，那么从企业资本开支的角度来讲，这也会对有色金属形成一定的需求支撑。所以，中国下一轮补库周期应该是在消费品和资本品需求出现共振的情况下，给有色金属的需求带来刺激。但现在核心的问题在于，究竟什么时候才能够确认补库周期已经开始。对于美国来讲，我们需要关注美国经济何时能够软着陆的问题。对于中国，我们要关注库存水平和产能何时能够回落到一个比较低的位置。但根据2018年同2023年的对比来看，沪深300指数成分股所对应的上市公司，其实无论是去产能还是去库存的进程都不是特别的理想。数据表明，这些企业在整体需求相对萎靡的情况之下，还是在积极地维持之前已经占有的市场份额，产能和库存降低程度有限，从而形成低价内卷的局面。所以，对于中国补库存周期何时开始，可能更多的还要依赖于政策的驱动，单纯依靠经济自身的动力去进行调整，可能时间成本过高。

- 估值修复

这里所讲的估值修复，其实和美容护理行业的估值修复大体意思一样。以能源金属为代表的有色二级行业的上市公司，目前也已经历了比较大幅度的调整，同时对于有色金属行业内其他板块的公司而言，在美联储加息的大趋势当中，估值回落的程度也比较充分。那么当市场整体趋于回暖的初期，这些超跌的板块向上的弹性可能就会更大一些（图5-22）。

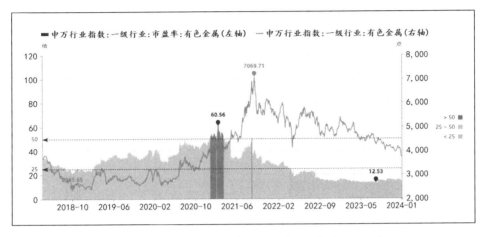

图 5-22　有色金属板块走势及估值（数据来源：iFinD）

②独占靶点：地缘政治、出口管控、工业自动化、消费电子、新能源、产能、定价权

·地缘政治

地缘政治对有色金属当中贵金属板块的影响还是非常大的。当美联储进入降息周期的过程，地缘政治问题可能会趋于改善，但是不排除在这一过程当中会出现局部性的地缘动荡，这时，贵金属板块大概就会出现短期的超额收益，从而提供理想的阿尔法机会。尤其是在中国这样缺乏做空手段的资本市场当中，通过以多头持仓的方式进行做空，可能贵金属板块是为数不多的理想标的之一。同时，对于贵金属板块而言，其另外一个作用在于规避美元的相关风险。例如，美联储的货币政策紧缩导致长短端美债收益率同时上涨，美债价格大幅回落，各国央行持有的美债资产大幅缩水，为了避免资产进一步贬值，各国央行选择增持贵金属来替代美债；又如，美国通过金融手段制裁俄罗斯，冻结其美元资产，使得各国认识到美元作为国际储备货币的安全性可能是不足的，从而认识到了储备资产去美元化和多元化的重要性，因此选择增持贵金属来分散风险。未来，美国的一些政策和行动可能还会使美元受到持续的质疑，而这也是促使黄金等贵金属走强的契机之一。

·出口管控

出口管控主要是指一国对于有色金属出口的管控。在逆全球化思潮抬头的情况之下，各国都会倾向于出台相关的政策，限制本国具有禀赋的资源的出口。其中，由于有色金属所覆盖的品类是比较广的，因此，相关的限制措施可能或多或少都很容易涉及有色金属板块。对于出口限制类的政策性究竟对资源的价格影响多少？我们可以关注大宗商品走势的价格，尤其是期货显示的远期商品价格，可能更值得我们参考，从而预判相关上市公司的股价表现。

·工业自动化

工业自动化主要是有色金属下游的一个细分行业，并且这个行业在未来具有很强的增长弹性。我们都知道，中国已经进入老龄化社会，同时老龄化的趋势还在不断的加深中。伴随着人口出生率的下降，未来中国人口有可能出现继续下行的趋势。对于在过去20年，利用人口红利快速实现经济增长的中国来说，未来如何能够避免经济增速的大幅失速，从而推动制造业转型升级，便成了重要的抓手。制造业的升级源于两方面，第一个方面是产品的升级，也就是通过制造具有高附加值的产品，从而在全球价值链中占据更加有利的位置。制造业升级的另一个方面，就在于生产效率的提高。在人口出现下行的大趋势下，生产效率的提高可能主要源于自动化领域的突破，以及传统行业通过资本开支的方式更新迭代相关产线，其中自动化机器人就是一个非常重要的抓手。2023年，政策层面也已经对工业自动化领域的重视程度达成了一个很高的水平，未来相关产业的刺激和驱动也会持续加码，那么人形机器人等自动化设备上游的稀土永磁等有色行业，就会受到持续性的利好刺激。

·消费电子

消费电子周期也是有色金属行业的一个非常重要的景气驱动因素。虽然消费电子具有消费的属性，但是消费电子周期就不仅仅和消费周期有着紧密的关系。因为消费电子产品很多都属于刚需产品，如手机、电脑等，只不过对于同一种类型的产品而言，不同的配置和功能相对来讲就会具有可选消费的属性。但伴随着技术的迭代以及应用的升级，消费电子周期会持续地进行演绎，同时随着时间的推移，刚需的属性就会逐渐体现出来。例如，2020年5G手机并不是刚需品，但到了2023年，5G已经普及之后，5G手机就成了刚需品，而这段时间，正好覆盖了一个消费电子的景气周期。同时，消费电子所涉及的产业链是比较长的，最近比较火的一个重要的分支就是与AI算力相关行业，包括芯片、服务器等。这些行业除了会被电子周期影响，还会受到国产化替代概念的驱动。如果这两个题材能够在某一时节点形成共振，那么有色金属板块也会受到一定程度的带动，尤其是一些工业金属、小金属和新材料都会有不错的表现。

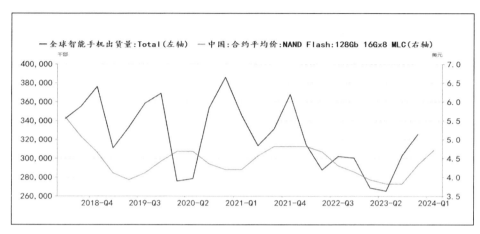

图 5-23　存储及消费电子周期（数据来源：iFinD）

·新能源

新能源板块主要包括新能源汽车、光伏和储能领域。对于这个板块，虽然目前来看还是被各种机构和游资嫌弃的，但不可否认，这个板块在情绪非常消极的过程当中，大概会出现超跌反弹的走势。同时从基本面的角度来讲，尤其是和储能相关的领域，会涉及整个新能源行业未来的发展天花板的问题，当储能这项关键的技术领域得以某种程度的突破，那么很可能新能源板块还会迎来第二春，从而继续大幅拉动能源金属的走势。另外，对于中国新能源产业的出海，如果未来在一定程度上有所转机，那么有色金属板块也会受到持续性的利好。相比于技术突破，可能出海的机会会成为未来两年新能源板块的重要发展契机。因为技术的迭代是具有一定偶然性的，我们在当前没有办法对未来做出准确的预判，但是当全球经济陷入一定的发展瓶颈，为了打破当前的全球经济困局，对外开放程度的增大就是一个非常好的抓手。对于新能源产业而言，我国在生产技术、生产成本等多方面，具有非常大的竞争优势。

·产能

上面的内容我们更多是基于需求层面去探讨有关有色金属行业的驱动因素，但在供给方面，我们这里要尤为关注的是相关有色金属产业的产能问题。当产能相对稳定的情况之下，需求因素自然决定了有色金属行业的景气程度，但如果产能出现不稳定的情况，如某一矿床被发现或者现有产能得以大幅度提升，这个时候可能就会对有色金属的供需结构产生比较大幅度的影响，从而使得有色金属的价格也随之改变。其实，对于产能而言，它对股票价格的影响是一把双刃剑：如果在产能不足的情况之下，产能的提升对于上市公司的业绩是有增量贡献的，自然对于股价的提振也就有一定的积极意义；但如果产能释放过于充分，就会使得供给显著大于需求，进而使得大宗价格出现一定的压力，并最终体现到上市公司的业绩上，就并不是一件好事。所以，投资者对于产能的分析一定要关注产能释放的量的多少，因为量的多少，其实在一定程度上就取决于它对于公司股价究竟是利好还是利空。

·定价权

最后一个是非常容易被忽略的问题，也就是定价权问题。所谓的定价权是指在当前的分析框架中，有色金属的供给和需求，主要是由国内因素引起还是国际因素引起。如果当前的主要矛盾是由国际因素引起，那么国内因素的变化就不会对有色金属板块的上市公司有很大的影响。但如果国内的因素相对于国际的因素而言成为主要矛盾，这个时候关注国内因素而忽视国际因素就是一个比较合适的做法。为了鉴别当前市场走势逻辑是由国内因素引起还是国际因素引起，我们可以使用相关性分析、敏感性分析等多种方法去进行判断和鉴别。

（3）汽车

①普通靶点：消费信心、库存周期、估值修复

·消费信心

汽车作为我国消费领域非常重要的产业，主要是因为其产业链是比较长的。毫不夸张地说，除了房地产，可能汽车行业的产业链是最长的一个行业，其对于经济的重要性可想而知。所以，在房地产周期整体偏弱的情况下，政策如果想要通过逆周期的方式对经济进行调节，那么汽车行业就是一个非常重要的抓手。可以看到，自2020年以来，政策层面对汽车一直处于持续性支持的状态，只不过在2023年之前，政策主要支持的方向是新能源汽车，而到了2023年之后，政策的刺激方向转换成了促进下沉市场的汽车消费。而消费信心不仅涉及到下沉市场，还涉及到非下沉市场。当经济不好的时候，下沉市场受到政策的驱动，会对汽车行业存在支撑；当经济好转的时候，逆周期调节政策力度可能出现边际走弱的情况，但是经济好转也预示着中产阶层的消费信心出现较大程度的回暖，从而使得非下沉市场对于汽车行业也存在支撑。尤其是从使用场景和用途的角度来说，燃油车和电动汽车并非彼此完全替代的关系，燃油车通常更适合长途旅行和重载运输，而新能源汽车则更适合城市短途出行和环保要求较高的场合。所以，对于中

价值嬗变的玫瑰
——具有创新意义的动态投资决策框架

产阶层来说，当经济环境回暖时，为家庭添置第二辆汽车带来的消费开支还是完全可以期待的（图5-24和图5-25）。

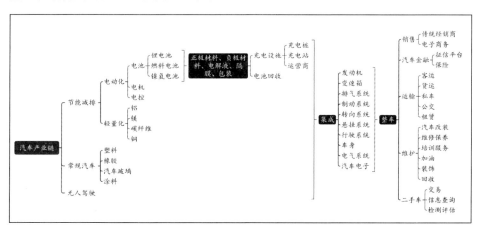

图表 5-24　汽车产业链图谱（数据来源：iFinD）

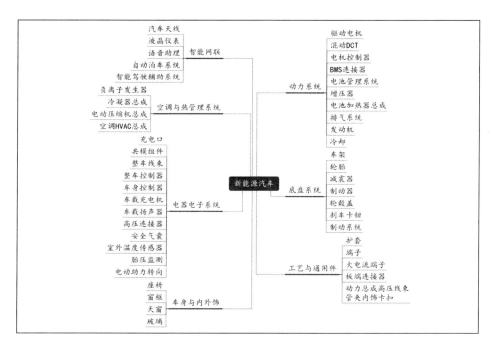

图表5-25　新能源汽车零部件图谱（数据来源：iFinD）

· 库存周期

库存周期主要涉及的是非消费端的问题。也就是说，过去三年汽车板块整体的炒作逻辑大多还是和消费端紧密相关，其中走出的牛股，如比亚迪、长安汽车都是乘用车领域的佼佼者，但是商用车这块可能在过去的几年受到市场的关注程度要弱很多。这也就使得这一个板块，在未来更可能存在一定的动态预期差，从而带来一定的阿尔法机会。从基本面的角度来说，库存周期由去库存转变成补库存的时间窗口，生产端资本开支的增加以及产品需求的回暖对物流和基建等领域的需求会出现比较大幅度的提升。尤其是对于物流领域，这种提升在供应链的恢复和优化中是非常明确的。虽然说商用车相对于乘用车而言，市场空间可能要逊色一些，但是对于商用车电动化以及由乘用车衍生出来的其它概念，由于之前并没有经过充分的炒作，未来的机会反而会更多。

· 估值修复

这里所讲到的估值修复和前两个行业提到的是不一样的，因为汽车行业的估值修复可能是未来行业的一个风险点。和美容护理、有色金属行业不一样的是，汽车行业在过去2—3年的时间，整体走势还是非常强势的，尤其是对于乘用车和汽车零部件这两个细分板块，可以说是过去三年的熊市当中为数不多的能够穿越周期的板块（图5-26）。所以，无论是从趋势的时间周期的角度来看（长期走牛的板块会在做多动力出现不足的时候，面临估值回落的可能），还是从市场内部板块轮动的角度说（未来市场如果出现回暖，那么前期这些走强的板块可能会面临一定程度的估值调整），板块在未来1年的相对风险是不低的。所以，这种潜在的估值修复压力是汽车板块最大的风险点之一。但由于我们考虑的是行业未来2—3年的情况，所以对于汽车这么重要的行业，从战略的视角来看，我们还是不能够忽视的。我们对其关注的方法就是，重视估值修复这个风险点，在风险集中释放的窗口期进行规避，且在关注风险的基础之上，寻找超额收益的机会。

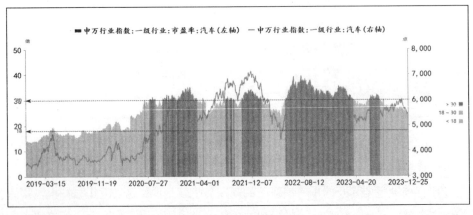

图5-26 汽车板块走势及估值（数据来源：iFinD）

② 独占靶点：物流、出海、智能网联、电动化、高端化、价格战、华为

· 物流

物流行业的景气度和商用车行业的景气度紧密相关，这一点我们在前面已经提到过。未来经济周期整体回暖，自然利好物流行业，而物流市场的景气度提升，也会提高全国统一大市场的整体运营效率，这和政策的驱动方向也是完全一致的。同时，这个板块又是一个交易拥挤度偏低的板块，所以在汽车行业整体可能走势偏弱的情况之下，商用车行业有可能会脱颖而出，成为阶段性的阿尔法收益来源。

· 出海

汽车出海的逻辑是至关重要的，尤其是在近一两年的时间，这个逻辑有可能成为汽车行业当中最强的细分逻辑。从2023年前10个月的数据来看，汽车出口的同比增长率达到了65.6%，这主要是由于我国汽车产品力的提升以及价格等方面的竞争优势导致的，而我国出口贡献较为积极的国家，包括俄罗斯、墨西哥、比利时和英国（图5-27）。汽车行业出口持续回暖的一个大前提在于，整个行业的国产替代率是比较高的，所以，汽车行业在一定程度上受到逆全球化的影响会比较弱。同时，汽车出海的一个最强的逻辑基础在于，目前国内市场的内卷程度是比较高的，所以为了打破这种内卷，并提供增量的超额收益机会，我们就必须寻找增量的市场，而出海恰恰就完美地解决了国内市场内卷的问题。汽车出海的方式其实主要有两种，第一种是以直接出口汽车产品的方式进行，第二种是通过在对应的国家投资建厂或者进行技术输出的方式。如果全球经济整体陷入低迷，那么对外投资建厂可能对国内车企来讲会有更大的吸引力，因为这意味着更高的利润率以及更加友好的政策环境。因此，汽车出海的逻辑，在一定程度上也是具备逆周期的属性的。

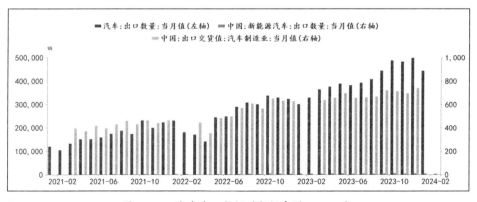

图 5-27　汽车出口数据（数据来源：iFinD）

· 智能网联

　　汽车智能化也是未来发展的一个大趋势，其中最重要的两个分支就是智能
驾驶和智能座舱（图5-28）。智能驾驶方面，预计在2024年市场将开始对L3、
L4集中测试，同时智能座舱也是将汽车电子的属性向消费电子靠拢的一个重要的
方向，从而驱动消费电子周期拐点的出现。对于汽车智能化而言，不可否认其与
科技板块的概念契合度要比汽车行业更高，即软件层面赋能智能驾驶等逻辑。对
于硬件层面，其实主要还是对于汽车零部件所覆盖的行业有一定的支撑，这也就
是我们在汽车行业当中所需要关注的重点。同时，小而美的汽车零部件公司，在
2024年所面临的行情是更为理想的。因为从2023年市场整体的资金面来看，机构
持仓的标的可能并不会表现得特别理想，更多的机会还是在以游资为主要驱动力
的中小盘股票（存在基本面支撑的标的，并非纯概念炒作的品种）当中，而恰恰
这个板块对应的公司大多属于者这一类别，具体包括智能座舱、轻量材料、空气
悬架、汽车线束和芯片业务的上市公司。

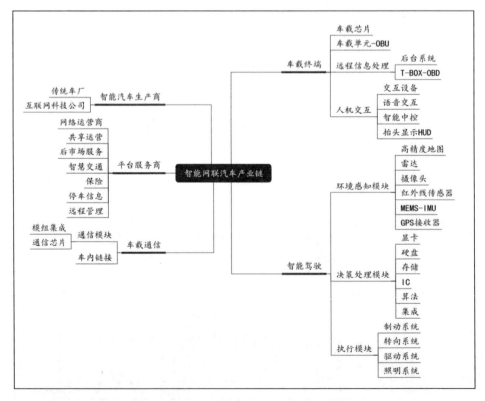

图表5-28　智能网联汽车产业链图谱（数据来源：iFinD）

· 电动化

汽车电动化属于一个老生常谈的概念，那么如果从这个概念入手分析，未来我们需要找一些新的细分领域，才能够为我们带来超额收益的机会。对于电动化来讲，混动技术的迭代以及800V高压快充可能是可以预见的范围之内最为明确的两个增量的点。

· 高端化

高端化也是破局当前内卷的行业状态的主要的抓手之一。就目前的市场格局来看，40万元以上的高端市场对于新能源汽车来讲，还是有一定的增长空间的，因为在这个价格段新能源汽车的渗透率并不是特别的高，这也是未来高端车能够进一步破局的关键抓手。另外，对于一些具有专业用途的新能源汽车可能也具有一定的增长潜力，如新能源越野车等，这也是属于高端化的范畴。

· 价格战

价格战的问题，其实在2023年就已经在汽车行业中已有比较充分的演绎了，但是我们预计2024年价格战的压力还会持续。所以，如果说估值修复是技术层面汽车板块的重要风险点，那么价格战就是基本面层面对于汽车行业的风险点。2023年汽车行业价格战出现的根本原因在于，上半年政策层面对国6A到国6B的过渡要求，从而使得汽车行业在降价清库存。但伴随着政策性的调整，这种集中清库存所产生的价格战压力在下半年有所趋缓。但是2024年对于合资车和新能源汽车的价格战有望持续，一方面，合资车目前的利润空间还是比较大的，尤其是相对于国产车而言。在国产车产品力和合资车产品力相差越来越小的情况下，合资车的价格也有望出现进一步的下调，如丰田和宝马等相对偏高端的车型。另一方面，伴随着新能源汽车规模放量所带来的整体成本的降低以及锂电池成本持续走低，就目前的情况来看，电动车的降价还存在较大的空间，目前并不是行业的底部。所以这种价格战至少在2024年预计还会持续。这也就说明了当行业整体走向成熟的情况出现，只有通过降价和外销这两个核心逻辑来寻找增量。

· 华为

华为赋能汽车行业所驱动的行情在2023年四季度的走势是非常抢眼的，科技巨头和汽车行业的绑定在一定层面上为汽车这个相对成熟的产业注入了新的增长动力。也就是说，科技巨头从硬件和软件两个层面将着力于推进汽车的智能化和高端化。当然我们不应该把着眼点仅仅放在华为身上，因为"华为"这两个字在2023年下半年，受到国产芯片制造突破的利好刺激，整体的活跃度有点过高了，从而投资者也会面临审美疲劳的问题。所以，对于未来，一些其它的科技巨头，如小米等也都存在入市造车或赋能汽车行业的可能，由此产生的交易机会，我们便可以重点关注，而不应该仅仅把目光集中在华为一家公司身上。

（4）房地产

我们对于房地产行业的论述内容，相比其他行业而言，是更加丰富的。由于房地产的景气度关乎整个房地产产业链，甚至是经济整体的运行情况，所以，下面对于房地产行业的结论，在一定程度上可以合理拓展至整个房地产产业链。由于我们对于申万一级行业的选择是基于行业分类标准，而并没有基于产业链，所以这种论述逻辑也能够帮助读者了解其他一级行业下属的二级行业。

①普通靶点：政策基调、利率

·政策基调

对于房地产行业而言，政策对其的定调是非常关键的，因为这将直接影响地产行业未来的景气度变化趋势。

2020年以来，地产行业的景气度并没有出现明确的好转。即使是房价相对坚挺的城市，如北、上、广、深，也只是短暂地出现了脉冲性的好转迹象，但这种好转并没有维持太久，就继续回归之前的弱势状态（图5-29）。

图 5-29　中国楼市量价指标走势（数据来源：iFinD）

从目前的政策基调看，房地产行业所面临的环境是偏暖的，而这种偏暖的格局可能会一直持续到整个地产行业出现阶段性的复苏之后才可能产生变化。同时，叠加目前头部房企所获得的信用背书这一趋势，优质房企目前出现难以控制风险的概率是非常低的。另外，这些公司基于困境反转的逻辑，未来的成长空间可能被进一步打开，所以，当前的房地产行业是一个风险收益比非常理想的板块。

但可惜的是，市场目前对房地产的态度还是相对悲观的，因为在2022年四季度，房地产政策也出现了一段时间的边际回暖，当时市场是相信这个逻辑的，从而造就了一波地产板块的小牛市行情。但经过了2023理想与现实的碰撞，市场已经对地产回暖概念麻木了。当前，政策利好不断，同时市场在地产链板块中又给出了相对理想的交易拥挤度水平，这或许预示着，这个板块在未来，可能都是存在较大价值嬗变的机会的。

·利率

对于利率的问题，和房地产关系最紧密的还是人民币利率，也就是LPR。利率其实代表房贷的成本，而降低利率常规的逻辑是通过降低房贷的成本，从而促进新房和二手房的销售，但当前房贷成本不是制约房地产行业发展的最重要的问题，因为房地产行业之所以不景气，不是因为人们没钱买房，可能更多的是由于不敢买房的原因导致的（图5-30）。

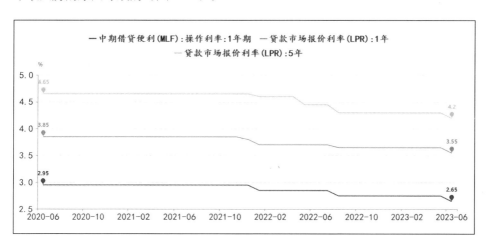

图 5-30　MLF同LPR之间的关系（数据来源：iFinD）

同时，就目前的情况来看，人民币利率下调空间是比较有限的。2024年，宽松的财政政策 + 稳健的货币政策依旧是政策组合方式。从一万亿特别国债发行之后，或许预示着中央财政对地方财政的支持更加确定，同时隐性债务的化解问题也可能被顺利解决，所以，财政政策在2024年可能会出现边际宽松，而货币政策在一定程度上会更加稳健，因为2023年货币政策端有可能提前透支之后的宽松空间。

需要明确的是，如果美元利率开启下行周期，那么这在一定程度上也增加了国内货币政策的自由度，这使货币政策进一步宽松的空间会被打开。对于美元利率出现下行之后，港股的估值提升也是我们需要关注的问题，因为港股的上市房企从质地上看可能并不弱于A股，因此，美元利率的下行对港股的提振可能也会给港股的地产板块带来更大程度的利好。

② 独占靶点：销售去化、线下消费、软着陆预期、行业集中度、旧改、房地产服务价值重估、城市群建设

·销售去化

房地产库存的去化，虽然一直在持续，但目前库存水平仍旧处于高位。截止到2023年三季度末，16城整体的平均库存去化周期在29个月左右，其中，一线城市库存去化周期在26个月左右。库存的问题，短期是很难解决的，因为销售去化一旦真正实现，就预示着房地产行业高质量发展真的要得以实现。关注销售去化的节奏，有助于我们掌握内部炒作的方向："立"的时候，更多的是行业整体的行情，以及下游消费板块的行情；"破"的时候，则是分化的行情居多。当然，这里我们谈论的都是基于预期的逻辑，因为资本市场是基于预期的市场，也许在房地产行业还处于"立"的阶段，但预期上已经转移到"破"，那么我们的交易也要跟随后者的逻辑进行。其实，对于行业方面的论述，我们在没有明确区分基本面还是预期层面的问题时，可能更多的都是基于预期，这点需要各位明确。

·线下消费

我们预计在2023年之后，线下消费可能要出现阶段性的回暖，一方面这是由于经济周期由弱变强所致，另一方面，线上消费可能会受到监管层的一些限制，尤其是以直播电商为首的线上消费渠道。一旦线下消费出现回暖，商管物业板块、商业地产板块可能就会出现结构性的复苏，对于以此类业务为主体的上市公司股价而言，可能也会出现提前走强。

·软着陆预期

软着陆的预期既可以指房地产行业的软着陆预期，也可以指经济的软着陆预期，因为当前经济是否能够实现软着陆主要还是取决于房地产行业的运行状态。

同时，中国人口出生率下降，叠加房地产行业供需的失衡，就使得当前房地产的需求是不敢释放，而不是不能释放，这一点在上文谈及利率的过程当中也已经有所提及。而房地产软着陆如果能够实现，就意味着房地产行业转型的成功，那么之所以房地产要软着陆，更重要的还是为了控制系统性风险的出现。而未来对于系统性风险大小的问题，我们需要关注下面几个方面的问题：保交楼是否能够持续进行？房价，尤其是一线城市的房价，是否能够保持相对稳定，甚至可以允许一定程度的有序调降？房地产行业是否会出现大面积的破产？银行在赋能房地产业的同时，会不会带来金融系统内部的系统性风险？如果上述几个方面均没有出现较大的问题，那么我们或许可以认为目前房地产行业软着陆的成功率还是非常大的。

对于房地产行业的风险出清，我们认为仅仅依靠经济的内生动力是很难实现的，从而必须借助政府的力量，才可以在一定程度上将这个问题有效解决。

综上，以政策力度为着眼点，以系统性风险水平为锚，评估地产行业的信心，以及资本市场对于地产行业的信心变化，并最终确定投资方向和投资时间，是这一靶点的最重要的意义。

· 行业集中度

当房地产行业开始高质量发展的时候，整个行业的集中度就会提高，而行业集中度提高的受益者就是所谓的头部房企，包括国资背景的房企以及区域性的龙头。基于这个逻辑，整体来看，虽然国资房企的投资价值可能要优于民营房企的，但是在中长期的视角之内，民企在地产业肯定要占有一席之地，否则就会带来一些效率上，甚至是更严重的问题。

但我们需要明确的是，既然房地产风险的化解，必须由政府主导，从而预示着国企就是政策调控地产产业结构的媒介。因此，在房地产周期回暖的初期，国企可能要优于民企，而当房地产周期出现一定的转机之后，民企的表现机会才可能进一步释放出来。

同时，从行业集中度的角度，我们可以发现，2022年年初的时候，市场就已经开始炒作房地产行业集中度提升的概念，当时的龙头就是保利发展、招商蛇口、滨江集团这些优质的房企，但是经过了长达两年左右的调整，当前这些优质的房企也已经出现很大程度的估值调整。那么从归值回归的角度来说，这些房企未来的估值回归的红利也可能要集中释放。当然，对于之前提到的这些老龙头，可能他们估值回归的弹性并不会特别强，真正预期差非常大的，其实还是在优质民营房企和一些地方小国企身上。而对于另外一些处于破产边缘的房地产开发企业，其实市场给他们的估值是基于清算价值产生的。即使是在这样悲观的估值背景之下，未来这些板块的估值回归，我们也不能过高地去期待，因为政策对于房地产行业的刺激，更多的还是以控制系统性风险不出现为目的，因此房地产板块内部的分化未来或将持续。

· 旧改

旧改包括两个方面，第一是城中村改造，第二是保障房建设。保障房建设的目的主要是保民生和促消费，而城中村改造虽然也具有这样的功能，但是其更大的意义在于促使一线城市进行更新，同时提升一线城市刚需房的估值水平，从而推动二手房市场的流动性压力的缓解。

对于一线城市具有城中村改造需求的房子，我们一般认为是被收入相对偏低的人群所拥有的，而这部分人群通过城中村改造，其手里的资产出现估值的提升，那么其边际消费的释放也就完全可以期待。所以，城中村改造不仅是从房地产产业链的角度提振内需，也间接地提振了整个偏低收入群体的内需水平，而这最终的结果，其实就是促进金融系统当中的货币能够尽可能地流到实体经济或者资本市场。当整个金融系统内的货币活化程度出现了质的提升，那么整个经济的信心可能就会出现比较大幅度的改善。虽然从政策的表述来看，城中村改造和保障房建设并不是棚改2.0，但是根据目前的经济状况和政策的动向，我们认为，超预期的刺激还是有可能发生的，只不过超预期的程度要相对偏低一些。

因此，鉴于旧改对于整个经济的重要意义以及潜在超预期的可能，我们需要关注这一靶点对于房地产产业链，尤其是偏下游的行业所带来的价值嬗变的机会。

· 房地产服务价值重估

当城中村改造和保障房建设提上日程之后，接下来涉及的问题就是这些房产的运营管理问题，而房产的运营管理在一定程度上就是房地产服务行业所涉及的业务。除此之外，对于经济周期回暖所带来的商业地产周期的上行，也有可能使得商管物业公司出现一定的估值回归机会。

在过去以房地产开发企业为首的房地产链之中，物业公司其实并没有太多的存在感，因为其主要是附属于房地产开发企业，是在一定程度上为开发商提供现金流的这样的角色。虽然从公司实体的角度，开发商和物业公司是相对独立的，但实际上这种独立并没有真正意义上实现。当旧改和商管的逻辑越来越强之后，市场或许对房地产服务类的上市公司会出现估值的重塑，也就是由原来的现金真正转化为具有某一项独立业务的运作实体，那么这种预期差还是非常可观的。同时，房地产物业公司整体的体量相对比较小，如果上述利好真正成为市场关注的重点，那么这些板块向上的弹性也是比较理想的。

· 城市群建设

最后要谈的内容，就是城市群的建设，也有利于房地产行业的去库存，尤其对于二三线城市的库存压力的缓解，具有重要的意义。

第一，城市群的发展带动了区域经济的增长。城市群内的城市通过优化资源配置、共享基础设施和生产要素，形成优势互补、协同发展的区域经济体。这为房地产行业提供了更为广阔的市场空间和投资机会，刺激了房地产需求，从而有助于去库存。同时，城市群构建房地产+的模式，可以将房地产行业与其它产业相结合，形成协同发展的产业生态链。例如，将房地产与旅游、养老、商业等产业相结合，可以开发出多样化的产品和服务，满足不同人群的需求，进一步推动房地产行业的去库存。

第二，城市群的形成促进了人口流动和聚集。城市群的发展使得一些小城市、农村地区甚至一些拥挤的一线城市的人口向其他城市转移，这种人口流动带来了对住房的需求，在大城市周边，卫星城的建设和发展也为房地产行业提供了新的机遇。

第三，城市群的发展推动了新型城镇化的建设。新型城镇化注重城乡统筹、产城融合，这为房地产行业提供了新的发展模式和业务领域。在新型城镇化过程中，住房需求的释放和城市化人口的增加将进一步推动房地产市场的繁荣，有助于去库存。

城市群建设在一定层面上是属于中国城市建设领域的战略性问题，所以，这个靶点更多的应该是对于未来炒作地域的方向进行一定的指导。而城市群建设对于房地产产业链直接的提振作用可能是很小的，毕竟基于长期逻辑的靶点，对于产业链的影响更多的是潜移默化的。但鉴于城市群可以将非常广泛的炒作逻辑以地域这一维度组织在一起，还是具有一定实际意义的，所以，我们在这部分一并释明。

（5）电子

①普通靶点：政策基调、库存周期、消费信心

·政策基调

一说到政策基调，一般对于我们所涉及的重点行业，整体都是偏暖的，但是对于电子行业而言，未来的政策方面可能与预期不同。

我们需要明确的是，这里所说的与预期不同，主要体现在政策对于科技行业的支持方向上，而并不是说科技行业的成长不重要，从而政策将主要的精力和资源放在了传统行业上。

我们所说的与预期不同，主要体现在政策对于科技领域的定调，主要体现在未来要着力于发展前沿技术，而在一定程度上减少了有关国产化以及供应链安全等方面的表述。要知道，政策基调主要在于保持国内供应链的安全。基于此，国产替代概念可能在短期受到市场追捧的程度所降低。

所以，政策对电子行业的定位我们需要重视起来，并持续跟踪这一定位在未来的转变方式。政策对于电子行业受到的政策影响，我们需要具体问题具体分析，同时要关注政策刺激的方向，以避免在行业内部站错了队，选错了标的。

· 库存周期

值得一提的是，电子行业同样受到整个经济库存周期的影响。当然不可否认的是库存周期对传统行业的影响会更大一些。电子行业等新兴产业可能在一定程度上，对于库存周期的敏感度要稍微弱一点。但由于我们目前处于去库存向补库存逐渐转化的阶段，在处于周期拐点附近的时间范围内，即使是新兴行业这样和库存周期关联度比较弱的板块，可能也会在当前出现比较大的弹性。

库存周期对于电子行业的影响，主要可以分为消费和工业两个层面，并且以工业端为主。而所谓的工业其实就是供给侧的问题，具体所涉及的细分板块主要包括电阻、电容、电感、电位器、电子管、散热器、机电元件、连接器、半导体分立器件、电声器件、激光器件、电子显示器件、光电器件、传感器等。

消费端主要受益于消费电子周期的影响，而工业端主要是在传统制造业升级的大进程中所带来的增量需求影响。需要注意的是，这种领域的元器件产品国产替代率是比较高的，所以未来的主要关注点应该在高端产品的突破情况以及行业内部的整合。

可以看出，和库存周期关联度比较高的电子行业细分领域，它其实是兼具价值与成长属性的。但需要明确的是，在2019—2021年，也就是上一轮电子行业大周期处于上行区间的时候，这些行业的上市公司一般都出现了比较大幅度的上涨，而2022年至今也出现了比较大幅度的调整，这个时候我们千万不要认为这些公司在未来还会具有之前那样的成长性，如果基于这样的判断，认为这些公司未来的股价还会按照成长股的逻辑去走，那么这就忽视了之前的成长性主要是在国产替代的背景下产生的，当这个逻辑走弱之后，后续的价值属性可能成了和成长属性并重的因素。

只有客观地认识了某一些标的在不同的时间点所对应的属性，我们才能真正把握这只股票未来价格波动的主要方式，而对于这些之前属于成长型行业的公司来讲，未来既然是成长和价值属性相结合的方式，那么其价值波动的规律可能更多的要和偏传统的行业类似，即波动率较小，趋势相对稳定等。

·消费信心

消费信心可以改变消费电子周期这个逻辑我们认为应该比较简单，非常容易理解，但需要明确的是，不仅消费信心可以改变消费电子周期，技术方面的问题，也可以影响消费电子周期的演绎形式。比如，当前如果AI技术进一步发展，同时相关功能——例如小范围训练和推理，下放到消费电子终端，那么这就将在一定程度上推进产品的迭代，从而驱动消费电子周期的发展，而并不需要消费信心出现比较大幅度的改善。所以，如果我们希望观测消费电子周期的历史表现，从而寻找某种规律指导投资，大概会无功而返，因为影响消费电子周期的因素是相对复杂的。

对于消费信心来讲，在一定程度上也会受到政策的影响。目前，政策方向上可能将新能源汽车与消费电子放在了相同重要水平上。甚至我们可以大胆猜测，消费电子伴随着技术上的成功迭代，可能就是下一个新能源汽车板块。因为消费电子和新能源汽车一个非常重要的相似点，就在于其所涉及的产业链是比较长的，从而这些行业的发展不仅可以促进技术的发展，还可增加宏观经济的发展动能。但二者的区别在于，新能源汽车的产业链可能相当一部分是属于中低端制造业，例如一些汽车零部件行业的公司，都是属于这一类，附加值不高。而消费电子领域虽然也有一部分属于中低端制造业，但是有相当一部分是属于高端制造业，科技含量和价值量都比较高，如逻辑芯片、光器件等。所以，如果我们能够乘技术迭代之风，大力发展消费电子行业，那么这是一件一举多得的事情。

在之前分析房地产行业的时候，我们也提到了消费信心，可以看到，消费信心作为一个普通靶点，其对地产和消费电子都有一定的影响。考虑到目前我国的消费信心还处于底部的状态，那么未来伴随着消费信心的回暖，房地产和消费电子行业的发展会不会产生冲突呢？幸运的是，二者不会产生冲突，反而会根据消费信心恢复的节奏，按照一定的顺序发展。

具体来说，在消费信心整体偏低的情况下，可能消费者没有办法直接扩大与地产相关的消费，因为地产消费（包括购房、装修、家具家电等）占居民可支配收入的比例是相当高的，从家庭财务管理的角度来讲，是一件有风险的事情，所以当消费信心没有达到一定水平的时候，地产消费的回暖可能并不会明确出现，但在这种情况下，消费电子的回暖就有可能出现，因为消费电子的支出占可支配收入的比例是远低于地产的。当消费信心持续回暖，地产就会有所表现，同时在地产消费开始的时候，还可能对消费电子的消费产生一定的挤出效应。也就是说当消费信心处于中等和中等以下水平的时候，房地产消费和电子消费在一定程度上是存在跷跷板效应的。但当消费信心处于非常高的水平的时候，那么地产消费和电子消费可能都会处于比较强的状态。即使政策上不支持房地产周期大幅走强，但如果消费信心能够恢复到比较高亢的地步，那么地产周期也会在需求的推动之下出现超预期的走向，当然消费电子也是一样。

② 独占靶点：半导体周期、消费电子、国产化率、出口

·半导体周期

对于半导体周期，这或许是炒作半导体乃至整个电子行业的过程当中，所必须要了解的一个问题。

自21世纪以来，全球已经历了5个比较完整的半导体周期，平均每轮周期持续的时间大约是3.6年，最近的一次半导体周期是在2019年8月开始到2021年三季度形成顶峰，目前还处于下行周期中并没有完全确认结束。

所以，市场从2023年开始就已经预期半导体周期将要在2023年末或者2024年初就会开始下一波周期。如果不经过深入的思考，可能很多投资者就会下意识地以为，下一波半导体周期如果来临，那么相关行业的上市公司和股价的表现可能和上一波周期是类似的，也就是说均存在较大的机会。

但客观的问题在于，这个推论是错误的。

在考量周期运行的深度，我们需要去分析每一轮周期的成因是什么，我们回顾一下上一次半导体周期的上行原因就会发现，这一轮大周期其实是在多种因素共振的情况下出现的，甚至共振因素的数量和强度是史无前例的。这些因素包括：新冠疫情所导致的云服务需求的提升；5G通信技术在消费端普及所产生的移动终端的更新换代；新能源汽车的快速发展使得汽车电子领域的芯片需求非常旺盛；在新冠疫情、极端气候、能源价格波动等问题使得晶圆厂难以通过足够的生产提供充足的产品供给；虚拟货币的挖矿潮推动GPU需求的爆发式增长等。

可以看出，上一次半导体周期的共振因素是非常多的。如果说2024年即将开启下一轮半导体景气周期，那么可能出现的刺激因素有哪些呢？就目前的情况来看，可能更多的是围绕AI和数字经济时代的算力需求来展开的，而上一次周期所涉及的疫情因素、5G普及、新能源汽车以及虚拟货币这些因素大概都不会在下一

轮景气周期中出现。所以从这个角度看，如果说上一轮半导体周期是一个大型周期，那么未来的周期就有可能属于一个小周期，至少在当前的预期下是这样的。如果未来经济超预期走强，同时数字智能技术的发展节奏超预期加快，那么我们对于半导体周期的强度也要进行修正。值得一提的是，对于国内的半导体行业上市公司而言，上一轮周期进行当中还有一个刺激及股价走强的逻辑，也就是国产替代，而下一轮周期当中，从政策的角度来看以及从产业链安全客观的需求的角度来讲，可能这个逻辑对于资本市场定价的重要性要有所降低。

基于这种相对偏弱的预期之下，我们对于半导体周期所利好的板块就要精挑细选，也就是说要选择弹性最大的品种，才有可能在下一轮周期当中充分获益。而通过过往的数据来看，半导体当中的存储板块是弹性最大的品种，而存储的价格在2023年四季度也已经出现比较明确的触底走势，那么未来可以作为我们重点跟踪的一个细分板块。

·消费电子

对于消费电子来讲，除了消费信心之外，驱动其景气度上行的因素就是和技术或者和产品相关，而对于消费电子板块未来主要有三方面的细分方向可以供我们去追踪。

第一个方向就是人工智能在消费终端上的应用，如在手机、电脑这些设备当中增加训练和推理功能适用的硬件，进而实现和大模型的适配及细分应用。英特尔目前也已经确定发布新一代Meteor Lake首次集成神经网络处理单元（NPU），可实现PC终端更低功耗处理AI工作负载，符合AIPC发展趋势，并计划在2025年前为超1亿台PC带来AI特性。可以看出，未来消费终端厂商的竞争抓手，就是围绕着AI而展开的。这也是消费电子板块未来增长潜力最大的细分方向。

第二个方向，5G手机的换机潮可能在2024年开始。上一轮5G手机的普及时间是在2020—2021年，如果按照3年一个换机周期来计算，那么在2024年就是第一批5G普及之后的手机的换机潮。结合当前移动终端的趋势，我们可以认为OLED、折叠屏等细分领域可能会存在一定的超过收益机会。

第三个方向，就是混合现实（MR）产品的持续迭代产生的机会。其中，苹果的Vision Pro产品可能就会成为行业的引领者。MR产品其实并不是什么新鲜的东西，只不过由于技术成熟度不足（混合现实技术需要多方面的技术支持，包括图像识别、深度学习、虚拟现实等，目前这些技术的成熟度还不足以满足消费者对混合现实产品的期望）、用户体验不佳（混合现实产品的用户体验受到多种因素的影响，如设备稳定性、图像清晰度、交互方式等。目前混合现实产品的用户体验还存在一些问题，如设备易出现故障、图像模糊不清、交互方式不够自然等）、应用场景有限（目前混合现实产品的应用场景相对有限，主要集中在教育、培训、娱乐等领域这些领域的需求相对较小，而且市场上的竞争也比较激烈，因此混合现实产品的推广受到了一定的限制，并且目前并未出现爆款的应用）等原因，相关产品一直不温不火。但作为5G+AI时代最有可能出圈的产品类别，这个点值得我们持续关注，尤其是对于爆款应用的跟踪以及产品体验的提升，是更为关键的变量。

除了上面三个方向之外，汽车电子也是消费电子的一个重要分支，而汽车电子未来的驱动因素是在于智能网联汽车的普及。我们之所以没有把汽车电子列为重点跟踪的对象，主要原因在于，汽车电子未来发展的潜力中短期来看是略有局限的。智能网联汽车电子产业未来发展的局限性可能包括技术瓶颈、数据安全和隐私保护、法律法规和政策限制、基础设施和生态环境、市场接受度和用户习惯以及产业链协同和整合等方面。相关的逻辑，在对汽车板块的分析当中也已经提到过，这里就不再赘述了。

· 国产化率

国产化率的问题，其实是电子行业的一个非常特殊的点，这和美容护理当中的国产化靶点是不一样的。因为国产化率主要是为了看哪些细分的电子行业出现了国产替代的大幅提升，基于以前的经验来看，国产化率提升的行业可能就会迅速地进入内卷状态。电子行业和美容护理这些消费类的行业是不一样的，因为消费类行业除了产品功能之外，品牌的形象以及消费者的忠诚度也是一个非常重要的影响其产品力的因素，但是对于电子行业而言，某一个元器件、某一个产品如果出现了国产替代，那么无论是哪家厂商生产的可能对于需求者来说都没有太大的区别，在技术标准相同的情况下，肯定是哪个便宜就买哪个，这也就是为什么电子行业的国产化突破之后容易实现内卷的根本原因之一。

所以，我们要警惕国产化率快速提高所带来的潜在风险，而关注国产化率提高所带来的风险的途径，主要还是源于公司的财务数据，所以，在上市公司披露财务数据的时间窗口，其实就是我们需要重点关注的风险释放期。

就我们的统计结果来看，目前国产化率相对偏高的电子行业细分领域，包括靶材、硅片、电子特气、清洗设备、抛光机、刻蚀设备等。除此之外，封测和存储行业国产替代率也都比较高，但是这两个行业的风险相对于上面几个行业而言，可能要相对小一些。

以基于芯片（Chiplet）的先进封装为例，这项技术可以通过更精细的制程和更先进的封装技术，提高芯片的性能和功能，例如，通过更精确的芯片到芯片连接，可以减少信号传输延迟和功耗，提高芯片的运算速度和效率，从而在一定程度上可以让摩尔定律继续有效。由于这项技术未来的市场前景是比较大的，所以国产化率较高就不会带来较大程度的内卷。

而对于存储来讲，其是半导体行业当中弹性最高的，在半导体景气周期来临时，弹性也在一定程度上对冲了因国产替代率较高而带来的消极影响。另一方面，存储在数字经济浪潮中还存在较大的创新空间。需要明确的是，存储是算力提升的短板所在：在当前的计算机体系结构中，由于存储和计算是分离的，数据需要在计算单元和存储单元之间频繁移动，这种数据移动导致了巨大的延迟和能耗，限制了算力的提升；由于数据在计算单元和存储单元之间频繁移动，导致了大量的能耗，这就是所谓的"功耗墙"问题，这种能耗不仅限制了算力的提升，也增加了运行成本。所以，存算一体化等突破冯·诺依曼架构（Von Neumann model）的理念，可能是一种将计算和存储融合在一起的技术，具有提高能效、降低成本、提高计算性能等优势。所以，存储板块不仅弹性较大，还具有十分充足的想象空间（图5-31）。

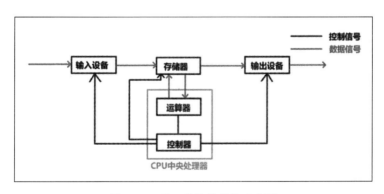

图5-31　冯·诺依曼架构示意图

·出口

对于出口，我们在2024年要给予足够的重视。

通过我国的出口结构来看，电子行业产品（手机、电脑及其零部件、集成电路等）的出口额占比是相对较高的，其中包括技术出口，也包括产品出口。而一说到电子行业的出口，我们就会想到苹果产业链。通过过去几年的实际情况来看，苹果产业链的上市公司并不是属于绝对的价值性品种，因为在苹果产业链整体相对稳定的时候，其价值的属性甚至说成长的属性都体现得比较充分。但是由于苹果产业链的上市公司大多并没有核心的技术壁垒，这个时候它们的命运就会在一定程度上受到苹果公司直接的操控，因此，对于苹果产业链来讲，未来也并不一定会特别安全，我们需要时刻关注苹果公司以及中美关系的深度演绎带来的影响。

与此同时，从产业链这个角度来说，我们并不仅仅要关注苹果产业链，因为从苹果公司近几年的产品来看，可能IOS生态的优势，在一定程度上已经有所衰减，未来伴随着AI等新技术，新生态的出现，新的巨头是否能够替代苹果从而塑造一个相应的出口产业链条，是不得而知的，但我们不能否认这种情况出现的可能。因此，我们需要提前抓住新巨头可能出现的产业链机会，从而通过提前配置就可以享受一些红利。在建立一条全球产业链体系的初期，股价的表现以及业绩稳定性一般是比较强的，其相对于已经处于成熟发展期的苹果产业链来讲，优势会更大一些。其中，英伟达产业链在一定程度上就是一个很好的标的，像与之相关的CPO等板块的走向，其实就是基于这个逻辑。

（6）计算机

需要提前明确的是，计算机行业以及最后介绍的通信行业和电子行业相关度其实是比较大的，因为这些板块的细分大都同属于TMT的范畴。所以，对于靶点的选择，逻辑上的相似程度是比较高的，虽然名义上的说法可能不一样。基于此，为了不进行重复性的阐述，我们这里讨论的计算机行业靶点以及接下来要分析的通信行业靶点，都采用相对简略的方式去进行阐述，即说明最具行业特色的靶点和逻辑即可。

①普通靶点：机构持仓、财政

·机构持仓

2023年，计算机行业可以说是市场当中为数不多的亮点板块之一。计算机板块的走强自然有其内在的基本面逻辑，所以，如此具有持续性的板块行情，肯定会受到机构投资者的参与，尤其是公募基金。但到了2023年下半年，随着下跌行情的持续以及市场信心的日渐低迷，公募基金赎回的浪潮逐渐开始。与此同时，和IPO、次新股炒作以及其他内幕交易等丑闻有关的事件持续发酵，使得公募基金在投资者心目当中的地位又出现了进一步下降，从而使得公募基金的赎回压力进一步增强。所以，进入2023年四季度，由于公募基金被动减仓，机构持仓占比较高的板块大都面临着暴力的杀跌，蓝筹股、权重股以及过往赛道品种无一幸免。但由于计算机板块是全年的热点，所以其属于机构持仓板块中为数不多的能够抗跌，并且还能够持续走强的品种。

但物极必反，2023年计算机板块的超预期强势，可能同市场缺乏安全屋从而使得资金在狭小的范围内抱团的结果，北交所走强是这样，计算机走强可能也有这方面的原因。因此，计算机板块未来面临的一个风险在于，机构持仓占比的边际变化（大概是下降，尤其是当市场整体性行情出现转变之后）导致行情的波动。我们暂时没有办法判断未来机构持仓的变化趋势，需要做的只能是持续跟踪，一旦出现挤兑出货的可能，那么我们要警惕相关标的的估值下杀。

当然，在公募基金资金相对充裕的时候，这个板块如果能够维持当前的景气度和炒作热情，那么，公募基金的集中涌入也会使得行业估值产生明显提升。但是，就2023年年末的情况来看，这种情况出现的概率相对比较小，可能近期视角下，机构持仓对于板块的消极影响还是比较大的。

·财政

财政对于计算机行业的影响主要体现在信创层面。虽然2023年是计算机行业的信创元年，但受制于财政端，尤其是地方政府财政资金相对紧缺的影响，政府信创目前推进的进度可能不及预期，未来我们需要关注财政端的压力能否得以缓解，如果缓解，那么政府信创可能还会有一定程度的表现。

②独占靶点：金融信创、工业信创、汽车智能化、AI+、数据要素、算力

·金融信创

自2020年以来，金融行业的信创落地速度逐渐加快，当前正在全面推广，并逐渐深入核心业务系统中。2022年，金融信创按照"先试点，后全面"的技术推广路线，在完成两期试点后，逐步将试点范围扩大到中小型金融机构。2023年，在政策、监管和行业协会等各方的引领下，金融各子行业的代表机构将先行完成部分三批试点工作，替换路径也将从外围边缘系统向内部核心系统逐渐深入，全面建设阶段的速度将进一步加快。

在金融IT领域，信创加速推动和政策刺激为该领域带来了旺盛的下游需求和充足的商机，景气度不断提升。在银行IT领域，信创政策的推动下，部分金融机构已经从OA等边缘化产品的替代进入核心交易系统替代阶段，与业务系统相关的软件开发订单需求旺盛。在保险IT领域，由于今年保险公司在经营层面

复苏较为明显，叠加金融信创的推进，明年有望增速加快。在证券IT领域，2023年6月9日，中国证券业协会发布《证券公司网络和信息安全三年提升计划(2023-2025)》，鼓励有条件的证券公司在2023—2025年三个年度信息科技平均投入金额不少于上述三个年度平均净利润的10%或平均营业收入的7%，并保持稳定的资金投入。同时，各项刺激资本市场活跃度的政策相继发布，有望提升资本市场交易活跃度，从而带动相关系统的改造建设需求。

金融信创在一定程度上和政府信创有紧密的联系。当政府受制于财政资金的紧缺，难以开展较大规模的信创时，金融企业就可以接棒政府信创，为行业贡献增量收入。但由于金融行业的景气度，同经济周期紧密相关在当前金融行业赋能实体经济的大背景下，金融市场未来的想象空间也并不会特别理想，可能景气度主要集中在2025年以前。

·工业信创

工业信创是当前想象力空间足够大的板块，我们也要根据这个靶点进行重点的关注。根据2023年中央经济工作会议的精神，我们认为在未来经济增长动能切换的过程中传统制造业的升级是重中之重，而制造业升级的过程中，势必会带动工业信创的景气度提升，相关行业的需求都会出现爆发式的增长。尤其对于依赖行业发展规模的一些细分板块，如EDA等，将会在工业信创进行到一定深度并且制造业转型初见成效的过程中出现集中的爆发式增长。从工业信创启动的主体来看，大型国央企有望在政策的驱动下，率先展开，这对于国央企的估值同样存在一定的提振作用。

其中，工业软件的类型有很多，表5-11中是一些常见的类型及代表性产品：

表 5-11　工业软件的主要类别和代表性产品

类别	软件名称
研发设计类	计算机辅助设计（CAD）、计算机辅助工程（CAE）
生产控制类	制造执行系统（MES）、数据采集与监视控制系统（SCADA）
经营管理类	企业资源计划系统（ERP）、客户关系管理系统（CRM）

根据《中国工业软件产业白皮书（2020）》数据，2019年中国研发设计类工业软件国产化率仅有5%，生产控制类为50%，经营管理类为70%，在高端工业市场国产化率更低。随着中国智能制造的发展，工业软件的重要性日益凸显。政府和

企业都在积极推动工业软件的国产化，提高国产软件的质量和竞争力，以降低对海外产品的依赖，保障信息安全。

·汽车智能化

对于汽车智能化，我们已经再三提到过类似的靶点，而智能汽车对于计算机行业是有最直接的提振因素的，因为无论是人车互动、智能座舱、智能驾驶，其实最重要的环节是在于软件层面，而软件就属于计算机行业的范畴。

随着汽车智能技术的不断发展，汽车软件的需求也在不断增加，需要大量的软件来支持其智能化功能，如自动驾驶、智能导航、语音识别等。这些功能的实现需要依赖于先进的软件技术。汽车智能网联的发展不仅需要软件技术的支持，还需要硬件、网络、数据等方面的协同。这种协同效应将促进软件业与其他相关行业的融合，形成更加完整的产业链。这将为软件业提供更多的商业机会，推动其发展壮大。

·AI+

AI+也是未来中期视角下预计能够持续存在的热点，且涉及硬件和软件两方面。

硬件方面：AI浪潮将加快硬件创新，推动模型下放终端、交互语言设计以及模型推理功能的实现。随着AI技术的不断发展，模型的体积和计算需求也日益增长。为了实现更加高效、便捷的AI应用，将模型下放至终端设备成为当务之急。这不仅可以降低数据传输的成本和延迟，还可以提高用户体验和隐私保护。同时，交互语言设计的改进将使得人机交互更加自然、流畅，进一步提升用户体验。而模型推理功能的实现则将为AI应用提供更加灵活、高效的解决方案。

硬件创新的范围将涵盖手机、电脑、汽车、机器人和MR设备等多个领域。在手机和电脑领域，AI技术将加速芯片升级和性能提升，为用户带来更加出色的使用体验。汽车行业将受益于自动驾驶技术的发展，实现更安全、高效的出行方式。机器人和MR设备则将在工业生产、教育、娱乐等领域发挥重要作用，为人们的生活带来更多便利和乐趣。

软件层面的创新则是生态层面的，以大模型为基础，通过"大模型—应用—商业模式"的闭环进行实现。在这个闭环中，大模型作为基础设施，为各种AI应用提供支持。应用开发者可以利用大模型开发出各种创新应用，满足不同用户的需求。而商业模式的创新将为AI技术的落地和商业化提供保障，推动AI产业的健康发展。

常规意义上讲，软硬件的发展一般遵循先硬后软的顺序，但由于AI技术的爆发是迅猛的，所以，先硬后软的顺序可能体现得并不典型，同时，从市场炒作的角度来看，也很可能将硬件和软件同时进行炒作，同2023年一样。

· 数据要素

随着信息技术的飞速发展和数字化时代的到来，数据已成为一种重要的生产要素。数据要素使得数据有了价值，拥有数据的主体将直接受益。对于政府而言，数据不仅是一种重要的战略资源，更是推动财政转型的关键要素。

随着城市化进程的加速和土地资源的日益紧缺，传统的土地财政模式已经难以持续。为了减轻财政压力，政府需要寻找新的收入来源。而数据要素的出现，为政府实现财政转型提供了新的思路。

政府拥有大量有价值的数据，这些数据涵盖了人口、经济、社会等各个方面。通过对这些数据的分析和利用，政府可以更好地了解社会经济发展的状况和趋势，从而制定更加科学合理的政策。同时，政府还可以将这些数据进行加工和处理，形成有价值的数据产品，通过数据运营和数据交易等方式获取收入。例如，政府可以将交通数据出售给地图公司，将气象数据出售给保险公司，将经济数据出售给金融机构等。这些数据产品不仅可以为企业提供决策支持，还可以为政府带来可观的收入。此外，政府还可以通过数据共享和开放，促进数据的流通和利用，推动数字经济的发展。

所以，数据要素作为计算机行业的一个特殊的靶点，其对行业内的公司会有一定的影响，但对于行业外的公司，乃至整个市场都会具有一定的扩散效应。其根本的扩散逻辑在于，财政问题是掣肘当前经济发展的重要因素，解决了财政资金来源的问题，无论是股权财政还是数字财政，都可以让宏观经济的运行更加顺畅。

从模型端和数据端结合的角度上讲，数据要素的有效性是未来决定AI模型，尤其是垂直模型的竞争力的最关键的变量。因为模型的构建目前已经不存在实质性的技术门槛，在开源的助力下，任何一家机构只要愿意投入一定的资本，就可以实现基础模型的开发。但是，垂直模型是否具备竞争力，主要取决于模型在垂直领域训练过程中，所使用的数据的有效性。且垂直领域的数据一般难以通过公开信息获取，所以数据要素就成了未来赋能模型的重要抓手。

· 算力

在数字经济领域中，有一个细分行业扮演着至关重要的角色，那就是算力板块。算力板块可以被视为数字经济中的"卖铲人",为整个行业提供了基础性的支持和保障。无论是数据的处理、存储还是传输,都离不开算力的支持。因此,算力板块在数字经济中具有不可替代的地位。

算力板块涉及的范围非常广泛,其中与计算机行业相关的主要包括服务器等。服务器作为算力的核心设备,为各种应用提供了强大的计算能力。随着云计算、大数据、人工智能等领域的快速发展,服务器的需求也在不断增长。此外,还有其他相关的硬件设备、软件技术和网络基础设施等,共同构成了算力板块的丰富生态。

既然算力板块的景气度能够持续,那么对于投资者来说,如何把握算力板块的行情就成了关键。在这个过程中,择时是非常重要的。以下是一些关注算力板块行情择时的逻辑。

财报披露的窗口期:算力板块的公司定期发布的财报中包含了公司的业绩数据、财务状况以及未来展望等重要信息。投资者可以通过关注财报披露的窗口期,了解公司的业绩表现和发展趋势,从而更好地把握算力板块的行情。

应用端的进展:算力板块的发展与应用端的需求密切相关。因此,关注应用端的进展对于把握算力板块的行情至关重要。例如,云计算、人工智能、区块链等领域的新技术应用和商业落地,都可能对算力板块产生积极的影响。

政策驱动:政府的政策支持对于算力板块的发展起到了重要的推动作用。关注政策的出台和变化,以及政策对算力板块的影响,是把握行情的重要逻辑之一。例如,政府对数字基础设施建设的投资、对数据中心的规划等政策,都可能对算力板块产生重大影响。

(7)通信

① 普通靶点:政策基调、数字经济

·政策基调

通信行业作为信息技术的基础设施,对于数字经济的发展至关重要。无论是互联网、人工智能还是物联网,都离不开通信技术的支持。通信速率、延迟等因素直接关系到数字技术的运行效率,因此,通信行业的发展对于数字经济的繁荣具有重要意义。

虽然直接针对通信行业的利好政策相对较少,但从广义上讲,对数字经济、人工智能、算力建设等相关行业的利好政策,也都是对通信行业的利好政策。这些政策的出台将推动相关产业的发展,进而带动对通信基础设施的需求,为通信

行业提供了更广阔的市场空间。

国家将促进出口提上日程，这对于通信行业的影响是巨大的。我国在通信设备等产品的出口方面具有资源禀赋，这意味着我国通信行业在全球市场上具有竞争优势。随着出口的促进，我国通信行业有望进一步扩大国际市场份额，提升产业竞争力。

·数字经济

随着全球数字化进程的加速，通信技术作为信息传递的桥梁和纽带，对于推动数字经济蓬勃发展具有不可替代的作用。从3G到4G，再到5G，通信技术的不断演进为数字经济提供了更快速、更稳定、更安全的信息传输通道。在这个过程中，通信技术不仅满足了人们日益增长的信息需求，还为各行各业提供了更高效、更智能的解决方案。

在数字化转型的浪潮中，传统制造业正面临着转型升级的压力。而5G通信技术的出现，为传统制造业的转型升级提供了强有力的支持。通过5G网络的高速度、大带宽、低时延特性，工业企业可以实现生产过程的实时监控、远程控制、自动化生产等，提高生产效率、降低成本、提升产品质量。

此外，5G技术还可以应用于工业互联网平台的建设，实现设备间的互联互通、数据共享和协同工作。这将有助于工业企业实现从传统制造向智能制造的转变，提高生产效率和竞争力。根据2023年中央经济工作会议的定调，这一过程至少维持2—3年的时间。因此，通信技术将为工业企业的转型升级提供长期支持。

随着人工智能、大数据等技术的快速发展，算力基础设施的重要性日益凸显。而通信行业在算力基础设施建设中发挥着关键作用。光模块、ICT设备等通信产品是算力基础设施的重要组成部分，为数据中心、云计算等应用场景提供了强大的支持。

同时，通信行业还在积极探索新的算力技术，如边缘计算、量子计算等，以满足不断增长的计算需求。这些新技术将进一步提高算力效率，降低能耗和成本，为数字经济提供更强大的算力支持。

除了工业和算力基础设施领域，通信技术还在机器人技术和智能网联汽车领域发挥着重要作用。通过5G网络的高速度、低时延特性，机器人可以实现更精准的定位和动作控制，提高工作效率和安全性。同时，5G技术还可以应用于智能网联汽车领域，实现车与车、车与基础设施之间的互联互通，提高交通效率和安全性。

②独占靶点：卫星互联网、5G、光通信、运营商、边缘计算

·卫星互联网

近年来，我国卫星互联网发展迅速，被认为是进入了大发展的元年。然而，市场普遍认为6G真正商用还比较遥远，当前仅停留在概念炒作阶段，存在较大预期差。尽管卫星互联网的商用预计在2030年之后，但这一发展路径已经成为共识。这项技术依赖于低轨卫星这一有限的资源，先占先得，因此，空间互联网已成为战略竞争的焦点。

为了抢占资源，国内星网、G60等企业已进入密集发星、招标期，建设浪潮已至。根据规划，我国低轨卫星发射数量预计将大幅增加，这将为卫星通信产业链带来爆发性的增长拐点。

卫星互联网作为一种新兴的通信技术，具有覆盖范围广、传输速率快、可靠性高等优点，将在未来的通信领域发挥重要作用。随着卫星互联网技术的不断发展和完善，其商用前景也越来越广阔。在未来，卫星互联网将广泛应用于物联网、工业互联网、智能交通、远程医疗等领域，为人们的生产和生活带来更多的便利。

·5G

2019年，随着5G技术的正式商用，5G板块的炒作开始正式启动。到了2020年上半年，这一炒作达到了高潮，其核心逻辑主要在于运营商的5G基站建设。然而，随着时间的推移，伴随着运营商5G基站相关资本开支的下滑预期，通信板块的吸睛度也逐渐降低（图5-32）。

图 5-32　5G基站建设进程（数据来源：iFinD）

然而，尽管炒作的热度有所下降，但我们不能忽视通信行业在数字经济时代的重要地位。通信行业是数字经济的基石，为各种应用提供了强大的支持和保障。在这个基础上，即使是5G通信设备领域，也存在出口、微基站、5G-A产业等多种渠道维持高增长。这表明，市场对于通信行业的未来发展可能过于悲观，过于关注5G基础层，而忽略了基础层的细分领域以及应用层的机会。

事实上，尽管5G的基础设施建设是重要的，但真正的5G价值在于其带来的各种应用和可能性。在3G和4G时代，我们看到了现象级的应用如微信、抖音等，这些应用的出现极大地推动了相应技术的发展和普及。同样，在5G时代，我们也期待着现象级应用的出现。

而随着AI技术的不断发展，这种期待正在逐渐变为现实。AI技术与5G技术的结合，为各种应用提供了更强大的支持和可能性。例如，在工业领域，AI与5G的结合可以实现更精准的预测和更高效的生产；在医疗领域，AI与5G的结合可以实现远程诊疗和实时数据传输；在教育领域，AI与5G的结合可以实现在线教育和个性化教学。

因此，尽管通信板块的炒作热度有所下降，但我们不能忽视其作为数字经济基石的重要地位。同时，我们也不能忽视5G与AI结合带来的各种应用和可能性。随着现象级应用的出现，5G将迎来又一个增长点，通信行业也将迎来新的发展机遇。

· 光通信

在当前的宏观经济环境下，对于那些拥有高技术壁垒的公司来说，其盈利能力可能会更加明显，甚至可能出现超预期的情况。

高技术壁垒公司通常在研发、生产、销售等方面具有独特优势，能够通过技术迭代和产品创新，保持领先地位并获取高额利润。这些公司通常拥有强大的研发团队和先进的生产设备，能够快速响应市场需求并进行技术迭代。

800G光模块是当前通信行业的重要发展方向之一。随着5G、云计算、大数据等技术的快速发展，对高速光模块的需求也在不断增加。800G光模块的出现，将进一步推动通信行业的发展，同时也为相关企业带来了新的盈利机会。

首先，800G光模块的技术迭代将带动产品量价齐升；其次，800G光模块的技术壁垒增强将带动竞争格局边际改善，由于800G光模块的技术含量较高，需要投入大量的研发资源和生产设备，因此，拥有先进技术和生产能力的公司将更容易获得市场份额和利润；最后，随着800G光模块的不断放量，相关公司的盈利能力集中度有望提升。

光模块公司的走势目前可能类似2020年的光伏，虽然近一年的市场表现已经非常理想了，但预期之外还有更高的预期，如果某一个板块在中短期应该调整的时候没有出现显著的调整，那么就预示着后续超预期事件出现的概率将显著提升。

· 运营商

在资本市场中，电信运营商通常被认为是价值股，而非成长股。这是因为电信运营商的业务模式相对稳定，主要依赖于稳定的现金流和股息支付，而非高增长和高风险的投资。然而，随着数字经济时代的来临，以及央国企在中国资本市场的特殊地位，电信运营商有望成为科技央国企的代表，获得一定的成长性估值溢价，从而进可攻，退可守，吸引国家队资金、公募机构、险资、券商自营、私募，甚至包括游资的青睐。

特别是从基本面的角度来看，电信运营商正逐步从电信运营商为主转为电信+数通双发展的ICT综合运营商。这一转型将为运营商带来更广阔的发展空间，进一步打开成长的天花板。随着数字化转型的加速，数据已成为新的生产要素，而人工智能生成内容（AIGC）的兴起则为数据的应用提供了新的可能性。运营商作为数据的重要持有者和管理者，将在这一领域发挥重要作用。

首先，运营商拥有丰富的数据资源，包括用户的通信数据、位置数据、消费数据等。这些数据可以通过大数据分析和人工智能技术进行挖掘和利用，为各行各业提供有价值的洞察和服务。例如，运营商可以为政府提供城市规划和交通管理的支持，为企业提供市场调研和精准营销的服务，为金融机构提供风险评估和信用评级的参考等。

其次，运营商在数据安全和隐私保护方面具有天然的优势。作为通信网络的建设者和维护者，运营商具备强大的技术实力和安全保障能力，可以确保数据的安全存储和传输。同时，运营商也受到严格的法律法规监管，有义务保护用户的隐私和个人信息。因此，相较于其他数据持有者，运营商更容易获得用户的信任和认可。

最后，AIGC的发展也为运营商带来了新的业务机会。通过利用人工智能技术，运营商可以提供更加智能化的服务，如智能客服、智能推荐、智能运维等。这些服务不仅可以提高运营商的运营效率和用户体验，还可以为运营商带来新的收入来源。

· 边缘计算

边缘计算是指在靠近数据源或用户的地方进行计算的一种方式。它与传统的云计算方式不同，云计算将数据传输到远程数据中心进行处理，而边缘计算则将计算任务分配到本地设备或边缘服务器上执行。这种方式可以减少数据传输的延迟和带宽需求，提高数据处理效率，同时保护用户隐私。

边缘计算的实现路径包括：边缘设备（边缘设备是指部署在数据源或用户附近的设备，如智能手机、平板电脑、智能家居设备等。这些设备可以执行简单的计算任务，并将结果传输到云端或数据中心进行进一步处理）、边缘服务器（边缘服务器是指部署在数据中心附近的服务器，用于处理来自边缘设备的请求。它们可以提供强大的计算能力和存储能力，以满足不同场景下的需求）和通信协议（为了实现边缘计算，需要制定高效的通信协议，以确保数据在边缘设备和云端之间的传输速度和稳定性，同时，还需要考虑数据加密和隐私保护等问题）。

边缘计算在AI大模型推理中的应用主要包括：

减少延迟：AI大模型的推理需要大量的计算资源和时间。通过将部分计算任务分配到边缘设备或边缘服务器上执行，可以减少数据传输的延迟，提高推理速度。

提高带宽利用率：在传统的云计算方式中，数据需要传输到远程数据中心进行处理。然而，在边缘计算中，数据可以在本地进行处理，从而减少了数据传输的带宽需求。这可以进一步提高带宽利用率，降低成本。

保护隐私：将部分计算任务分配到本地设备或边缘服务器上执行，可以减少数据传输的频率和范围，从而保护用户隐私。同时，通过采用加密技术等手段，可以进一步提高数据的安全性。

适应不同场景：边缘计算可以根据不同场景的需求进行定制化部署。例如，在智能家居场景中，可以通过将AI模型部署到智能家居设备上，实现本地化控制和语音识别等功能；在工业制造场景中，可以通过将AI模型部署到工业机器人上，实现实时数据处理和自动化控制等功能。

至此，有关行业分析的内容就已经介绍完毕。笔者再次强调，上述结论仅为一家之言，不构成投资建议，希望能够为读者带来启发。由于上文的论述结构稍有松散，故我们将重点行业的靶点进行汇总，如表5-12所示。

表5-12　未来两年内重点关注的行业靶点汇总

靶点/行业	美容护理	有色金属	汽车	房地产	电子	计算机	通信
普通靶点	估值修复 就业 消费信心	利率 库存周期 估值修复	消费信心 库存周期 估值修复	政策基调 利率	政策基调 库存周期 消费信心 中美关系	机构持仓 中美关系 财政	中美关系 政策基调 数字经济
独占靶点	渠道 大单品 功效 核心成分 国产化 合规性 成瘾性	地缘政治 出口管控 工业自动化 消费电子 新能源 产能 定价权	物流 出海 智能网联 电动化 高端化 价格战 华为	销售去化 线下消费 软着陆预期 行业集中度 旧改 房地产服务 价值重估 城市群建设	半导体周期 消费电子 国产化率 出口	金融信创 工业信创 汽车智能化 AI+ 数据要素 算力	卫星互联网 5G 光通信 运营商 边缘计算

5.3 周期分析：寻找混沌世界的锚

周期分析这一节的内容其实看上去并没有什么特别的，因为只要您阅读过一些宏观经济有关的书籍，就可以发现，这些书上有关周期分析的内容基本上都是介绍不同类型的周期特点，以及对于中国周期历史的回顾性描述。读完了我们就会发现，自己对于经济周期的认识还停留在非常浅显的程度，这种浅尝辄止的内容是很难指导我们进行投资的。

但是反过来，如果将周期分析的内容进行深入的拓展，其涉及的知识体系又是十分庞杂的，同时，其中一些内容还需要通过建模的方式进行阐述，不仅让人读起来晦涩无味，而且模型成立所需要的诸多假设条件又让我们很难应用到实际投资的工作之中。

所以，周期分析的内容其实是很难进行写作的，因为深度和阅读体验的取舍问题是比较难以决断的。但幸运的是，本书中有关经济周期分析的部分却不用进行上述取舍，因为传统的经济周期分析都没有涉及多少动态分析的内容，而价值嬗变投资决策框架的动态性要求又比较苛刻，故而我们在这一部分主要以动态的视角去看待周期的问题，从而对不同周期进行较为深入的分析，正因如此，本节的内容理解起来是有一定难度的，需要静下心来跟上我们的思路才可以。我们的世界本身就是混沌的，而周期规律又是混沌世界中为数不多的规律，这就像是一个锚，指引着我们在混沌中摸索前行。

需要明确的是，动态的视角就涉及对未来的演绎，而演绎又是极具不确定性的，因此，我们很难穷尽所有可能，只能将一些比较典型的周期动态关系给予解释，更多的有待挖掘的动态性结论，就需要我们在日常的研究中不断丰富和探索了。对于这一点，其实有点像行业分析内容的写作思路，只不过行业分析涉及的范围是比较广的，且行业之间的差异也比较大，所以，我们很难抽象出来一个相对一般性的框架，而经济周期分析相较于行业分析而言，更容易构建一个大体的框架，基于此，我们对于周期分析的部分会比行业分析具有更加泛化的特征。

5.3.1 有关周期分析的两个误会

需要强调的是，这一部分的内容可以说是本节中最重要的，虽然其篇幅不是很长，但其中涉及的理念是有效应用价值嬗变框架的必要前提之一。同时，这些内容对于普通投资者可能还有些难以理解，且经常容易被忽略的，但我们又没有必要花费大量的篇幅去论证结论的正确性，毕竟这本书并不是一个学术专著。所以，如果非专业的投资者一时间搞不清楚逻辑，建议可以先尝试进行结论性记忆，待日后有余力的时候，再进行深入的学习即可。切记，理念的掌握更加重要。

下面，我们先来聊一下第一个误会。

示例21：有关周期的误会——周期分析适用于加减法

各位请思考一下，假设经济周期时间分布是随机的，且根据过往的经验看，周期持续的平均时间为5年。如果当前的这轮经济周期已经持续了1年，那么下一轮经济周期预计将会在几年后开启呢？对于这个问题，根据常识，相信很多人会认为新周期将会在4年后开启。

各位请再思考一下，还是这个经济周期，只不过如果假设当前这轮经济周期已经持续了4年，那么下一轮经济周期预计将会在几年后开启呢？根据常识，相信很多人会认为新周期将会在1年后开启。

解答这个问题的思路各位有没有觉得很熟悉？因为很多市场分析的文章经常用这种方式去进行周期拐点的预测，所以给各位造成了一个很大的误会，认为周期分析就应该是这种利用均值进行加减法计算的过程。可惜的是，这种结论可能是不准确的。正确的答案应该是，无论当前这轮周期已经持续了多长时间，新周期开始的预期时间都应该是5年之后。产生这种令人瞠目结舌的结论的原因，在于周期的时间分布是随机的，而我们身处长周期的概率要大于短周期，所以，这就在一定程度上将当前周期已经过了多久的条件的意义淡化掉了。

也许说到这里，各位还是不能够完全理解，那么我们举一个比较极端的例子，相信就能够很好地说明其中的道理，且不用借助概率论和高等数学的有关知识。

示例22：离散程度对于周期分析的影响

假设有两个连续的周期分别为2年和198年。显然，这两个周期的平均时间为100年，那么如果让一个点随机地落在这个时间轴上，则落到2年的周期的概率只有1%，落在198年的周期的概率为99%。换言之，不出意外，我们都会处于这个长周期的范围内。这时，假设当前所处的周期已经过去了99，如果按照常规的逻辑，那么下一轮周期开启的时间为100-99=1年，但实际上，下一轮周期开启的时间为198-99=99年。而对于我们进行投资研究的时间节点，可能更应该看作一个连续的函数，即使是这样，由于当前所处的周期过去多久和下一轮周期多久会来，彼此是相对独立的，所以，这里我们不应该使用条件概率的思维考虑问题，故而无论所处的时间节点在哪里，下一轮周期来临的期望时间长度仍旧是这个周期作为随机分布的均值，也就是100年（如果使用上面5年周期的例子，那么结论就是5年）。

有的人会说，你上面举的这个例子太极端了。的确，这个例子确实很极端，而且通过统计发现这种情况发生的概率也不大，但可惜的是，市场当中的超额收益和超额亏损的来源，主要是来源于尾部风险，即小概率事件（图5-33）。因此，只有当每次周期持续的时间长度是完全规律的，我们才可以用一开始的加减法的方式去计算下一轮周期将会在何时开始。

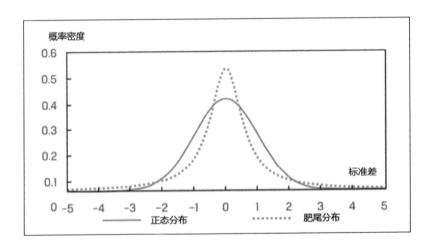

图 5-33　标准差不变的情况下因极端值产生的尖峰肥尾现象

所以，周期分析其实面临两个极端，一个是完全规律的周期，即每个周期均为5年，不多也不少，另一个是完全随机的周期，即有时是5年，有时是1个月，有时也可以达到10年、20年。

很明显，对于绝对规律的周期，我们是可以尝试去预测的，这一点很好理解，但正是由于绝对规律的周期可以不用花费任何成本去准确预测，其对于投资的指导意义会比较差，由此带来的收益如果在市场有效定价的基础上，应该严格等于无风险收益水平。而对于完全随机的周期，即使我们知道周期长度总体均值水平，但我们仍旧没办法知道下一轮周期究竟要多久才会来，所以，在这种情况下，我们是没有办法进行准确预测的，何况在现实中，我们根本不可能知道总体均值的水平，因为很多周期持续的时间很长，统计学上一般需要30

个样本才可以估算出总体分布，即使是对于周期比较短的库存周期，我们也需要100年以上的数据，这么长时间的跨度，很难保证影响周期的变量是否出现较大的变化，就更不用说康波周期这种长周期了，因为这需要1000年以上的数据，显然，这么长时间的数据，我们获取的难度都会非常大。而对于现实中的周期，其实均不属于这两个极端情况，更多的是出于两种极端之间。这就使得现实中的周期，既具备一定的可预测性，同时通过预测还可以获得超越无风险收益水平的报酬。

这里，我们基于动态的视角可以对周期进行研究，这一点类似股票估值的思路，即我们不苛求能够通过完善的决策模型确定下一轮周期的具体长度（股票的真正价值），但我们通过对于影响周期长度的因子（影响股票价值的因子）变动方向的动态演绎，在每时每刻均可以大致确定下一个时间节点周期（股票价值）的变动方向，从而就可以在不同周期进行静态预测的情况下，指导投资。

需要明确的是，虽然周期和股票价值均很难通过建模的方式确定具体的结果，但周期分析的难度是低于股票价值预测的，因为周期分析涉及的很多都是系统性因子，其变动的可预测性会更强，而股票价值非常容易受到非系统因子的影响，其随机性更强，故而更加难以预测。

在结束第一个误会的论述之前，我们有必要再对现实中存在的另一个理念进行简单的说明。我们应该听到过，类似由于时间维度的事情是难以预测的，所以投资过程中应该尽可能地淡化择时，重赔率，轻胜率。这个理念是有一定道理的，但是却不符合价值嬗变的连续观，因为我们的动态方法其实是可以将尾部事件纳入考虑范畴的，因为我们每时每刻都在进行动态决策，而并不会直接确定一个周期底部或顶部的锚。但重赔率的思路虽然在大多数情况下，是没有问题的，但极端情况如果出现，同样会给你造成巨大的亏损，甚至比重胜率的策略亏损更多。这里，我们并不是要证明价值嬗变决策框架是更加优越的，只是为了给读者提供一个可以在一定程度上避免极端风险给投资带来影响的方法而已。

下面，我们来聊一聊第二个误会，当然，还是通过一个反直觉的概率示例入手。

示例23：有关周期的误会——等不来的2路公交车

1路公交车和2路公交车的发车间隔时间都是10分钟，路线和速度完全相同，它们都会路过你家门口的某个站台，每天你在不固定的时间去车站等车，哪辆车先来就上哪辆。可能有人认为，你坐到这两路车的概率应该是一样的，可长期观察下来，你发现自己坐上1路车的概率是2路车的9倍——为什么？

原因在于，虽然两路车都是10分钟一班，但如果1路车的到站时间是8:09，8:19，8:29……，而2路车的到站时间是8:10，8:20，8:30……每次刚好晚一分钟，从而导致你坐上2路车的概率只有1路车的1/9。

公交车的问题我们先放一放，我们再考虑周期分析中的问题。一般情况下，无论是在专业课的学习、研究报告的行文还是我们在投资过程中的思维，都是倾向于先进行长周期的分析，然后进行短周期的分析。从认知的角度来看，的确，先分析长周期的好处在于，可以提前对一些更加具体的影响短周期变化的因素有个印象，以便后续对短周期的分析更加有效率。

但是，也许是认知上的习惯影响了我们，在投资的过程中，我们似乎也存在一种重视长周期而轻视短周期的倾向，这便是第二个误会之所在。例如，一些投资者比较重视GDP增速的变动周期，而对于库存周期的变动就没有那么敏感；又如，一些投资者加仓一只股票的原因仅仅是市场整体的运行周期出现了改变（市场周期在本节并没有涉及，因为一些关键的要点我们放在定价权过滤的部分予以解读），这其实都是一种舍本逐末的行为。

为什么投资过程中我们更应该注重短周期呢？原因其实和上面公交车的例子的逻辑是一样的。因为资本市场交易的是对未来的预期，而预期既涵盖短周期的问题，也自然会覆盖长周期的逻辑。一般情况下，短周期是长周期的领先指标，二者仅在特殊的情况下出现背离，所以，当短周期的逻辑兑现之后，长周期的逻辑也会很快兑现完成（就像2路公交车到站的时间会紧跟着1路车一样），而不需要等待长周期真正出现变化。如果投资者对短周期这些领先指标不够敏感，紧盯着长周期，那么最终的投资业绩很可能是不及预期的。

基于此，下面将要进行的有关周期分析的内容，主要就是围绕着这两个误会展开的，即基于动态性的视角，着重分析不同周期的影响因素和影响逻辑。特别地，对于短周期，我们主要进行周期识别、不同周期位置的特点等详细的论述，对于长周期，我们的主要关注点是如何处理其与短周期出现背离的问题。

5.3.2 国民经济循环

由于本节的内容主要是和宏观经济打交道，因此，我们有必要简单介绍一下宏观分析的基础性内容，即国民经济循环（图5-34）。

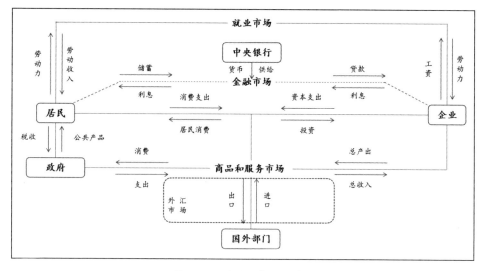

图 5-34　国民经济循环系统

最为简化的国民经济循环系统模型是由居民和企业两个主体组成的。居民部门是劳动、资本等生产要素的提供者，获取工资、利息作为要素收入，而这部分收入又进一步用于商品和服务的消费。企业部门作为居民部门的交易对手方，向居民购买劳动和资本用于生产，并将生产的产品以及提供的服务出售。如果不考虑资金在生产要素中的沉淀，那么国民经济循环其实就是一个物物交换的问题，即居民用劳动交换商品和服务。正是因为货币作为一般等价物存在，交换的问题才会变得更加复杂一些。

一个经济体的货币体制目前大都为信用货币体制，即央行作为货币的唯一最终供给方，基于国家信用的背书发行信用货币。所以，信用货币体制下的国民经济循环模型，除了商品市场、服务市场以及劳务市场，还有一个至关重要的市场，即金融市场。金融市场是货币交换的场所，居民部门的收入一部分用于消费，另一部分用于储蓄，而储蓄的资本通过金融市场便转化成了企业贷款，银行系统就是资金供需的媒介，利率就是资金在金融市场之中的价格。央行可以通过货币的注入和抽离，调控流通中的货币量，从而影响利率和通胀水平，避免金融市场供需走向极端。而无论是金融市场供给过剩（通货膨胀）还是需求过剩（通货紧缩），都将对企业部门和居民部门的决策产生消极影响，并抑制经济的发展。

需要明确的是，当市场供需走向极端的时候，仅仅依靠央行的调控可能是不够的，因为央行对于经济的调控是间接的，即需要通过信贷的方式进行，并不能够直接带来消费和投资。而信贷则依赖于信贷主体，即居民部门和企业部门的意

273

愿，所以，在实践中经常出现货币政策传导链条中断或时滞过长的现象。这时，政府部门逆周期调节的优势就显现了出来，一方面，政府可以使用强制力，将资金以税收（我国为所得税和流转税）的方式从经济中抽离；另一方面，政府也可以通过政府购买和转移支付等方式将流动性直接注入实体之中。可以看出，财政政策对于经济的调控是更加直接的，但由于财政政策的实施往往需要较长的准备时间，如预算的调整、政府债务的发行、涉税法律法规的变更等，所以，其灵活性要弱于货币政策。

中国加入WTO之后，国外部门对于国民经济循环系统的影响与日俱增，从而也逐渐成了循环系统中不可或缺的一部分。国外部门主要参与的还是商品和服务市场，是出口商品和服务的需求者与进口商品和服务的提供者。由于国外部门使用的货币和国内部门并不完全一致，由此，出口商品便形成了外汇收入，而进口商品便形成了外汇支出。

至此，国民经济循环系统中较为重要的组成部分就简要介绍完成，伴随着后续内容的持续推进，我们会发现，周期分析的框架大都是以国民经济循环系统而展开的。

5.3.3 研究周期问题所需要了解的宏观经济指标

在具体进行周期分析之前，我们需要了解一下所需要的宏观经济指标，这样才有助于我们对周期问题有更好的理解，并且能够准确快速地定位周期分析所需要的数据源。由于篇幅有限，我们仅把各个指标中最核心的内容进行阐述，对于指标计算、统计方法等基础性的问题，读者可自行查阅相关资料进行学习。

（1）采购经理指数——PMI

常规的书籍在介绍宏观分析指标的时候，往往将GDP放在第一位。但我们知道，GDP是一个低频数据，披露的频率为季度，且其综合性很强，因此，如果想要对宏观经济做一个最基本的认识，那么GDP指标是不二之选。但本书所涉及的价值嬗变决策框架是为了投资进行构建的，而上文中有关1路和2路公交车的例子表明，动态决策框架更应该注重领先指标，这也就是我们把PMI放在第一的位置的原因。

PMI是一个月度指标，披露的频率本身是比较高的，另外，PMI还有一个非常重要的特点，就是其是在每月末披露当月的数据，时效性在所有指标中是最强的。同时，PMI又是一个综合性很强的指标，可以比较全面地反映当月经济的整体情况，所以，市场对这个指标给予的关注度是很高的。

PMI是通过对企业的调查结果汇总得到的，且使用的是扩散指数的编制方法（图5-35）。具体来说，被调查者只需要在每个问题的三个选项，即增加、持平或减少中选择一个，然后以选择“增加”选项的百分比加上选择“持平”选项百分比的一半，作为PMI的分类指数，再将部分分类指数按照一定权重计算最终的PMI。

表　　号：N 241表
制定机关：国家统计局
文　　号：国统字（2021）117号
有效期至：2023年1月

统一社会信用代码□□□□□□□□□□□□□□□□□□

组织机构代码□□□□□□□□-□

单位详细名称：　　　　20　　年　　月

01 生产量：贵企业本月主要产品的生产量比上月
□ 增加　　□ 基本持平　　□ 减少

02 订货量：贵企业本月来自客户的产品订货数量比上月
□ 增加　　□ 基本持平　　□ 减少

021 出口订货量：贵企业本月用于出口的产品订货数量比上月
□ 增加　　□ 基本持平　　□ 减少　　□ 没有出口

03 剩余订货量：贵企业目前存有但尚未交付客户的产品订货数量比一个月前
□ 增加　　□ 基本持平　　□ 减少

04 产成品库存：贵企业目前主要产品的产成品库存数量比一个月前
□ 增加　　□ 基本持平　　□ 减少

05 采购量：贵企业本月主要原材料(含零部件)的采购数量比上月
□ 增加　　□ 基本持平　　□ 减少

051 进口：贵企业本月主要原材料(含零部件)的进口数量比上月
□ 增加　　□ 基本持平　　□ 减少　　□ 没有进口

06 购进价格：贵企业本月主要原材料(含零部件)的平均购进价格比上月
□ 上升　　□ 变化不大　　□ 下降

061 在本月购进的主要原材料中，价格上升或下降的有哪些？(请按常用名称列示)
- 价格上升：
- 价格下降：

07 出厂价格：贵企业本月主要产品的平均出厂价格比上月
□ 上升　　□ 变化不大　　□ 下降

08 主要原材料库存：贵企业目前主要原材料（含零部件）的库存数量比一个月前
□ 增加　　□ 基本持平　　□ 减少

09 生产经营人员：贵企业目前生产经营人员的数量比一个月前
□ 增加　　□ 基本持平　　□ 减少

10 供应商配送时间：贵企业本月主要供应商的交货时间比上月
□ 放慢　　□ 差别不大　　□ 加快

101 下列各类原材料一般需要提前多少天订货？（不包括套期保值与投机商品）
- 国内采购的生产用原材料　□随用随买　□30 天　□60 天　□90 天　□6 个月　□1 年
- 进口的生产用原材料　□随用随买　□30 天　□60 天　□90 天　□6 个月　□1 年　□ 没有进口
- 生产或维修用零部件　□随用随买　□30 天　□60 天　□90 天　□6 个月　□1 年
- 生产用固定资产　□随用随买　□30 天　□60 天　□90 天　□6 个月　□1 年　□ 没有订货

102 在企业主要原材料中，本月出现供应短缺的有哪些？（请按常用名称列示）：

11 生产经营活动预期：贵企业在未来 3 个月内生产经营活动整体水平预计
□上升　　□变化不大　　□下降

12 贵企业目前在生产经营和采购过程中遇到的主要问题或困难是什么？（可多选）
① □ 资金紧张　　② □ 市场需求不足　　③ □ 原材料成本高
④ □ 物流成本高　　⑤ □ 劳动力成本高　　⑥ □ 融资难
⑦ □ 劳动力供应不足　　⑧ □ 人民币汇率波动　　⑨ □ 其他（请具体说明）：

13 您对本行业或企业发展如何评价？有何建议？

14 本月贵企业产能利用率（主要产品产量与设备正常运转条件下的最大生产量之比）为：
□达到或超过 100%　　□ 80%-100%　　□ 50%-80%　　□30%-50%　　□不足 30%

15 贵企业是否有扩大生产经营规模的计划，若有，计划何时启动：
□已启动　　□三个月内　　□半年内　　□一年内　　□暂无

图 5-35　制造业采购经理调查问卷

基于此，50是PMI的枯荣线，即指数低于50，则经济处于收缩过程中，如果高于50，则属于扩张过程。但是，我们通常在新闻中看到的PMI都是加权之后的数据，其实真正需要关注的是分类指数的情况。

制造业PMI指数是由13个分类指数组成，非制造业PMI指数由10个分类指数组成，相关信息如表5-13、表5-14所示。

表 5-13 制造业PMI分类指数构成

序号	分类指数	含义
1	生产量	企业报告期内生产的符合产品质量要求的主要产品的实物数量
2	订货量	企业报告期内接到的订货数量，即报告期内签订的生产订、供货合同或接到的其他形式的需求总量，不考虑是否完成
3	出口订货量	企业报告期内主要产品订货数量中用于出口的部分
4	剩余订货量	企业报告期末止尚未兑现的订货数量，即企业现存的订货数量
5	产成品库存	企业报告期末尚存在企业产成品仓库中而暂未售出的产品的实物数量
6	采购量	企业报告期内购进的主要原材料（包括零部件）的实物数量
7	进口	企业报告期内进口的主要原材料（包括零部件）的实物数量
8	购进价格	企业报告期内购进的主要原材料（包括零部件）价格的加权平均水平
9	出厂价格	企业报告期内生产的符合产品质量要求的主要产品出厂价格的加权平均水平
10	主要原材料库存	企业报告期末已经购进并登记入库但尚未使用的主要原材料的实物数量
11	生产经营人员	企业报告期末主要生产经营人员的数量
12	供应商配送时间	企业报告期内收到的主要供应商的交货时间
13	生产经营活动预期	生产经营活动预期

表 5-14 非制造业PMI分类指数构成

序号	分类指数	含义
1	业务总量	企业报告期内完成的业务活动的总量
2	新订单（客户需求）	企业报告期内签订的服务、生产订货合同或收到的其他形式的需求总量，不考虑本月是否能完成
3	国（境）外新订单	企业报告期内与国（境）外的企业签订的服务、生产订货合同或收到的其他形式的需求总量
4	未完成订单（业务）	企业报告期末尚未完成的业务量
5	存货	企业日常活动中持有以备出售的产成品或商品、处在生产过程中的在产品、将在生产过程或提供劳务过程中耗用的材料或物料等
6	投入价格	企业报告期内生产经营或提供服务过程中购买的主要商品或服务（若没有，可参照人均薪酬情况填报）等加权平均价格水平
7	收费价格	企业报告期内提供的主要商品（或服务）销售（或收费）的加权平均价格水平
8	从业人员	报告期末在本单位工作，并取得工资或其他形式劳动报酬的人员，包括在岗职工、劳务派遣人员及其他从业人员
9	供应商配送时间	企业报告期内收到的主要供应商交付商品（或服务）的时间
10	业务活动预期	对企业未来3个月内业务活动整体水平的预测

可以看出，虽然制造业和非制造业PMI的分类指数的名称各不相同，但二者还是存在对应关系的，且非制造业PMI的分类指数可以和制造业对应上，而制造业分类指数数量较多的主要原因在于采购量、进口和原材料库存项目是非制造业所没有的。

制造业PMI分类指数中，订货量、出口订货量和剩余订货量反映的是需求情况，对应非制造业额的分类指数就是新订单（客户需求）、国（境）外新订单和未完成订单（业务）。其中，这三个指标中，出口反映的是外需的环比变化，其他两个指标整体反映了内需的环比变化。同时，生产量和业务总量指标也可以在一定程度上刻画需求，只不过生产量涉及企业对于未来的预期以及营运安排的问题，所以，其更多的是在库存周期分析中使用。需要注意的是，上述有关需求的指标是数量型指标，并没有反映价格的变动情况，而出厂价格和收费价格则代表了产品的价格的环比变动。与之类似的是，PPI是同比指标，且公布的时间晚于PMI，所以，其可以作为价格指数的领先指标。

可以看出，PMI可以从量和价两个维度刻画需求，而这就对应四种组合，相关内容如表5-15所示。

表 5-15　PMI分析中的量价关系组合

序号	需求数量	价格	一般经济意义
1	走强	走强	需求转旺，且供给缺口进一步扩大，市场动态结构为供不应求
2	走强	走弱	需求转旺，但供给扩充更为明显，市场动态结构为供过于求
3	走弱	走强	需求转衰，且供给缺口进一步扩大，市场动态结构为供不应求
4	走弱	走弱	需求转衰，且供给收缩并不明显，市场动态结构为供过于求

表5-15中之所以在经济意义前面加上"一般"，主要原因在于，上述判断是通常情况的情形，在特殊的情况下，还需要结合其他指标才能判断市场的供求关系是怎样的。例如，当需求数量走强，但价格走弱的情况下，不一定代表需求转旺，有可能是因为企业主动去库存，使得价格走低的情况下需求得以提振，而如果在原有价格水平上，可能需求仍旧处于萎缩的态势。

这时，确定企业营收水平和库存变动之间的关系就十分重要了，从而可以刻画出库存周期。如果使用PMI指数进行分析，那么需求数量、价格指标与产成品库存之间的关系就是主要的分析目标（详细内容见库存周期部分的论述）。

购进价格和投入价格在一定程度上是购进价格指数（PPIRM）的领先指标，但其重要性却没有那么大，因为决定生产者价格指数的领先指标中，PMI并不是最高频的，大宗商品的价格，如钢材、有色金属、原油等都是以日为单位进行更新的，所以，在分析生产端通胀的时候，我们更多的是关注大宗商品的价格波动情况，如南华商品期货指数等（图5-36）。

图 5-36　部分南华期货商品指数走势（数据来源：iFinD）

生产经营人员和从业人员的变动情况，可以视为就业数据的领先指标。由于就业情况是决定内需水平的核心因素之一，虽然它的变动不会对内需整体水平立刻产生影响，但如果连续几个月的PMI就业分类指数呈现出一定的变动趋势，那么内需在之后也可能会出现对应的变化。

供应商配送时间是一个比较特殊的指标，在合成到PMI之前，需要进行逆指数化的处理，即供应商配送时间减少，反映在PMI中，反而指数数值会更大，从而代表更强的经济情况。关于这一点，其实是存在一定的争议的，因为在经济极度旺盛的时候，物流可能会出现拥堵，此时供应商配送时间增加，却会压制PMI的表现。所以，当供应商配送时间作为影响PMI变化的主要矛盾时，我们需要立足于经济意义，进行个性化的分析。

最后，生产经营活动预期和业务活动预期是企业内部人员对未来业务活动的预测，是一个具有较强前瞻性的指标。我们对这个指标的使用，不一定要按照指标是扩张还是收缩去进行经济预判，而是应该重视企业基于上述预期下可能的行为。例如，当预期处于扩张，那么企业生产量、采购量、进口和主要原材料库存指标在未来同样处于扩张的概率较大，但如果通过分析，我们认为市场需求水平仍旧存在较大的下行压力，那么结论就是企业库存水平将会提高，未来去库压力大，价值指数同样可能会出现下行的趋势。

需要注意的是，每个月实际上会公布两种PMI，即官方PMI和财新PMI，且后者公布的时间要稍晚于前者，一般为每月一日的上午。二者最大的不同点，在于调查样本的差异，官方PMI的样本范围主要覆盖中大型企业，其中央企、国企的占比较高，而财新PMI则以中小型企业和民营企业为主。在国营经济和民营经济发展趋势存在背离的时间窗口期，官方PMI和财新PMI经常会出现背离。通常意义上认为，财新PMI是官方PMI的领先指标，因为民营企业对于宏观经济的敏感度会更高，但我们认为，在国营经济地位处于相对强势的时期，经济运行的中枢同官方PMI的相关性还是会更大一些（图5-37）。

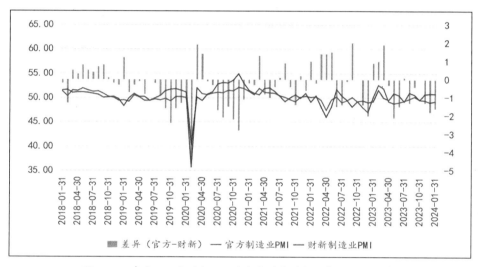

图 5-37　官方PMI和财新PMI的走势差异（数据来源：iFinD）

同时，PMI是一个环比指标，因此就容易受到季节性的影响，如每年1月、2月、7月、10月均是容易出现季节性因素扰动的时间。为便于用户使用，在发布当期环比数据的同时，通过国家统计局网站发布模型自动修正的当年前期环比数据。但经过季节性调整之后的数据，仍旧存在一些季节性的影响，只不过这些影响是超越历史均值的情况（可以简单这样理解）。

从公布的PMI结构上看，如果是为了了解近一个月经济整体强弱程度的话，那么制造业PMI数据则是我们关注的重点。而对于非制造业PMI，其又可以细分为建筑业PMI和服务业PMI。建筑业PMI在一定程度上和房地产周期以及财政政策的施行紧密相关，伴随着房地产周期对于经济周期影响程度的弱化，以及财政政策和房地产周期的错配效应，使得建筑业PMI的波动性可能存在逐渐降低，并且政策影响的权重将逐渐提升（图5-38）。

图 5-38　制造业PMI和非制造业PMI的走势差异（数据来源：iFinD）

（2）工业数据

工业数据主要指的是每个月公布的规模以上工业增加值以及工业企业财务数据。其中，工业增加值的分析更加重要，财务数据的使用则需要构建相对复杂的财务模型，进行更加精细化的研究。

工业，主要包括三个细分行业，即采矿业、制造业和电力、热力、燃气及水生产和供应业，其中，制造业的占比最高，约为85%。工业数据的意义在于，其可以帮助我们提前了解工业企业经营的景气程度和其他财务信息，而无须等待以季度为单位公布的上市公司财务数据。

由于工业数据覆盖了不同行业的具体信息，所以，我们需要基于产业链的逻辑去分析经济结构上的运行方式。一般地，我们可以将工业企业所属行业进一步细分为上游、中游和下游。

如表5-16所示，上游行业主要是从事初级资源的开采，并获得原始的工业原料。中游行业可分为两个细分行业，其一，为对上游行业产品进一步加工，所生产的继续用于下一阶段生产的产品，这些产品也属于工业原材料的范畴；其二，用于生产活动所需的各种设备的制造行业。对于设备制造行业，有些研究认为应当将其放在下游行业中进行分析，但基于产业链以及景气度传导的逻辑来看，将其归类于中游行业则更加适合。只不过，中游行业中的原材料和设备生产企业的景气度，分别同企业生产以及资本开支紧密相关。下游行业则更多地和消费的关联度有所增加，因为其所处的产业链位置距离需求端更近。

表 5-16 工业数据分析使用的行业分类标准

产业链位置	行业
上游	煤炭开采和洗选业、石油和天然气开采业、黑色金属矿采选业、有色金属矿采选业、非金属矿采选业
中游	石油、煤炭及其他燃料加工业，木材加工及木、竹、藤棕、草制品业，造纸及纸制品业，化学原料及化学制品制造业，化学纤维制造业，橡胶和塑料制品业，非金属矿物制品业，黑色金属冶炼及压延加工业，有色金属冶炼及压延加工业，金属制品业
下游	医药制造业，通用设备制造业，专用设备制造业，汽车制造，铁路、船舶、航空航天和其他运输设备制造业，电气机械及器材制造业，计算机、通信和其他电子设备制造业，仪器仪表制造业，农副食品加工业，食品制造业，酒、饮料和精制茶制造业，烟草制品业，纺织业，纺织服装、服饰业，皮革、毛皮、羽毛及其制品和制鞋业，家具制造业，印刷业和记录媒介的复制，文教、工美、体育和娱乐用品制造业

在使用PMI数据进行供需结构分析的时候，由于PMI并没有分行业的数据，所以，我们得出的结论是比较泛化的，为了能够跟踪产业链不同结构的景气度差异，工业数据就是一个很好的工具。当然，基于动态的视角，价值嬗变框架下，我们更关注的是景气程度沿着产业链运行的情况，而并非单一行业的景气度是高还是低，是改善还是恶化。

理论上讲，上中下游的景气度应当保持基本一致，且景气度的高低由需求决定，并沿着产业链自下而上进行传导。但现实状况是，上中下游的景气度是存在趋势性波动的，并不同步，且景气度在产业链的传导路径也并不是规律的。

造成这种现象的原因是多方面的：

其一，需求是连续变化的，但企业产能的变化却是离散的。因为产能的变化会受到资本开支以及产品边际贡献等因素的制约，从而在景气度下行的时候，企业为了弥补固定成本开支而在亏损下生产，在景气度上行的时候，由于新建产能需要一定的时间，从而造成价涨量不增的局面。这两种极端的情况都可以进一步加剧供求失衡，并使得景气度的传导路径在不同的产业链节点处中断。

其二，政策的驱动或者技术的迭代等外生变量，打破原有的景气度传导路径。例如，在环保政策的压力下，上游企业去产能深化演绎，从而造成产品价格上涨，景气度上行；中游行业也会受到这一因素的影响，产能去化叠加环保设备开支的增加，而出现景气度上行的情况；而对于下游行业而言，需求未发生明显改变的情况下，中上游成本提升，会使得生产不同需求价格弹性产品的企业面临不同的景气度情况，即弹性越大，景气度越容易受到制约，而弹性越小，景气度反而容易出现上行的局面。

其三，垄断等非竞争性市场行为的影响。在我国工业产业链的结构中，容易受到垄断等非竞争性市场行为影响的产业，主要集中在中游行业，包括先进材料、计算机通信设备、专用设备、仪器仪表等，且这些行业的垄断力量主要源于海外。

所以，对于工业数据的分析，我们需要将产业链结构视为一个分析框架，但千万不能希望能够存在一个研究的定式可供参考。我们需要抓住影响当前产业景气度结构的核心矛盾，并锁定其主要发挥作用的产业链位置，并做出合理的推演即可。

上述逻辑对于日后的研究更为重要，原因在于，在以房地产业为经济增长动力核心的年代，工业数据分析的重要性可能并没有现在这么重要，因为经济中的大多数变量，都是房地产周期的因变量，所以，只要把握好房地产周期的运行状况，就基本上抓住了经济预测的关键。同时，房地产业也好、建筑业也罢，都不会体现在工业产业链结构上，这也是工业数据分析在之前属于经济分析中从属地位的一个原因。

而未来，中国经济增长动能切换，高端制造业成为核心，这也就使得经济分析的关键矛盾由非工业领域转入工业领域，且关键问题大都属于产业链中游的位置。因此，在新旧经济增长动能切换的过程中，我们要注意中游产业链对经济的牵引作用，同时仍旧应该保持对房地产业链的关注，毕竟瘦死的骆驼比马大，地产行业至少在2030年之前，对于中国经济的影响都是至关重要的。

同时，工业数据虽然是每月公布一次，但我们依旧能找出一些其他数据进行预测。其中，制造业PMI就是一个有效的指标，同时，发电煤耗、货运量、上游原材料的价格变动等高频数据，以及不同工业行业协会发布的行业数据都是可以使用的。但我们时刻需要记住，预测绝不是价值嬗变框架中的重要工作，而基于事件的演绎才是，所以，上述基于产业链结构景气度变化的演绎，才是关键。

对于工业企业财务数据，其实对于价值嬗变框架来说意义没有那么大，我们可以通过一些重点财务项目变动情况的分析，在产业链层面上进行推演。同时，我们可以使用财务报表预测技术，预测下一期工业企业的业绩水平，从而推演市场预期将会如何进行修正等，相关内容可以参考第一篇有关估值模型的部分以及第二篇中个股财务分析的部分。

（3）固定资产投资

接下来，我们就进入拉动经济的三驾马车相关的分析，首先就是投资。

虽然我国目前面临新旧经济增长动能的切换，但是投资仍旧是我们首要关注的目标。原因在于，拉动经济的三驾马车分别是消费、投资和净出口，其中，消费和投资占GDP的比重比较大，基本上处于平分秋色的水平，且数量上维持在50%左右。相比之下，净出口占GDP的比重是比较小的，大部分时间是维持在5%以下，而从对经济增长贡献率来看，消费和投资也是占据绝对的优势（图5-39）。但我们为什么要把投资作为首要分析的目标呢？原因在于，消费整体的波动是相对稳定的，因为消费当中有相当一部分贡献是来源于刚需消费，而刚需消费在不同的年份基本上保持相对一致的水平，因此，GDP或者说经济的波动可能主要来源于投资。

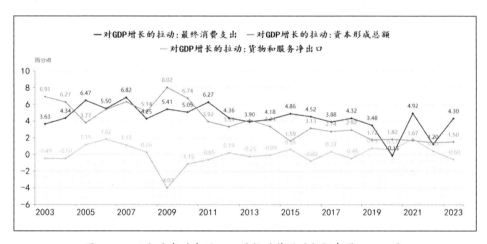

图 5-39　三大需求对中国GDP的拉动作用（数据来源：iFinD）

对于投资的情况，我们的主要关注指标是由国家统计局公布的固定资产投资数据。固定资产投资是一个月度指标，又称固定资产投资完成额，是指以货币形式表现的，在一定时期内，全社会建造和购置固定资产的工作量以及与此有关的费用总称。同时，固定资产投资的组成部分，可以有多种分类方式，比如可以按三次产业进行划分，也可以按投资主体进行划分。对于不同的分类口径，我们建议读者关注如下四方面的数据：民间固定资产投资、房地产投资、基建投资和外商投资。

民间固定资产投资是指具有集体、私营、个人性质的内资企事业单位，以及由其控股的企业建造或购置固定资产的投资。民间固定资产投资是反映企业家信心和投资意愿的核心指标，因此，这个指标之所以非常关键，主要是由于其代表了市场和经济领域当中有关情绪方面的因素。

民间固定资产投资作为一个滞后性的指标,在动态的投资分析框架当中,其最重要的作用来源于对于周期拐点的确认作用,同时当这一滞后性的指标出现大幅的反弹或下挫,那么可能也预示着领先指标及经济周期可能会出现拐点。

同时,我们也应该认识到,民间固定资产投资是一个极易受到经济发展中一些突发性事件影响的指标(图5-40)。所以,当我们拿到了一份民间固定资产投资的数据,并发现基于之前的趋势出现一定的不同,这个时候,我们首先应该考虑的是,是否出现了一些突发事件,从而使得这个指标出现了暂时性的改变,而并不是周期性的、根源性的变革。只有排除了突发事件对于指标的影响,我们才可以真正确认这一指标是否真的出现了质的变化。

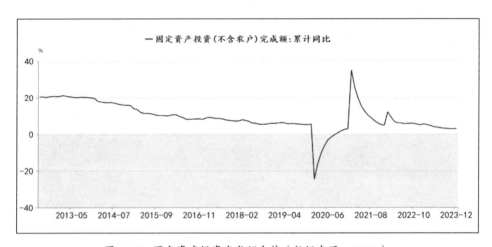

图 5-40　固定资产投资完成额走势(数据来源:iFinD)

同时,民间固定资产投资在一定程度上也和产能的情况息息相关,尤其是对第二产业来说。而产能的变化在一定程度上可以和库存周期联系起来,因为库存周期主要衡量的是营业收入与存货之间的关系,而产能就可以作为存货和营业收入的中介变量存在。所以结合产能的情况,我们就可以更加具有前瞻性地预知库存周期未来将如何演变。

固定资产投资当中的第二个问题就是房地产投资。房地产是过去中国经济发展的重要动力之一,但目前这种旧的经济增长动能正在逐步地向新动能切换,但由于切换的时间比较长,且房地产产业链对于经济的影响还是相对根深蒂固的,所以,在未来可预见的范围之内,我们可以说在2030年之前,房地产依旧是影响中国经济周期的重要变量之一。

房地产开发投资主要包括四个部分,即建筑工程投资,安装工程投资,设备工器具购置投资和其他费用投资。建筑工程投资，我们可以简单理解为盖房所需要的建筑工作量的货币表现形式，而安装工程投资则是在建筑接近竣工的时候安装的各种设备装置的工程。如果把二者合起来看待，我们可以将建筑工程和安装工程简称为建安工程。由于安装工程相较于建筑工程是相对靠后的，因此其与房地产竣工面积的相关度会比建筑工程更高一些。而设备工器具购置投资是指购置或自制的达到固定资产标准的设备工具和器具的价值。其他费用投资则是一个兜底项目，也就是在上述费用没有涵盖的范围之外的所有费用都可以计入这一个项目当中。

房地产开发投资的4个项目当中，建筑工程投资和其他费用投资是占据绝对的重要地位的。以2020年年底的数据，建筑工程投资的规模为8.2万亿元，而其他费用投资则达到了5.2万亿元，排名第三的安装工程投资仅有5849亿元，而设备工器具购置投资仅有1443亿元（图5-41）。所以，我们在分析的时候，其实在一定程度上可以省略掉设备工器具购置投资这一个项目，而把安装工程合并到建筑工程投资之中进行分析即可。

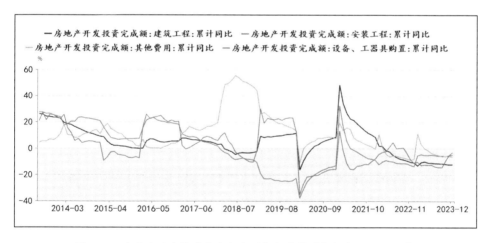

图5-41 房地产开发投资完成额分项数据走势（数据来源：iFinD）

这里我们需要明确，在其他费用项目当中，一个占了70%—80%比重的细分项目，也就是土地购置费。对于这个项目，我们在分析的时候要进行一定的调整，否则将会对其他费用投资，甚至对房地产开发投资这个大项目都会产生一定的认知偏差。

通常意义上讲，我们会认为土地购置费和拍得土地的成交价款是一回事，但是根据实践的经验，我们发现土地购置费其实可以认为是一年前土地成交价款支付额。因为根据财政部发布的规定，市县国土资源管理部门与土地出让人在土地出让合同中依法约定的分期缴纳全部土地出让价款的期限原则上不超过一年。既然如此，对于企业来说，支付土地成交价款的最佳时间就是确定土地成交价款的一年后，这样能够最大可能提高资金周转效率。换言之，当期土地购置费反映的其实是上一期的拿地状况，而其他项目都反映的是当期的情况，因此二者的统计口径不同。

具体的调整方式，我们可以把当期土地购置费的项目作为上一期该项目的金额进行列示，从实际的角度来看，我们认为将这一项目从房地产开发投资分析中剔除，也是一个好的办法。因为土地购置费和其他房地产开发投资项目相比，一个最大的不同点在于这个费用是地方财政的收入，而地方财政的收入并不一定会以投资的形式流入经济，所以将这部分费用作为投资口径去统计，在一定程度上是不符合现实的，取而代之的是，我们可以将这部分费用纳入财政政策分析以及基建分析领域中。

基于动态分析的视角，对于房地产投资，我们要注意以下三方面的问题。

第一，房地产产业链是比较长的，而房地产对于经济的作用也是比较大的。2023年上半年，房地产开发投资占全国固定资产投资的比重为28.6%，房地产业增加值占国内生产总值的比重为7.1%，房地产相关行业，包括建筑业、金融业和制造业等，对GDP的拉动作用为23.4%。所以，房地产的景气度在一定程度上是其他相关行业的领先指标，例如，工业数据当中部分行业就会受到房地产产业链景气度的影响。当然对于这样的影响逻辑在未来几年还会持续，只不过随着时间的推移，房地产产业链对其他行业的外部性作用可能会逐渐减小。

第二，我们需要明确房地产开发投资是需要耗费大量资金的，而由于房地产开发是存在一定的周期，因此，资金也会在这个周期当中进行一定的沉淀，这就会使得整个信用的宽松程度和房地产开发投资的景气度存在较为密切的关联。而信用水平的变化在一定程度上也和社融水平、利率以及通胀的变化紧密相关。房地产开发和这些金融指标，其实并不存在明显的领先和滞后关系，二者基本是同步进行的，所以，不同指标之间我们可以进行互相确认，当确认没有出现问题，则之前的判断就会被证实，而如果出现背离，我们需要分析背离产生的原因。

同时，在这个领域当中，需求因素其实是房地产开发投资的领先指标，而需求在一定程度上由两方面决定，第一为政策，第二为市场。政策方面的需求，例如棚户区改造，以及2023年开始提出的三大工程的建设，都是提升房地产开发投资的一些举措。市场因素其实更重要的还是资金问题，这里我们可以关注M1和

M2之间的剪刀差，也就是货币活化程度（图5-42）。货币的活化程度增加，在一定程度上预示着资金从金融系统流向经济，而流向经济的方向又可以分为两种，第一为实体经济，第二为虚拟经济。虚拟经济，顾名思义，就是指资本市场，因此，货币活化程度提升可以使得资本市场估值出现明显的抬升。同时，活化程度提升也能够使得资金流向实体经济，从而推升房地产开发投资的提升。

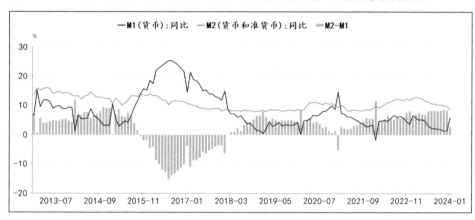

图 5-42　M1和M2的剪刀差（数据来源：iFinD）

需要注意的是，货币活化程度在一定程度上也会受到情绪的影响，而情绪又是一个滞后性的指标，因此，当房地产开发景气度出现明显的提升之后，货币的活化程度还会出现一个加速的趋势，而这个加速其实就和房地产开发之间互相成为正反馈，在不断正反馈的作用之下，房地产销售的情况就会达到极度旺盛的情况，从而预示着风险也在逐渐积聚。

第三，我们需要关注房地产投资和政策之间的关联。在过去房地产和政策之间基本上是同向的，是互相促进的。也就是说政策为了提振经济增长水平，主要的发力对象就是房地产，这是在过去粗放式发展经济的过程当中常用的手段。而现在我国的经济增长动能正在面临新旧的切换，所以，政策和房地产之间的同向关系已经逐渐变成了负向关系，即当房地产周期下行，从而对经济整体造成压制的时候，政策会倾向于以更加积极的方式去提振经济。而政策层面的因素，我们既可以应用在分析财政周期上，也可以结合接下来我们将要提到的基建分析领域的相关内容。

基建在过去是拉动中国经济的非常重要的抓手之一，同时基建的投资也是财政端进行逆周期调节的方法。基建投资之前主要涉及的是传统行业，也就是说其所覆盖的行业包括交通运输、仓储和邮政业，水利、环境和公共设施管理业，电力、热力、燃气及水的生产和供应业。伴随着我国经济增长动能的切换，新基建的概念也应运而生。2020年4月国家有关部门首次明确了新基建的定义和范围，主要包括三类，一是信息基础设施，如5G、互联网、人工智能、算力建设；二是融合基础设施，如智能交通系统，智能能源系统等工业互联网领域；三是创新基础设施，如大科学装置和科教基础设施等。

未来政策对于新基建方面的支持和投资，在一定程度上可以提振经济增长水平，而短期范围之内，其更重要的作用可能是对于这些短期没有办法进行业绩兑现的高成长性行业，提供较强的阿尔法投资机会。

固定资产投资当中的基建投资数据，其实是具有很强的滞后性的，因为我们从其他方面的信息源就可以提前知道基建投资的增速变动方向。

基建投资规模的大小主要还是源于政府意愿。通过一些政策方面的文件，可以在一定程度上向市场提前传达未来一段时间的财政支持方向和水平。

通过预判政府意愿可能的方向变化，我们就可以提前预知，重要经济政策披露时间节点的一些交易性机会，以及之后落实到基建投资数据方面的机会。

固定资产投资按照资金来源可以分为内资和外资，而利用外资是指收到的境外资金，包括对外借款、外商直接投资、外商其他投资。外商投资对于经济的提振作用是多方面的，即从GDP核算的角度，外商投资作为投资的一个分项，自然会对GDP有所贡献，另外一点，从过去的经验来看，外商投资可以带来一些技术上的引入，而技术可以提高中国要素生产率的增长水平，进而使得中国经济增长速度能够实现弯道超车，创造亚洲奇迹。

对于未来，外商投资的意义仍旧比较重大，但是边际上可能存在一定的降低趋势。这主要是由于逆全球化思潮抬头的背景之下，各国都在通过完善自身产业链的方式，着重提升国内循环的顺畅程度。这在一定程度上影响着跨国资本的自由流动，从而增加各国资本流向本国的可能。同时，全球经济体系的稳定性有所减弱，尤其是在新冠疫情之后，金融系统的不稳定性也逐渐成为全球关注的焦点，而跨境资本流动是在一定程度上催生泡沫的破裂以及相关风险事件释放的导火索之一。当然，伴随着全球经济政治等方面的事件的发展和演绎，上述结论也有可能是不正确的，这个时候我们需要根据现实的状况及时的调整。

同时，我们要知道外商投资指标其实更加反映出外资对于人民币资产的态度，且其一旦形成趋势就会有一定的惯性，从而能够在一定程度上和人民币汇率、美元指数和利率、中国外汇储备以及黄金价格等高频指标都存在一定的关系。这些指标在一定程度上会影响北上资金配置盘以及内资的风险偏好，从而影响市场的表现。同时，外商投资和民间固定资产投资也存在一定的关联，因为民营企业和外商也都同时面临着投资环境的影响。

（4）消费数据分析

对于消费端的分析，我们更加注重下游需求的分析，因为对于中游的需求，PMI以及工业数据分析在一定程度上都可以覆盖，这里我们就没有必要做重复劳动了。

消费数据中，社会消费品零售总额数据，披露了餐饮收入和商品零售额的绝对数和同比增长情况，是一个月频数据，可以反映终端消费的情况。其中，餐饮收入在2020年以来波动程度比较剧烈，主要原因在于新冠疫情的影响，但由于其整体体量不大，所以波动情况预计会趋于平淡。而对于商品零售板块、汽车类和石油及制品类是两项占比较大且波动程度较为剧烈的，其同比增速情况直接影响了社零数据的整体走向。随着新能源汽车的普及，石油及制品类零售绝对数量的占比可能会有下行趋势，而汽车产业目前仍旧是财政刺激消费的重要抓手，因此，在未来社零数据中，汽车类零售数据的重要性仍旧保持高位的水平。而对于非汽车和石油制品类的商品零售类别，占比体量较低，或波动幅度较小，因此，其对于社零总量的影响有限，更多的可能反映出一些细分的阿尔法投资机会，这一点和工业数据的作用有异曲同工之妙（图5-42）。

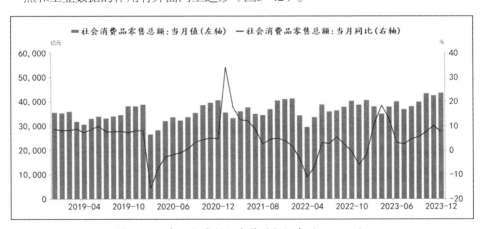

图 5-42　中国社零数据走势（数据来源：iFinD）

然而，在消费分析中，我们希望能够找到一些领先的指标去预测消费的变化，以及消费的变化对于经济和资本市场的影响，出于这种考虑，我们认为，对于消费能力和消费意愿的分析是至关重要的。

反映消费能力的指标还是和就业、收入相关，而可支配收入数据和就业数据相比，居民可支配收入数据的内涵会更加丰富一些，但可惜的是，住户调查——人均居民消费支出的公布频率是以季度为单位的，所以，我们需要对影响可支配收入的指标进行前瞻性分析。

如表5-17所示，可支配收入包括四个方面：工资性收入、经营净收入、财产净收入和转移性收入。工资性收入主要与就业企业经营状况有关，边际调整的频率并不大，所以，这个项目对于消费能力的影响预期也不会很敏感。而对于经营净收入而言，由于其统计的是居民生产经营活动的净收入，所覆盖的主体体量都比较小，且规范性程度较差，同时，除了官方的统计数据，我们很难找到更加高频的数据去进行相关性分析。所以，我们对于可支配收入的分析，应当主要以财产净收入和转移性收入这两个项目为重点展开（图5-43）。

表 5-17 居民可支配收入的影响指标

分类	定义
工资性收入	就业人员得到的全部劳动报酬和各种福利，不仅是从事的主要职业，也包括各种兼职和零星劳动得到的劳动报酬和福利，比如，上班族、打工族，以及自由职业者所获得的报酬都属于工资性收入
经营净收入	居民从事生产经营活动所获得的净收入，是全部经营收入中扣除经营费用、生产性固定资产折旧和生产税之后得到的净收入，比如，农民开农家乐、城镇个体户的经营收入所得就属于这一类
财产净收入	居民运用、出让所拥有的动产(如银行存款、有价证券)和不动产(如房屋、车辆、收藏品等)获得的回报并扣除相关的费用之后得到的净收入，比如，我们在银行存款所获得的利息、出租房屋得到的房租、购买基金扣除管理费后所得的收入等
转移性收入	国家、单位、社会团体对居民家庭的各种经常性转移支付和家庭之间的经常性收入转移，比如，国家发给个人的养老金或退休金、失业救济金、单位发放的住房公积金，子女给父母的赡养金等

图表5-43 居民可支配收入的结构（数据来源：iFinD）

财产净收入主要包括两个方面的内容，即财产现金流收入和财产处置收入。财产现金流收入主要是指利息收入和租金收入，前者是债权类金融资产的回报，而后者是不动产出租的回报。财产现金流收入水平的高低，主要受到利率水平的影响，所以我们可以将对应期限的国债收益率水平作为高频指标进行预测。而财产处置收入其实代表的是具有潜在交易意图的资产持有人资产的公允价值变动，金融资产注入交易性债券、基金份额、股票等，非金融资产包括房地产等。资产价值的上升虽然不能为资产持有人带来直接的现金流，却能够创造较大的财富效应，从而增加可支配收入水平，最终促进消费。这个逻辑也就在一定程度上证明了过去对于房地产市场的促进，以及如今对于活跃资本市场的重视，本质上都离不开促进消费的意图。当然，财产处置收入口径下，消费能力的提振并不一定需要资产的市场价值能够飙升到多少，更重要的则是资产价值是否具有稳定增值的潜力，因为消费能力是一个中长期口径的因子，短期资产价格的波动其实并不会对其产生较大的影响。

转移性收入主要和财政政策有关，如宏观税负水平的高低会影响财政的进项，而转移支付水平则会影响财政的销项。有关政策的定调，还是需要对于重要会议精神的解读，以及具体政策信息的分析等。同时，我们需要注意的是，转移性收入水平的高低主要影响的是刚需消费，这一点很好理解，但随着人口老龄化程度的不断加深，有关养老金额度是否足以覆盖需求或维持一定水平的增长，大概会成为市场关注的重点。因此，养老金来源的波动就会影响消费能力。常规意义上讲，养老金的来源主要包括养老保险缴费、财政拨款和投资收益。其中，养老保险缴费同工资收入紧密相关，财政拨款的问题我们刚才也已经讨论过，而剩下的就是投资收益了。投资收益的高低主要取决于两个方面，其一是资本市场的活跃程度和造富效应是否强大，其二就是国资背景的公司的盈利能力。所以，资本市场的问题还可以从转移性收入的角度去影响消费，同时，在当前的背景下，过度强调民营经济的地位而弱化国营，可能也会带来一定的消极影响。

反映消费意愿的指标，我们可以参考统计局发布的中国消费者信心指数，这个指标是月频指标，是消费者满意度和消费者预期的综合反映，可以对消费意愿进行提前预测。消费者信心指数形成趋势之后，一般会对日后的消费提振产生比较大的影响，这主要是基于情绪指标反作用于经济的逻辑去讲的，但一般情况下，这个指标还是具有一定的滞后性的，因为其属于情绪性指标。可以看到，

2022年开始，消费者信心一直处于比较平稳的水平，其横盘震荡的时间越长，趋势确认的难度就越大，我们需要结合消费者信心反弹的时间级别对于消费数据的影响，一般而言，越是脉冲性质的波动，就越不容易对经济的提振造成实质性的影响。

（5）对外贸易

对外贸易分析所使用的数据，主要是海关公布的货物进出口与数据，这个数据是月频的，可以比较综合地反映上个月进出口贸易的情况（图5-44）。

拿到一份进出口贸易的数据，我们最先需要关注的是美元计价和人民币计价数据的差异，因为这种差异的来源就是人民币对美元的汇率变动问题。考虑在跨境资本流动的作用下，人民币兑美元汇率的波动一直处于相对剧烈的水平，所以，不同货币计价的数据，尤其是表现在同比增速上，差异有时会比较大。这时，我们建议以美元计价为准，因为美元指数的波动性要弱于离岸人民币兑美元的汇率，所以，汇率变动的原因有相当一部分是由于人民币本身，而非美元。而且，美元目前仍旧是全球第一大货币，进出口数据用美元计价也会使结果更加公允。

进出口数据中，主要包括进出口总值、进口总值、出口总值和贸易差额，其中，对于日常的对外贸易分析，我们更多关注的是出口以及贸易差额。

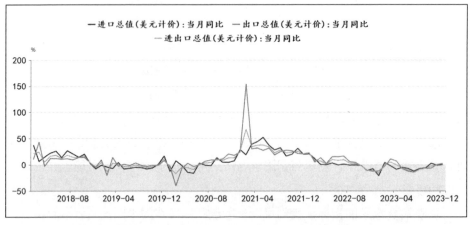

图 5-44　中国进出口数据（数据来源：iFinD）

需要特别说明的是，在未来几年，无论是出口的总量还是结构，对于我国经济和资本市场的影响大概是越来越高的。虽然当前逆全球化思潮抬头，但需要注意的是，就我国的情况来看，在新旧经济增长动能切换的时候，国内市场的内卷程度是非常高的，因此各行各业均不可避免地在国内市场这个系统内面临熵增[15]的窘境。为了改善熵增的局面，在系统内部进行结构上的推倒重置就是一个方法，显然，新旧动能切换就是干的这件事情，但仅仅依靠产业转型既存在不确定性，耗费的时间成本也会比较高。因此，我们就考虑在系统外部寻找机会，这种方法也能改善熵增的程度。所以，产业出海，是未来的一个新的贸易主题，也可能是资本市场层面上的重要的主题性机会之一。

产业出海的逻辑主要是对于优势产业而言的，例如电子、机械设备、通信、工业自动化、生物医药、新能源汽车、轻工业和部分细分消费行业等。可以看出，这些行业大部分也都属于高新技术产业，从而和我国经济转型的目标是相契合的。同时，中国未来出口产业价值量的提升，也就意味着国内的中低端产业可能会继续向外转移，例如，自2022年以来，对于东盟地区的技术性出口，都是产业转移的正常过程。而对于资源品的出口，在逆全球化的背景下，我们可能要相对谨慎一些，因为资源品大都作为不可再生资源，过度出口虽然会解决短期经贸问题，但这对于比较优势视角下的资源禀赋是会带来不可逆的侵蚀作用的（图5-45）。

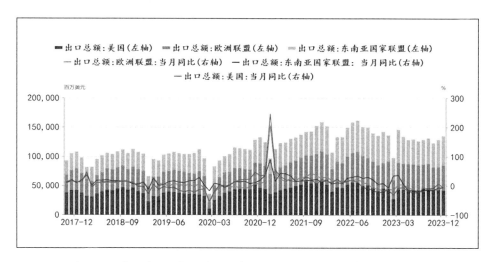

图 5-45　中国出口结构：美国、东盟、欧盟视角（数据来源：iFinD）

对于贸易差额的问题，在动态分析框架下，其对于GDP的拉动作用并不是我们分析的目标，因为这是基于中长期视角下的问题，滞后性过强。动态视角下，贸易差额对于未来人民币汇率和利率的影响是更加重要的。

理论上，人民币汇率同贸易顺差程度是负相关关系，即人民币升值，则不利于出口，顺差程度下降。但通过实证分析，我们并没有发现可以支持二者呈现负相关关系的结论。我们认为，造成这种情况的原因在于，我国加工贸易占比较高，所以相当一部分出口同进口其实是绑定在一起的，叠加出口商对于海外的需求其实是缺乏弹性的，这就使得贸易差额同人民币汇率之间负相关关系体现得并不明显。

从因果关系的角度讲，贸易差额和本币汇率之间存在相互影响的作用。基于动态分析框架，价格作为交易结果的一种体现，在周期分析中的顺位自然要滞后于数量，基于这个逻辑，我们通常认为贸易差额的改变会影响本币汇率。进一步将贸易差额持续保持顺差，就意味着出口价值量大于进口，出口收过来的外币形成了央行的被动型外汇储备，从而增加外汇市场上外币的供给，最终推动本币升值。同时，长期顺差带来的外汇占款，也会使得央行进行基础货币的被动投放，从而诱发本币通胀程度的升温，为利率下行提供契机，从而使得本币存在贬值压力。

可以看出，基于国际市场和国内市场两个方面的考虑，我们认为贸易差额对于人民币汇率的影响是正反两个方面的，且从动态的视角看，短期二者孰强孰弱不存在确定性结论，而从中长期来看，伴随着通胀压力的抬升，本币在顺差的背景下仍旧存在贬值的趋势，且这个结论也在实践中可以被证实。同时，本币的汇率还会受到经济增速、潜在投资回报率等因素的影响，这就使得进出口分析成了整个汇率分析的一个组成部分，从而和金融周期的分析有效地结合起来。

由于出口数据是月度数据，那么为了提高数据的时效性，我们同样需要找一些相对领先或高频的指标。例如，我们可以使用PMI出口和进口有关的分类指数进行分析，这在前面的内容里有过涉及。同时，我们也可以使用波罗的海干散货指数（BDI）这一日频指标进行全球贸易景气度的预判（图5-46）。这里我们需要明确，BDI只能进行全球视角下的整体贸易景气度的判断，因为干散货主要涉及固态资源品，如铁矿石、煤炭等，而并不涉及偏下游的成品（主要由集装箱运输数据体现）。所以，BDI的变动更加能够反映全球经济的周期性变动，而并不能确认当前周期中的供需结构。同时，由于BDI并没有特定为中国贸易情况进行设定，所以，其只能通过测算全球贸易情况间接推演中国的贸易情况。但这种推演的过程，恰恰体现动态分析的精髓。

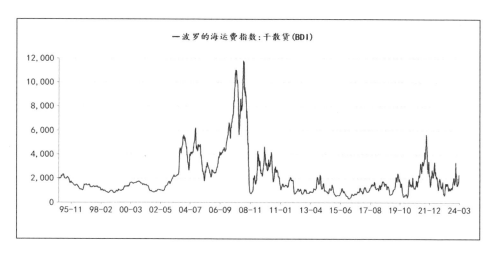

图 5-46　波罗的海干散货运费指数走势（数据来源：iFinD）

（6）通胀数据

通胀数据本质上属于价格类数据，相较于数量类数据来讲，其在价值嬗变分析框架中的重要性要稍微弱一些，这也是我们将通胀数据放在宏观经济指标中的最后一项进行说明的原因。

通胀数据为月度数据，其中包括居民消费价格指数（CPI）、工业生产者出厂价格指数（PPI）和工业生产者购进价格指数（PPIRM）（图5-47）。通常情况下，价格指数均为同比指标，因此，某一期的同比数据中就会同时受到翘尾因素和新涨价因素的影响。例如，某年8月的CPI显示物价同比上涨的幅度中，有一部分是在去年9—12月贡献的，而另一部分则是当年1—8月贡献的，前者就是翘尾因素，后者就是新涨价因素。通常情况下，上一年价格上涨（下降）的时间越晚，幅度越大，下一年翘尾因素的影响占比越高，所以，在价格指数分析中，我们应该关注两个因素的影响，从而做出正确的判断。

其中，CPI是主要衡量一国经济的通胀指标，但由于CPI中食品和能源价格短期波动较大，且在一定程度上脱离长期趋势，所以，我们在实践中会使用剔除食品和能源价格影响的核心CPI作为衡量通胀的指标。当然，PPI和PPIRM也会影响通胀水平，所以，在理论情况下，PPIRM、PPI和CPI三个指标对通胀的反应是比较统一的。但类似于工业数据分析中，我们对于景气度在产业链中传导的论述，通胀也会在产业链的上中下游出现一定的背离，这种背离一般出现在PPI和CPI之间，PPIRM和PPI的背离程度一般比较小。

PPI和CPI的背离也被称为剪刀差。如果PPI与CPI的剪刀差扩大，这可能表明上游生产端价格高企，同时下游居民消费需求不足。一般来说，这个趋势往往预示着大宗商品，也就是周期品可能会有较好的表现。然而，对于中游制造业企业来说，这是一个比较困难的时期，因为上游成本增加，而下游需求不足，可能导致产品滞销。另外，如果PPI与CPI的剪刀差缩小，这可能表明上游生产成本在下降，或者下游居民消费需求在增加，这可能预示着整体经济活动在增强，对于中游制造业企业来说可能会有更多的机会。

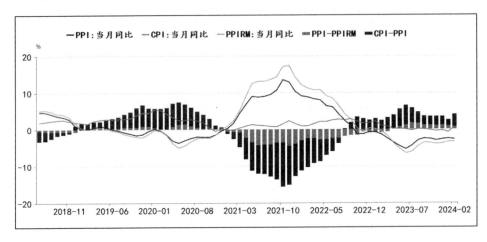

图 5-47　CPI、PPI、PPIRM走势（数据来源：iFinD）

从另一个角度说，当PPI和CPI处于不同的通缩/通胀区间时，如PPI大于0，但CPI小于0；或PPI小于0，但CPI大于0时，那么，一般情况下，我们可以认为PPI是CPI的领先指标，从而后续CPI会跟随PPI的变动而变动。PPI之所以能够成为领先指标，并不是说供给决定需求，而是因为PPI中同PPIRM相关度较高的因子对于需求因素更加敏感，如大宗商品的价格波动性更大，同时也更加灵活，而成品价格各个成本项的价格波动可能会彼此抵消。

同时，对于经济整体通胀水平的分析，我们还应当尝试建立通胀同政策调控之间的联系。政策一般进行的是逆周期调节，如果经济趋于通胀，那么政策就会收紧；如果经济陷入通缩，那么政策就会放松。且通胀和政策之间的因果关系非常明确，即通胀水平是因，政策是果。

通过通胀水平预判政策方向之后，我们还应该进一步考虑政策效果的问题，且应该重点关注政策效果不及预期时的情况，因为这对于市场来说是存在大量预期差的，自然交易机会也就更多。

例如，当经济陷入通胀，但政策收紧之后，通胀程度并没有显著降低，造成这种情况的原因可能包括货币政策和财政政策之间存在对冲效果（如2022年开始的美联储货币紧缩政策同宽松财政政策之间的对冲，使得美国通胀水平并没有迅速被压制）、供给侧产能不足的问题导致的而并非需求侧（如2018年开始的非洲猪瘟，使得中国生猪供给能力出现断崖式下滑，从而在猪肉价格飙升的影响下，经济通胀水平提升）、输入性通胀等。这时，未来可能的政策走向包括继续维持高强度的紧缩政策、出台产业政策扩充产能以及国际经贸合作等。

相较于经济陷入通胀但政策效果不及预期的情况，经济陷入通缩但政策无效出现的概率更高，且问题可能会更多地出在货币政策层面。流动性陷阱是一种经济现象，指当名义利率降低到无可再降低的地步，甚至接近于零时，由于人们对于某种"流动性偏好"的作用，宁愿以现金或储蓄的方式持有财富，而不愿意把这些财富以资本的形式作为投资，也不愿意把这些财富作为个人享乐的消费资料消费掉。国家任何货币供给量的增加，都会以"闲置资金"的方式被吸收，仿佛掉入了"流动性陷阱"，因而对总体需求、所得及物价均不产生任何影响。且经济陷入通缩的时间越长，政策失效的可能性就越大。因此，当出现通缩之后，一般对应的宽松政策会更加积极，从而希望能够尽快将经济从通缩中拉出来。伴随着通缩时间的持续，货币政策、财政政策和产业政策协同出台，并可能会增加政策直接干预经济的程度。例如，采取扩张性的财政政策，政府可以通过增加公共投资、减税等措施来刺激总需求；创新货币政策工具，如实施量化宽松政策，直接购买资产，以增加货币供应和降低长期利率，此外，央行还可以通过调整通胀目标、引入负利率等措施来刺激经济增长；产业政策配合，这一方面是为了更好地让货币政策和财政政策有的放矢，另一方面也是为了避免在大力政策刺激逐渐退出后出现产能过剩的情况。同时，政策上还将进一步重视预期管理，以尽可能实现扭转对于经济的消极预期。

5.3.4　研究周期问题的总体思路

对于周期的分析，我们在上文中已经一再提示过，本书是基于动态的视角进行的，而并非传统静态的视角。因此，周期分析对于价值嬗变投资框架来讲，最重要的部分在于了解不同周期的不同阶段之特征，以及决定这些特征的驱动因素是什么。在了解驱动因素之后，通过基于时间序列的因素分析，从而判断周期所处阶段的切换节奏，同时，对于上一轮相同阶段的驱动因素的对比分析，又可以在一定程度上了解新一轮周期同上一轮周期之间的差异。同时，本节研究的周期既有短周期也有长周期，所以，不同级别的周期之间如果出现彼此背离的情况，也是我们分析的重点。正如上文所介绍的逻辑那样，动态分析框架是比较重视短周期的，当短周期同长周期存在一定背离的情况下，我们通过分析背离的原因，便可以在一定程度上了解背离后续的演绎路径。

在上述总体思路的指导下，本书接下来按照周期长度由小到大的顺序依次介绍库存周期、设备投资周期、农业周期、房地产周期和技术周期。在介绍这些周期的时候，我们会对周期的定义、时间长度、成因、度量、特征、驱动因素、衡量驱动因素的参数、周期背离、其他特殊的问题进行介绍。需要特别说明的是，由于本书篇幅有限，因此我们对于周期的分析内容都是以高度凝练的逻辑进行阐述，不会涉及大量的历史回溯和实证分析，同时，本书在这个部分会努力构建一个框架出来，但无奈影响周期变动的因子确实非常复杂，且会随时变化，因此，如果想要真正将周期分析融会贯通，那么必须自己有所思考，有所创新。

5.3.5 库存周期

库存周期是指由于企业生产滞后于需求变化，从而使库存呈现周期性运行的一种现象。最早由英国经济学家约瑟夫·基钦提出，他根据美国和英国1890年到1922年的利率、物价、生产和就业等统计资料发现，厂商生产过多时会形成存货，从而减少生产，等到库存下降又会加大生产补充库存，这种存货变化存在着40个月左右的周期性波动。因此，将这种周期性波动称为库存周期，也就是基钦周期。

库存周期可以分为四个阶段：

被动去库存阶段：这一阶段，前期相对萎缩的市场需求已经悄然回升，但由于生产计划调整具有滞后性，呈现出销售状况改善、产品价格回升、库存继续下降、产能利用率探底的特点。

主动补库存阶段：这一阶段，企业确认了市场需求回升，企业盈利有改善预期，生产计划调整落实到位，产品生产加快，呈现出销售状况继续改善、产品价格尾部提升、产能利用率显著回升、库存增速提高、企业利润有效改善等特点。

被动补库存阶段：这一阶段，市场需求已经悄然回落，但由于生产计划调整具有滞后性，因而呈现出销售增速触顶回落、产品价格开始下降、产能利用率维持高位、库存继续增加、企业利润开始回落等特点。

主动去库存阶段：这一阶段，市场需求继续收缩、产品价格显著下降。为了

应对这种变化，企业降低产能利用率、减少产品生产，库存出现回落。

　　库存周期的形成主要是由于生产滞后于需求，但伴随着存货管理技术的不断发展以及行业成熟度的提高，企业对于需求的前瞻性预测能力也在不断增强。如果企业将自身对于需求的预测纳入存货管理决策中，那么生产可能就不会是一直滞后于需求，反而会出现时而滞后、时而领先、时而同步的复合型状态。基于此，库存周期作为经济短周期的一种，其不稳定性就会体现出来，且这种不稳定性可能是源于周期的嵌套，即正常的库存周期之中会嵌套着一些小周期，如果我们使用的数据是偏高频的，那么这种现象会更加明显。在嵌套的小周期中，我们会发现小周期仍旧是以大周期的运行轨迹为锚的，且小周期中的主动补、去库存阶段一般是背离大周期的，而被动补、去库存则是对前期背离的一种修正。且基于动态的视角看，背离和修正是交替出现的，在充分分析背离原因的基础上，我们就能够演绎出未来修正出现的时间节点和方式，从而更加准确地刻画库存周期。

　　同时，对于周期的长度，一般认为40个月是比较标准的库存周期时间，对于中国的经济运行情况而言，一般是3—4年的时间。基于动态的视角，所谓的周期长度其实仅仅是一种参考，其对于未来周期的长度并没有实质性的指导意义。同时，基于库存周期嵌套的思维逻辑，我们不难发现，大类行业集群的库存周期中，嵌套的小周期主要是由个别具有一定行业影响力的公司导致的，从而我们认为，不同级别的库存周期的持续时间，可以完全不同（图5-48）。

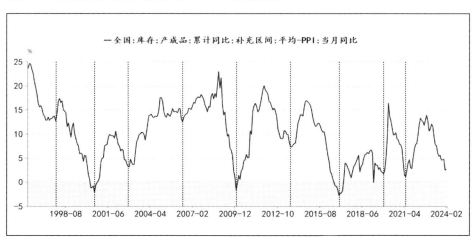

图 5-48　中国库存周期演绎方式（数据来源：iFinD）

　　这里，我们需要注意两个问题。

　　首先，所谓的大类行业集群，主要指的是具有一定共同点的行业集合。行业集合的划分方式有很多，我们既可以使用工业数据分析之中有关上中下游的划分标准，也可以使用申万一级行业分类方法进行细分，甚至可以使用营收变动、股价变动等指标的相关性进行实证分析，统计出在某一时间段具有相似特征的行业群体。我们之所以在行业集群范围内研究库存周期，主要原因在于，不同行业集群的库存周期可能并不同步。例如，当供给收缩，需求相对低迷的时候，上游行业可能会率先进入被动去库的周期，而下游需求没有改善的情况下，那么可能会长期处于主动去库的周期中，从而上游库存周期领先于下游；相反的情况，如果下游需求率先恢复，但上游产能由于固定成本占比较高的原因，而难以迅速收缩，那么下游可能会提前进入主动补库阶段，而上游可能仍旧处于被动去库阶段，即下游领先于上游。因此，行业集群间的库存周期长短不一，运行节奏也有快有慢，这需要基于产业链供需结构的分析才可以确定。而我们考虑的周期嵌套的问题，由于其涉及背离与回归，因此大小周期之间就必须遵循可比性原则，所以，也就必须基于行业集群内的分析。

其次，对于个别公司层面库存周期的分析，要重点关注影响公司层面周期变化的因素构成，即是由公司层面因素（定价策略、产能黏性、产品竞争力、客户构成等）贡献，还是由行业、经济因素（可支配收入水平、财政政策、营商环境、行业技术迭代）贡献。公司层面因素占比较高的周期，更容易演变成嵌套的小周期。

只有通过上述动态的视角，对嵌套的小周期予以充分的识别，才能够避免对于库存周期的运行阶段进行误判。否则，我们单纯地使用库存周期的刻画指标，并从曲线图上进行简单的定性或定量判断，极容易陷入错误归因的偏差中。

对于库存周期而言，除了上面讨论的周期的嵌套问题，其还存在一个我们称之为周期跃迁的问题。跃迁这个词，在近年来比较流行，尤其是在自媒体当中被广泛运用，但实际上，跃迁是一个源于量子力学中的概念，即量子力学体系状态发生跳跃式变化（从一个量子状态到另一个量子状态）的过程。由于这两个状态能量不同，跃迁时伴随有能量的释放或吸收，在很多情况下这是以发射或吸收一个光子的方式来实现的。可以看出，跃迁的概念主要涉及两方面的内容，即能量的释放和吸收以及状态的跳跃式变化。

库存周期的跃迁，自然也涉及这两方面的内容。我们知道，虽然理论模型上认为，周期和周期之间的差异是不大的，但实际上，每一轮周期之间都是存在一定差异的，且如果这种差异是体现在周期波动幅度上，那么相邻的两个周期其实就可以看成是第一个周期到第二个周期的跃迁，且这两个周期的变化并不是连续的，而是跳跃式的。

对于上述结论，可能一开始理解起来会有一定的困难，但如果我们将周期的演绎方式和周期不同阶段的驱动因素单独进行考虑，一些问题就很好解释了。具体地讲，周期演绎方式和驱动因素之间的关系其实是很明确的，即驱动因素决定周期的演绎方式，周期演绎方式是驱动因素的结果。而结果是一种状态，且如果我们将周期划分成彼此独立的时间段，那么结果和结果之间，自然也是具有一定独立性的。这就是我们将周期之间的变化看作是跳跃式变化的原因。既然是周期，就一定会在时间维度上进行变化，而时间维度是连续的概念，那么就必然存在连续的指标将彼此独立的周期演绎方式联系起来，而这个指标就是驱动因素。

分析到这里，周期跃迁需要注意的第二个问题也就出来了，即驱动因素对于周期的影响程度，就代表着跃迁过程中能量释放和吸收的大小。上述有关新冠疫情对于医疗行业库存周期影响的例子中，驱动因素其实就为周期的运行注入了能量，或者说周期运行吸收了能量，从而增加供需的矛盾；反之，如果在周期的演绎过程中，供需的矛盾出现了减小，那么就说明周期运行释放了能量。能量运行的方向，直接决定了下一轮周期相较于上一轮的强度，这个强度最直接的体现就是周期的振幅，即库存的变化以及业绩的弹性上。所以，我们在对库存周期进行分析的时候，一定要注意跃迁过程中驱动因素的影响方式。而对于驱动因素，我们没办法穷举，但只要抓住主要矛盾，即影响供需关系的主要因子，那么我们就可以对驱动因素有了更好的把握。

对于库存周期的跃迁，我们通过实证分析，发现如下规律可供参考：

其一，库存周期跃迁释放能量和吸收能量的过程一般交替出现；

其二，库存周期的强弱更多地由供给因素影响（产能问题），且供给端的问题主要影响相邻周期的跃迁，而需求端则主要决定长期周期的跃迁趋势（周期振幅标准差）；

其三，释放能量的库存周期跃迁一般容易伴随着周期嵌套，而吸收能量的跃迁则不容易存在嵌套。

当然，驱动因素对于供需平衡的影响不仅影响到库存周期的跃迁，其可以贯穿整个库存周期分析的全过程。驱动因素可以通过PMI、工业增加值以及社零数据进行衡量。

其中，PMI是一个综合性的指标，我们可以使用需求数量和出厂价格作为需求的体现，而将生产量和购进价格作为供给的体现。需要注意的是，我们使用PMI进行供需结构分析的过程中，需要同时考虑数量和价格因素，因为价格本身是推动库存周期（表现形式为名义库存周期）演化的重要变量，如果不考虑价格，仅从量的角度去分析实际库存，通过实证我们会发现，名义库存周期的变动是领先于实际库存的。但是，PMI数据的缺点在于没有办法将行业内部的供需情况予以释明，所以，我们就需要使用工业增加值和社零数据，进行更加细致的分析，当然，这对于工业增加值和社零数据同时覆盖的行业分析效果更好，对于没有同时覆盖的行业，我们只能通过供需结构沿着产业链的传导路径，或者其他高频指标进行辅助性的判断。

对于库存周期的度量，我们一般可以使用营业收入和存货（产成品库存）这两个指标，当然，如果不去区分主动还是被动调整库存的话，为了简化，也可以仅使用存货水平刻画库存周期，如图5-48所示。而我们使用的数据，可以是上市公司披露的财务报告，也可以是工业数据中的财务信息。通常情况下，我们使用工业数据进行库存周期的初步刻画，同时使用上市公司披露的财务数据进行修正，因为财务报告是季频数据，虽然准确性会更高，且指标更加详细，但时效性会较差。需要注意的是，工业数据中对于存货并没有直接披露，但我们可以使用营业成本和存货周转天数这两个指标手动计算出存货的水平。同时，这里对于存货水平的刻画，我们仍旧建议使用名义存货而非剔除价格因素的实际存货水平。原因在之前我们已经提到过，即名义库存周期是实际库存周期的领先指标，且在实践中，将价格因素剔除的方法基本上是使用"名义库存—PPI"的框架，不同行业对PPI和产成品库存的影响存在较大差异：PPI的主要影响因子集中在上游行业，采矿业和原材料行业合计对PPI波动的贡献率可达80%左右，中游装备制造类行业对PPI波动的贡献率仅有10%。由于这种差异的存在，"产成品库存—PPI"增速在很大程度上引入了上游原材料价格波动的影响，而并不单纯是实际库存的概念。

5.3.6 设备投资周期

设备投资周期是指企业在投资设备时，需要考虑的投资时间跨度。这个周期不仅包括设备的购买和安装，还包括设备的运营和维护。设备投资周期的长度一般为7—10年，这是由法国经济学家朱格拉提出的一种周期理论，也被称为"朱格拉周期"。

设备投资周期的成因主要由于投资和消费之间的相互作用，理论上可以通过"乘数—加速"原理进行解释。

"乘数—加速"原理可以被拆分为乘数原理、加速原理以及乘数—加速原理。

乘数概念由英国经济学家卡恩于1931年首先提出。1936年，凯恩斯在其国民收入决定理论中提出乘数原理，具体考察投资的变动对收入水平产生影响的机理。依据凯恩斯的观点，所谓投资乘数，指的是投资支出的变动所引致的总需求进而国民收入的变动数量。投资乘数的大小与边际消费倾向有关。边际消费倾向越大，投资所引起的连锁反应越大，收入增加得越多，乘数就越大。同样，投资支出的减少，则会引起收入以倍数的方式减少。

加速原理是用来解释收入或消费的变动与投资变动之间关系的理论，特别是在现代化大生产中大量应用固定资产的技术特点的背景下。这种理论强调，随着收入的增加，消费的增加会刺激产品的需求，从而要求增加投资以适应扩大了的需求。因此，投资是收入的函数，并且收入或产量的增加将会引起投资的加速度增加。然而，加速原理的确切含义可能会因为不同的经济学家或学派而有所差异。在某些情况下，它可能更侧重于消费的变动如何影响投资的变动，而在其他情况下，它可能更强调投资的变化如何影响经济的增长。

乘数—加速原理相互作用引起经济周期的具体过程是：投资增加通过乘数效应引起国内生产总值的更大增加，国内生产总值的更大增加又通过加速效应引起投资的更大增加，这样，经济就会出现繁荣。然而，国内生产总值达到一定水平后由于社会需求与资源的限制无法再增加，这时就会由于加速原理的作用使投资减少，投资的减少又会由于乘数的作用使国内生产总值继续减少。这两者的共同作用又使经济进入衰退。衰退持续一定时期后由于固定资产更新，即大规模的机器设备更新又使投资增加，国内生产总值再增加，从而经济进入另一次繁荣。正是由于乘数与加速原理的共同作用，经济中就形成了由繁荣到衰退，又由衰退到繁荣的周期性运动。

在前面对于拉动经济的三驾马车进行分析时，我们曾得出一个结论，即投资是决定经济波动水平的核心变量，因为投资占GDP的比重较高，并且其波动性又强于消费。这就使得设备投资周期的运行轨迹同经济周期存在较强的一致性。例如，我们以设备投资增速和GDP增速水平分别刻画设备投资周期和经济周期，我们会发现二者出现拐点的时间几乎是一致的，同时设备投资周期的波动程度显著大于经济周期。因此，我们在研究的过程中，可以将设备投资周期看成是经济周期的一种表现形式，从而在经济波动较弱的情况下，更加清楚地确定经济是处于哪一个阶段的（图5-49）。

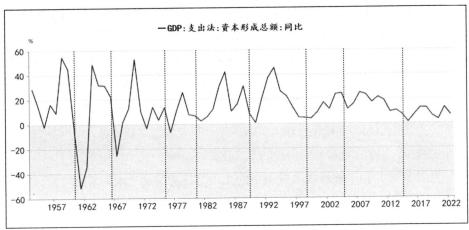

图 5-49 中国设备投资周期的演绎方式（数据来源：iFinD）

设备投资周期的驱动因素主要有两类，其一为政策类因素，其二为企业家信心类因素。

对于政策类因素，财政政策以及货币政策对于投资的影响作用是不可小觑的。其中，对于中国来说，通过实行积极的财政政策从而有效调节投资以调控经济是过去几十年以来的惯常做法，而货币政策的调整则有利于调节私人部门的融资成本，从而增加乘数—加速原理的作用效果。其中，衡量财政政策调控态度的有关指标包括财政赤字水平、宏观税负、政府债务水平等，而衡量货币政策调控态度的有关指标则包括货币供应量（M1、M2）、利率水平、社融数据、通胀率、存款准备金率以及其他创新型货币政策工具的使用情况等。

对于企业家信心类因素，主要包括需求情况和政策环境两个方面。其中，需求水平仍旧是影响企业家信心的核心变量，相关指标包括可支配收入、失业率、消费水平等均可以直接影响到企业未来经营的景气度，从而决定企业是否进一步扩大投资。而对于政策环境而言，主要是指政策对于企业投资环境的友好度，如果政府的政策有利于企业发展，如减税、降低行政壁垒、加强知识产权保护等，企业家往往会更愿意投资和扩大生产。相反，如果政府的政策限制过多或不稳定，企业家可能会感到不确定和担忧，从而影响信心水平。

从预期周期长度上讲，毫无疑问，库存周期属于短周期，而设备投资周期属于长周期。长短周期如果运行方向趋于一致，二者则相互确认，运行逻辑会更加

价值嬗变的玫瑰
——具有创新意义的动态投资决策框架

坚实，但如果长短周期出现背离，我们就要动态地分析背离之后究竟是以何种路径消失。换言之，库存周期和设备投资周期的背离有且只有两种情况：库存周期走强，设备投资周期走弱；库存周期走弱，设备投资周期走强。而背离以何种路径消失的问题其实就是未来谁向谁靠拢的问题，且相互靠拢是均衡状态，背离是非均衡状态。我们得出上述结论的逻辑在于，库存周期考虑的是存货和营业收入之间的问题，而设备投资对于企业来讲主要涉及产能水平的高低，而企业存货和营业收入水平的波动，一定会受到产能的影响，因此，三者的背离不可能是永久的。例如，当库存周期回暖，企业利润率提升，基于理性思维的角度看，扩大产能是最优解，在短期扰动因素消除后，如果库存周期持续走强，那么设备投资周期也一定会拐头向上（图5-50）。

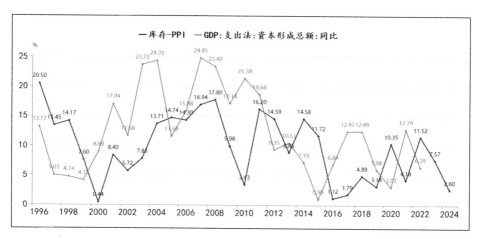

图 5-50　中国库存周期和设备投资周期综合分析（数据来源：iFinD）

对于上段所说的短期扰动因素，一般来讲有以下五个方面的内容：设备寿命、技术变化、产能利用率、可供投资使用的资金充裕度、企业家对未来的预期。

我们以库存周期走强而设备投资周期走弱的情况为例，来分析上述五个因子的扰动逻辑。库存周期走强，意味着需求回暖，企业经营业绩具有向上的动力，这个时候，企业应当扩大投资，提升产能，从而增厚业绩。但是，如果企业使用的设备寿命较长，企业在扩产的时候就会考虑这一轮景气周期是否足以覆盖设备生命周期的绝大部分，如果不能，那么盲目扩大投资可能会降低数年后的业绩水平，得不偿失；如果生产技术和工艺保持相对稳定，那么成本控制可能就是经营活动的重要目标，这时，企业在扩充产能方面就会相对谨慎，从而更多地选择维护原有设备，提高生产效率，而并非购置新生产线；如果当前企业的产能利用率较低，那么其可以完全通过提高产能利用率的方式扩大生产，而无须投资新设备；如果企业拥有的可供投资使用的资金充裕度较低，如自有资金匮乏，且信用水平较低或银行惜贷导致的融资困难等因素影响，企业只能通过内生式的增长，积累资本，从而在未来才能逐渐扩大投资；如果即使在库存周期走强的条件下，企业家对于未来经济和政策环境的预期仍旧不是十分乐观，那么企业也不会盲目扩大投资，整体上还是维持相对谨慎的经营策略。

当我们在库存周期走强的时候发现了设备投资周期出现了背离，我们就需要从上述五个方面入手进行分析，当实际情况同上述逻辑的契合度越高，我们越倾向于设备投资周期的走弱是合理的，从而乘数—加速效应较弱，库存周期跟随设备投资周期变化的概率较大。反之，如果实际情况同上述逻辑的契合度较低，则说明当前设备投资周期的背离是不理性的，后续设备投资周期跟随库存周期进行变动的概率较大。

对于库存周期走弱，而设备投资周期走强的情况，分析的逻辑完全一样，只不过需要将上述五种因子对于周期的影响反过来想就可以了，这里就不再赘述了。

同时，从长周期和短周期的角度来看，当长周期沿着某一趋势运行的时间越长，那么二者出现背离之后，长周期向短周期靠拢的概率越大，而长周期沿着某一趋势运行的时间越短，则短周期向长周期靠拢的概率越大。对于这条经验性结论，我们可以参考适用，同时需要注意以动态的视角去进行归因和对比，以避免陷入静态分析的陷阱。

当前，中国处在经济增长转型周期以及全球范围内技术周期的交替期，所以对于中长期经济增长与设备投资周期的关系问题，还需要进行一些特别的说明。这里，我们需要借助增长核算方程的思想。

增长核算方程，又被称为索洛余量方程或生产函数法，是一种用于衡量经济增长中各要素贡献率的计算方法。假设经济的生产函数为：

$$Y = AF(N,F)$$

其中，F 表示总产出，A 表示全要素生产率（TFP），N 表示劳动投入，K 表示资本投入。

增长核算方程的基本思想是通过预测未来劳动、资本等生产要素的积累速度以及技术进步速度（全要素生产率的一种表现形式），将其代入某种形式的生产函数方程，从而计算出未来的产出水平和经济增长率。

增长核算方程的基本形式为：

$$g(Y) = g(A) + ag(K) + (1-\alpha) g(N)$$

其中，$g(Y)$ 表示总产出的增长率，$g(A)$ 表示全要素生产率（TFP）的增长率，α 表示资本的产出弹性，$g(K)$ 表示资本的增长率，（$1-\alpha$）表示劳动的产出弹性，$g(N)$ 表示劳动的增长率。

这个方程用于衡量技术进步、资本和劳动对经济增长的贡献率。值得注意的是，增长核算方程假设规模报酬不变，即$\alpha+$（$1-\alpha$）=1。此外，该方程也假设生产要素的边际产量在均衡状态下相等，这意味着生产要素的投入达到最优状态。

增长核算方程表明，经济增长的动力来源于三个方面，即资本、劳动和其他。这里，其他对应的就是全要素生产率，即除资本、劳动以外对经济会产生影响的变量，如技术和资源配置效率等。其中，技术水平和技术周期紧密相关，而资源配置效率又和一个经济体产业结构有关。不难发现，中国当前所处的时间，正是全要素生产率水平最不稳定的窗口期，而伴随着产业结构大的升级以及技术周期的更迭，全要素生产率可能会在未来一段时间对于经济增长的贡献程度显著提升，从而在一定程度上弱化资本的贡献，即削弱设备投资周期同经济周期之间的一致性。进一步讲，如果产业升级接近完成，下一轮技术周期的演绎路径也愈发明晰，那么全要素生产率对于经济的影响权重将会阶段性降低，从而资本和劳动的贡献程度又会有所提升，设备投资周期同经济周期的同步程度又会恢复至较高的水平。由此可见，当前我们对于设备投资周期的分析，不仅要同库存周期结合起来，还要充分考虑到技术周期这一超长周期对其的影响，以及产业升级这一非周期类问题的重要意义。

5.3.7 农业周期

伴随着第一产业占比的逐渐降低，农业周期对于经济的影响程度也是逐渐下滑的。但目前来看，农业周期同宏观经济周期还是存在一定的关联，因此，我们还是有必要对其进行一下简单的介绍。

农业周期主要指的是农业产出或价格的周期性变化，且周期的长度一般认为在10—12年。农业周期和其他周期一样，也同样存在繁荣、衰退、萧条和复苏阶段。

在繁荣阶段，农业生产和农民收入增加，市场供求关系相对平衡，农业生产资料价格上涨，农业生产投资增加。这个阶段的特点是农业生产快速发展，市场需求旺盛。然而，随着时间的推移，农业生产过快发展会导致供过于求，市场价格下跌，农民收入减少，进而进入衰退阶段。在这个阶段，农业生产资料价格下跌，农业生产投资减少，农业生产萎缩，市场供求关系失衡。随后，在萧条阶段，市场价格逐渐恢复稳定，农业生产开始恢复发展。此时，政府往往会出台相关政策来刺激农业经济发展，如增加农业补贴、降低农业税等。在这个阶段，农业生产逐渐恢复，但仍然存在一些困难和挑战。最后，在复苏阶段，农业生产和农民收入逐渐增加，市场供求关系基本平衡，这个阶段的特点是农业生产稳定发展，市场需求逐渐恢复。

猪周期应该是我们平时关注最多的一个农业细分领域的周期了。猪周期是一种经济现象，表现为猪肉价格的周期性波动。其循环轨迹一般是：肉价高——母猪存栏量大增——生猪供应增加（供大于求）——肉价下跌——大量淘汰母猪——生猪供应减少（供不应求）——肉价上涨。其本质是供需关系的变化。猪肉需求端总体稳定，而供给端本身具有周期性，主要受到生猪养殖周期的影响。此外，疫情疾病、极端天气等突发因素也会造成猪肉价格的剧烈波动。

农业相较于其他产业而言，其最为特殊的一点在于，农业产品的生产情况在一定程度上不完全受制于人类的意识。换言之，农产品的生产会受到自然环境和气候变化的制约。所以，农业周期的一个十分重要的成因，就是气候的变化，尤其是在过去农业生产技术相对落后的情况下，农业周期的运行受到气候影响的权重更大，所谓"靠天吃饭"其实就是农业周期的另一种写照。

有研究认为，太阳黑子的活跃程度会对气候产生影响，进而影响农业生产（图5-51）。太阳黑子是指太阳表面的一些黑色斑点，是太阳活动的标志之一。太阳黑子的活跃程度会对地球的气候产生影响，如在太阳黑子活动的高峰期，气候可能会更加不稳定，容易出现极端天气现象。因此，如果太阳黑子活动异常，会导致气候异常，进而影响农业生产。从时间的角度看，太阳黑子的活跃周期约为11年，这同农业周期的预期时间是比较吻合的。因此，这也就进一步证明了，农业周期和太阳黑子活跃程度周期存在相互影响、相互制约的复杂因果关系。

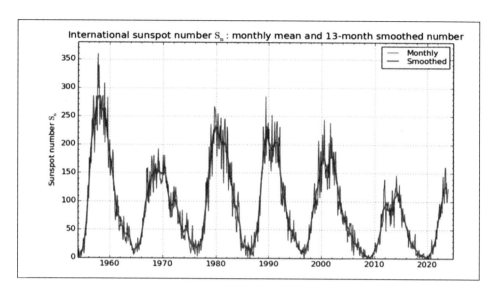

图 5-51　太阳黑子数量呈周期性变化（数据来源：Solar Influences Data Analysis Center）

　　就我国的实际情况来看，厄尔尼诺和拉尼娜现象对我国如今的农业生产还是会造成不小的影响。例如，夏季如果出现厄尔尼诺，那么长江中下游的地区会形成多雨带，从而容易造成洪涝灾害，而黄河以及华北地区则形成少雨带，从而造成旱灾。而如果出现拉尼娜现象，那么多雨带会向北迁移，降水集中在华北到河套地区，东北形成高温热夏，热带风暴登陆我国的概率也会显著增加。

　　除了气候原因，农业供给缺乏弹性的天然属性，也是农业周期形成的一个非自然因素，而这个逻辑我们可以使用经济学当中著名的蛛网模型来解释（图5-52）。

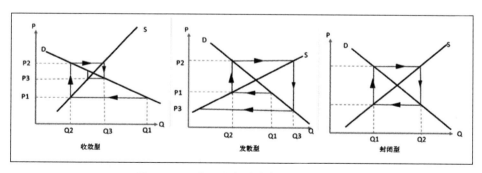

图5-52　三种不同类型的蛛网模型示意图

　　蛛网模型是一个解释农产品价格与产量周期性波动的经济模型。在这个模型中，农产品的当前产量取决于上一期的价格，而当前的需求则取决于当前的价格。由于供给和需求之间的这种时间滞后，导致农产品价格和产量呈现出周期性的波动。

农产品的需求价格弹性通常较低，意味着即使价格发生显著变化，消费者对农产品的需求也不会有太大的变动。这是因为农产品大多是生活必需品，消费者对其价格变化的敏感度相对较低。在蛛网模型中，当农产品的需求价格弹性较低时，价格的变动对需求的影响较小，而对供给的影响较大。这导致需求曲线相对于供给曲线更加陡峭（如图表5-84中的发散型蛛网模型），因此，当价格偏离均衡点时，供给的调整幅度会大于需求的调整幅度，从而使价格和产量进一步偏离均衡点。这种情况下，蛛网模型更有可能呈现出发散型的形式。在发散型蛛网中，价格和产量的波动会逐渐增大，而不是趋向于均衡点。这是因为供给对价格的反应过于强烈，导致产量的调整过度，从而使价格和产量进一步偏离均衡状态。

从模型的角度，我们似乎应该认为，农业周期的波动应该是逐步放大的，但中国的实际情况却并不是这样，尤其是粮食的产量和价格都保持相对稳定的态势。

中国农业周期相对平稳的原因可以从多个方面来分析。

第一，政府为了稳定农产品市场，采取了收储和放储政策。在农产品价格过低时，政府会收购农产品并存储在储备库中，防止农产品价格进一步下跌，而在农产品价格过高时，政府会释放储备库中的农产品，增加市场供应，从而平抑价格波动，这种政策在一定程度上人为地熨平了农业周期波动。

第二，近年来，随着城市化进程的加速和农业产业结构的调整，中国农业生产的组织形式正在发生变化。传统的散户化生产模式逐渐向规模化、集约化生产模式转变，这种趋势有助于减少供给的波动性。例如，美国农业的规模化程度较高，大型农场主往往具有较强的市场议价能力，能够更好地抵御市场波动的影响。同时，中国政府鼓励农业产业链的整合，推动农业生产、加工、销售的一体化发展。这种整合有利于稳定农业生产和供应链，减少中间环节的波动，从而降低整个产业链的风险。

第三，政府在农业科技创新和推广方面加大了投入，推广了一些高产、优质、抗逆性强的农作物品种，提高了农产品的质量和产量。这些新品种的推广有助于减少因气候变化、病虫害等自然因素导致的供给波动。

第四，政府制定了一系列农业政策来促进农业的稳定发展。例如，农业保险政策的实施为农民提供了风险保障，降低了因自然灾害或市场波动导致的损失。

此外，政府还通过补贴、税收优惠等措施鼓励农业企业和农户扩大生产规模，提高生产效率，从而增强了农业的稳定性。

因此，在农业周期波动逐渐降低的情况下，周期的驱动因素也由之前的产品价格逐渐转变成了一些非经济类因素，例如气候、灾害等，这也就增加了农业周期演绎预判的难度。不过，由于第一产业占GDP的比重逐年降低，所以农业周期同其他经济周期的关联度是比较低的（图5-53）。虽然农业周期相较于库存周期同样属于长周期的范畴，但我们通常不对涉及农业周期的长短周期背离问题给予过多的解读，因为即使出现背离，也不一定会出现背离的回归。

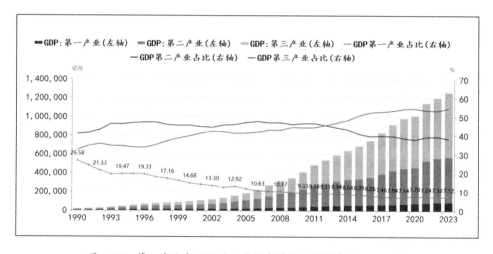

图5-53　第一产业占GDP的比重逐年降低（数据来源：iFinD）

但这并不意味着农业周期不会对经济产生影响，其中，农业周期对于CPI的影响在特殊情况下，还是需要考虑的。之前我们提到过，CPI中波动比较大的就是食品和能源，而食品价格其实就和农业周期有一定的关联，尤其是猪肉、鲜菜、蛋类的价格，波动幅度会更大一些（图5-54）。当发现农业周期对CPI影响较大的时候，我们需要充分考虑农产品价格的波动是由供给问题导致的，还是由需求问题导致的。如果是由供给问题，那么后续的解决路径主要还是在产业政策层面上。只有是需求方面的问题影响到了农产品的价格，从而改变CPI的运行情况，之后才更可能会通过货币、财政政策的方式去调节，从而影响其他经济周期，但这种情况更容易发生在经济上行或下行周期的末期，并不是十分常见。

图5-54 CPI食品烟酒细分项的波动程度对比（数据来源：iFinD）

5.3.8 房地产周期

房地产周期，也被称为库兹涅茨周期，是由美国经济学家、1971年诺贝尔经济学奖得主库兹涅茨在1930年提出的为期15—25年的经济周期，可近似看作一个20年左右的长周期，这个周期的运行主要由房地产产业链的景气度决定，同样可分为复苏、繁荣、衰退和萧条阶段（图5-55）。

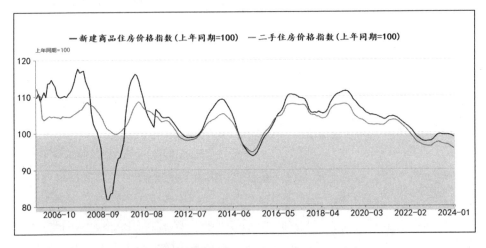

图5-55 中国房地产周期（数据来源：iFinD）

复苏阶段：经济开始从衰退中恢复，但仍较为脆弱。房地产市场开始逐渐回暖，需求开始增加。建筑业开始复苏，但投资规模相对较小。政府可能会推出一些刺激经济的政策，如降低利率等，以鼓励投资和消费。

　　繁荣阶段： 经济增长迅速，市场需求旺盛。房地产市场繁荣，房价上涨，销售量增加。建筑业兴旺发达，投资规模扩大。建筑企业和房地产开发商的盈利水平较高。这个阶段可能伴随着城市化进程加速和人口迁移增加。

　　衰退阶段： 经济增长放缓，市场需求开始萎缩。房地产市场开始降温，房价上涨速度减缓或出现下跌。销售量逐渐减少，库存增加。建筑业开始萎缩，投资规模减小。一些建筑企业可能面临经营困难，甚至出现破产的情况。政府可能会采取一些措施来稳定市场，如限制房地产市场过度投机等。

　　萧条阶段： 经济陷入衰退，市场需求严重不足。房地产市场出现大幅度下跌，房价暴跌，销售量急剧下滑。建筑业陷入严重困境，很多企业破产或面临重组。政府可能会采取更加积极的措施来刺激经济，如加大基础设施建设等，以推动经济复苏。

　　一提到房地产，尤其是对于中国来说，可能意义上就会稍显不同。一方面，房地产产业链是中国经济增长的重要的引擎，因此，房地产周期对中国经济周期的影响是非常大的；另一方面，房子，尤其是拥有一套房子的所有权，对于每一个中国人来说都至关重要。所以，我们应该听到过这样的观点，即楼市之于中国的重要性，就相当于股市之于美国的重要性。在这种认知框架下，就非常容易产生一个误区，即房地产周期和经济周期的紧密关系在中国显得很重要，但在国外却不是这样。实际上，对于世界各国来说，房地产之于经济的重要性都很高，下面，我们用美国（图5-56）和日本的例子简单分析一下。

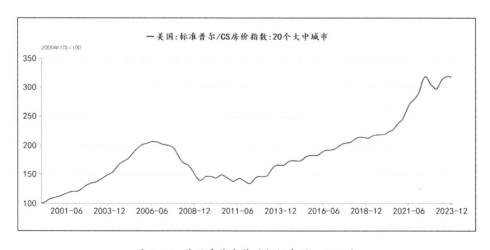

图 5-56　美国房价走势（数据来源：iFinD）

我们先来看美国的情况。2020年，美国GDP为20.96万亿美元，其中，房地产业的GDP为2.7万亿美元，占比约为12.88%，如果算上与房地产业景气度关联性较高的建筑业、金融业等行业，那么这个比例可以轻松达到20%以上。在过去几十年中，房地产市场的繁荣与衰退周期与美国整体经济周期基本一致。例如，在20世纪80年代和90年代，美国经济繁荣时期伴随着房地产市场的快速增长。而在2008年金融危机爆发前，美国的房价指数在2005年达到了峰值，随后开始下跌，这也标志着美国经济周期开始进入衰退阶段。因此，可以说美国经济的发展与房地产景气度高度相关。

美国以发达服务业为核心竞争力，而金融业作为服务业中重要的组成部分，也在一定程度上促进了美国房地产业的发展。美国的金融市场和金融机构为房地产行业提供了丰富的融资工具和服务，使得房地产开发商能够更容易地获得资金支持，从而加速了房地产市场的发展。此外，美国的金融市场还为购房者提供了多种贷款产品，如抵押贷款、房屋净值贷款等，使得购房者能够以较低的首付或利率获得贷款，进而促进了房地产市场的需求。

当然，金融系统的不稳定性也会使得美国房地产和经济出现阶段性的风险。例如，次贷危机就是2008年美国房地产市场崩溃以及金融工具过度创新引发的金融危机。由于许多购房者通过次级抵押贷款购买房屋，当房价下跌时，这些购房者无法偿还贷款，导致银行和金融机构遭受巨大损失，进而引发了金融市场的恐慌和信贷市场的紧缩。这一危机给美国楼市和经济造成了巨大的冲击，导致房价暴跌、建筑业萎缩、失业率上升等问题，严重影响了美国经济的稳定和发展。

我们再来看一下日本的情况。数据显示，日本房地产行业对GDP的贡献率在20世纪80年代和90年代初曾高达20%左右，这表明房地产市场的发展对日本经济的增长起到了重要的推动作用。此时，伴随着房地产周期和经济周期的向上运行，日本房地产市场出现了严重的泡沫，随后泡沫破裂导致经济陷入长期的衰退。在这个时期，日本政府采取了一系列政策措施来刺激经济，但效果并不明显，被称为日本失去的30年（1990—2019年）。其中，广岛协议是导致日本经济泡沫破裂的重要原因之一。该协议要求日本银行降低利率，以促进经济增长和扩大内需。然而，这也导致了大量的资金流入房地产市场，推高了房价和地价，最终导致了泡沫的破裂。2020年以后，日本经济开始缓慢复苏，和房地产也有一定的关系。随着日本政府推出的一系列经济刺激计划的效果逐渐显现，日本经济开始出现缓慢复苏。在这个过程中，房地产市场也有所回暖，对经济的贡献率有所提高。

无论是美国还是日本，无论经济发展的底色如何，经济同房地产都有着一定的联系。因此，我们在进行房地产周期分析的过程中，不能够将其作为中国特色去看待，并且还应该从国际经济发展历史中挖掘可供参考的经验。

反映房地产市场景气度的指标有很多，我们可以使用房地产行业增加值、房屋空置率、房屋成交量和房价走势等指标去判断。

房地产行业增加值主要体现的是行业供给端（新增供给而非存续供给）的情况，可以用来预测行业供需缺口，以及之后市场景气度变化方向，同时还可以作为房地产业对于当期经济贡献的一个量化指标使用。但需要注意的是，房地产开发商一般是通过当期的行业景气度判断未来的需求情况，进而决定当期拿地的数量。且房地产开发的链条通常为"拿地—开工—预售—施工—竣工"，整个周期大概在2年。伴随着2022年以来，房地产开发商传统高周转的经营模式受制于"三道红线"以及需求萎靡的影响而出现问题，周转效率有所下降，尤其是对于一些财务状况堪忧的房企来说，从拿地到竣工的周期会被显著拉长。换言之，当期房地产行业增加值是不能够反映当期甚至是上一期市场的需求情况的，因此，我们就需要其他能够反映需求的指标进行需求侧的分析。

房屋成交量和房价走势就是反映需求强弱的指标组合。这里，我们认为是用数量和价格的乘积，更能够体现出需求的真实情况，原因其实和农业周期分析中所提到的供给刚性是一个道理。假设当期房屋需求程度大幅度增长，面对增量的需求，开发商没有办法在短期内快速提升供给，因为房屋建设需要一定的时间，这就使得需求提振的初期，房屋成交量仅仅出现小幅上涨，但房价出现大幅上涨。显然，如果仅使用成交量或者房价去测算需求的旺盛程度，那么可能会分别面临低估和高估需求的情况。

空置率，其实是一个衡量房地产市场中长期供求关系倾向的指标。为了理解这句话，我们就必须认识到，房屋和其他商品有一个本质的区别，就是其他商品的价值可能在消费中逐渐归零，而房屋的价值一般不会在消费的过程中显著降低。例如，食物会被吃掉，衣服会随着时间的推移逐渐落伍、褪色，电子产品的性能可能会逐渐不能够满足日常需求或出现损坏，服务会在人们享受的同时消逝掉。

但对于房子而言，我们以居住为主要用途的商品房为例，虽然经过时间的推移，房屋的质量也会受到一定的影响，但我们可以花费相对于房价而言非常小的成本去进行维护，即使一些年限非常久远的房子已经不具有维修的价值，那么其存续的时间也已经很久了，甚至已经超过一个人的正常寿命。同时，虽然我国居住用房的土地使用权是有70年的期限的，但一方面，这个期限是比较长的；另一方面，即使随着新中国成立之后首批老旧房屋70年产权到期，出于社会稳定以及民生方面的考虑，未来大概也会采用原拆原建、补偿性安置、房票等方式进行旧改，从这个角度看，即使房屋在土地使用权到期后已经灭失，但余值仍旧可观。所以，房屋作为商品，其一旦进入流通领域，就会在长期视角下为市场带来长期供给。也就是说，同样是生产10份产品，如果是生产10份汉堡并交易，到了第二天，如果不生产新的汉堡，那么市场的汉堡供给就是0。但如果是生产了10套房子，到了第二天，第二年，甚至是第二个世纪，即使没有新的供给，市场上流通的仍旧是10套房子。

所以，房屋的供给如果被认为是永续的，那么当期的增量供给其实并不仅仅影响当期的供需关系，还会影响后期。而房地产增加值仅仅可以覆盖当期新增供给的范围，对于后续的存续性供给，却没有办法直接衡量。基于此，我们使用空置率这个指标，去衡量中长期房地产市场的供需结构。空置率，通常指商品房（如住宅和写字楼）中空置部分的面积占总建筑面积的比例。根据国际通行的惯例，商品房空置率在5%—10%之间被认为是合理的，这表明商品房供需基本平衡，有助于国民经济健康发展的需求得到满足。如果空置率在10%—20%之间，则意味着市场可能出现供过于求的情况，可能需要政策干预以确保房地产市场的稳定和发展。当空置率达到20%及以上时，则表明商品房库存过多，属于严重的积压区域。

需要提示的是，对于写字楼空置率的短期变化，我们还可以将其作为商业短期景气度变化的指标。商业活动和写字楼市场的关系密不可分。企业需要办公空间进行日常运营和业务拓展，而写字楼的租赁需求直接反映了商业活动的活跃程度。当经济繁荣时，企业扩张、业务增长，对写字楼的需求随之增加，空置率相应降低；反之，经济衰退时，企业可能缩减规模或搬迁，导致写字楼需求减少，空置率上升。写字楼市场的短期变化相对较快，这主要得益于较低的租赁违约成本和装修等沉没成本。当商业环境出现不利因素时，企业可以迅速调整租赁策略，如提前退租或缩小租赁面积，这使得空置率在短期内出现较大的波动。因此，通过观察短期的写字楼空置率变化，可以及时捕捉商业活动的微妙变化，为投资者和决策者提供有价值的信息。相比普通写字楼,档次较高的写字楼空置率与商业周期的关联度更高。这主要是因为高档写字楼的租户多为大型企业和跨国公司,这些企业的经营状况、扩张计划等更易受到整体经济环境的影响。因此,高档写字楼的空置率变化更能准确反映商业活动的整体趋势和变化,且这种变化趋势可能是相对深远的。

下面,我们讨论一下驱动房地产的因素有哪些。这里,我们可以基于不同期限的视角,分别确定驱动因素。从结果上来看,房地产周期长期、中期和短期的驱动因素分别为人口、土地和金融。

人口是形成住房需求的直接因素。随着人口的增减,住房需求也会相应发生变化。一般来说,从出生到形成住房需求需要大约25年的时间。在这段时间里,随着年轻人口的成长和结婚,产生了大量的刚需住房需求。而到了40岁以后,随着家庭成员的增多和收入水平的提高,改善型住房需求开始逐渐释放。因此,人口结构的变化对房地产市场的发展具有重要影响。

自新中国成立以来,中国的人口经历了快速的增长期。然而,近年来人口增长速度逐渐放缓,老龄化程度不断加深。这种人口结构的变化对房地产市场产生了深远的影响。长期因素如人口老龄化和经济发展不均衡对房地产市场的影响尤为显著。随着人口老龄化的加剧和生育率的下降,房地产市场的刚需支撑逐渐减弱,导致市场需求的下降。同时,经济发展不均衡也导致了房地产市场的区域性差异。然而,出生率下降这一因素可能伴随着经济的阶段性好转,而在短期内有所改善,成为值得关注的变量。

中国在2010年左右跨越了刘易斯拐点,劳动力市场供求关系发生了重大转变(图5-57)。这意味着劳动力成本逐渐上升,企业的盈利能力受到影响,同时也推动了经济的转型升级。目前,中国已经进入了后工业化时代,服务业成为经济增长的主要动力。在这个背景下,中国的城镇化率还有进一步提升的空间。据测算,中国城镇化率在未来仍有约10个百分点的增长潜力。随着城镇化率的提升,将有更多的人口涌入城市,进一步推动房地产市场的需求。特别是在非一线城市,房地产市场存在较大的发展空间。城镇化率的提升有助于非一线城市房地产去库存,从而激发房地产步入存量博弈时代的中短期增长动能。这将优化行业结构,提升行业集中度,推动房地产行业实现高质量发展。

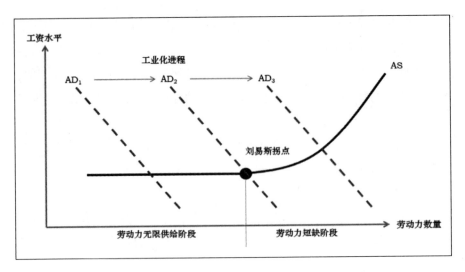

图 5-57 刘易斯拐点与工业化进程的关系

　　城市群的建设是新型城镇化的一个重要方向。未来有潜力的城市群主要集中在一线城市周边的卫星城市以及部分二线城市。这些城市群的形成将促进人口和产业的集聚效应，进一步推动房地产市场的发展。例如，长三角、珠三角和京津冀等城市群已经具备了较高的经济发展水平和人口吸引力，未来仍将保持强劲的增长势头。此外，成渝、武汉、长沙等新兴城市群也具备较大的发展潜力，将成为房地产市场的投资热点。随着城市群的发展和人口流动性的增加，房地产市场的区域性特征将更加明显。企业应关注不同城市群的发展趋势和特点，制定针对性的投资策略，以获取更大的市场份额和竞争优势。

　　土地是房地产行业的基石。从一栋栋高楼大厦到一片片住宅小区，都是建立在土地之上的。而土地的供给直接影响到房地产行业的规模和发展速度。在我国，土地政策、城市规划和土地管理制度等因素都对房地产行业的发展具有重要影响。例如，近年来我国加强了土地供应的调控，通过制订土地供应计划和调整土地政策，来调节房地产市场的供求关系。

　　在过去的几十年中，我国经历了快速的经济发展。在这个过程中，土地财政成了一种主流模式。地方政府通过出让土地使用权，获得大量的财政收入。这些收入被用于基础设施建设、房地产开发以及其他公共事业。这种模式在一定程度上推动了地方经济的快速发展，但也带来了一些问题。例如，部分地区过度依赖土地财政，导致土地资源紧张、房价高涨，同时增加了地方政府的债务风险。据统计，在一些地区，土地出让收入占到了地方财政收入的50%以上，这意味着土地财政对这些地区的经济发展起到了至关重要的作用。

　　然而，这种高度依赖土地财政的模式是不可持续的。随着时间的推移，土地财政模式逐渐暴露出一些问题。首先，可供出售的土地资源已经越来越少。随着城市化的推进和土地资源的消耗，可供出让的土地越来越稀缺，这使得土地财政面临资源瓶颈。其次，人口因素也给房地产行业的发展带来制约。随着我国人口老龄化趋势加剧和生育率下降，房地产市场的需求逐渐减弱，供过于求的情况逐渐显现出来。此外，传统基础设施建设的空间也有限，难以满足不断增长的需求。同时，地方政府债务高企的问题也日益突出。一些地区为了追求短期经济增长和财政收入，过度依赖土地出让收入，导致债务规模不断扩大，偿债压力不断增加。

　　面对当前的挑战，我们需要采取一系列措施来解决。

　　首先，要促进房地产行业的风险出清。 通过调控政策和市场机制，推动房地产企业调整经营策略、降低杠杆率、化解风险。例如，近年来我国加强了对房地产市场的监管和调控力度，通过限购、限贷等政策措施来抑制投机和过度投资行为，从而降低房地产市场的风险。

　　其次，要化解地方政府债务问题。 这可以通过债务置换、中央政府转移支付和央行提供信用支持等方式来实现。例如，我国政府近年来推出了一系列债务置换计划，通过将短期高息债务置换为长期低息债券，降低地方政府偿债压力。此外，可以通过转移支付来支持地方政府的财政支出，减轻其偿债压力。

　　最后，要创建新的财政模式。 例如，数据财政和股权财政等模式可以为地方政府提供新的财政收入来源。通过将收集的大量公共数据变现的方式可以提供新的财政收入；同时提升央国企的估值水平、活跃资本市场等也是新的财政模式的探索方向。

　　在新的发展阶段下，我们需要探索新的土地财政形式。通过"三大工程"等项目，立足于存量地产和基建项目进行有效盘活成为一个新的发展方向。这些项目不仅可以激活经济、增加税收还可以为未来的财政政策提供重要的抓手，成为一种新型的财政政策工具箱的重要补充形式之一。同时，我们还需要加强土地管理制度的改革、完善推动土地资源的合理配置，从而更好地服务于经济发展和社会进步的目标。例如，通过建立完善的土地流转市场体系促进土地资源的合理配置和高效利用，同时加强土地征收、出让、开发利用等环节的监管，规范减少权力寻租和腐败行为的发生，提高土地财政的可持续性和社会效益等都是未来需要重点关注和推进的方向之一。

房地产周期短期的驱动因素是金融，或者说是金融周期。我们之所以没有在周期分析这一节单独将金融周期拿出来单独进行分析，原因就在于金融周期和房地产周期的关系过于密切，以至于其成了房地产周期的驱动因素。

对于金融周期而言，目前学术界并没有一个统一的定义，但多数观点认为，金融周期在一定意义上体现为信贷的周期，而信贷周期会影响资产的价格运行。房地产作为一种具有投资属性的资产，其价格的涨落自然会受到金融周期的影响，而其他金融资产，诸如债券、股票、大宗商品衍生品等，也都会受到金融周期的影响。

在金融周期的复苏阶段，信贷水平开始稳定扩张，资产价格温和上涨；伴随着宏观杠杆率的提升，银行系统向经济注入了较大的流动性，从而催生资产价格的快速上涨，金融周期由此进入了繁荣阶段；当市场流动性过高，使得资产产生泡沫，金融系统的脆弱程度开始上升，从而在突发的或持续的利空因素影响下，资产价格会在某个时间节点出现大幅度的调整，银行为了控制信用风险，也开始收缩信贷规模，金融周期进入衰退阶段；当市场风险释放完成，情绪陷入低迷期，杠杆率处于较低水平，信贷增速比较乏力，金融周期陷入萧条期。

需要说明的是，上一段对于金融周期的描述中，提到的资产是广义的风险资产，是一个相对笼统的概念，如果考虑不同类别的资产，其实在不同的金融周期中是有着不同的收益风险特征的。实践中，我们可以使用美林时钟进行研究，但需要注意的是，美林时钟也是属于静态的模型，如果想要应用于价值嬗变的动态投资框架，则需要一定的调整。

美林投资时钟是一种实用的投资指导工具，它将资产、行业轮动和大类资产配置联系起来。其基本思想是根据经济增长和通胀情况，将经济周期划分为四个不同的阶段：衰退、复苏、过热和滞胀。每个阶段都对应着特定的大类资产和投资策略。美林投资时钟的指导意义在于帮助投资者识别经济周期的重要转折点，并利用这些转折点进行投资决策。例如，在衰退阶段，经济增长缓慢，通胀率较低，此时债券是最佳的投资配置。随着政策刺激逐渐生效，经济开始复苏，此时股票成为更好的投资选择。过热阶段到来时，经济增长仍然强劲，但通胀开始抬头，大宗商品是此阶段的理想投资对象。最后，在滞胀阶段，经济增长放缓，通胀居高不下，此时现金成为最佳选择。美林投资时钟的指导意义还在于其提供了一种跨资产配置的框架。投资者可以根据时钟的指引，在不同的大类资产之间进行转换，以实现更高的投资收益并控制风险（图5-58）。

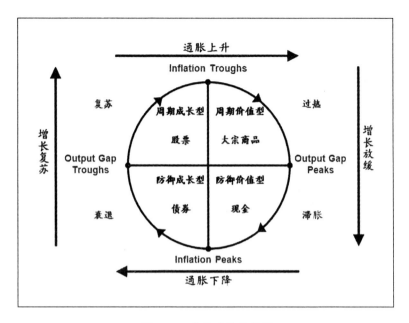

图 5-58 美林时钟示意图

根据中国人民银行货币政策报告，有关中国金融周期最重要的两个指标就是广义信贷和房产价格。由此可见，官方口径下，房地产周期和金融周期也存在较为密切的联系。信贷水平表明当前市场的融资环境，而房地产价格主要是投资者对于风险态度的反应。根据MPA对于广义信贷的定义，其主要包括银行信贷收支表中各项贷款、债券投资、股权和其他投资、买入返售资产和存放非存款类金融机构款项。通常情况下，为了简化分析，我们也可以直接使用社融数据中人民币贷款项目进行金融周期的界定。

金融周期虽然和房地产周期存在紧密的联系，但二者并不像设备投资周期与经济周期一样可以在一定程度上相互替代。原因在于，房地产周期是20年的长周期，而金融周期是和库存周期处于相同级别的短周期，一般维持的时间是3年左右。金融周期之所以比房地产周期短，主要原因在于房地产周期会受到土地和人口这两个中长期因素的左右，而金融周期只是作为短期因素影响房地产周期。换言之，我们可以认为金融周期其实是房地产周期内嵌套的小周期。

我们之前介绍库存周期的时候，提到过库存周期的嵌套和跃迁，但同样是作为短周期的金融周期，其嵌套和跃迁方面的内容却存在一定的不同。

金融周期内部也存在着小周期的嵌套，但嵌套出现概率要小于库存周期。从社融的构成来看，我们可以简单将其分为政府部门融资和私人部门融资。我们知道，政府部门对于宏观经济的干预，主要是通过逆周期调节的方式平滑经济波动。基于这个逻辑，政府部门融资和私人部门融资是存在着此消彼长的趋势的，即使这种趋势可能并不是严格对冲的。正是由于金融周期内部本身存在两种相互对冲的力量，使得周期的运行轨迹主要受到不能够被对冲的所谓"系统性因子"的影响，这就使得金融周期一般是比较稳定的，小级别上出现比较明显的嵌套的概率是比较低的。

而对于金融周期的跃迁，其实相较于库存周期而言则更加明显。造成这种现象的原因也很好理解，因为金融周期的运行，相较于库存周期而言，更容易受到个体决策的影响。换言之，库存管理的决策主体是企业，而融资决策的主体则既有企业、政府，也有相当一部分是个人，如住房抵押贷款、汽车消费贷等项目主要是由个人贡献的。而个体层面的决策，在一定程度上会受到情绪的影响，而情绪则容易受到各种各样因子的刺激，如房价、资本市场的景气度、情绪本身也会影响情绪。在这些因子的作用下，金融周期就会出现跃迁，并且跃迁的性态更加趋于极致化。所以，不同的金融周期之间，其实可比性是比较低的，其表现方式也是非常不稳定的，这就使得我们在金融周期的对比分析中，要非常小心。

金融周期作为短周期，自然也会同对应的长周期存在背离的情况。而这里，我们将金融周期同房地产周期的背离作为研究的主要方向，因为二者关系最为密切，自然背离之后的运行方式，也就更加有迹可循。

金融周期和房地产周期的第一种背离方式，就是前者强，后者弱。既然金融周期是房地产周期的短期驱动因素，那么这种背离产生的根源肯定是体现在土地和人口因素上，即房地产周期表现弱势的原因可能是由于土地供给量有限，房地产市场规模在人口因素的压制下处于逐渐萎缩的态势等。而金融周期的走强，可能和积极的财政政策与货币政策有关，这些政策可能是为了对相对羸弱的经济进行调节，从而向政府部门和私人部门释放了较高的流动性导致的。同时，如果金融周期的走强是经济自然运行的结果，如消费信心回暖、企业库存周期回暖从而带来的扩产投资的需求，以及外需的改善使得出口被提振的情况下，央行被动增加基础货币的投放等。这种背离出现之后，可能并不会以比较有效率的方式进行回归，原因在于房地产周期的中长期因素相较于短期因素来讲，独立性是比较强的，并且中长期因素对于房地产周期影响的权重也是比较大的，这一点可以从房地产周期与金融周期时间长度的差异程度看出来。由此可见，背离出现之后，金融周期可能相较于库存周期具有更大的自主性，从而需要更长的时间进行回归，且回归的方向多为金融周期向房地产周期靠拢。当然，如果金融周期在跃迁之后，吸收了较大的能量，从而提升了其对于房地产周期的影响权重，那么背离出现后，可能在短期内会改变房地产周期的运行斜率，从而出现房地产周期向金融周期靠拢的情况。

金融周期和房地产周期的第二种背离方式，就是前者弱，后者强。这可能也是由于政策对于过热经济状况的一种调控，但这种调控的影响还没有渗透到房地产周期之中。当然，如果考虑是经济自身的因素导致的这种情况，那么大概房地产周期正在积聚较大的泡沫，从而为后续估值的回归埋下了伏笔。因此，在这种情况下，基于第一种背离同样的逻辑，我们同样需要较长的时间进行背离的回归，且金融周期向房地产周期回归的概率较大。对于金融周期跃迁之后的走势，我们也需要动态评估金融因素同中长期因素对于房地产周期的影响，从而判断房地产周期会不会在短期出现向金融周期回归的情况。

同时，对于金融周期背离的分析，我们还要考虑背离回归的方式是激进的还是保守的，如果是激进的，那么这种回归其实是一种硬着陆，如果是保守的，那么就可以认为这是软着陆的表现形式。金融周期和房地产周期的背离在一定程度上，都可能会引发金融危机，所以，对于背离回归的方式我们要充分研究。

房地产作为一项资产，其在一定程度上为银行对于融资主体的授信提供了担保。当房地产周期走弱，担保品的价值其实也是下行的，从而金融系统的风险敞口有所放大；当房地产周期走强，担保品的价值是上行的，金融系统的风险敞口则有所收敛。

当金融周期走强，房地产周期走弱的背离状态出现，担保品价值的下行伴随着信用的扩张，金融系统的风险会显著提升。如果风险在快速积聚，那么随时会开始集中释放，这时往往会伴随着金融周期的快速下行，金融危机就此出现，其中最典型的例子就是2008年的次贷危机，这也就是所谓激进的回归形式，也是硬着陆的典型。如果风险积聚的节奏比较温和，使得金融周期在房地产周期的牵引下出现下行，那么后续风险就不会出现集中的释放，这也是软着陆的形成逻辑。

当金融周期走弱，房地产周期走强的时候，担保品价值的上行伴随着信用的收缩，金融系统风险会显著降低，这看上去和金融危机好像没有半毛钱关系。但是，我们需要警惕的是，如果金融周期跃迁时吸收的能量较大，那么房地产周期在短期也会被金融周期牵引向下。这时，如果市场中开始蔓延出恐慌情绪，那么金融周期和房地产周期可能会出现基于负反馈的共振向下的情况，从而也有可能演化出金融危机，即硬着陆的形成。

当然，第一种背离回归过程硬着陆的概率要远大于第二种可能，但笔者要强调的是，金融危机的发生，大都和金融周期及房地产周期相关，且金融周期大都属于黑天鹅事件，即尾部事件，我们难以通过基于统计学的传统风控体系完全杜绝金融危机出现的可能。所以，即使第二种背离回归过程出现硬着陆的概率较小，我们也应当有所留意。

5.3.9 技术周期

技术周期这个名字可能体现不出来其和经济周期的关系，但如果我们说康波周期，那么其对于经济的重要性就不言而喻了。康波周期的由来可以追溯到20世纪，由俄国经济学家康德拉季耶夫提出。由于康波周期的运行很大程度上同技术发展的周期是存在明显关联的，因此康波周期也被称为技术周期。

下面我们简单分析一下技术进步同经济周期为什么会产生如此紧密的关系。

经济增长是一个复杂的现象，涉及众多因素的综合作用。根据增长核算方程，经济增长的原动力主要包括资本、劳动和全要素生产率。这三者是经济增长的基石，也是经济周期变化的驱动力。

资本是经济增长的关键要素之一。资本的积累主要来源于储蓄，而储蓄通过金融系统的中介作用转化为投资，进而注入实体经济，推动未来产出的增长。资本的流动性和可配置性使得它成为经济增长的重要引擎。然而，资本的积累并非无限。随着市场需求的逐渐满足，边际效用递减规律开始发挥作用，消费增长、投资降低。理论上，储蓄水平会趋于稳定，甚至可能下降至较低水平，从而资本对经济增长的贡献也出现明显的回落。

劳动供给是经济增长的另一个关键因素。它主要由劳动力数量和劳动时间决定。在工业化进程中，大量劳动力从农村转移到城市，使得劳动力数量和劳动时间大幅增加。这种劳动力的转移不仅提高了生产效率，还扩大了市场规模，从而驱动经济走出"马尔萨斯停滞"[16]的困境。然而，在后工业化时期，劳动力供给从无限转向有限，劳动成本上升，导致劳动对经济增长的贡献度难以再次突破。

全要素生产率是经济持续增长的另一个关键因素。它主要取决于技术和生产要素的配置效率。

生产要素的配置效率也对全要素生产率产生重要影响。制度、管理方法以及规模效应等因素都影响着生产要素的配置效率。制度环境能够促进资源的合理配置和技术创新的应用，提高生产效率。管理方法的改进有助于协调生产和分配过程，提高劳动生产率。规模效应则通过降低平均成本和提高市场份额来提升企业的竞争力。但这些因素对于经济增长的影响较为稳定，不具有较强的周期性特征，从而对于经济周期性变化的解释程度较低。

技术进步和创新是经济周期性变化的主要驱动力之一。当技术创新在某一时间节点上得以充分实现时，经济中新的需求被创造出来，对应产业的投资回报率会显著高于平均水平。这又会吸引更多的储蓄流入该领域，增加新增需求领域的投资。自此，资本对经济的贡献又开启新的周期。当技术创新在某一时间节点上得以充分实现时，它能够创造新的市场需求和产业机会，并提高了生产效率，使劳动力在数量和时间不变的情况下创造更多价值。这意味着，技术创新同样可以提升劳动对经济增长的贡献，从而推动经济进入新的增长阶段。

目前，从全球整体来看，已经历了接近五轮康波周期了，详细信息见表5-18。

表5-18 全球近五轮康波周期的运行情况

轮次	起始时间	结束时间	周期长度	重要技术	周期属性
1	1780年	1844年	64年	纺织机、蒸汽机	技术创新
2	1844年	1890年	46年	钢铁、铁路	应用创新
3	1890年	1939年	49年	电力、内燃机	技术创新
4	1939年	1984年	45年	电子计算机、空间技术、核能	技术创新
5	1984年	2030年	46年	互联网	应用创新

从周期长度看，技术周期一般维持在40—60年之间，平均为50年左右，也是我们在周期分析中涉及周期长度最长的周期了。而对于过去五轮技术周期，每个周期中都有对应的重要技术创新成果，这些技术都对于经济的持续增长至关重要。

表5-18中的大部分内容应该都比较好理解，唯一可能存在疑惑的地方应该就是周期属性的部分了。为了能够更好地解释技术创新和应用创新之间的区别，我们必须要搞清楚工业革命同技术周期的异同。如果没有对工业革命和技术周期进行深入研究的话，我们很容易将二者混淆。

示例24：三次工业革命

第一次工业革命发生在18世纪60年代中期，这场革命是以蒸汽机作为动力源进行广泛使用为标志的，这也是人类历史上第一次真正意义的机器替代劳动时代的开始。这场革命的起源地为英国，由于劳动生产率的大幅提升，英国也迅速成为世界上第一个工业国家。第二次工业革命发生在19世纪70年代，这场革命的代表性技术成果为发电机和内燃机，这也标志着人类由原先的蒸汽化时代进入电气化时代，这个时代出现了很多新发明，例如电报机、电灯、汽车、电话、电影放映机，同时内燃机和发电机的发明和适用，也进一步推动了石油开采和石油化工业的发展。第三次工业革命发生在20世纪50年代，电子计算机、原子能、空间技术等获得了巨大的突破，这也标志着人类社会进入了基于信息技术的自动化时代。

的确，工业革命和技术周期从驱动因素上看，都伴随着一些技术上的重大发展，但从历史上看，人类目前只经历过三次工业革命，而技术周期已经间接完成了五轮。所以，上述五轮技术周期中，应该只有三轮是和工业革命重叠的。为了进行这样的区分，我们将伴随工业革命的出现开启的技术周期属性定义为技术创新周期，而其他类型的周期定义为应用创新周期。

技术创新周期和应用创新周期是存在显著区别的，即技术创新周期往往会引领社会生活、劳动方式出现根本性的变革，而应用创新周期是在原有技术变革的基础上的应用模式的改变。例如，第二轮技术周期铁路运输业的发展，就是依托于蒸汽机的发明而进行应用模式创新，即应用范围由纺织延伸到运输业；第五轮技术周期互联网行业的发展，也是依托于电子计算机之上的信息技术的应用创新。而对于第一轮、第三轮和第四轮技术周期，彼此的独立性会更强，自然对于社会整体改变程度就会更高。如果我们继续抽象地从本质上去理解技术创新周期和应用创新周期，至少从其对于经济发展的影响路径上看，应用创新主要是提高了生产效率，而技术创新主要从更广义的程度上改变了人类对于能源的利用方式，而对于能源利用的方式主要决定于新能源（热能、电能、化学能、核能）的使用以及新材料（半导体）的使用。

当前我们所处的阶段就是第五次技术周期的末期，虽然我们不确定下一轮技术周期是否会按照表5-18预估的时间到来，但不可否认的是，资本和劳动对于全球经济增速的贡献已经出现明显的边际降低，致使国家层面、企业层面的竞争程度显著增加，内卷现象非常普遍，由此，世界经济甚至是政治格局的不稳定性也有所增加。技术周期的末期往往和下一轮技术周期的初期存在重合，在这个阶段中，技术处于新旧更迭的朦胧期、酝酿期，经济整体增速回落。但一旦突破某个临界点，新技术周期的主导技术会确立，同时与此相关的新产品、新产业还会出现爆炸性的发展。在技术应用爆发期，新技术的驱动力量仅仅局限在部分行业，所以，这时经济状况虽然有一定的改善，但增长的斜率仍旧处于较低的水平。伴随着技术向各行各业不断地渗透，全部产业集群都开始受到新技术的积极影响，经济增速也开始出现明显提升，并达到高点，这就到达了技术周期中最令人欢欣鼓舞的技术扩散期。当技术扩散完成，技术红利逐渐消退，经济增速出现明显回落，由此，我们又重新进入了技术新旧更迭的朦胧期、酝酿期。

由于技术周期维持的时间较长，基于动态视角的价值嬗变投资决策框架，很难将技术周期同短周期的分析有效地结合起来。且结合当前所属的技术周期阶段，技术周期研究对我们来说最大的价值在于确定未来技术的发展大方向。在锁定了大方向之后，我们的投资就会有更多的可控使用的靶点出来，进而能够获取更高的收益，这里主要指的是阿尔法收益。

这时，我们就会面临一个重要的问题，即下一轮技术周期究竟是技术创新周期还是应用创新周期呢？这时有人可能会说，第五轮技术周期就是应用创新周期，且历史上两轮技术创新周期之间最多只有一个应用创新周期，所以，下一轮周期大概是技术创新周期。这种说法所使用的逻辑是典型的静态分析逻辑，其最大的问题在于，机械性地使用基于过少样本数量的所谓的统计学规律。

基于动态的分析逻辑应该如何去考虑这个问题呢？

由于基于计算机的信息技术已经主导了两轮技术周期的走势，在这项技术没有出现较大程度变革和迭代的情况下，后续对于经济发展的贡献度也会面临一定的制约，所以，基于这个逻辑，下一轮技术周期可能确实是技术创新周期，但其来临的时间可能要晚于大多数人的预期，因为截至目前，我们在技术层面上仍旧没有发现能够颠覆当前现有经济科学体系的有价值的因子。

如果技术创新周期来临的时间过晚，那么未来可能有两种演绎方式：一种是第五轮技术周期继续，时间周期较长；另一种是第六轮技术周期以应用创新周期的形式出现，而技术创新周期可能在第七轮，甚至是第八轮技术周期中出现。

进一步来讲，我们之所以认为下一轮技术创新周期出现的难度较大，主要是基于自然科学发展状况而判断的。

人类目前使用的自然科学体系，已经有三百多年的历史了，标志着近代自然科学体系正式成立的事件，一般被认为是牛顿1687年发表的《自然哲学的数学原理》。《自然哲学的数学原理》是经典力学的集大成之作，它总结了近代天体力学和地面力学的成就，为经典力学规定了一套基本概念，提出了力学的三大定律和万有引力定律，从而使经典力学成为一个完整的理论体系。具体来说，牛顿在这本书中阐述了引力理论和运动学，明确指出自然界的力是物体运动状态改变的原因，而不是维持物体运动的原因。同时，牛顿还提出了力的效果是使物体启动、减速或改变方向，以及两物体间的引力与各自的质量成正比，而与两者之间距离的平方成反比等重要理论。这些理论不仅解释了当时已知的所有自然现象，而且具有高度的数学和逻辑严密性，为后来的科学研究奠定了坚实的理论基础。

但随着时间的推移，以及人类对自然认知的不断深入，近代自然科学体系的局限性逐渐显现了出来，甚至一些极端的科学家认为，科学体系还会面临推倒重来的风险。下面我们简单列举几个支持上述结论的逻辑。

第一，随着科学研究的深入和技术的发展，科学家发现许多实验证据之间存在矛盾和不一致的情况。例如，在粒子物理学领域，不同实验结果之间的不一致性导致了标准模型的修正和扩展。这些矛盾和不一致的情况可能导致科学理论的可信度和可靠性受到质疑。

第二，科学理论是建立在一定假设和前提之上的，这些假设和前提可能不完全符合实际情况，或者随着时间的推移被证明是不准确的。例如，牛顿经典力学在高速和微观领域存在局限性，需要相对论和量子力学的补充和修正；地球科学中的板块构造理论需要不断更新和完善，以解释新的地质现象和数据。

第三，科学研究和预测往往依赖于数据和模型。然而，数据可能存在误差和偏差，模型可能存在不确定性和局限性。例如，气候模型的预测结果可能受到模型复杂度和参数化的影响，存在不确定性；医学研究的数据可能存在偏倚和噪声，导致结论的可重复性受到影响。

第四，自然科学涉及多个学科领域，不同学科领域之间的理论和观念存在差异和冲突。例如，生物学中的基因决定论与心理学中的环境决定论存在争议；物理学中的还原论与生物学中的整体论存在不同观点。这些跨学科研究的挑战可能导致科学理论和观念的混乱和不确定性。

基于此，我们认为，未来技术创新周期出现的难度是比较高的，作为资本市场的投资者，如果我们想要充分利用技术周期的预期做一些具有前瞻性的预测，那么我们在应用创新周期的有关技术上面下注，风险收益比会更高一些，当然，对于能够产生根本性变革的技术，在投资的过程中也需要给予重视，只不过对于相关上市公司未来的业绩兑现预期，暂时不用太过认真，因为很多逻辑都处于讲故事层面上。

表5-19为读者展示了，基于当前市场的主流观点，可能成为引领下一轮技术

周期的技术，其中技术小类是我们认为比较有潜力的，尤其是在应用创新上能够有较大潜在贡献的方向。

表5-19　有望成为引领下一轮技术周期的技术汇总

技术大类	技术小类
数字	大数据、区块链、4D打印、VR、量子计算、数字孪生
网络	物联网、云计算/边缘计算
智能	工业自动化、人工智能、无人驾驶、智慧城市、机器人、可穿戴设备
新能源	储能技术、核能、氢能
其他	新一代半导体材料、基因编辑、分子工程

在确定了大体的方向之后，从方法论的角度讲，我们需要在投资研究过程中，不断地跟踪与之相关的信息，不断验证之前所作猜想的合理性，并持续进行优化。同时，我们对于前沿技术，尤其是涉及工程学内容的成果，应该充分重视并主动了解。这说起来简单，但做起来很难，因为这需要耗费我们大量的精力和资源，且不一定会有合理的回报。因此，对于前沿技术的把握，我们应该牢记两点，从而最大可能地提高相关研究的投入产出比：

第一，提前确定好未来的大方向，并在这个方向中深入研究，同时，在一定程度上战略性放弃其他相关领域的研究，这样，我们学习的边际成本才会越来越低。例如，我们只对智能化领域的技术进行研究，而在一定程度上放弃新能源领域。当然，究竟我们应当如何选择，可能每个人的答案都是不同的。

第二，如果有可能的话，技术类的分析还是应该以团队为单位进行开展，团队成员最好有相关专业背景，并且每个人专注细分领域，分工明确，以最大化提升研究的有效性。

5.3.10　有关周期分析的总结

其实到这里，有关周期分析的内容就已经全部结束了。不得不承认的是，周期分析同行业分析以及接下的技术分析和个股分析的内容相比，阅读和理解的难度应该是最大的，这是由于周期分析涉及的面很广，虽然具有一定的分析框架，但这所谓的框架也是若隐若现，经常会根据不同的分析环境而产生较大的变化，而且有时正确的分析逻辑往往是反常识的。同时，分析框架中涉及的要点之间的逻辑关系同样非常灵活和复杂，对于一些特殊的经济学问题，可能涉及的知识深度也是比较大的。基于上述原因，我们在这里对于周期分析的框架再进行简单的阐述，希望能够帮助读者进一步掌握有关的分析方法。

（1）观念调整

价值嬗变分析是动态而非静态分析，这就要求周期分析同样也必须是动态的。让分析动起来的方法主要有两个：

其一，不去进行常规意义上的统计归纳，而是重视以影响周期运行的因子的时序变化情况，动态演绎未来的走向，其核心要义可以总结为"周期的演变其实就是因子的演变，分析因子就等于分析周期"。所以，分析T时刻和T+N时刻因子的演绎方式，既能够预测未来周期的变动方式，而分析不同周期同一阶段之间因子的差异，又可以在控制变量法的指导下，锁定当期周期演绎的核心矛盾。

其二，相较于长周期，我们更应该关注短周期，因为短周期在一定程度上是长周期的领先指标。我们应该尤其重视长短周期背离的情况，从而以动态的视角来判断未来背离的回归方式。

（2）以宏观经济指标为依托，了解当前宏观经济的运行情况

我们介绍的具有重要关注意义的宏观经济指标主要有6类：PMI、工业数据、固定资产投资、消费、对外贸易和通胀数据。其中，PMI是具有领先性质的综合数据，通过细分项的研究，可以对当月经济的全貌有一个大致的了解；工业数据是可以了解工业企业分行业的情况，同时也能够帮助我们了解影响经济波动的最关键的变量；而固定资产投资、消费和对外贸易，分别是从拉动经济的三种力量入手，了解经济增长引擎的情况；通胀数据则是从价格的角度衡量经济的走向，同时在一定程度上可以更加深入地了解未来的政策动向。对于这些比较常用的宏观经济指标，投资者在进行后续周期分析的过程中，不可避免地要使用到，且使用的方式不是机械性的，而是因时制宜，个性化地应用于动态周期研判过程之中。

（3）基于当前宏观经济指标的表现，演绎宏观周期的运行路径

周期分析中，我们共涉及6个宏观周期：技术周期、农业周期；金融周期、房地产周期；库存周期、设备投资周期。可以看出，上述我们对周期的排列顺序和上文的介绍顺序是不同的，上文主要是根据周期的预期时间长度由短到长进行分析，越靠前的越重要（金融周期除外，因为其与房地产周期的关系过于密切，笔者就将其放在房地产周期中进行了分析，严格意义上讲，金融周期是最短的周期，自然也是最重要的周期），而这里，我们则是按照两两分类的方式进行列示：其中，技术周期和农业周期属于长周期，了解这两个周期的情况主要是为了把握目前宏观周期的大基调；金融周期和房地产周期是关系十分密切的两个周期，且一短一长，一般进行配对演绎，进而从金融、资产估值的角度了解更具有虚拟经济性质的周期情况；而库存周期和设备投资周期也是两个关系密切的一短一长的周期，只不过这两个周期关系得更多是实体经济的情况。在了解当前宏观经济的情况后，我们对于上述6个周期进行动态推演，得出未来走势的最佳估计。

5.4 技术分析：确定资本市场定价权的归属

本节的内容主要是研究有关市场定价权的问题，这自然也就涉及一些技术层面的探讨。当然，我们这里的技术分析并不是要全面地进行说明，因为本书都是在价值嬗变投资决策框架中进行有关内容的阐述，而这里有关市场定价权的探讨，也是基于这个目的。

市场定价权的意思是：

在某一个时间点，或者是某一时间段，主导市场定价的主要力量是源于投资者对哪个方向的偏好。

换言之，不同的时间点或时间段，由于投资者的偏好不同，市场资金的流向自然也会具有某种特别的趋势，只有确定了资金最容易出现相互促进和强化的地方，我们的投资效率才会更高。

这种理念其实有点像《股票大作手回忆录》中，有关确定市场运行阻力最小的方向的认知，因为我们认为一切的技术问题，本质上都是要尽可能地并且比较成功地依靠趋势的力量。这里，我们所讲的趋势是一种广义的概念，不仅仅代表股价运行的方向、惯性，其他有关投资者决策的任何事情，包括偏好、习惯、思维方式等，都存在一定的趋势。只有在尽可能多的方面迎合了趋势，那么投资才会是成功的。

其实，价值嬗变的投资决策框架，也是基于上述对于趋势的理解。例如，上一节所阐述的周期分析，就是最为直接的趋势分析，因为周期就是由趋势以及趋势的一次次更迭组合而成的，而且趋势存在的时间占据周期的绝大部分；行业层面以及个股层面有关靶点的研究，其实也是站在市场的角度去思考，未来哪些方向或者哪些板块能够存在被造势的可能，从而具备较高的获利机会。俗话说，时势造英雄，股市中的"英雄"其实主要不是源于其本身能力有多强，更重要的是大势造就了他而已。

当然，对于资金体量比较大的投资者来说，除了追随大势，他们还希望能够通过自己的交易行为，影响市场的趋势。这种想法在十几年前，还是具备一定的实际操作空间的。因为那时的市场，制度的规范性，监管的严格程度相对不高，而且当时市场的交易主体机构占比也明显偏低，量化投资者更是寥寥无几，所以，很多小票，从某种意义上来讲，真的就如同赌场一般，而小票的控盘者，就是所谓的庄家。

但其实，这里的庄家和赌场庄家的概念还是存在一定区别的，因为后者其实是通过自身的角色优势赚取无风险利润的，但即使是在极度不规范的市场中，某一只股票的庄家也并不是没有风险的。笔者曾经接触过很多游资，一部分也是属于中国资本市场初期的老一辈玩家了，他们绝大多数人都有过比较成功的坐庄经历，但这些人当中几乎没有人会认为，坐庄是一件毫无风险的事情，因为"天时、地利、人和"如果有一样不行，那么出现"坐庄不成反被做"的结果是非常常见的。

现在的市场环境下，坐庄几乎是一件不可能的事情，即使不考虑别的因素，仅仅监管这一条，就已经把可能的坐庄操作一网打尽了，更不用说资本市场扩容、量化资金占比显著提高等一些其他的因素了。所以，我们这里也仅仅强调有关跟随趋势的问题，而不去过多分析一些典型的创造趋势的方法了。

但这里我们需要提醒读者的是，虽然目前资本市场中没有坐庄的概念，但跟庄的概念还是有的，因为跟庄和追随趋势本身并没有明显的差异。这个结论应该会让很多投资者感到不解，既然市场中都没有人能够坐庄了，我们何谈去跟庄呢？的确，当前市场中确实没有人能够坐庄，但这并不意味着市场中没有庄，反而我们认为，市场中的庄会一直存在下去，无论资本市场的历史有多长，也无论是哪个国家的资本市场，因为在我们眼中，市场中存在的庄，其实就是市场交易主体的合力。

认清楚这个概念是至关重要的，如果市场没有合力，或者说市场合力无迹可循，那么不从基本面入手去研究，仅从技术面去分析市场可以说是徒劳无功的。但现实状况显然并不符合上述假定，因为有大量的量化策略能够平稳运行，也有大量的实证研究证实市场存在某种规律。而合力，其实就是代表着趋势，合力出现的节奏、方向、位置、特征等，会根据合力种类的不同而不同。正因如此，跟庄也好，猎庄也罢，还都是具备一定的操作空间的。而价值嬗变投资决策框架做的所有的事情，其实都是在尽可能地跟上合力这个"庄"，追随上趋势的运行轨迹。

经过上述简单的说明，基本上我们把价值嬗变框架下有关技术分析的核心理念就已经阐述清楚了。接下来，我们就回归本节内容的核心，即市场定价权背后偏好的问题的探讨。

5.4.1 市场偏好的分类

市场偏好分类的问题，其实还算是比较复杂的，其复杂的点在于，按照不同的口径会有完全不同的分类方式以及对应的应用场景，而通过市场过去运行的数据来看，不同分类口径之间也没有绝对的重点和非重点。根据我们的经验，以下9种分类口径是比较常见的，我们会对每种口径下的分类标准、市场特征以及应对方式等方面的问题进行深入探讨。

（1）多空口径：多头偏好和空头偏好

多空口径下的市场偏好分类可能会让读者有些摸不着头脑，在做空机制欠缺的A股市场，应该只有多头偏好，怎么还会出现空头偏好的情况呢？

其实，这里所说的偏好，并不一定仅代表投资者的主动偏好，也代表了投资者的被动偏好。换言之，从主观态度上讲，A股的投资者自然对多头行情是具有偏好的，因为大家都想通过一波牛市行情赚钱。但从另一个角度来讲，当市场长期低迷，各路资金普遍被套牢的情况下，绝大多数投资者都是非常消极的，因此也就会不由自主地继续看空，这种被外界环境所影响从而被动看空的倾向，就是所谓的空头偏好。

多头偏好市场和空头偏好市场的分类标准有很多，一个最传统的方式就是根据宽基指数技术分析当中有关趋势的定义去进行分类，上涨趋势就是多头偏好市场，下跌趋势就是空头偏好市场，震荡趋势既不是多头偏好市场也不是空头偏好市场（图5-59）。

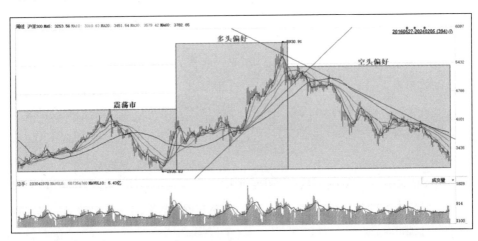

图 5-59　沪深300指数周线图中的多空偏好（数据来源：iFinD）

需要补充说明的是，我们这里之所以强调宽基指数，主要是由于我们研究的是市场整体的偏好类型，因此，只有宽基指数才能够代表市场整体的状况。当然，个股层面或者行业层面也存在上涨趋势和下跌趋势，但这没办法代表市场总体。而我们之所以强调市场总体，主要是因为我们需要借市场的大势从而甄选个股，在确定市场整体的偏好之后，才能相应地按照既往的规律进行操作，这也是多空口径下市场偏好同其它8种口径最为不同的一点。

当然，多空偏好的区分还可以接触一些其它指标进行，如MACD是否在水上，KDJ是否存在金叉，不同时间级别的均线斜率，上涨或下跌主浪的结构，甚至市场舆情都可以进行辅助判断。

多头偏好市场的核心特点在于市场流动性水平较为理想，投资者情绪亢奋，市场对于好消息的反馈比较明确，而对于坏消息则反应比较迟钝，风险偏好水平较高，个股的估值处于扩张的区间等；空头市场则完全相反，例如，市场流动性水平较差，投资者情绪低迷，市场对于坏消息的反馈比较明确，而对于好消息则反应比较迟钝，风险偏好水平较低，个股的估值处于收缩的区间等。

在多头偏好市场中，投资者可以在一定程度上弱化基本面因子对于股价的影响，注意挖掘市场消息中有哪些值得炒作的概念，甚至对于一些看上去很荒谬的概念都可以作为投资决策的参考。同时，在情绪亢奋程度爬坡的过程中，一些滞胀的标的也终究会迎来自己的主升浪，行业轮动策略的应用效率是比较高的，且轮动的级别没有明显的区别，无论是日内轮动还是中期的轮动，都有可能发生。对于资金追捧度最高的板块，投资者不应当盲目猜测顶部的位置，因为最终的高点要高于绝大部分投资者的预期，所以，我们可以使用止损线上移的技术风控条件指导我们的操作，并降低换手率。

在空头偏好市场中，最需要做的就是提高换手率（主要是指广义的净卖出，既包括降低仓位的操作，也包括不改变仓位水平但未能引起投资回报率提升的换股操作——这种操作对于普通投资者来说是很常见的，如上涨趋势中将高波动率股换成低波动率股，或下跌趋势中将低波动率股换成高波动率股），这一点是和人性与市场规律背道而驰的。但提高换手率在熊市当中非常重要，因为这样可以减少持仓下跌的风险，这如同牛市我们要降低换手，以规避踏空风险是一样的道理（图5-60形象地表现了净卖出操作在不同偏好市场中的价值，其中，深色代表正确，浅色代表错误，显而易见，多头偏好市场中，深色矩形的面积显著低于浅色矩形，而空头市场中，二者的关系完全相反）。提高换手不仅可以通过日内T+0进行，也可以进行热点的炒作。但空头偏好市场的热点持续的时间相对偏短，行情容易夭折，所以对于任何看上去特别有吸引力的题材或逻辑，也不能给予过高的期待。同时，空头偏好市场中也存在轮动，只不过更多的是轮动下跌，任何强势的板块可能都会面临走弱的风险，选择相对低位的板块虽然可能会被持续阴跌侵蚀本金，但一旦市场出现反弹，前期的亏损会迅速回补，所以，空头市场中的低位股带来的亏损是暂时性的，但高位股可能会带来永久性的亏损。

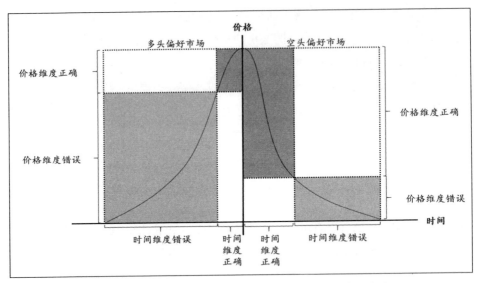

图 5-60　提高换手率（净卖出）在不同偏好市场中的价值

（2）市值口径：大盘偏好和小盘偏好

按照市值口径对于市场偏好的分类是比较好理解的，但对于大盘、中盘还是小盘的问题，分类的标准其实是存在两种：其一，按照股本来划分；其二，按照市值来划分。我们认为，使用市值标准来划分会更加合理一些，因为所谓大小盘的问题，本质上还是个股资金容量以及公司业务体量的区分标准，所以，使用股本进行划分的话，对于股价较高和股价较低的标的来说，可能都会存在一定的问题。

同时，如果我们使用市值来划分，这里我们通常习惯使用总市值而非流通市值。经过我们对过去大小盘风格的行情下，总市值较高但流通市值较低的个股表现的归因分析结果，我们发现这些标的收益结构还是和高总市值且高流通市值的标的更为类似。这是由于资金在市值口径下的偏好，不仅关注的是个股的资金容量，还关注的是公司的业务体量。

一般而言，总市值小于100亿元的标的为小盘股，100亿—300亿元的标的为中盘股，而大于300亿元的标的为大盘股。按照2023年年末的数据进行估算，A股当

价值嬗变的玫瑰
——具有创新意义的动态投资决策框架

中大盘股占比为8%左右，中盘股占比20%，而小盘股占比约为72%。这里，我们对于市值口径下的偏好分类中，并没有列出中盘偏好，因为我们一般将中盘股合并到大盘股的范畴，而市场中一直说的所谓的"二八分化"，其实也是这样操作的，只不过随着注册制的推进，"二八"逐渐转变成了"三七"而已。

在大盘偏好的行情下，经常出现大盘涨，个股不涨的情况，但这种情况一般不会连续出现，因为大盘股的好坏直接影响指数，对于公募基金投资者的收益高低也是具有直接的关联，所以，大盘股的动向其实是市场情绪的一个风向标。当市场情绪较好的时候，积极的情绪和做多的动力很容易由大盘股外溢到小盘股，即权重股搭台，题材股唱戏的行情。同时，由于驱动大盘股波动的资金体量一般比较大，所以市场流动性整体较为充裕，且由于参与大盘股交易的主体结构更为丰富，这使得大盘股甚至是权重指数均表现出比较规则的技术形态，从而应用传统技术分析指标也能够取得相对满意的成绩。

投资者在大盘偏好行情下，需要做的最重要的事情，就是尽可能地跟上贝塔行情，并且将持仓组合进行品种以及持仓占比上面的优化，以达到增强的效果。这一点对于机构投资者来说更为重要，因为宽基指数代表的贝塔收益是绝大多数机构投资者的业绩基准。跟上贝塔行情需要将相当一部分仓位配置到权重指数或者其成分股之中，对于小盘股和题材股而言，最好不要成为持仓中的重点，否则容易出现负超额收益的情况。在对于大盘股进行投资决策的时候，要关注估值水平的变化情况，对于这些标的，业绩的稳定性的重要意义要强于成长性。

图 5-61　建信中证500指数增强A[000478] 净值走势（数据来源：iFinD）

小盘偏好的行情下，经常出现大盘涨幅落后于个股的情况，反映在指数上就是领先指标强于平均指标。小盘风格行情下，市场热衷于概念炒作，热点往往比较多，但市场整体的情绪水平却相对一般。这使得概念的炒作级别可能伴随着小盘偏好的纵深演绎而出现逐渐收敛的情况。尤其是当权重指数不涨反跌的过程中，我们更应当注意不要过于执着于某一种概念和板块。同时，小盘风格下，市场整体的流动性水平是不高的，高流动性仅存在于市场局部。具体而言，对于强势概念的品种来说，可能板块整体的流动性会维持高水平，但对于一般的概念来讲，较高的流动性可能仅仅存在于龙头股之中。俗话说，抓龙不过三，意思是选择板块的龙头股，就是强势程度排名前三的标的，这也是考虑了流动性的问题，毕竟小盘股的流动性波动比较大，且能够很大程度上影响估值水平。

因此，投资者在小盘偏好的行情下，要尽可能地提升换手率，通过严密追踪市场信息从而挖掘概念炒作的机会。而既然是概念炒作，投资决策中对于需要落实到业绩上的要求就会更加宽松一些，且需要重视成长性而在一定程度上弱化稳定性的影响。同时，小盘偏好行情也是最容易获取超额收益的环境，所以，对于机构投资者而言，这种行情下无须将仓位打得很高，就可以取得比较令投资者满意的回报。对于普通投资者而言，小盘偏好行情参与的难度较大，因为这种风格对于普通投资者的风险控制以及信息挖掘的能力要求是比较高的，显然，这两点都是普通投资者的弱项，所以，普通投资者在参与的过程中，一定要提前设定好交易计划和风控纪律，并且要严格执行。

图 5-62　国证2000指数相较于沪深300指数的超额收益（数据来源：iFinD）

（3）风险口径：价值偏好和成长偏好

价值股和成长股的区分方式比较多：价值股通常是那些处于成熟发展阶段的

公司，这些公司通常规模较大，经营稳定，有稳定的盈利和股息回报，这类股票通常被低估，市盈率、市净率较低，股息较高，价值股投资者看重的是公司的基础价值，即公司当前和未来的盈利能力，以及相对于其他类似公司的竞争优势；成长股则是指那些处于高速发展阶段的公司，这些公司通常规模较小，具有高成长潜力和高收益，这类股票通常市盈率、市净率较高，股息较低，成长股投资者看重的是公司的增长潜力，即公司未来可能实现的收益和利润增长。

无论是通过公司的规模、业务属性、盈利情况还是股票的估值指标等，我们都可以对价值股和成长股进行划分，但这里却没有一个比较明确的标准。例如，市盈率高于多少就属于成长股，营业收入规模超过多少就属于价值股，并没有一个明确的定论。我们在实际操作的过程中，需要对研究范围内的公司有自己的理解。

需要明确的是，价值和成长偏好是基于资金愿意面临多大的风险的口径下的分类标准，而大盘和小盘风格则是在市值口径下的分类标准。两种口径的分类结果中，不可避免地存在一定的重合，例如，四大行既属于大盘股，同时也属于价值股；但二者也存在一定的区别，如2020年的光伏龙头既属于大盘股，又属于成长股。

市场之所以在某段时间表现得更加偏好价值股或成长股，本质还是资金的风险偏好问题。当资金风险偏好较高的时候，成长风格会走得更强一些，而风险偏好较低的时候，价值风格则会更强。

我们可以用现金流估值模型的理念去理解这个结论。现金流估值模型涉及的参数类型主要为两类：现金流和折现率。成长股本身估值的风险较高，本质原因在于成长股的主要现金流贡献是来源于远期现金流，可预测性和估值容错率都比较低，而价值股的现金流贡献是在各期均匀分布的，其可预测性和容错率都比较高。因此，成长股的折现率一般要高于价值股，换言之，当风险偏好程度较低的时候，投资者要求的风险溢价会更高，从而更高的折现率将压制成长股的估值水平，而风险偏好程度较高的时候，投资者要求的风险溢价会更少，从而更低的折现率将大幅提振成长股的估值。

价值偏好行情下，市场波动率水平相对偏低，流动性保持稳定，市场对于贝塔层面的信息会更加敏感，对于行业或是个股层面的信息的反馈会相对迟钝一些。资金更加关注市场哪些板块存在了显著的低估，这时，相对估值指标的应用效率会比较高。对于信息所属时间级别的偏好，市场更加关注当下或近期的信息，例如，业绩定期报告披露之后释放的利好或利空信息，都会产生较长时间的影响，但对于相对远期的信息，市场可能并不会特别关心。

成长偏好的行情下，市场波动率水平会比较高一些，市场情绪会更加亢奋，所以使得流动性水平保持相对理想的状态。相较于贝塔以及个股层面的机会，市场更关注行业层面的利好，因为具备较强成长属性的大机会，很难出现在市场整体层面，自然也不太可能仅存在于某一家公司，绝大多数情况下都伴随着行业景气度的快速提升。当然，行业板块范围之内的个股选择，则需要重点关注衡量成长性的指标，如营收增长率等。与此同时，市场在成长偏好的影响下，更加喜欢善于讲故事或者有故事可讲的行业或公司，甚至在极端情况下，一个好的故事可能催生极高的估值泡沫，相对估值指标也开始使用虚无缥缈的"市梦率"等。而对于着眼于当下或近期的信息，市场反而不是很关注，甚至对于短期利好兑现的业绩信息披露之后，市场情绪还可能会受到一定的打压。

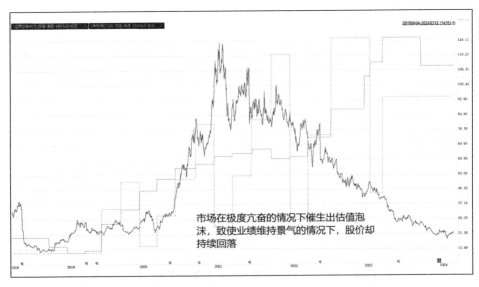

图 5-64　隆基绿能[601012.SH] 周线图与营收、利润的非同步关系（数据来源：iFinD）

所以，在价值风格的市场中，投资者需要更多的耐心，降低短期盈利水平的预期，同时密切关注业绩超预期的板块或个股；而在成长风格的市场中，投资者要重视公司成长性的挖掘，同时不要排斥一些不太可能被实现的成长性逻辑。在风控层面，价值风格的市场中可以将风控同基本面的表现紧密联系起来，如当公司或行业的毛利率水平下降，原材料成本上行，营收增速下滑等，都是价值风格市场中的风险信号；而对于成长风格的市场，我们需要从技术层面进行风险的应对，即警惕某一个板块出现情绪性拐点，因为成长品种的顶部风险，一般都会伴随着情绪的极度亢奋，而这个拐点出现之后，股价也可能会出现较大幅度和较快速度的下跌，短期风险比较大，所以需要注意择机提前了结头寸，避免右侧交易。

（4）业绩口径：绩优偏好和绩差偏好

基于业绩口径的市场偏好分类其实有的时候也让投资者有些摸不着头脑，因为根据所谓的常识，资本市场的资金对于绩优的标的应该认可度是远高于绩差股的，且只有绩优股才能够给股东令人满意的回报，所以，我们可能会不理解为什么市场还会对绩差股存在明显偏好。

但实际情况却恰恰相反，资本市场对于绩差股的偏好在绝大多数情况下都要明显高于绩优股。因为股票投资主要是着眼于预期，只有预期的绩效能够达到优异的水平，市场才会给予这家公司较高的估值，而当前这家公司的业绩是好是坏，其实并没有那么重要。

分析到这里，相信读者应该能够很直接地联想到困境反转的炒作逻辑，因为这一逻辑就是绩差偏好的一种非常直观的体现。困境反转逻辑之所以受到市场的青睐，很大程度上是因为困境反转类的公司未来的业绩弹性很大，从而使得股价向上的空间也会比较理想，这一点很好理解。但有人可能会说，困境反转的逻辑确实很性感，但实际操作中，我们很难找到很多满足困境反转逻辑的公司或行业。

如果您也有这样的困惑，那么很可能是没有将困境反转的逻辑进行一般化处理。我们应该都会认同，任何一个行业都会有自身的周期，且行业周期中会有不同级别的周期相互嵌套，大周期里面还有小周期。所以，我们可以将困境反转的逻辑拓展为一切处于周期底部区域并面临向上拐点的逻辑，这样，绩差逻辑的应用空间就会快速放大。

例如，当市场整体偏爱周期股，并且周期品种走出整体性上涨行情的时候，就是绩差偏好的充分演绎，从而催生出很多市盈率维持上百倍，甚至上千倍的牛股。而周期股其实覆盖的面是非常广的，除了我们熟知的金融、资源、中间材料等行业，其他绝大多数行业也都属于周期行业，只不过部分行业的周期太长，以至于市场对于这一行业的周期性没有足够的感触，如非刚需消费品行业、设备制造行业等。

基于这样的逻辑，我们认为绩差偏好的市场中，一般情况下，消极的情绪已经过了非常充分的释放，且容易出现在市场整体处于下行周期末期和上涨周期初期的当口。但这里需要特别注意的是，在周期的顶端，也容易出现绩差偏好，这主要是由于周期底部的绩差股伴随着业绩的兑现，在周期顶部的时候往往已经摇身一变成为绩优股了，而这并不能支持其股价继续上涨，因为市场会开始预期这些公司即将步入下行周期了。因此，周期顶部的绩差股，往往是一些经营相对稳定的，前期股价表现相对低迷的品种，在风格轮动和资金腾挪的作用下，这些绩差股反而会接棒强势品种而走强，这就是在周期顶端，市场可能同样偏好绩差股的原因。

而对于绩优偏好的市场，可能集中出现在大周期上行或者下行区间之中，上行区间绩优偏好的逻辑多为业绩初步兑现，从而增强积极预期，而下行区间的绩优偏好主要由于市场风险偏好水平下降导致避险需求的集中宣泄，如图5-65所示，中国神华股价在2023年同公司基本面数据以及沪深300指数的背离，就是基于这一逻辑的演绎。

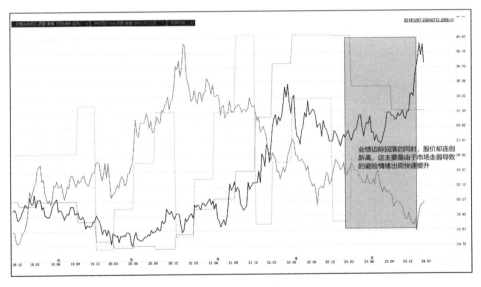

图 5-65　中国神华[601088.SH] 周线图与营收、利润的非同步关系（数据来源：iFinD）

所以，投资者需要明确市场和行业的周期，才能够对于未来市场的偏好到底是偏绩优还是偏绩差有着比较充分且具有时效性的认知。当然，这里我们最想说明的问题在于，想要了解周期的问题，其实并不仅仅依赖于基本面的周期分析，股价波动的周期本身就已经覆盖了相当多的基本面信息。投资者可以依靠趋势分析、波浪理论等同市场周期关联度比较紧密的分析技术，对市场周期进行把握。

价值嬗变的玫瑰
——具有创新意义的动态投资决策框架

342

最后，我们再补充说明一下有关壳资源概念股炒作的问题。壳资源的炒作一般可以认为是属于困境反转的逻辑，自然也就属于绩差风格的一种特殊的表现形式。市场对于壳资源的炒作很大程度上同IPO的节奏有关，而全面注册制推行之后，市场一度认为壳资源概念股的炒作应该逐渐退出历史舞台了。但实际上，我国资本市场的注册制推行初期，壳资源概念股这一细分的绩差偏好行情仍然存在。同时，IPO的节奏也可能会存在一定的周期变动规律，配合着退市制度的完善，IPO节奏周期和退市节奏周期如何叠加，也会涉及壳资源概念股未来的炒作路径，投资者也可以稍微留意一下由此带来的投资机会。

（5）资金口径：机构偏好、游资偏好、外资偏好

资金口径主要指的是主导市场行情的资金属性是什么，其中最常见的资金属性就是机构和游资。

机构，这里特别指代的是公募基金和社保基金，但由于社保基金的投资风格和投资方向同公募基金的重合度还是比较高的，为了简化起见，我们只着重分析公募基金的偏好。

公募基金的持仓偏好，伴随着各种风格的产品出来，其实已经没有一个比较统一的特征了，所以，我们只能通过关注公募资金份额的变化，从而预判未来市场增量资金的主导是否为公募基金了。一般而言，公募基金的份额和市场的情绪是紧密相关的，当市场情绪较好的时候，公募份额呈扩张的态势，反之则收缩。由于公募基金具有持仓占比的限制，所以，无论是规模扩张还是收缩，其带来的结果分别都是刚性化的加仓或减仓。换言之，即使基金经理认为当前市场已经出现较大的回暖契机，但如果基金赎回趋势延续，那么公募基金也会被动减仓。这就使得公募基金持仓占比较高标的非常容易出现超买和超卖，极端情况下，估值水平偏离正常值的程度还会比较高。

了解公募基金持仓一般有两种途径。

其一，为公募基金定期报告中披露的前十大重仓股。这类信息虽然存在一定的滞后性，但由于公募基金调仓换股的节奏还是比较慢的，这主要是为了避免市场认为基金经理出现风格漂移从而影响未来规模的扩张，所以，十大重仓股还是存在较大的参考价值的。我们尤其应该关注公募基金调仓的标的，对于加仓的标的，我们应该充分关注一下是否存在更大的机会，对于减仓的标的，也应当警惕风险。需要注意的是，我们无须消耗过多的精力去研究基金经理调仓的股票质地如何（除非涉及公募基金违法违规的事情，但毕竟这是小概率事件，这里就不再多说了），因为常规意义上来讲，前十大重仓股的标的一般质地上都不存在较大的问题，即使有问题，大多数人也不太可能发现，因为机构持仓之前，肯定对这家公司无论是从卖方还是买方的角度，已经有着比较充分的了解了，普通投资者想要发现预期差，那可能是比较困难的事情。

其二，公募基金定期报告中会有基金经理对于行情的看法，并且对于新发基金来说，可能还会有公开性质的路演。投资者可以通过对这些涉及基金经理对于未来市场的主观判断的有关信息，挖掘其未来的调仓方向，从而提前介入可能存在公募基金资金支持的方向。当然，对于这些信息的挖掘，我们最多能够猜测调仓的大体方向，但几乎不可能知道具体个股。这时，我们可以通过卖方研究对于相关行业个股的关注度，进而确定可能的标的是什么。一般而言，公募持仓占比较高的标的，基本上都会有卖方的报告进行覆盖，因此，这对于普通投资者来说，是一个非常省时省力的办法。

游资比较青睐的标的，多数属于中小盘的个股，因为游资的体量相对有限，资金成本也会比较高。这一点类似险资和券商自营资金，因为这些资金都是有成本的。与此形成鲜明对照的就是公募基金，因为公募的资金成本是负数，原因在于，公募可以持续收取管理费，并且和业绩完全脱钩（至少从目前的政策要求看的确是这样）。正因如此，我们并没有把券商自营和险资放在所谓的机构口径下去讲，而是倾向于将其视为游资属性。同时，由于持仓的透明性的差异，券商自营、险资和游资的透明度也都是明显小于公募基金的，所以这也是我们如此处理的一个原因。

游资的特点就是来得快、去得也快，并且对于消息的敏感度非常高，从而游资很难从定期公布的前十大股东当中看到。这使得很多时候，对于确定性较高的利好消息，游资主导的标的可能反馈得不会特别积极，但对于一些具有一定不确定性的潜在的利好消息，游资标的的正向反馈反而会比较理想。同时，一些强势的游资标的，换手率会维持较高的水平，这代表操作的资金一波接着一波，不会因为某几路资金出货而出现行情突然结束的情况。当然，对于一些相对弱势的游资标的来说，较高换手一般意味着上涨趋势的终结，这些标的有的会以"倒A"的形态铸顶，有些则会在高位出现反复，对于高位出现反复的标的，我们应该心怀感恩之心，因为这是市场给予我们逃命的机会，尤其是在见到不是很强势的逻辑下，游资标的高位缩量上行可能意味着资金在进行诱多式的自救。游资的操作策略有很多，一般都比较强势，但除了比较极端的打板策略，其他类型的策略对于

价值嬗变的玫瑰
——具有创新意义的动态投资决策框架

标的的业绩没有特别的需求，既可以是没有业绩支撑的概念炒作，也可以是在具有业绩支撑的标的中操盘。

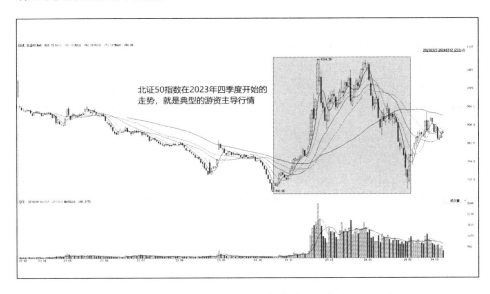

图 5-66　北证50[899050] 日线图走势（数据来源：iFinD）

游资标的比较容易带来超额收益率的行情，一般同公募基金持仓占比较高的品种呈现一定的跷跷板效应。有研究统计，机构风格和游资风格的轮动周期在3.5—4.5年。同时，就笔者个人的理解，游资行情其实和机构行情并不是完全互补的，很多时候二者是具有一定重合性的。且游资青睐的标的是否出现以及出现在哪里是具有一定随机性的，真正机构行情呈现跷跷板效应的，是游资行情演绎的深度。也就是说，当公募基金持仓标的走强的背景下，游资票仍旧会出现，只不过平均涨幅和换手率都要相对温和很多。

因此，我们对于资金口径下的市场偏好分类其实并不是从市场整体的角度去看某一个时间点是什么偏好主导，因为这些分类其实会同时出现，我们需要确定的是，每一个标的究竟是由何种力量主导，在此基础上，设定相应的投资策略即可。

外资持仓占比较高的品种，主要涉及一些处于成熟期行业的绩优股和高分红股，对于处于成长期的标的来说，外资更加倾向于投资处于成长期中后期的标的。外资的这一相对固定的偏好，使得我们经常在符合上述特征的上市公司的前十大股东中看到外资的身影。

A股市场中，最受市场关注的境外资金就是北向资金，而北向资金主要分为交易盘和配置盘两大类。交易盘主要是指托管于外资券商的资金，这些资金奉行高频交易的理念，成交活跃，风格多样。交易盘流入成长风格较多，如锂电、光伏、半导体等。此外，交易盘流入的资金量在股市反弹时表现更活跃，可能是由于配置盘在这次反弹中行动较慢，而交易盘更倾向于抓住市场波动获取收益。配置盘主要指托管于外资银行的资金，这些资金具备"长期持有"和"价值投资"的行为特征。配置盘主要包含海外主权基金或者养老金等长线投资者，倾向于长期持有，投资周期比较长。配置盘主要流入消费和金融风格，如白酒、银行、工业金属等。

北向资金短期的波动主要由交易盘引起，而长期趋势则由交易盘和配置盘共同决定。我们需要明确的是，不仅仅是交易盘的波动存在周期，配置盘同样存在。虽然自2014年沪股通正式启动至今，外资均呈现持续流入的状态，但外资的流入并不具有永久性。

图 5-67 陆股通累计净买入额的走势（数据来源：iFinD）

尤其是在北向资金普遍被市场当作"聪明资金"的大环境下，外资的一举一动不仅关乎外资持仓占比较高的标的的价格运行方向，还关系着整个人民币资产的强弱状况，在一定程度上可以和美元离岸人民币对A股的影响相媲美。所以，我们对外资的关注应该同时从微观和宏观两个层面进行。

（6）研发投入强度口径：科技股、非科技股

科技，在可预见的未来，大概率会作为一个相对独立的概念存在于资本市场，因为科技属性的重要性在当前的时间节点是非常关键的。

科技概念之所以如此关键的原因主要有两个方面：其一，当前全球处于一轮科技周期的末期。最近的一轮科技周期起始于20世纪80年代后期，下一轮科技周期启动的时点大概在2030年前后，且这轮科技周期是以互联网为代表性科技的周期。对于下一轮科技周期究竟由什么技术为代表性科技，目前尚不得而知，这便使得各国的科技竞赛中，均使用广撒网的方式进行尖端技术的探索，以期实现多点开花，从而在下一轮科技周期之中，占据有利的竞争地位。其二，中国经济增长动能面临切换，即由传统行业的粗放式增长转换为科技行业引领的高质量发展，同时，当前的时间节点正好处于人口红利逐渐转变为工程师红利的窗口期，未来科技行业的发展也可以实现人力资本利用效能的最大化。

科技股和非科技股的确认标准，并不是根据所属的行业，而是要着眼于研发投入强度（R&D Intensity），即研发支出/营业收入的水平。因为科技背后其实是创新，所以，一个属于科技行业的公司如果研发投入强度较低，那么这家公司也不会体现出较高的创新动能；相反，即使一家公司处于传统行业之中，但如果公司研发投入强度较大，那么未来其也很可能在传统红海之中开辟出蓝海市场。

国际上对于研发投入强度的标准并没有一个统一的规定，因为不同行业和不同企业对科技创新的投入和重视程度是不同的。不过，一般来说，研发投入强度在2%—8%之间被认为是中等水平，而达到8%—15%以上则被认为是中高水平，15%以上则属于高水平。根据A股上市公司2022年年度报告的数据：处于中等研发投入强度的公司有2836家，占比约57.34%；处于中高水平研发投入强度的公司有626家，占比约12.66%；而处于高水平研发投入强度的公司有380家，占比约7.68%。常规意义上讲，我们认为处于中高和高水平研发投入强度的公司是科技类公司，其他则属于非科技类公司。

我们在确认研发投入强度的时候，还应该注意一些问题：其一，研发投入强度的指标是使用研发费用计算的，即只考虑了费用化的研发支出，如果研究的公司研发资本化涉及的资金规模较大，那么我们也需要考虑资本化开支的部分；其二，一些上市公司为了进行市值管理，可能会刻意把研发费用的规模在符合《企业会计准则》的条件下做得高一些，因此，对于财务粉饰痕迹较重，或管理层信用风险较高的公司，我们对于科技公司的确认标准需要进一步提高；其三，对于研发投入强度为高水平的公司，我们还应当注意这种现象是不是因为当期营业收入过低导致的。

科技类公司一般具有很强的成长性，因此股价对于利率的敏感性更高。当市场利率处于下行通道的时候，科技股对于该公司业绩的包容性会比较高，常规意义上的估值指标可能会存在失效。另外，对于机构持仓占比较高的科技股，在低利率环境容易走出中长期级别的上涨趋势，而对于游资主导的科技股，则可能具有成为妖股的实力。当市场利率处于上行通道的时候，科技股的炒作则更加注重业绩情况，对于机构持仓占比高的品种，容易以一种相对温和的方式进行持续的下跌。而对于游资主导的品种，走妖的概率显著降低，但维持短期相对强势的难度还是不大的。

操作上，除了根据利率环境以及持仓主体特征进行对应的操作之外，我们还应当密切跟踪科技前沿的有关信息，同时，掌握关键行业的产业链结构。科技股既然是成长属性较强的标的，就必然会对当前的有关信息存在较高的敏感性，这也是我们进行中短线操作的重要收益来源。同时，具有更大潜力的科技产业，其涉及的产业链一定会比较长，否则难以起到接棒传统行业从而成为中国经济发展新动能的效果，如新能源汽车、芯片、消费电子等。科技产业链的学习难度一般会比较大，因为产业链的分工会更加精细，同时不同的产业链分析会涉及一些相对晦涩的概念，如薄膜沉积设备、模拟IC、SOC、MCU、毫米波雷达等，对于非行业内人士以及非科技爱好者来说，乍一看一定是一头雾水的。投资者可通过全面梳理产业链结构，并利用思维导图等可视化方式进行处理，从而能够让自己对于市场信息处理的有效性迅速提升。

（7）ETF持仓口径：成分股、非成分股

伴随着资本市场的不断扩容，非专业投资者对于个股的研究成本在逐渐提高，因此，具有财富管理需求的资金未来绝大部分都会参与到基金产品之中。而对于公募基金来说，ETF通过被动投资的方式，可以避免主观策略的超额风险。同时，二级市场可交易，一级市场可申赎的特性也使得ETF未来的扩容潜力是非常大的。因此，对于ETF覆盖的指数成分股来讲，ETF的扩容势必会使得这些个股的流动性有了明显的提升，且这些标的的基本面状况一般也会好于非成分股。所以，普通投资者重视成分股的意义是十分重大的。

这里，我们所谓的成分股是指ETF所覆盖的指数的成分股，并不是包括所有的指数。我们如果登录中证指数官网（www.csindex.com.cn），那么可以发现股票类指数有1726个（2023年12月），显然，指数层面的样本量过大，因此，我们的研究方向必须要有所侧重，而高流动性ETF所覆盖的指数就显得更加合理一些，因为ETF流动性的大小其实是市场投票的结果，高流动性品种的成分股的优势则会更加明显。我们使用2023年年末的数据进行分析，两市日成交额大于1

亿元的股票类ETF共有70余只，其中所覆盖的指数包括宽基指数（上证50、沪深300、中证500、中证1000、科创100、创业板50等）、行业指数（证券指数、光伏指数、游戏指数、半导体指数等）和主题指数（中证红利指数、创业板成长指数等）。

成分股相较于非成分股而言，除了上文提到的流动性和研究成本较低的优势之外，也存在一些劣势，如当公募基金规模承压的窗口期，成分股会面临被动减仓，从而压制股价上行的动力。同时，成分股对于业绩的敏感性会比较强，如果处于经济下行周期，成分股业绩容易出现暴雷的情况，从而使投资者面临的风险不是特别可控。

但是，对于普通投资者而言，在大多数情况下，尽可能选择成分股进行投资的效果会比较好，只是我们必须注意关注业绩披露的时间节点以及公募基金规模承压的窗口期。同时，伴随着行业ETF和主题ETF规模的扩容，普通投资者也可以将ETF视为股票进行交易，这样就可以用少量的资金去交易一揽子股票，既节约了投资成本，又能够在中短线层面上参与行业和板块的交易性机会，并且避免了单个公司的研究成本以及业绩暴雷的风险。这种以ETF作为投资的方法缺点在于，收益波动性相对有限，从而使得高收益偏好的投资者没办法通过ETF投资获取短期且相对高额的报酬。

（8）交易拥挤度口径：低拥挤股、中拥挤股和高拥挤股

交易拥挤度一般是指行业或板块成交额占全部A股成交额的比重，比重越高说明交易越拥挤，反之亦然。这个指标可以较为直观地观测到近期某一行业的成交热度，能有效反映该行业在短期内的交易情绪。拥挤度提升，意味着该行业短期受到资金青睐，所以交易热度比较高，在这个过程中，往往也伴随着行业股价的上涨。

但是，在实操中存在一个比较重要的问题，即交易拥挤度是高是低没办法用上述定义进行衡量，原因在于不同的行业由于市值和流动性本身的差异，就会使得行业和行业之间的交易拥挤度产生天然的不同。因此，我们必须对交易拥挤度的定义进行优化，从而能够建立一个标准使得在不同的行业范围内可比。这里，我们优化的方式是，将交易拥挤度定义为行业或板块的成交额占全部A股比重的分位数（选取1—3年的日度数据作为研究范围）。根据我们的经验，如果将上述数据由小到大排列，0%—25%分位数的水平为低拥挤度的标准，25%—75%分位数的水平为中拥挤度的标准，75%分位数以上的水平为高拥挤度的标准。

需要注意的是，交易拥挤度的确认是以行业或板块为单位的，并且行业或板块内的个股的交易拥挤度同板块保持一致。单独探讨个股的交易拥挤度水平的高低没有特别的意义，因为值得关注的行情往往都是以行业或板块为单位演绎的，且单一个股的成交量容易受到一些不具有持续性的非系统因素而大幅变动。

低交易拥挤度的标的市场关注度一般较低，股价波动率也比较低，股价的运行趋势多为横盘震荡，如果存在上涨或者下跌趋势，那么斜率绝对值大概率是比较小的。参与低交易拥挤度标的的投资者一般都属于中长线价值投资者，参与中短线投机的主体不适合介入这种类型的标的，因为可能会浪费较高的时间成本。另外，对于资金体量比较大，但被投资标的流通市值以及流动性都比较小的时候，可以选择在低交易拥挤度的状态下进行介入，并保持相对温和的节奏，这样可以使得建仓成本具有一定的优势。

中交易拥挤度市场关注度适中，股价波动率却不一定会有明显的放大，因为中等交易拥挤度的标的其实从筹码结构以及交易行为特点的角度看，其都是处于相对的稳态之中，所以，这类标的股价的运行状态一般都处于斜率比较稳定的上涨或者下行阶段，即一段运行趋势的中间段或者中前段。对于处于下跌趋势的中等交易拥挤度标的而言，后续的下跌空间是比较大的，所以，要尽量避免参与这类标的，从而被深度套牢。而对于处于上涨趋势标的来讲，其后续继续上攻的空间是比较大的，所以在操作上应该更加积极一些，以充分获取合理的价差收益。总体来说，中等交易拥挤度并且处于上涨趋势的品种无论是从流动性、后续上涨空间还是股价波动的稳定性上讲，都是比较理想的投资标的。

对于高交易拥挤度的标的来讲，其一般会在一波上涨行情的终末期（高位加速上涨期）出现，即市场对于这个板块已经陷入狂热的氛围，股价快速上涨，虽然看上去很暴利，但实际上风险已经完全不可控。这就类似一个击鼓传花的游戏，谁拿到最后一棒谁倒霉，并且当趋势出现掉头向下的端倪之后，很有可能出现V形反转，从而演绎多杀多的局面。投资者应避免参与此类标的，如若参与，应严格执行预先设定的风控条件，并且避免在上午10:30之前买入。之所以将时间限定在10:30，原因在于每日开盘的第一个小时，是市场交投最为活跃的时候，也是波动率最大的时候，由于A股实行的是T+1的交易制度，因此，为了避免高位买入当天出现大幅下跌，从而没有办法执行止损指令，投资者需要在市场日内交投情绪回落之后进行参与，这样做的安全边际会大很多。

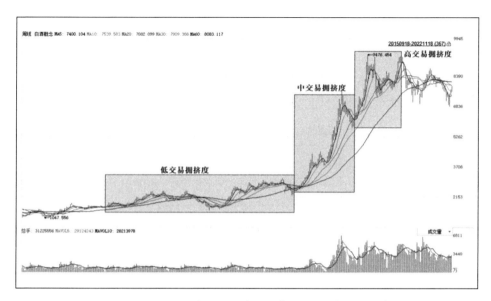

图 5-68　白酒板块2017—2021年上行趋势的交易拥挤度分析（数据来源：iFinD）

（9）交易逻辑口径：长逻辑股和短逻辑股

交易逻辑口径是比较特殊的，因为这一口径下的类别，均具有两层含义。具体来说，逻辑的长度可以进一步被细分为逻辑的链条长度和时间长度。

逻辑的链条长度可以理解为因果关系之间重要逻辑节点的数量。用通俗的话来说，就是一个投资逻辑究竟是简单明了（逻辑节点数小于等于3）还是复杂难懂（逻辑节点数大于4），前者就是短逻辑，后者就是长逻辑。图表5-107中的例子可以更加清晰地帮助读者理解这个概念。

需要明确的是，逻辑节点的确定并没有一个统一的标准，投资者应该通过长期的实践，总结出适合自身思维模式的节点计数规则。对于思维相对跳跃的投资者，长短逻辑的分类数可以适当降低，反之可以适当提高。

基于链条长度的长短逻辑标的之间的技术性区别，主要体现在逻辑兑现过程中股价的演绎方式上。短逻辑的标的，一般没有太大的行情，预期很容易短期内打满，从而出现短期快速大幅上涨，同时留有较大的跳空缺口，当流动性显著提高之后，一般会伴随着股价的下行或者震荡。短逻辑标的的投资需要注意节奏，需要快进快出，且决策果断，一旦犹豫，就会出现被迫站岗的风险。

而长逻辑的标的，一般逻辑的兑现时间较长，股价演绎的趋势维持时间也会更长，这就使得我们有相对充足的时间和机会去建仓和逃顶。但是，长逻辑的标的在逻辑兑现的时候容易出现认知和市场反应不一致的情况，这是因为逻辑的链条越长，可能的逻辑链数量越多，如果市场演绎的逻辑和自己预期的不一致，就会因为出现认知谬误而遭受较高的时间成本甚至是亏损。

示例25：基于逻辑链的情景分析

假设当前投资者可以想到四条逻辑链，如表5-20所示。

表 5-20　逻辑链情景分析汇总

因	果	逻辑链	逻辑节点数	逻辑分类
疫情管控放开	买入消费股	因→消费场景增加/经济复苏收入增加→消费股景气度提升→果	2	短逻辑
光伏行业景气度符合预期	卖出光伏股	因→股价处于高位→后续想象空间不足→成长股转变为价值股→果	3	短逻辑
三年熊市（2021—2023）触底（假设）	买入建材股	因→市场预期经济回暖→去库存效果较差→需要政策推动→近一年宽货币、紧财政→财政政策为2024年的核心变量→财政的抓手为"三大工程"→存量地产时代上游可独立于开发商景气周期→果	6	长逻辑
中美资本市场分化严重（内跌外涨）	买入沪深300ETF	因→全球一体化大环境未发生根本性变化→经济周期错位为主要因素→美国财政压力增大，经济触顶→中国政策积极驱动经济触底→中美资本市场通过逆分化方式进行回归（内涨外跌）→投资超跌的具有代表性的宽基指数→果	6	长逻辑

例如，表格中第三个例子中的逻辑链很容易演变成下面的情形：

情形1：三年熊市（2021—2023）触底（假设）→市场预期经济回暖→去库存效果较好→经济复苏超预期→积极政策的必要性有所下降→房地产景气度回暖→房企风险大幅下降→基于困境反转逻辑投资房地产开发板块；

情形2：三年熊市（2021—2023）触底（假设）→市场预期经济回暖→去库存效果较差→需要政策推动→近一年宽货币、紧财政→地方债务化解过程中，财政政策宽松程度不及预期→银行等金融业继续强行赋能实体→金融业景气度下行→卖出银行等金融股；

情形3：三年熊市（2021—2023）触底（假设）→市场对经济的预期较为消极→政策对于房地产的支持力度提升到空前的高度→房地产景气度快速回暖→房地产开发投资增速大幅提升→房地产上游行业景气度被提振→买入建材股。

情形1和情形2表明，同样的"因"可能在不同的逻辑链条中会出现不同的"果"，且结果既可能是积极的（情形1）也可能是消极的（情形2）。而情形3表明，当逻辑链条不一致的时候，也有可能实现同一种结果。这里的三种假设的情形，其实表明逻辑链条越长，就越容易出现偏离于市场的情况。面对这样的问题，我们有如下两种方法去解决：其一，根据实际情况的变化实时对预期的逻辑链进行调整；其二，发挥想象力，按照当前的情况尽可能地罗列出可能的逻辑链，并根据其正确的可能性给予不同的权重，最后根据权重进行投资。这两种方法并不是彼此独立的，而是应该彼此结合，这样才能达到最好的效果。

逻辑的时间长度可以理解成逻辑兑现所需要的时间，这一点应该很好理解。例如，7月的政治局会议所释放的逻辑一般需要3—6个月的时间兑现，年末中央经济工作会议释放的逻辑则需要6—12个月来兑现，"十四五"规划一般需要3—5年的时间来兑现。我们认为，6个月内可以兑现的逻辑都是属于短逻辑，而需要6个月以上的时间兑现的逻辑为长逻辑。

当市场整体情绪较为积极的时候，市场对于长短逻辑的反馈同样比较积极，而市场整体情绪较为消极的时候，市场则更加关注短逻辑，而在一定程度上忽略长逻辑。投资者应当学会在不同的市场环境下选择不同的时间长度的逻辑进行投资，同时，也应该认识到，同一个标的可以同时适用于长逻辑和短逻辑，如果能够找到比较积极的长短逻辑同时适用于一个标的，那么这个标的未来的投资机会会更加大一些。

需要明确的是，基于链条长度的长短逻辑也可以同时适用于同一个标的，只不过相较于时间长度来讲，这种情况并不能够为投资绩效带来明确的改善，并且出现的频率也不如时间长度的逻辑口径。

5.4.2　迎合市场偏好的方法——定价权过滤

上述有关市场偏好分类的口径，看上去是杂乱无章的，但实际上内部却存在一定的关联关系，并且能够比较好地契合价值嬗变的投资决策框架。

价值嬗变的投资决策框架中，通过周期层面的分析，推演出当下存在的投资机会，并根据行业层面靶点的匹配，以及公司层面的分析，确定出具体的投资标的。可以发现，如果上述框架不包括定价权过滤这一步的话，就会出现两个问题：其一，上述决策中没有考虑技术层面的因子对标的的影响；其二，匹配行业层面靶点之后符合标准的标的数量较大，少则几十只，多则上百只，如果仅使用公司分析层面的方法去进行筛选，工作量太大，不具有实际操作的可能性。正是基于上述考虑，所谓的定价权过滤其实就是要解决这两个问题，即根据技术层面的标准，对被投资标的进行初步筛选，从而使得筛选结果既能够符合技术上的条件，还能够大大简化公司分析所需要的工作。

当然，我们也不是要同时使用上述九种市场偏好的口径作为筛选条件进行操作，因为如果同时使用多种条件进行筛选，那么势必会出现一个问题：筛选结果过少，甚至没有。这就有点像我们在交易软件中使用的选股器功能，读者朋友如果有使用经验的话，一般都能够了解，设置的条件如果比较多或是比较精细，那么最后的筛选结果数量往往是不达标的。

更重要的是，上述九种市场偏好的分类口径其实并不是并列关系，我们在内部可以进行一定的层次分类，从而将不同的口径分类所得出的有价值的结论分别得以有效应用（表5-21）。

表 5-21　九种市场偏好的分类及使用方法

层次	分类口径	使用方法
市场	多空	确定市场大环境，确定应对思路
结构	市值、风险、业绩、研发投入强度、ETF持仓	根据市场环境进行标的的筛选
操作	资金、交易拥挤度、交易逻辑	指导日后的具体交易

根据表5-21的内容，我们可以看出，九种市场偏好的分类口径其实可以分为三个层次。

其中，多空口径是站在市场整体环境的层面判断当前市场的状态，从而为之后的结构层次的标的筛选，以及操作层面的具体交易进行指导。多空口径下的市场偏好的识别，是定价权过滤步骤的基础。

结构层次的五种分类口径旨在解决标的筛选的问题，即在确定市场是多头偏好还是空头偏好之后，再对市值、风险、业绩、研发投入强度以及ETF持仓口径下，分别确定哪种类别更加适合当前市场。但这里的问题在于，如果对这五种口径的分类结果同时作为筛选条件去使用，那么很可能会出现结果数量太少的情况。因此，这里我们建议从五种分类口径中，选取最为重要的2—3个口径作为筛选条件即可。

到这里，其实定价权过滤在选股过程中的步骤就已经全部完成了，但考虑到市场环境错综复杂，相较于基本面而言变化频率较高，预测的准确度自然也会下降。因此，我们需要在交易过程中实时对所选择的标的进行跟踪修正。这其实就可以使用上表中操作层面的三个分类口径下市场类别的确定结果，从而指导我们操作。

通过上述步骤，我们就在定价权过滤这一步，充分迎合了市场的偏好，从而能够通过借助市场的大势，更加容易地获取令人满意的收益。

5.4.3　对前沿性问题的探讨

在技术层面问题的分析过程中，虽然我们已经将有关价值嬗变框架下应该讨论的问题论述完成，但我们在这里还是要补充一些近期市场关心的前沿性热点问题（主要基于技术和交易层面），且这些问题在未来相当长的时间范围内，可能都会对市场或者交易产生一定的影响。我们讨论的问题主要包括以下两个方面：量化交易对于市场的影响，投资者对于公募基金的正确认识。由于篇幅有限，我们这里的讨论更多地涉及逻辑上的探讨，有兴趣的读者可以自行查找相关研究数据及结论进行验证。

（1）量化交易对于市场的影响

2023年，量化交易被推上了舆论的风口浪尖，市场普遍认为量化策略相较于主观策略来讲，具有难以替代的优势，同时量化交易在速度和做空方面还存在一定的垄断嫌疑，因此，市场便认为应当取缔量化交易，才能够提升整个资本市场的运行效率。

但是，如果从理性的角度去思考这个问题，不能发现上述逻辑其实是有问题的。其中，最为关键的问题就在于量化交易策略和主观策略相比是不是真的具有绝对的优势呢？

解决这个问题之前，我们需要了解量化交易到底是什么。

简而言之，所谓的量化交易，其实就是：

把现实世界中的一些逻辑，以数学模型的方式去构建，并通过统计学等方式挖掘出历史上的一些规律，进而利用这些规律预测未来，从而获取投资收益。

量化交易的优势有两方面，首先是速度优势。这一点其实很好理解，因为量化交易策略的生成与执行都是由计算机自主完成的，而计算机的运行速度肯定要比人工决策和下单的速度更高。但是，这并不能说明量化策略相较于主观策略而言，具有碾压式的优势，因为这种速度上的优势可能更多地集中于高频策略之中。换言之，如果您的主观策略是进行日内T0交易或者短线交易，那么量化高频交易策略就会对您的策略造成毁灭性的打击。所以，日常交易过程中，一方面，我们需要避免进行完全基于技术分析的短线交易；另一方面，这个结论也可以帮助我们识别一些所谓的技术分析"股神"其实可能大都是一些江湖骗子而已。

其次是数据分析能力强。通过使用数据挖掘技术，计算机可以在庞大的数据海洋当中挖掘出一些主观上难以识别出来的规律，从而生产出一些新颖有效的因子，构建到多因子模型当中。多因子模型并不必然应用于高频策略，但可以确定的是，在高频领域当中，数据处理能力的差异也是造成量化策略强于主观策略的核心因素之一。

可以看出，上述涉及的量化策略相对于主观策略的优势，主要集中在高频领域当中，在中低频策略的范畴，其实量化的优势并没有那么大。原因在于，量化只是挖掘市场定价有效因子的一个方式，我们通过主观的逻辑推演也可以得出相应的结果。笔者之所以说得这么确定，主要是因为中低频量化策略因子的挖掘，其实也是部分基于研究员主观的判断的，甚至我们可以说，不同的量化因子之间有效性的差异，主要源于研究员主观研究能力的不同。

需要明确的是，量化策略相对于主观策略而言，还有几个明显的劣势，这一点则更为关键。

首先，当极端情况出现的时候，也就是说市场运行的方式并不满足传统高斯分布的一些基本假设的时候，统计学就很难发挥出实质的作用，我们只有依靠主观的推演，才能够很好地适应极端情形下的市场行为。

进一步去讲，量化所做的事情，其实更多的是基于历史数据的归纳，而对于未来的演绎能力其实是远远低于主观的。原因在于，量化模型的演绎能力，其实很难通过对于模型复杂度的提升去进行改善，因为这种方式其实很容易造成过拟合的现象，即量化模型在回测的时候效果比较好，但是用于预测未来效果却和回测大相径庭。这也就是为什么价值嬗变的策略框架是基于演绎的逻辑构建的原因，因为从竞争的角度来看，这种模式容易发挥主观策略的比较优势（图5-69）。

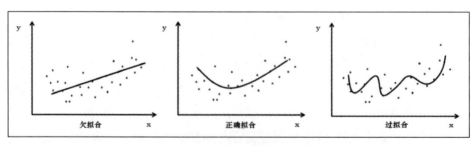

图 5-69　不同拟合程度模型效果的示意图

造成这种现象的原因在于，量化模型在进行学习和自我迭代的过程当中，所使用的数据涵盖了很多交易噪音，而这些交易噪音在未来可能并不会持续出现或者出现的方式或路径与历史存在很大的区别。所以，我们不难发现，量化交易面临一个矛盾，如果模型过于复杂则容易出现过拟合的现象，但模型如果太简单，那么挖掘出来大的因子可能已经被市场充分认知，从而盈利的空间又不是很大。这个时候，我们只有通过主观交易对未来进行演绎，从而才能够尽可能地获得量化没有办法得到的超额收益。

当然，量化策略的过拟合现象可以通过增加有效数据的方法去进行改善，但是数据是有效还是无效，在一定程度上也是依赖于主观的判断，如果依靠模型去实现噪音的自动化处理，那么这将需要模型对未来有比较有效的判断，显然这在逻辑上是一个悖论。因此，这时候，我们又回到了那个结论，量化交易模型到底是有效还是无效，其实主要取决于背后的研究员的能力是强还是弱。

同时，量化策略的另一大缺点，就是在于其对具有比较明确的逻辑关系的事件，预测的效果会更好，但是基于模糊逻辑的方式进行预测的能力要远低于主观策略。

这里，请看看一些看上去不是特别靠谱的观点，这些话虽然很玄乎，但确实不容易被证伪。计算机相较于人而言，最大的劣势在于其只有理性而没有感性思维，而感性思维最强大的地方在于基于模糊逻辑的判断，即第六感。对于第六感的问题，我们很难给出一个合理的解释，但越来越多的事实证明，第六感确实能够帮助我们预测未来。

无论是循环神经网络（RNN）、卷积神经网络（CNN）还是最近比较火爆的Transformer这种基于注意力机制神经网络的序列模型，其背后的本质都是N进制数，所以计算机很难对第六感这种没有办法以语言的方式去进行陈述的逻辑，进行合理的表达和计算（图5-70）。

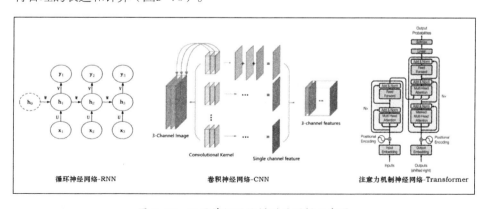

图 5-70　不同神经网络模型的逻辑示意图

基于感觉的投资，其实并不是一个新鲜的话题，我认识的一些思维比较超前的研究人员已经开始着手训练自己的第六感，只不过在相对公开和商务的场合，没有人会承认自己的投资过程不仅依赖于逻辑，还依赖于感觉罢了。训练第六感的方式有很多，如通过Brainstorming这种训练想象力的方式，去培养自己对于新生事物的敏锐的思维感觉；利用冥想训练自身的注意力并让大脑在有效的放松下重启以提升效率；同时还可以利用一些控制自己梦境的方式去处理一些在清醒状态之下难以解决的一些问题。

是不是感觉笔者说得越来越离谱了？的确，这看上去确实不靠谱，但是我自己的实践经验告诉我这个方向确实是拥有较大潜力的。

示例26：吾好梦中解题

举一个笔者自己的例子。我们都知道高考数学的最后一道大题难度是最高的，尤其是最后一小问，有的时候真的需要一些天赋才能够完美地解答出来。我在高三的时候，做过一张难度很高的高考数学模拟试卷，对于最后一道大题的最后一问是百思不得其解。而我自己又是那种心里搁不住事儿的人，所以当有一道题让我没有办法解决的时候，睡觉都不是很安稳。这就使得当天晚上，我的梦里全都是这道数学题，而非常让我惊讶的是，我在梦里的大部分时间是在杂乱的数字和公式之中度过的，但醒了之后却发现梦境中的内容可以帮助我解决这个难题，同时这个解决方法和标准答案的思路是完全不一样的，但是二者殊途同归，都是正确的。后来我才得知，我的舅舅在上学的时候也有过同样的经历。这就使得我对于第六感以及人在做梦的时候的思维能力产生了极大的兴趣。

笔者相信有同样经历的人可能并不是很多，但是笔者想，每个人应该都能够感觉到你在梦中的思维速度以及将思想可视化的能力，都要比在清醒状态下强上不知道多少倍。所以，人类大脑真的有很多东西是超过目前的认知的。因此，我们何不抱着试一试的心态，在日常生活中也尝试开发一下自己思维上的潜力？就我个人而言，目前正在尝试解决的问题，就是如何能够控制自己的梦境。对于这个问题，由于篇幅的限制，我们就不再细说了。

说了这么多，笔者想表达的观点只有一个，就是量化策略和主观策略，其实彼此并不是完全竞争的关系，各自都有各自的适用范围，所以，彼此难以产生绝对的替代作用，因此，量化也自然没有我们想象的那么可怕。

而我们之所以将最近市场的走弱归咎于量化，可能更多的是源于情绪宣泄方面的需求。同时，不可否认的是，2022年和2023年，整个中小市值板块表现是比较好的，这就为市场带来较多的阿尔法机会，所以，我们看到一些量化策略，诸如指数增强策略、T0策略表现比较强势，可能更多的是源于市场结构的问题，而并不是因为量化策略本身。

通过观察2023年主观多头策略的业绩表现，我们可以看出，还是有一定比例的策略表现是比较好的，这些策略可能更多的是关注中小市值的投资机会，并且相较于量化策略，收益率上也毫不逊色。

并且很多量化策略，其实为市场带来了很高的流动性，从而降低了流动性溢价，进而降低了市场整体的风险。同时，量化策略摒弃了很多主观策略在应用的时候的情绪成分，因此，也在一定程度上提升了市场定价的有效性。而对于量化策略所谓助涨助跌的判断，可能更多针对的是趋势策略，但是趋势策略，目前来看，对于市场的影响程度还是相对有限的，因为高频策略很难使用趋势策略去进行日线级别的助涨助跌，而中低频策略可能换手率会处于比较低的水平，这时候又很难对市场造成持续性的影响。甚至我们自己的研究结果显示，真正的助涨助跌的策略，可能更多的是公募机构和游资的主观策略。

不可否认的是，量化在中国的发展确实存在一定的问题。而这个问题可能并不体现在量化本身上，而是体现在制度上。比如，量化机构对于券源的垄断就会使得普通投资者难以在相应的市场环境当中，具有较低的做空成本。同时，由于量化机构的资金实力比较雄厚，所以它更能够有足够的能力去获取更加高速的交易专线，强大的服务器以及有利的机柜位置。由于上述优势的作用，相较于普通投资者而言，量化交易的方向更加的灵活，交易效率会更高。所以，未来制度上的建设应该着力于解决量化相较于非量化投资者之间的公平性问题。

因此，在可预见的未来，主观策略和量化策略都会长期共存，政策上也会通过不断的优化，提升市场不同交易主体之间的公平性水平。

（2）投资者对于公募基金的正确认识

我们这里要探讨的第二个话题就是公募基金。和量化一样，公募基金在2023年的口碑也是急剧下滑，二者成为难兄难弟，但是这两个主体被市场诟病的逻辑是不一样的。

公募基金最大的问题在于业绩波动太大，尤其是在市场下行的时候，回撤过大使得投资者遭受巨大的损失。从2021年公募产品整体收益开始下行之后，到2023年年底，公募产品的最大回撤，有些都达到了50%—60%以上的水平。这种回撤水平是非常夸张的。

这时有的人会说，公募基金之所以产生这么大的回撤，其主要是源于自身策略的问题，在市场上行的时候，如2020年到2021年，这段时间公募基金的收益也是很大的，所以，整体来看公募产品的收益结构的特点就是这样，投资者应该认清楚这个问题，而不应该去盲目地诟病。

但是，这种强行洗白公募基金的逻辑是站不住脚的。公募基金之所以被称为公募，正是在于其所服务的投资者是广大的普通投资者，而普通投资者由于自身专业水平的限制，就会产生一定的非理性交易行为。例如，他们喜欢在市场狂热的时候去追涨，在市场情绪比较低迷的时候卖出杀跌。这时，公募基金如果还采取这样收益波动较大的策略，那么就会使得相当一部分投资者在产品净值下行时期所遭受的亏损远大于净值上行时的收益。真正能够做到在一个牛熊周期当中长期持有一只公募基金产品，并且持仓水平相对稳定的投资者数量是少之又少的。

公募基金产品的业绩表现不尽人意，很大程度上和基金经理及基金管理团队的能力有关。很多基金经理和团队可能对于某一个行业或者某一类行业有比较深刻的理解，从而在这个对应的板块出现整体性行情的时候，基金的净值表现就会比较好，但是当市场的风口转向到其他领域，就会面临比较大幅度的风险，所以，整体来看，能力圈范围难以有效拓展可能是制约基金净值表现的一个重要因素。

同时，公募基金的业绩考核与业绩报酬提取的方式，也是制约公募基金产品净值表现的另一个因素。公募管理机构的收入主要是按照规模的一定比例提取的管理费，而管理费收入的高低在一定程度上和基金的净值走势并没有直接的关联，这一点和私募基金是显著不同的。因此，公募基金是追求相对收益的工具，而私募基金是追求绝对收益的工具。但可惜的是，由于交易门槛的限制，绝大多数投资者是没有资格去投资私募基金的，而这些投资者当中想要追求绝对收益的那部分人，可能就没有办法通过选择合适的金融工具去实现自己的投资目标。

正是由于上面的一些问题，使得公募基金的业绩表现相对不理想，同时对市场还会产生比较大的消极影响。公募基金的资金来源其实是源于具有财富管理需求的资金，而这部分资金的体量是比较大的，财富管理资金的进出对市场整体的影响也是偏中期或者长期的。所以，从基金投资者的角度来讲，本身就善于追涨杀跌，同时如果基金经理的操作方式也还是通过追涨杀跌的模式去操作，那么这两种作用结合起来就会给市场整体的波动带来非常大的影响。这也就是为什么我们在分析量化有关问题的时候，认为所谓的助涨助跌的策略，可能还是源于公募基金的主观策略的原因。

公募机构为什么比较喜欢通过追涨杀跌的方式来操作呢？主要的原因在于他们喜欢抱团取暖。我们都知道，在年末的时候，公募基金会通过排名的方式对基金经理进行考核，这个时候，如果说基金经理之间通过抱团的方式去操作，那么产品的名次之间的差异就不会特别的大，或者说即使排名不理想，也可以有充足的理由去解释，如将其归咎于市场整体表现暂时大幅偏离估值中枢，或者突发事件使得市场出现结构性或整体性的暂时性的不合理的杀跌。但是如果某个基金经理特立独行，选择了一个交易拥挤度偏低的领域，但又运气不好，产生了比较大幅度的亏损，排名落后，虽然这个策略可能在之后的几年时间为投资者带来较大的收益，但排名问题可能在短期视角下，就会给基金经理的职业生涯带来较大的消极影响。

当然，公募基金被诟病的另一个原因在于，部分基金和基金管理人还存在一些违法违规的行为，包括接盘IPO之后的高位次新股，以及配合上市公司及游资进行市值管理等方面的操作。

对于公募基金存在的问题，我们并不否认，同时对于涉嫌违法违规的问题，我们还会坚决的抵制。但是，即使目前公募基金整体的口碑是比较差的，作为普通投资者，似乎又没有办法完全离开基金产品。原因在于，在市场利率下行趋势没有改变的前提之下，人民币资产的所有者会面临投资资产荒的问题。投资者如果想要让自己的资产保值和增值，那么有且只有通过投资资本市场去获利。同时，如果投资者参与资本市场中的股票投资，那么一方面需要您比较大的精力去投入，另一方面还需要自身的专业素质有一定的提高，这对于绝大多数投资者可能要求也是过高的。

出于这两方面的原因，即使公募基金可能看上去槽点多多，但是我们基于退而求其次、矮子里拔将军的思路，也只能去选择投资公募产品。

那么对于普通投资者而言，我们应该如何去投资公募基金呢？

对于宽基ETF，如沪深300ETF，上证50ETF等，我们可以采用长期资产配置的方式去进行投资，或者使用基金定投的方式去进行配置。这样我们基本上可以保证，资产可以获得中长期市场平均收益率的水平，当然这需要耐心，毕竟中国资本市场的波动幅度还是比较大的。

而对于主题性基金和基金经理带有明显行业和板块偏好的产品，我们可以在一定程度上将其作为股票去进行投资。而投资的决策框架就可以参考我们价值嬗变的投资逻辑，只不过投资基金的时间窗口期要比股票更长一些，由于交易成本较高的问题，基金是不能够实现超短线交易的。

对于其他的一些主动管理型产品，我们没有办法提前知道基金未来的投向，所以只能主要基于事后风控的方式去进行基金产品的选择与业绩评价的调整。对于这部分内容，我们在风险控制的篇幅当中会有详细的论述，这里就不再细说了。

最后需要补充的是，由于公募基金是市场当中非常重要的交易主体之一，其一举一动也会对市场产生较大的影响，所以我们在对于市场偏好分类口径的探讨当中，对于基金的态度其实是将其作为影响股价决策的一个因子去看待，既不是把基金机构当成投资对手，也不是把它当成股票上涨的助力者。我们需要做的，是结合不同的市场环境去对公募基金持仓占比较高的品种，进行合理化的操作。

5.5 个股分析：在公司层面应用的排除法

经过定价权过滤之后，最后一个步骤的工作就是确定投资的标的。

其实，如果我们的投资标的是对应的ETF或者一揽子股票，那么这就完全符合了我们价值嬗变投资决策框架的逻辑。但可惜的是，现实中，出于投资成本或是风险收益特征不符合投资需求的考虑，绝大多数情况下，我们是通过对个股进行投资从而实现我们的策略目的的。

但这就涉及一个问题，即价值嬗变的投资决策框架是确定一个行业，一般是二级行业，或是更加细分的板块，但落实到投资上却是个股，这中间还是存在一定的差异。这种差异就可能会使得我们最终的投资业绩和板块走势出现分化，而既然分化会出现，投资者当然希望自己的业绩能够跑赢板块，所以也就应该尽可能地通过标的的选择实现收益的增强，而这也就是本节所要讨论的问题。

当然，本节的主要内容是个股层面的分析，但这是在价值嬗变投资决策框架中的分析，所以，其涉及的步骤不会像传统分析一家上市公司那么烦琐，我们只需要在这个步骤中，做一些策略框架下需要补充的事情就好。

由于价值嬗变投资策略框架是通过周期分析与定价权过滤，锁定具体的靶点，然后通过靶点确定被投资的板块。这时，我们需要明确一个问题，即一个行业的靶点不一定和行业内公司的靶点完全一致，同时，二者也不存在严格的包含与被包含的关系。

示例27：行业靶点和公司靶点不同的情况

公司有的靶点有可能其所属的行业是没有的，如索菲亚[002572.SZ]所属一级行业为建筑材料，二级行业为装修建材，但公司有一个特殊的靶点，即低价定增，这个靶点在2023年下半年是比较敏感的风险靶点，其在一定程度上影响着股价的波动，显然，这个靶点是不可能作为行业靶点出现的，除非整个行业都在进行低价定增。除此之外，行业有的靶点，行业内的公司可能没有，如龙芯中科[688047.SH]所属一级行业为电子，二级行业为半导体，而上一节中，我们认为出口是电子行业的一个十分重要的靶点，但对于这家公司来说，其产品几乎100%内销，且公司担负的使命是芯片国产化，所以就不具有出口的靶点。

基于此，个股层面分析中一个非常重要的工作就是确定某一时点行业的有效靶点在哪些行业内个股中同样存在。只有做到这一点，我们的投资逻辑才可以更加顺利地表达。否则，就会出现很严重的问题。还是以示例31的内容来讲，如果通过分析，我们认为装修建材行业未来会因为政策基调这一靶点而产生上涨的行情，但如果在市场对再融资非常反感的时间点，盲目地选择索菲亚进行政策基调回暖这一逻辑进行投资，那么最终的结果可能是涨幅大幅跑输行业平均水平。同样地，如果电子行业出口数据大幅超预期，那么具有出口导向的电子行业企业会有上涨预期，但对于龙芯中科而言，却不会因为出口靶点而产生价值上的变化。

所以，我们进行个股分析的目的就是要确定一家公司的价值特征，或者说是靶点有哪些。而这个工作其实可以拆分成两个层面的问题：

第一，要看一下行业层面的有利靶点，是否也是个股的有利靶点。如果是，那么我们就可以进行第二个方面的工作，如果不是，这个时候这家上市公司即使属于我们的目标行业，也不能纳入备选投资的范围之内。

第二，其实就是要看一下这只个股除了具备行业的有利靶点之外，还有哪些靶点是它自己独有的。而对于这些独有的靶点，其实可以分为两类，一类是有利靶点，另一类是不利的靶点（笔者习惯称之为负靶点，即对于公司未来股价表现产生负作用的因子，负靶点既可以出现在行业层面，也可以出现在公司层面）。这里，我们认为，投资者一定要把绝大多数的精力放在不利靶点的寻找上，即在公司的层面上应用排除法。而有利靶点，可以在一定程度上被忽略掉。

为什么要这么去做呢？其实原因很简单，因为我们的投资决策框架中离散的部分是从行业分析进而确定到个股的，也就是说，这是一个自上而下的系统，而并非自下而上。所以，我们选择的行业靶点会驱使整个行业产生同向的变化，这也就意味着我们抓住了这个行业整个运行的主要矛盾。而个股当中的有利靶点，很难脱离于行业靶点而存在，否则，要么就是你发现的标的太特殊，要么就意味着你之前的行业研究是无效的，显然，我们不能对自己在公司层面的分析太过自信，因此，大多数情况下，我们是选不出有价值个股层面的有利靶点的。

如果我们真的足够自信，自己就是有能力挖掘到个股层面的有利靶点，那么我们是否可以继续硬着头皮去尝试，从而增强我们的投资收益呢？其实，我们这样去做的性价比也并不是很高。

原因在于，现在A股市场的主要风格，还是以行业或题材板块为单位进行价值波动的情况为主，除非是在传统价值投资比较盛行的那段时间，可能会通过基本面等方面的研究筛选出来一些能够独立运行，或者大幅领先于板块涨幅的完美标的，在更多的情况下，板块当中的强势龙头究竟花落谁家，其实全凭资金的炒作意愿，而资金的炒作意愿我们是很难预测的。所以，即使我们找到了有利靶点，但中短期通过这个有利靶点去赚取超越行业平均的收益，也是十分困难的。如果从我们价值嬗变决策框架下去考虑，那么这种情况其实真正的含义是，这所谓的有利靶点是被定价权给过滤掉的假想的靶点，本身就不存在的。这也证明了，我们寻找有利靶点的难度是很高的。

同时，如果我们致力于去寻求有利的靶点，那么很容易让自己从原本动态的投资决策框架转变成静态的，从而形成一个深度价值的投资者，这种投资方式其实就和本书所讲的价值嬗变投资策略是完全两个领域的问题了，因为这时，我们为了寻求具有公司层面有利靶点的公司，会很自然地倾向于忽略不利靶点，反而会增大投资风险。

但是，在实操的过程当中，我们的确需要努力寻找可能超越行业平均涨幅的标的，真正有价值的做法是，要更多地关注个股的不利靶点有哪些。也就是说，我们要尽可能地防范持股过程当中可能出现的一些雷，这些雷既包括大雷（如财务造假等），也包括一些小雷（如计提资产减值使利润低于一致预期）。而对于这些雷的排查，就是我们在个股分析当中所必须要全力去做的。如果我们的备选标的当中是雷最少的，那么其实在一定程度上就可以实现相对行业平均水平的超额收益。

有的人可能会说，我去寻找有利靶点也好、不利靶点也罢，本质上做的是同一件事情。因为如果我们将精力放在寻找不利靶点上，那么那些不包含不利靶点的标的，其实就是拥有所谓的有利靶点的。

这种说法可能是有一定的道理，但是从逻辑的角度去看，其实有很大问题。因为有利靶点和不利靶点，组合起来并不能够形成一个集合的总体，因为还有相当一部分靶点是无效靶点，也就是不纳入当前市场定价范畴的一些因素。

我们还是拿索菲亚的例子去说，显然，低价定增的问题是这家公司的一个不利靶点，而营收增长和利润增长情况可能就是一个有利的靶点，但是我们还可以寻找一些无关的靶点，比如说研发费用占营业收入比例的变化，可能就不是当前市场定价所关心的定价因子，而这个因子的价值可能是在市场整体的关注点放在智能家居、万物互联的时间窗口才会显现出来。

基于这个角度，那些不具有不利靶点的公司，并不一定是拥有公司层面有利靶点的公司，也有可能这些公司的定价靶点大量的都是无效靶点，显然，这些公司也是符合我们投资决策框架的标的。

基于此，既然我们考虑的是自上而下的选股策略，那么投资决策的过程其实本质上做的就是一个把投资范围逐渐缩小的过程，那既然到了个股的这个层面，我们想要继续缩小投资范围，所以理应使用排除法剔除掉不利靶点较多的上市公司，就是一个逻辑上非常顺的操作方法，同时还具备较强的可操作性。

5.5.1 认识年度报告

研究一家上市公司的方法有很多，普通投资者一般是通过交易软件中"F10"的界面大致了解上市公司的情况。不可否认，这种方法具有很强的便捷性，但这对于帮助投资者寻找个股层面的靶点，那么可能并不完全适用，因为"F10"里面的信息过于简略。

当然，一些相对专业的投资者可能对券商的个股研报比较感兴趣，尤其是深度研报，里面的内容还是很全的，而且有大量的图表可供参考。但我们需要明确的是，券商提供的个股深度研报，绝大多数篇幅都是对于公司以及所属行业状况的客观描述，且这些内容大都是各种数据和资料的摘录汇总，这些资料的来源大多数是来自公司披露的信息，如定期报告、招股说明书、公司官网，除此之外，还包括一些公司所属行业协会或其他相关研究报告的出版机构的数据等。因此，券商个股研究报告的地位其实就比较尴尬，一方面，个股报告中很少体现出研究员的独创性观点；另一方面，报告中使用的数据很多都是二手信息。所以，如果我们依托这种带有很强汇编性质的信息进行个股层面的研究，那么可能会面临信息不全、信息偏差等因素的影响。

所以，我们建议，投资者如果想要使用质量较高的一手信息，那么上市公司的公告以及在投资者互动平台上的官方表态，则是最为理想的信息源。在这些信息中，上市公司披露的定期报告则是重中之重。

上市公司定期报告主要包括一季报、中报、三季报和年报，其中，根据我国监管的要求，年报是一定要经过审计的，所以，其信息质量最高，且覆盖的信息内容更广。所以，一般来讲，我们了解一家公司的最佳切入点，就是最近一期的年度报告。通过对年度报告的阅读和分析，我们会产生一些增量信息的需求，如公司生产的某一类产品的具体技术路径、公司往期涉及的资产购买或资产重组、近期发生的政策变动对于公司经营业绩的影响等，那么我们需要再根据实际的需要，查找招股说明书、往期公告以及投资者互动平台上的信息等。

需要补充说明的是，我们经常在股吧、雪球等论坛上能够查到一些有关某一上市公司的小道消息，尤其是当股价出现大幅异动，同时上市公司官方没有发

价值嬗变的玫瑰
——具有创新意义的动态投资决策框架

布有关信息的情况下，这些小道消息就显得尤为重要。对于资本市场中的小道消息，虽然从感觉上来讲，这些消息都不是特别靠谱，但通过我们长期的跟踪，发现所谓的小道消息其实大都也是真实的，甚至对于上市公司已经辟谣的信息，也能够在一定程度上反映出未来公司发展的一些问题。所以，对于小道消息，我们务必要重视，并且要对其进行客观评估，尤其是那些流传甚广的小道消息，更是如此。

一提到上市公司的年度报告，很多投资者就觉得很头疼，因为随便一家公司的报告都有几百页，阅读的难度是比较大的。其实，年度报告并没有各位想象得那么晦涩难懂，反而有的时候，报告的内容还非常的生动，且每家公司的报告中都有各自比较有意思的点。同时，考虑到我们进行个股分析的目的主要是确定靶点，所以我们对于年度报告的使用也会更加具有针对性，所以，各位不难发现，我们对于年度报告的分析，是非常精简，思路也是十分清晰的。

拿到一家公司的年度报告，我们需要清楚地了解报告的结构。一般来讲，上市公司年报一般包括释义、公司简介和主要财务指标、管理层讨论与分析、公司治理、环境与社会责任、重要事项、股份变动及股东情况、优先股相关情况、债券相关情况、财务报告等。这些内容其实可以分为两类，一类是财务报告，也就是年度报告的最后一个部分，另一类就是其它内容。

对于财务报告而言，毫无疑问，其属于年度报告中的主体部分，虽然目录上只占一个项目的空间，但从篇幅上讲，其可以占到70%左右，重要性可见一斑，所以，对于财务报告的分析，我们会单拎出来进行讲解。

首先，我们先介绍一下非财务报告部分的具体内容都是什么，以及总体的使用思路是什么。

对于释义，其实就是年度报告中所涉及的一些常用词语的含义是什么，这些词语一般都是缩写或简称，从而节约报告的篇幅。例如，上交所的释义就是上海证券交易所，中科曙光的释义就是曙光信息产业股份有限公司等。这一部分，我们建议可以直接略过，如果在文章中遇到难以理解的词语，那么可以翻回来查询一下，尤其是对于一些技术上的词汇，查找释义还是一个很方便的进行快速理解其含义的办法。

对于公司简介和主要财务指标这一部分，很多投资者都是给予重点关注的，因为这一部分，尤其是主要财务指标，可以帮助投资者快速了解到公司的经营情况，如营收增长、利润增长、EPS等。但对于我们寻找靶点来讲，这部分内容的意义并不大，主要原因在于主要财务指标所涉及的信息范围是比较窄的，而对于靶点的寻找，我们不可避免要对财务报表有着更深层次的了解和分析，所以这里我们无须给予过多的精力去关注，从而避免重复工作的情况出现。

对于管理层讨论与分析，我们要给予足够的重视，因为这一部分内容，是我们确定公司靶点和行业靶点是否能够重合，以及从定性的角度了解一家公司的最重要的抓手。管理层讨论与分析主要包括公司经营状况、经营的业务情况、核心竞争力、未来发展战略和经营计划、有关风险以及所属行业的分析。特别地，这一部分一般会包括财务报表重要项目的变化情况的列示，对于这部分内容，我们的处理方式同上一部分内容一样，暂时忽略就好。基于此，我们对于这一部分内容，主要是基于非财务方面的内容进行分析。

公司治理的部分主要涉及公司的治理结构，包括股东和股东大会、董事和董事会、监事和监事会、控股股东与上市公司、利益相关者、信息披露和投资者关系。一般来讲，这些内容基本上都是制式的表述，且对于一些非制式的问题，一般对于我们的分析没有太大的价值，因此可以忽略。

环境与社会责任部分对于ESG投资是比较重要的，如果我们在确定行业靶点的过程中，存在和ESG相关的靶点，那么这一部分需要特别留意一下，并将分析内容同管理层讨论与分析部分进行整合。如果靶点不涉及ESG相关的内容，那么这一部分也可以不用特别关注。

重要事项这一部分包括承诺事项履行情况、报告期内控股股东及其他关联方非经营性占用资金的情况、违规担保情况、公司董事会对会计师事务所"非标准意见审计报告"的说明、公司对会计政策和会计估计变更或重大会计差错更正原因和影响的分析说明、聘任和解聘会计师事务所的情况、面临退市风险的情况、破产重整相关事项、重大诉讼仲裁事项、上市公司高管和控股股东以及实际控制人涉嫌违法违规和受到处罚与整改情况、控股股东和实际控制人诚信状况说明、重大关联交易、重大合同及其履行情况和其他情况。可以看出，这一部分的内容如果有所涉及，那么都代表着公司未来存在的一些风险点。所以，我们对于这部分内容要予以重视。下面，我们选择重点项目介绍一些其背后隐藏的风险点有哪些。

这里，我们最需要关注的就是是否存在会计师事务所的变更，以及会计估计和会计政策变更的情况。因为这两项从表面上看，不涉及明显的风险，所以容易被忽略。但实际上，上市公司更换会计师事务所一般会认为是风险事件，因为这种情况的出现，不排除是因为正常合规的审计工作难以进行导致的，这就使得公司财务报表的信息质量可能会存在一定的问题。同时，会计政策和会计估计变更虽然是符合会计准则要求的做法，但由于我国目前实行的准则其实是具有很强的自主裁量权的，即对于同一笔业务，会计处理方式具有一定的灵活性，这就使得公司具有通过调节会计政策和会计估计方法的方式进行利润等财务成果的调节空间。其中，会计政策变更是指企业在会计确认、计量和报告中所采用的原则、基础和会计处理方法的变更，这种变更通常是由政策变动引起的，受政府监管机构或成熟标准规范的制约，如存货是按照先进先出法还是加权平均法进行计量。会计估计变更是指在不确定事件发生时，由会计师根据当时情况做出的估计变更，这种变更主要源于资产和负债的当前状况及预期经济利益和义务发生了变化，如固定资产的折旧方法是年限平均法还是加速折旧法等。

对于重大关联交易的问题，我们需要重点考虑关联交易对业绩的影响，以及未来业绩的可持续性问题。同时，关联交易可能也会涉及财务信息质量的问题，例如，通过资金体外循环的方式虚构现金流以及营业收入等项目，就是利用关联交易去进行操作的。但实际上，我们需要明确的是，一般涉及财务粉饰的关联交易是不会披露在报告中的，这也使得重大关联交易项目中的内容可能只是涉及非财务粉饰的问题。这也是为什么这个项目的重要性要弱于会计师事务所变更以及会计估计和会计政策变更了。

对于剩下的项目，分析公司的时候简单一带而过，有个印象就差不多了，因为剩下的项目有些是非常直接的提示了风险，一旦发现直接放弃这个标的就可以了，如是否面临退市风险、违规担保、违规占用资金、非标准审计意见等；而另一些诸如重大合同、重大诉讼和仲裁事项我们作为外部投资者是很难挖掘出有价值的信息去分析的，能做的可能也只是基于乐观、中性和悲观假设的条件下，判断这些事项对于公司未来的影响，对于持有周期不是很久的标的，也可以在一定程度上简化这一步骤的分析过程。

对于股份变动及股东情况而言，主要包含公司前十大股东以及变化、实际控制人等内容，就这一部分而言，其内容和F10相比，其实相差不大。甚至从视觉效果以及信息可读性的角度来讲，直接到F10里查看相关信息的效果会更好。

对于优先股的相关情况，我们基本上可以直接忽略掉，因为截至2023年年底，A股上市公司中依旧存在未注销的优先股的上市公司也只有20余家[17]，基本上可以忽略不计了。而且，优先股对于公司的投资并没有特别明确的影响逻辑，所以从这个角度说，关注的意义也不大。

对于债券相关的情况，可能涉及最多的就是可转债了。而对于可转债的问题，我们认为其最大的意义不在于可转债对于正股会产生的影响，反而应该关注在行情相对极端的时候，可转债是否相对于正股具备更大的投资价值。可转债最大的好处在于其债券的属性可以在市场行情相对弱势的时候提供较高的安全垫，同时，当市场回暖的时候还不会错失很多正股的涨幅。在2023年年末，市场情绪极度悲观的窗口期，很多可转债已经基本上按照债券进行定价了，这就相当于是你买债券的时候还免费被赠予了一个看涨期权。所以，如果我们备选的个股有存续的可转债可供交易，那么我们务必关注由此带来的更多的投资机会是否出现。

由此可见，对于年度报告中非财务报告的部分，我们需要关注的内容的确不是很多，同时根据我们下面的分享，投资者在简化阅读年度报告的同时，还能够尽可能地抓住影响公司股价的主要矛盾。

5.5.2　上市公司的非财务性靶点的确定

公司层面靶点的确定，其实和行业层面的做法有类似的地方，主要还是以提取关键词的方式进行。只不过，行业靶点的确定主要立足于主观逻辑的演绎及分析，因为我们可以使用大量公开的宏观经济层面或是行业层面的数据。而从公司层面的数据来讲，尤其是对于非财务性靶点的确定，我们主要使用的数据就是定期报告中的管理层讨论与分析，辅以其他的一些官方公开信息即可。所以，公司层面非财务靶点的确定过程有点类似阅读理解，即通过模型，将管理层对于相关问题的表述进行重新组合和简化。这里所使用的模型，主要包括SWOT分析、波特五力模型和PESTEL模型。SWOT分析主要对公司内外部环境进行系统的认识，具有很强的综合性，而波特五力模型主要是对于公司所处竞争环境中的五种竞争力来进行分析，从而确定公司面临的非财务风险有哪些，PESTEL模型则是在宏观层面进行的研究空白的补充。

特别需要说明的是，波特五力模型和PESTEL模型其实并不是严格意义上的个股分析工具，它们更多的是作为行业研究模型进行应用的。而本书将其作为个股分析工具主要基于以下三点原因：

第一，价值嬗变投资决策框架下行业靶点的确定往往是针对细分领域的，而细分领域研究颗粒度较为细腻，因此，行业和个股的差异就没有那么明显了，即我们可以认为，个股研究，其实就是个股所属细分领域的行业研究；

第二，波特五力模型和PESTEL模型可以帮助我们迅速了解个股的非财务靶点，如竞争优势、政策环境等，其构建的研究框架将大幅提高我们在越来越多的个股中进行选择的效率；

第三，行业分析的过程中，我们借助了大量的演绎逻辑去筛选行业靶点，这不属于标准的行业分析方法，不可避免地存在一些疏漏。在行业分析完成之后的个股分析中，我们使用较为科学的行业研究方法，也可以帮助我们进行查漏补缺。

（1）SWOT分析

SWOT分析方法是一种企业内部分析方法，它将公司的内部分析与以能力学派为代表的产业竞争环境的外部分析结合起来，形成了结构化的平衡系统分析体系。

具体来说，SWOT分析方法首先将与研究对象密切相关的各种主要内部优势（Strengths，S）、劣势（Weaknesses，W）、机会（Opportunities，O）和威胁（Threats，T）等，通过调查列举出来，并依照矩阵形式排列。然后，用系统分析的思想，把各种因素相互匹配起来加以分析，从中得出一系列相应的结论，而结论通常带有一定的可供最终决策参考的信息。

运用这种方法，可以对研究对象所处的情景进行全面、系统、准确的研究，从而根据研究结果制定相应的发展战略、计划以及对策等。SWOT分析方法常常被用于制定集团发展战略和分析竞争对手情况，在战略分析中，它是最常用的方法之一。

在实际操作的过程中，SWOT分析可以按照"两步走"的方式进行。第一步，将管理层阐述的核心内容以"复制粘贴"的形式进行分类，类别按照优势、劣势、机会和威胁进行设置；第二步，将第一步输出的结果予以合并同类项并简化为关键词，并以矩阵的方式进行列示（表5-21）。

表5-21　SWOT分析中的四个项目分类举例

项目	举例
优势（Strengths）	公司拥有丰富的经验和专业知识，能够为客户提供高质量的产品和服务
	公司拥有广泛的客户群体，能够快速扩大市场份额
	公司拥有先进的技术和设备，能够提高生产效率和质量
劣势（Weaknesses）	公司在新市场中的品牌知名度较低，需要投入更多的广告和宣传费用
	公司需要建立新的销售渠道和客户关系，需要投入更多的资源和时间
机会（Opportunities）	新市场中存在巨大的市场需求，公司有机会扩大市场份额
	新市场中竞争对手较少，公司有机会占据更高的市场份额
威胁（Threats）	新市场中可能存在政策风险，如贸易壁垒、税收政策等
	新市场中可能存在技术风险，如技术更新换代、知识产权保护等

示例28：中科曙光[603019.SH] SWOT分析——基于2022年年度报告

我们先进行第一步，也就是所谓的"复制粘贴"。

优势（Strengths）：

1. 持续增强高端计算产品核心竞争力；

2. 不断加强产业链生态建设。

劣势（Weaknesses）：

1. 2020年、2021年和2022年，公司应收账款净额分别为209,665.60万元、230,302.06万元、279,484.62万元，占流动资产的比例分别为14.68%、13.83%、16.62%。

2. 继续保持存储产品在电信行业的优势，挖掘NVMe全闪、液冷存储的差异化竞争优势，在科教、自动驾驶等领域实现突破；持续发展网安设备及公共产品，进入市场第一阵营。

3. 公司将继续加强核心产品软硬件自研能力，发展多元化产品；更加重视技术增值高、供应链依存度低的应用服务业务，同时加强对自主核心技术的攻关和突破，建立长期、稳定的技术竞争优势；不断改进产品设计，提高产品品质，生产制造及研发能力进一步正规化、国际化。

机会（Opportunities）：

1. "东数西算"工程和各地数据中心建设启动；

2. 人工智能领域迎来重大历史突破，算力需求高速增长；

3. 数字经济发展成为社会发展新动能，算力网络应运而生。

威胁（Threats）：

1. 虽然公司目前在前沿信息领域，但仍需要使用国外先进部件。2022年10月后，公司采购国外先进部件受到一定影响；

2. 在过去的发展过程中，公司紧跟科技发展方向布局核心技术研发，若未来不能及时丰富技术储备或更新掌握新技术，可能丧失现有技术和市场领先地位，对公司业绩及发展可能造成不利影响。

这里，我们需要做以下三点提示。

第一，如果管理层的阐述逻辑结构十分清晰，那么可以将小标题或者段首句直接复制粘贴过来就好；

第二，对于"风险"，报告中会集中的阐述，而且报告中的风险既包括内部风险，也包括外部风险，和SWOT分析框架中的风险所覆盖的范围是不同的；

价值嬗变的玫瑰
——具有创新意义的动态投资决策框架

第三，对于公司阐述的未来经营计划的内容，我们可以间接地推导出公司内部的薄弱环节，因此，"劣势"这部分我们需要做一些简单的推论，如中科曙光的劣势中的第二和第三点，我们就是选择的经营计划的内容。

在复制粘贴之后，我们需要进行第二步的工作，将上述冗长的内容合并同类项并总结成关键词，结果如图5-71所示。

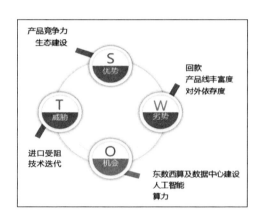

图 5-71　中科曙光[603019.SH] SWOT分析结果

当SWOT分析完成之后，我们会发现，通过管理层表述的内容我们总结出来的靶点，可能会出现一个问题，即名义上同公司所属行业的靶点不同，但实质上是相同的。例如，东数西算及数据中心建设就是对应的财政这个行业靶点，因为东数西算等大型工程很多都是依靠财政资金驱动的；人工智能对应着行业靶点中的AI+。当然，也有部分靶点是可以很好地对应行业靶点的，例如算力。而对于剩下的靶点，诸如产品竞争力、生态建设、回款、产品线丰富度、技术迭代，其实就是公司层面的独有的靶点了。

（2）波特五力模型

波特五力模型是迈克尔·波特于20世纪80年代初提出的，用于分析一个行业的基本竞争态势和确定竞争战略。该模型包括五种能力：

行业内现有竞争者的竞争能力：同一行业中的企业之间存在竞争，这种竞争可能导致有限的消费者需求分散，从而降低行业利润水平。因此，企业需要制定策略来应对竞争对手的挑战。

潜在竞争者进入的能力：潜在进入者是指可能进入行业并提供类似产品或服务的企业。它们的增加可能会对行业利润产生负面影响，因为它们会争夺市场份额。因此，企业需要采取行动来遏制潜在进入者的威胁，如通过品牌、技术、服务、分销等方面的优势来提高市场准入门槛。

供应商的讨价还价能力：供应商是指向行业企业提供原材料、零部件或其他商品的服务企业。供应商的地位可能会影响行业的利润，因为它们可以调整价格或质量，从而影响行业内企业的成本和盈利能力。

买家的讨价还价能力：买家是指购买行业产品或服务的企业。买家的需求和支付能力对行业的利润有很大影响，因为它们决定了行业产品或服务的销量和价格。

替代品的替代能力：替代品是指能够替代行业产品或服务的其他产品或服务。它们的存在可能导致行业内企业面临竞争压力，因此企业需要不断创新以保持竞争优势。

由于波特五力模型主要是考虑公司所属行业的风险问题，所以，这里我们只需要将可能对公司产生较大消极影响的风险点识别出来即可，也就是寻找所谓的消极靶点。同时，应用波特五力模型主要也是为了弥补在行业分析过程中存在的漏洞，即我们在个股层面的行业分析，主要是在公司经营产品的所属细分领域去进行的。例如，中科曙光所属的申万一级行业是计算机，而在个股层面上，我们可以将行业细分至服务器行业。同时，应用波特五力模型进行分析主要还是依靠自身对于行业的理解，单纯地使用定期报告的内容是不够的。

（3）PESTEL模型

PESTEL模型是一种分析宏观环境的有效工具，主要用于分析影响组织、行业和项目发展的各种政治、经济、社会、技术、环境和法律因素。这个模型强调全面地了解企业所处的宏观环境，发现与商业活动有关的各种因素，从而更好地规划企业发展战略。

PESTEL模型的每一个字母都代表一个因素，可以分为六大因素：

政治因素（Political，P）：包括政府政策、政治稳定性、国际关系等，这些因素可能对企业的运营和战略产生重大影响。

经济因素（Economic，E）：包括经济增长、通货膨胀、利率、汇率等，这些因素可能影响企业的盈利能力、投资决策和市场需求。

社会文化因素（Sociocultural，S）：包括社会价值观、文化习俗、人口结构等，这些因素可能影响消费者的购买行为、市场需求和市场竞争。

技术因素（Technological，T）：包括技术创新、技术趋势、技术法规等，这些因素可能对企业的产品和服务产生重大影响，并推动企业进行技术升级和创新。

环境因素（Environmental，E）：包括环境保护政策、资源利用、气候变化等，这些因素可能对企业的运营成本、市场需求和战略产生重大影响。

法律因素（Legal，L）：包括法律法规、知识产权保护、合同执行等，这些因素可能影响企业的运营合规性、市场机会和竞争环境。

通过使用PESTEL模型，企业可以更好地了解其所处的宏观环境，识别各种潜在的风险和机会，从而制定更加科学合理的战略和决策。同时，PESTEL模型还可以帮助企业进行市场调研和分析，了解市场需求和竞争态势，为产品开发和市场营销提供有力的支持。而PESTEL模型对于价值嬗变模型的用途在于识别公司面临的外部环境是否隐藏着一些行业分析没有涉及的内容，类似地，波特五力模型也是基于这样的目的，只不过PESTEL是站在更加宏观的视角去审视这个问题。

5.5.3 上市公司的财务性靶点的确定
（1）审计报告
上市公司财务报告的第一部分，就是审计机构出具的审计报告。审计报告的整体看是篇幅比较短的，且很多内容都是制式的，所以经常被投资者忽略。其实，审计报告是十分重要的，其不仅能够告诉投资者接下来的财务报告的质量是怎么样的，还可以帮助我们更好地抓住冗长的财务报告中的重点。

拿到一份审计报告后，我们首先要关注的就是注册会计师对于这篇财务报告的审计意见。根据我国的审计准则，典型的审计意见包括以下四种：无保留意见、保留意见、否定意见以及无法表示意见。

所谓无保留意见，是一种最为理想的审计意见，即审计师认为被审计单位的财务报表编制符合适用的财务报告编制基础，公允反映了企业的财务状况、经营成果和现金流量，且财务报表的内容完整、准确、真实地反映了企业的财务状况和经营成果，不存在任何重大错误或漏报。这里需要明确的是，即使是一份被出具了无保留意见的财务报告，也并不意味着财务报告里面的数据都是真实的或者未经粉饰的。注册会计师作为审计人员，本质上还是属于外部人员，而外部人员对于全部一手信息的获取难度是比较大的，因此，审计工作也只是确保财务报告的重大错报风险维持在合理的水平而已。所以，在阅读任何一份财务报告的时候，我们都需要关注财务报告中的一些可疑的数据，以及这些数据背后的逻辑。

而对于保留意见、否定意见以及无法表示意见，我们统称为非无保留意见。保留意见是审计师在审计中发现一些限制或者信息不足，或者无法得出完全确认的结论，但不足以影响财务报表的整体公允性；否定意见是审计师认为被审计单位的财务报表编制存在重大错误或漏报，且这些错误或漏报已经可能导致财务信息使用者无法依靠财务报表来进行合理决策；无法表示意见则表明审计师由于审计范围受限等原因无法对被审计单位的财务报表发表意见，因为无法获取充分、适当的审计证据的情况。可以看出，保留意见、否定意见以及无法表示意见是按照严重程度由轻到重的顺序排列的。

我们认为，只有在一份财务报告被出具了无保留意见的时候，我们才有对这家公司继续分析的必要，而如果被出具了非无保留意见，那么我们也应该尽可能地规避这家公司。即使是被出具了保留意见这种相对较为温和的审计意见，我们认为这家公司也是没有分析价值的。一方面，在全面注册制的背景下，一般而言，市场上是不存在稀缺资源的，因为市场的炒作逻辑往往是围绕着一个板块展开，而一个板块内会有相当多可供选择的标的，所以，我们没必要在一棵树上吊死。另一方面，我们要清楚审计的逻辑不是确认财报是真实的，而是尽可能确定财报没有大问题。这里的潜台词其实就是，审计人员作为外部人员，更多地只能发现水面的情况，而对于水下的情况是什么样，可能只有公司内部人员才会知道。所以，当我们拿到一份被出具非无保留意见的审计报告之后，我们需要明确的是，水面上已经出现问题的公司可能水下会有更多的问题，即使是像保留意见这种水面只露出一个冰尖的公司，水下都可能有一整座巨大的冰山。

审计报告中，我们需要关注的另一个重点，同时也是经常被忽略的一点就是关键审计事项。关键审计事项，是指注册会计师根据职业判断认为对当期财务报表审计最为重要的事项，是审计视角下风险或者潜在影响较大的点。所以，关键审计事项其实是帮助我们指明了在财报分析的过程中应该重点关注的领域。例如，中科曙光2022年年度报告中（图5-72），关键审计事项是有关收入确认的，因此，我们就需要重点关注同收入确认相关度比较大的问题，如收入的确认依据、赊销比例、经营现金流状况等。如果各位经常关注关键审计事项，那么就会发现收入确认基本上都是审计中需要重点关注的问题，鉴于此，中科曙光的关键审计事项只有收入确认有关的事宜，也就从侧面说明了公司的财务信息质量还是比较高的。

三、　关键审计事项

关键审计事项是我们根据职业判断，认为对本期财务报表审计最为重要的事项。这些事项的应对以对财务报表整体进行审计并形成审计意见为背景，我们不对这些事项单独发表意见。

我们在审计中识别出的关键审计事项汇总如下：

关键审计事项	该事项在审计中是如何应对的
收入的确认	
事项描述： 收入确认的会计政策及收入请参考财务报表附注"五、重要会计政策及会计估计"注释 38 所述的会计政策及"七、合并财务报表项目注释 61"。 贵公司2022年度确认营业收入人民币13,007,955,200.90 元，较2021年度增长15.44%。 由于收入是贵公司的关键业绩指标之一，因而存在管理层为了达到特定目标或期望而操纵收入确认时点的固有风险，故将贵公司收入确认识别为关键审计事项	审计应对： 对该项关键审计事项执行的主要审计程序包括： 1．了解和评价管理层与收入相关的关键内部控制的设计和运行有效性。 2．结合收入类型对收入及毛利情况执行分析程序，判断本期收入金额是否出现异常波动的情况。 3．对本年度记录的商品销售收入选取样本，核对销售合同、出库单、到货回执或验收报告，评价相关收入是否符合收入确认的会计政策；对本年度记录的服务收入，选取样本，执行重新计算程序，并与贵公司记录进行对比。 4．结合应收账款、合同资产等函证程序，对收入确认的真实性、准确性进行函证。 5．就资产负债表日前后记录的收入交易，选取样本，检查收入确认依据，评价收入是否被记录于恰当的会计期间

图 5-72　中科曙光2022年审计报告中关键审计事项的内容

对于另一家公司，因为公司曾以"扇贝经常自己跑了"从而大幅计提减值而被公众熟知，所以笔者在这里就不明确公司的名称了。这家公司2022年的审计报告中，关键审计事项中就包含生物性资产的确认问题，因为审计师"怕哪天扇贝又跑了"。从这个例子就可以看出，即使你不了解这家公司，从关键审计事项上也能够一定程度上迅速抓住财报的主要矛盾。

审计意见和关键审计事项是审计报告中必须存在的两个内容，而对于强调事项段以及其他事项段来讲，其不一定会出现在审计报告中，但如果出现了，我们也需要引起足够的重视。

强调事项段是指审计报告中含有的一个段落，该段落提及已在财务报表中恰当列报或披露的事项，且根据注册会计师的职业判断，该事项对财务报表使用者理解财务报表至关重要。例如，公司涉诉情况或者可能面临的监管行动等。

其他事项段，是指审计报告中含有的一个段落，该段落提及未在财务报表中列报或披露的事项，且根据注册会计师的职业判断，该事项与财务报表使用者理解审计工作、注册会计师的责任或审计报告相关。

可以看出，强调事项段和其他事项段所涉及内容都和财报分析有着紧密的关联，但二者最大的区别在于，强调事项段的内容是财报中涉及的问题，而其他事项段的内容是财报中没有涉及的。所以，对于强调事项段，我们的处理方式同关键审计事项的处理方式类似。而对于其他事项段来讲，我们在分析的过程中可能还要涉及查找一些年度报告之外的信息。

（2）三大财务报表

在分析完审计报告之后，我们就可以进入正式的财务报表分析当中了。各位如果平时喜欢阅读财务报表分析相关的书籍，那么会发现这类书的套路基本上都是一样的，所以，如果我们这里再按照同样的套路阐述一遍，也的确没有什么太大的意思。同时，在本节开篇的时候我们就已经说过，财务分析主要是为了排雷，即发现公司的一些潜在的风险点，这也就使得价值嬗变投资决策框架下的企业财务报表分析的重点会更加突出。

同时，只要分析过程涉及财务方面的问题，就会难以避免地使用很多专业的名词。由于我国《企业会计准则》很多都是参考《国际财务报告准则》（IFRS）编写的，相当多的专业术语也都是翻译过来的，这就使得财务分析的过程中，很多话对于专业投资者来说是耳熟能详的，但对于缺乏财务基础的人来说，简直就如同天书一般。我们为了能够最大可能满足不同水平读者阅读本书的需求，我们在这一部分的措辞会更加通俗易懂一些，当然，这样做的缺点就在于部分表述可能不够严谨，不过，两害相权取其轻，如果有不够严谨的地方，还请多多包涵。同时，我们使用通俗易懂的语言进行表述，并不代表着财务小白也可以完全理解这些内容，因为本书并不是财务领域的教科书，不可能对每一个基础的财务概念都进行阐述，所以，想要比较顺畅地读懂这些内容，还是需要一些财务基础的。

在对财务报表进行具体的分析之前，我们需要对分析的对象有更加深刻的认识才行。首先，我们需要明确的是，这里的财务报表分析只涉及三大表：资产负债表、利润表和现金流量表。而财报上还会披露的所有者权益变动表，我们暂且不涉及。一方面，所有者权益变动表主要涉及公司所有者权益结构上的信息以及变化，且相关内容可以从资产负债表与利润表中间接获得，所以，单独去分析的意义不大；另一方面，基于价值嬗变理念的投资是动态的交易策略，投资者持有一家公司的股票的时间大多数情况下也不会太久，所以，所有者权益的变动和我们的关系也不大。

而对于资产负债表、利润表和现金流量表，虽然名义上是三张独立的报表，同时在分析的过程中，大多数情况下也都是先进行单独的分析，但我们在理解的层面上应该将三张表看作一个整体。

具体来说，资产负债表是三张表中唯一一张静态报表，其反映的是会计期末这一时间点的公司资产负债情况。对于2022年的年度报告，资产负债表就是反映的公司在2022年12月31日的资产负债情况，这是一个展示结果的报表。资产负债表主要反映了这家公司在期末的时候都有哪些资产，这些资产的来源有多少是源于负债，有多少是源于权益。所谓负债，就是需要在一定时间偿还的义务，而权益，就是没有明确的偿还义务，是投资者对公司拥有所有权的具体表现形式。当公司通过负债和权益的方式募集来资金之后，就会使用这些资金购买厂房、机器设备、原材料、投资，从而在日常经营过程中生产出产品等，这些就构成了企业的资产。既然企业的资产是通过使用负债和权益的资金换来的，那么自然资产就等于负债和所有者权益的和，这就是资产负债表中的会计恒等式。

股票，是投资者对公司拥有所有权的凭证，而股票的价格却和资产负债表中所有者权益的金额没有直接的关系。因为资产负债表中，无论是资产还是负债，绝大多数报表项目都是基于历史成本法进行计量。

示例29：如何理解历史成本和公允价值之间的差异？

公司在2018年以80万元的价格买了一套生产N95口罩的生产线，那么这个生产线就以固定资产的形式被记录在资产负债表上，金额也自然就是80万元。2020年年初，新冠疫情突如其来，N95口罩供不应求，口罩生产线的价格也大幅上涨，我们假设上涨到了300万元，这时，公司生产线在资产负债表上的价值却依旧是80万元，不会提升至300万元，但这时公司的股价却可能已经大幅上涨。

换言之，股票价格的变动在一定程度上代表着投资者心中假想的资产负债表中所有者权益的价值，而这个假想的报表是根据市价、投资者预期每时每刻都是在实时变动的，因此，其和定期报告中的资产负债表存在很大区别，也就很好理解了。

当然，并不是资产负债表中所有的项目都是按照历史成本法计量，例如：交易性金融资产就是按照公允价值计量，盘盈的存货按照重置成本计量，资产减值测试的过程中还会使用未来现金流现值的概念等。但即使是这样，资产负债表看上去还是一个有点死气沉沉的报表，因为它是一张静态的时点报表，我们通过资产负债表，只知道在某一个时间点，公司经营的具体结果，却不知道过程是怎样的。即使是通过不同时期的资产负债表进行对比分析，如使用2021年和2022年年度资产负债表，我们也只能粗略地了解不同项目的变化，但具体的变化路径是不清楚的。

而利润表的最大的价值，就是因为其可以反映公司在某一会计期间的经营情况，从而弥补资产负债表作为静态报表的缺陷，帮助投资者更加翔实地了解公司的经营。例如，2022年度利润表反映的是2022年1月1日—12月31日公司有哪些收入，哪些支出，收入是营业收入还是营业外收入，支出是成本费用还是营业外支出。

因此，利润表就像是一条纽带，将两个不同时点的资产负债表联系了起来。例如，2022年度利润表就是将2021年年度资产负债表和2022年年度资产负债表联系了起来。而联系的方式就是通过所有者权益。

具体来说，利润表其实就是在做加减法。首先，我们先确定公司的营业收入与营业总成本，二者相减就是营业利润。营业利润加上营业外收入并减掉营业外支出就得出了利润总额，利润总额再扣除所得税费用算出了净利润。之后，我们需要将净利润进行拆解，如提取法定公积金，任意公积金，弥补亏损，分配红利，最后剩下的就是未分配利润，而这些项目都在资产负债表中所有者权益项下有对应的项目可以记载。

所以，利润表的纽带作用其实可以这样进行形象化的理解。通过将经营数据（如营收、成本等）进行加加减减，最后分成几份调整上一期资产负债表的所有者权益。调整完成之后你会发现，资产负债表的恒等式不成立了，因为我们只进行了所有者权益的调整，没有一并调整资产和负债。所以，为了能够让会计恒等式继续成立，我们需要将各个业务涉及资产和负债的项目变动一并记录在资产负债表中，由此，形成的新的满足恒等式的资产负债表，就是当期的资产负债表。

当然，上述形象化的理解，只是一种表述方式，真正制作利润表和资产负债表的过程肯定不是这样操作的，这一点还请读者不要误会。

有人说，利润表和资产负债表的组合，既能够彼此衔接，又能够将公司经营的静态结果和动态过程结合起来，那不就是皆大欢喜了吗？为什么还又来一个现金流量表在这里添乱呢？

这便涉及权责发生制和收付实现制这两种不同的会计基础的问题。权责发生制，指的是收入、费用等确认应当以相关项目的实际发生而不以实际收支为确认标准；收付实现制正好相反，相关项目是以实际收支但不以实际发生为确认标准。这看上去比较抽象，我们来举一个例子就可以很好地了解。试想一下，公司给客户赊销了一批商品，如果基于权责发生制，那么这笔赊销就应该确认收入以及相应的成本，但如果是基于收付实现制，那么由于赊销没有涉及资金往来，所以这笔业务需要等待客户真正付款的时候才确认收入以及相应的成本。

相比之下，权责发生制更能够及时、真实地反映公司业务的实质。原因在于，当赊销发生之后，客户其实是形成了对公司的负债，公司则拥有对客户的债权。显然，债权债务关系是具有一定强制性的，即公司未来合理主张债权的时候，客户需要及时偿还，否则就有可能面临被诉讼甚至被申请破产的可能。因此，一般情况下，我们认为赊销发生之后，回款是顺理成章的事情，不会产生较大的不确定性。基于此，如果我们基于收付实现制进行业务的确认，那么会造成很大的延迟，从而使得会计信息不能够及时反映公司经营情况。因此，财务会计方面，一般使用权责发生制。

但权责发生制也并不是一点缺点都没有，其最大的问题在于，可以方便公司进行业绩调节。例如，高管可能基于自身的业绩考核或者股价波动的压力，希望将今年公司的利润水平调高一些。在权责发生制下，公司可以虚构大量的赊销业务，从而确认收入的同时，确认应收项目。到了第2年，公司只需进行应收项目的减值，或者销售退回会计处理就可以抹平今年形成的秘密准备，从而避免了实际资金往来带来的麻烦。当然，这个例子是十分简单粗暴的，实际案例中要比这复杂很多，但这并不影响我们认识到权责发生制其实增加了我们对于公司经营业绩质量的判断难度。

基于此，现金流量表作为按照收付实现制的基础进行制作的报表，就在一定程度上可以帮助投资者判断公司经营的质量。现金流量表主要由三大现金流量，即经营活动现金流、投资活动现金流和融资活动现金流组成，其中，经营活动现金流是最为关键的一个项目。所以，现金流量表虽然看上去，同利润表和资产负债表是相对独立的，但现金流量表在一定程度上是具有基础性地位的，只有通过现金流量表的考验，公司的经营状况才可以真正确认是好还是坏。

以上，就是我们对于三大财务报表的简单理解，这虽然没有直接指导我们如何分析报表，但却从理念上帮助我们建立了三大表之间的内在联系，从而也使得我们在对于不同报表中的项目进行分析的时候，更加具有针对性，减少盲目性。

最后需要说明的是，我们在报告中会发现既有合并报表也有母公司报表，这里，我们建议各位在分析的时候只关注合并报表即可，母公司报表可以忽略。所谓合并报表，就是把母子公司以及子子公司之间的交易进行抵销，从而在集团的角度生成的一份财务报表。显然，合并财务报表的价值对于价值嬗变策略来讲是更高的，因为从集团股东的角度来讲，我们更关心的是集团和集团外主体之间的业务，而集团内主体之间的业务，是不改变集团整体的业绩水平的。

（3）资产负债表

我们对于资产负债表的分析，需要抓住重点，因为资产负债表涉及的项目众多，如果每个项目都去仔细地分析，既浪费时间，也没有必要。要时刻记住，我们在价值嬗变框架中的财务分析，主要是为了排雷，也就是通过公司的财务报表发现一些潜在的风险点。

基于此，我们对于资产负债表的分析，就要把着眼点放在金额相对较大的项目上。对于金额相对较大的项目的选择，我们当然可以拿眼睛直接去看，但不得不说，这种方式是比较辛苦而且有的时候还会因为眼花而犯错。所以，对于重点项目的选择，我们最好是将普通的资产负债表转化为百分比报表，即将各个项目的数据除以总资产，并以这个比例进行替代。这样，我们就可以非常直观且快速地找到重要的项目。当然，这个百分比也不用我们手动去算，投研数据库基本上都具备这样的功能。

如表5-22所示，我们已经将中科曙光2022年度资产负债表转化为资产百分比的形式，通过这张表，我们就可以轻松地找出重点。例如，资产项目中货币资金、存货和长期股权投资占比较高；负债项目中应付账款、合同负债以及长期应付款项目占比较高；所有者权益项目中，资本公积和未分配利润占比较高。

在找到重点项目之后，我们就可以着手进行分析了，由于单期资产负债表本身的某个项目对应的只是一个数字，我们能够挖掘的内容实在是太少，因此，我们需要从如下两个方面去进行更加深层次的分析。

第一个方面，就是结合财务报表附注进行单一项目的深入分析。财务报表部分之所以篇幅较大，不是因为这几张报表的内容有很多，主要是因为绝大多数的篇幅都被财务报表的附注占用了。所以，财务报表附注至关重要。一般来讲，对于占比比较高的项目，公司都会通过附注的形式进行进一步的说明，如果使用投研数据库的话，那么还可以省去查找附注的过程，直接点击相应的项目就可以查阅。

第二个方面，我们需要查阅过去一年或两年的资产负债表，看一下往期的报表重点项目是不是和当期一致，如果不一致，那么需要查找相应的原因，如果一致，那么对于重点项目的变动百分比，我们也要做到心中有数。这时，有人可能会有这样的疑问，既然利润表是动态的报表，那这些相对动态的分析为什么还要在资产负债表中进行呢？原因在于，同利润表相关的项目大都是损益类项目，损益类项目在会计处理过程中最终的归宿都是所有者权益。而对于有一些业务，可能不会涉及所有者权益类项目的变动，而仅仅是资产和负债、资产内部或者负债

表 5-22　中科曙光[603019.SH] 2022年资产负债表（资产百分比）

资产	百分比(%)	负债及所有者权益	百分比(%)
货币资金	19.35	短期借款	0.90
应收票据及应收账款	8.79	应付票据及应付账款	7.69
应收款项融资	0.16	其中：应付票据	1.56
预付款项	1.33	应付账款	6.13
其他应收款合计	0.54	预收款项	0.01
存货	20.05	合同负债	7.10
合同资产	0.04	应付职工薪酬	0.74
其他流动资产	2.61	应交税费	0.79
		其他应付款合计	0.70
		一年内到期的非流动负债	1.81
		其他流动负债	0.10
流动资产合计	**52.88**	**流动负债合计**	**19.86**
长期股权投资	20.10	长期借款	4.67
其他权益工具投资	0.01	租赁负债	0.05
固定资产	6.91	长期应付款(合计)	12.73
在建工程	0.91	其中：长期应付款	12.73
使用权资产	0.10	专项应付款	12.73
无形资产	5.00	预计负债	0.21
开发支出	5.15	递延收益	5.95
商誉	0.23	递延所得税负债	0.07
长期待摊费用	0.11	其他非流动负债	0.70
递延所得税资产	0.47		
其他非流动资产	8.13		
非流动资产合计	**47.12**	**非流动负债合计**	**24.37**
		实收资本(或股本)	4.60
		资本公积	34.59
		减：库存股	0.60
		其他综合收益	0.03
		盈余公积	1.11
		未分配利润	13.77
		归属于母公司股东权益合计	**53.50**
		少数股东权益	2.27
		股东权益合计	**55.77**
资产合计	**100.00**	**负债和股东权益合计**	**100.00**

内部的项目变动。例如，企业以赊购的方式购入一批原材料，就是资产和负债同时增加的业务；企业以现金购入生产设备，就是资产内部此消彼长的业务；企业应付票据兑现失败则仅仅涉及债类项目的此消彼长。所以，为了弄清楚一些不涉及损益类项目的业务，我们对于资产负债表进行动态分析也是有必要的。

对于第二个方面问题的研究，由于具有很强的个性化色彩，需要具体问题具体分析，所以这里我们就不过多去说了，我们仅对资产负债表中的重要项目分析过程中需要关注的重点，给予一定的说明。

① 货币资金

货币资金作为资产负债表中流动资产中的第一个项目，自然是非常重要的。一家公司在手现金的充裕度也是未来持续经营和扩大经营的基本保障。对于这个项目，我们需要在附注中关注的重点在于受限资金的比例。受限资金是指，因抵押、质押或冻结等对使用有限制，因资金集中管理支取受限，以及放在境外且资金汇回受到限制的货币资金。

货币资金项目本身的金额是受限和非受限资金的总和，如果受限资金占比比较高，那么即使货币资金项目本身数量较大，但也没有太多的实际意义。同时，如果投资者还要使用财务比率去分析一家公司，如流动比率、速动比率等，那么受限资金的问题也需要考虑进去，一般我们可以按照一定的比例予以扣除。

示例30：京蓝科技[000711.SZ] 货币资金项目分析（2022年）

如表5-23所示，京蓝科技2022年年报受限资金占比达到60.69%，2021年受限资金占比为59.67%，虽然2022年货币资金项目同比增长12.46%，但受限资金占比的提升或意味着公司现金质量是否提升有待进一步观察。

表5-23 京蓝科技[000711.SZ] 2022年年报货币资金项目构成（数据来源：上市公司公告）

项目	期末余额（元）	期初余额（元）
库存现金	102,183.57	9,327.01
银行存款	107,375,384.10	95,187,072.00
其他货币资金	3,381,391.68	3,378,750.65
合计	**110,858,959.35**	**98,575,149.66**
因抵押、质押或冻结等对使用有限制的款项总额	**67,280,973.91**	**58,824,078.09**

② 交易性金融资产

交易性金融资产覆盖的范围是很广的，其可以包括股票、交易性债券、基

价值嬗变的玫瑰
——具有创新意义的动态投资决策框架

金、非保本浮动收益理财等。可以看出，如果交易性金融资产主要由低风险的金融工具组成，例如，类固收理财产品、债券基金、货币基金、高信用评级债券等，则是相对健康的，因为公司通过类现金管理的方式增加闲置资金的收益，是有利于提供更高股东回报的好事情。

但是，也有部分上市公司会将闲置资金投资于高风险金融工具之中，如股票、私募基金等，当交易性金融资产占比较高的时候，我们对公司业绩的评估也要考虑公司的投资收益情况在极端的情况下，可能是决定公司业绩水平的最关键因素。这里，我们可以将资产负债表中的交易性金融资产项目与利润表中公允价值变动收益对应起来看，从而评估公司的交易性金融资产管理水平。

示例31：陕西煤业[601225.SH] 交易性金融资产项目分析（2022年）

从陕西煤业2022年年报披露的数据来看，公司交易性金融资产中高风险投资占比接近100%，这使得公司的业绩也受到了较大的影响（表5-24）。根据公司2023年的中报数据，公司公允价值变动收益为−26.60亿元，同比大幅下滑，从投资类型来看，公司以公允价值计量的金融资产有私募基金、公募基金、股票等，其中股票的变动损益最大，为−22.25亿元。

表 5-24　陕西煤业[601225.SH]2022年年报交易性金融资产项目构成

（数据来源：上市公司公告）

项目	期末余额（元）	期初余额（元）
以公允价值计量且其变动计入当期损益的金融资产		
其中：权益工具投资	11,953,178,495.61	1,268,087,493.78
信托产品投资	9,210,282,048.76	10,219,765,506.62
货币基金产品	6,650,000.00	50,000,000.00
其他	0.00	10,511,594.33
指定以公允价值计量且其变动计入当期损益的金融资产		
其中：理财产品	0.00	0.00
合计	**21,170,110,544.37**	**11,548,364,594.73**

我们在投研的过程中，一般习惯于将货币资金和交易性金融资产放在一起作为类现金资产看待，但这种方式仅对于将资金进行现金管理的企业比较有效，对于使用大量资金进行中高风险投资的企业，我们在研究的过程需要特别留意，并

且要做一些适当的调整才可以。

③ 应收账款、应收票据、合同资产

应收项目在资产负债表项目中的重要性不言而喻，因为应收项目一方面是客户回款情况的直接体现，从而代表公司盈利质量的高低，另一方面应收项目也是财务粉饰领域的重灾区。

应收项目之所以是资产负债表中的不稳定因素，与应收账款的减值和转回操作密切相关。上市公司资产端都会面临减值的风险，而按照当前会计准则的规定，大多数减值是不能转回的，即减掉就是减掉了，这是基于谨慎性要求的处理模式，如固定资产、无形资产和商誉等项目的减值，都是不能转回的。但对于一些特殊的项目，如应收项目，债权投资、存货等是可以转回的。正是基于此，对于减值可转回的项目进行财务粉饰，整体的难度也会低一些。同时，减值幅度的确定通常带有一定的主观性色彩，而对于可转回的项目来讲，未来即使发现减值幅度计算出现错误，那么也可以有很大的容错空间。

通过应收项目附注信息，我们可以确定公司计提坏账的规则是什么？有哪些客户计提了坏账？计提坏账的客户是散客还是大客户？应收账款的账龄结构是什么？并且在分析坏账风险的时候，我们也需要将应收项目同利润表中的信用减值损失对应起来看。需要提示各位的是，对于应收账款未来风险的评估，除了使用财务报告中的信息之外，我们也要基于公司所属行业的景气度去判断未来坏账风险的发展方向，尤其是对于下游行业的景气度，我们需要重点关注。

示例32：东方雨虹[002271.SZ] 应收项目分析（2022年）

2022—2023年，房地产开发企业在融资受限以及房地产市场不景气的双重压力下，不少财务状况较差的企业都出现资金链紧张，甚至破产的风险，基于此，房地产上游的公司，如装修建材行业，都会面临应收账款大额计提减值的风险。

例如，被市场熟知的"防水茅"东方雨虹就在2020年开始遇到了上面的问题，通过图5-73可以看到，在2022年第二季度，公司计提的信用减值损失金额出现了比较明显的放大，这就是行业因素导致的结果。特别地，根据2023年公司披露的半年报，账龄结构上也显示公司未来的减值预计仍将持续，其中，2—3年账龄的应收可能是减值的重灾区（表5-25）。也正是因为下游的不景气，市场对于该公司的态度一直处于比较消极的状态，即使董秘宣泄情绪的文字被爆了出来，表达公司正在积极转型，并且未来经营业绩逐渐向好，但市场仍旧不买账。

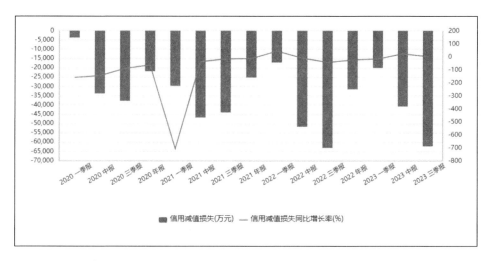

图 5-73　东方雨虹[002271.SZ] 信用减值损失走势图（数据来源：上市公司公告）

表 5-25　东方雨虹[002271.SZ] 2023年半年报账龄分析表（数据来源：上市公司公告）

名称	期末余额		
	账面余额（元）	坏账准备（元）	计提比例
1年以内	9,936,314,916.92	292,127,658.56	2.94%
1–2年	1,645,410,605.84	222,130,431.79	13.50%
2–3年	593,765,447.25	190,717,461.66	32.12%
3–4年	152,983,389.19	83,250,060.01	54.42%
4–5年	146,903,223.28	112,089,923.61	76.30%
5年以上	249,717,358.86	249,717,358.86	100%
合计	12,725,094,941.34	1,150,032,894.49	–

所以，在公司下游行业出现问题的时候，即使公司当期披露的账龄结构以及客户集中度不存在明确的风险，我们也应该警惕未来风险集中暴露的可能。

应收票据和合同资产的分析可以类比应收账款，这里需要提示一下的是，合同资产这个项目是新收入准则下的新科目，其和应收账款的主要区别在于，合同资产是指企业已向客户转让商品而有权收取对价的权利，且该权利取决于时间流逝之外的其他因素。如企业向客户销售两项可明确区分的商品，企业因已交付其中一项商品而有权收取款项，但收取该款项还取决于企业交付另一项商品的时间，企业应当将该收款权利作为合同资产。企业拥有的、无条件（仅取决于时间流逝）向客户收取对价的权利应当作为应收款项单独列示。

④ 其他应收款

其他应收款同样属于流动资产中的应收类项目，但我们之所以将其单拎出来讲，主要原因在于这个项目中的金额水分一般会比较大。

其他应收款项目，应根据其他应收款、应收利息、应收股利科目的期末余额合计数，减去坏账准备科目中有关坏账准备期末余额后的金额填列。可以看出，其他应收款其实是一个兜底性的报表项目，这也就注定了这个项目中涉及的款项是十分繁杂的，除了相对常规的应收利息和应收股利之外，还包括押金、保证金、往来款、项目借款、备用金等。

这种情况下，其他应收款对于公司外部的主体来讲，其实就是一个黑箱，我们很难去厘清这个报表项目背后代表着什么业务。所以，这个项目也是财务粉饰的重灾区，如虚构收入有关的处理很多情况下都会涉及这个报表项目。

好在财务报表附注中，也会公布其他应收款的账龄分析表等信息，因此，我们对于这个项目的风险评估，相较于应收账款和应收票据而言应该更加谨慎。

⑤ 存货

存货项目中，包含原材料、在产品、库存商品、发出商品等。对于这个项目，我们需要关注的主要是公司所处的库存周期，这一点，类似周期分析中的基钦周期分析，只不过这里我们是在公司的层面进行分析。

库存周期主要包括主动去库存、被动去库存、主动补库存、被动补库存四个阶段，衡量的指标可以使用存货增长率和营收增长率的组合，如表5-26所示。

表5-26 公司层面库存周期的划分

库存周期	存货增长率	营收增长率	说明
主动去库存	< 0	< 0	企业对未来行业景气度发展信心不足，通过主动减少生产的方式降低存货跌价风险
被动去库存	< 0	> 0	行业景气度较高，旺盛的需求使得市场出现供不应求的状况，企业库存水平降低
主动补库存	> 0	> 0	企业对未来行业景气度发展有信心，通过主动扩大生产，提升库存水平的方式应对未来需求的高增
被动补库存	> 0	< 0	行业景气度较低，羸弱的需求使得市场出现供过于求的状况，企业库存水平提升

由于这里我们是在进行公司层面的分析，所以，我们的关注点应该是行业分析没有涉及的领域。换言之，如果通过研究，我们发现企业库存周期同行业库存周期存在差异，那么我们需要确定造成这种差异的原因是什么，从而最终确定这

对于企业来说是机遇还是挑战。通过简单的排列组合，我们发现存在如下12种行业与企业库存周期不一致的组合，见表5-27。

表 5-27　企业库存周期与行业库存周期的背离

企业库存周期	行业库存周期	背离原因
主动去库存	被动去库存	公司库存积压过多，产品力落后于行业
主动去库存	主动补库存	公司库存积压过多，产品力严重落后于行业
主动去库存	被动补库存	公司提前于行业进行去库，提高运营效率
被动去库存	主动补库存	公司产能不足，或供应链出现问题
被动去库存	被动补库存	公司产品具有较强的稀缺性和不可替代性
被动去库存	主动去库存	公司库存管理效率较高，产品力领先于行业
主动补库存	被动补库存	公司产品具有一定的稀缺性和不可替代性，但如果决策失误，会给公司日后带来较大的库存压力
主动补库存	主动去库存	公司正在扩充市场份额，并且具有较强的竞争优势
主动补库存	被动去库存	公司正在扩充市场份额，存货管理效率较高
被动补库存	主动去库存	公司库存压力持续增大
被动补库存	被动去库存	公司库存压力持续增大，且公司产品力落后于行业
被动补库存	主动补库存	公司库存压力持续增大，且公司产品力严重落后于行业

上述背离的原因只是一般性的分析结论，我们需要明确的是，公司库存周期如果不同于行业库存周期，那么除了上面的原因之外，还有一个非常重要的因素，就是公司的决策失误。例如，表5-27中企业库存周期处于主动补库存过程中的三种情况，都面临决策失误的风险，即公司的产品力并没有预期的那么乐观，在行业整体景气度相对低迷的情况下，公司后续面临的库存风险是非常高的。而当企业处于主动去库存或者被动补库存的过程中出现决策失误的情况，那么企业的风险主要来源于市场份额被侵蚀以及竞争地位下降的风险。只有当企业处于被动去库存周期中，即使出现了决策的失误，也不会产生较大的风险，因为被动去库存意味着企业的产品是供不应求的，无论行业所处周期是什么位置，这种供不应求的局面是客观存在的，如果进行归因分析，那么我们甚至可能会挖掘出一些潜在的利好因素。

对于存货的结构上，我们需要关注一下原材料的问题。因为原材料的投入是生产产品所必需的，所以，原材料的充裕度以及价格能够对企业未来的经营业绩产生较大的影响。

如果原材料属于大宗商品，我们需要通过存货结构分析判断企业未来的成本变动趋势。当大宗商品价格持续上涨，企业原材料库存水平较低，那么这预示着未来产品毛利存在下滑压力；当大宗商品价格持续走弱，企业原材料库存水平较高，则预示着当期产品毛利可能维持相对较低的水平。

如果原材料的供给存在一定的风险，如面临美国卡脖子的芯片等电子元器件，那么提前备好库存就显得尤为关键。

示例33：中国服务器行业公司如何管理芯片库存？

浪潮信息（000977.SZ）是服务器行业的龙头企业，其上游供应严重依赖西方国家高端芯片的出口。通过分析公司存货结构，不难发现，2019—2022年公司原材料占存货的比例分别为56.96%、59.16%、76.82%、83.76%，处于逐年递增的趋势，这就是一种很明智的存货管理方案，如果对于浪潮这种供应链安全程度不高的企业，且发现原材料占存货比例逐年降低，那么由此可以推断出，后续公司业绩将会面临失速的风险。

但我们对某一家公司进行分析的过程中，要尽可能地进行灵活的、个性化的研究，避免死板地研究。例如，中科曙光同样作为一家生产服务器的企业，其原材料占存货的比例就没有浪潮这样的规律，其2019—2022年的比例分别为50.14%、26.09%、36.72%、63.11%。如果我们照搬浪潮的逻辑，那么我们或许会认为中科曙光的对于供应链风险的管理不是很到位。但实际上，中科曙光的一家参股公司就是科创板的明星上市公司——海光信息，而海光信息正是提供国产算力芯片的企业，所以，基于这个角度考虑，中科曙光的供应链风险会显著低于浪潮信息。

⑥ 长期股权投资

长期股权投资的核算在会计上是十分复杂的，但好在我们是进行报表分析，所以对于长期股权投资具体的核算方法没有必要进行过多的展开。而一个现实的问题是，如果想要对长期股权投资这个报表项目理解得比较透彻，那么又需要我们掌握一些相关的知识。所以，这是有些矛盾的。

由于本书篇幅的原因，我们将长期股权投资的内容进行如下处理，即我们会简略地阐述一些长期股权投资核算的重点逻辑，其中对于财务基础相对薄弱的投资者来说，肯定会有些难以理解，所以遇到难以理解的部分，我们只需记住结论就可以。

结论1：长期股权投资核算的是难以变现的非子公司股权。

在财务报表分析的过程中，我们不能简单地将股权等同于股票，因为对于大多数股票而言，都是在二级市场上可供交易的，因此，企业持有股票的目的主要是赚取价差，持股比例一般不会太高，所以这部分投资就放在交易性金融资产中核算。

而长期股权投资核算的是企业对被投资企业存在控制、共同控制和重大影响的股权，一般持股比例都会偏高一些，如10%或者20%以上。当然，确认长期股权投资对于持股比例没有明确的标准，企业一般会根据实质重于形式的原则进行判断。根据实践经验，确认为长期股权投资的股权一般没有在二级市场上市，即使是上市公司，那么持股比例一般都会比较高，所以，长期股权投资一般难以快速变现，从而作为非流动资产进行核算。

同时，由于我们进行财务分析所使用的报表是合并报表，因此，在母公司报表中确认的长期股权投资中，包含的子公司股权的部分，会在报表合并的时候同子公司所有者权益相抵消，从而使得合并资产负债表中的长期股权投资仅包括联营和合营企业。

结论2：长期股权投资的确认大都具有摊薄ROE的风险。

上市公司在取得联营或合营企业股权从而确认长期股权投资是按照应享有被投资单位可辨认公允价值份额的口径计量的。换言之，长期股权投资的初始确认是按照被投资企业股权的市场价来计算的。而长期股权投资的后续计量，即持有股权的时候所产生的收益，如被投资企业的盈利，则是按照账面价值进行计量。这就使得长期股权投资的投资回报率偏低。

这里，我们举一个简单的例子，以说明这个问题。

示例34：长期股权投资的权益法核算对ROE的摊薄作用

A公司花费1000万元通过收购B公司20%的股权，对B公司产生重大影响，从而确认长期股权投资1000万元。但20%股权的账面价值仅为100万元，这意味着A公司以10倍的溢价进行了收购。第二年，B公司盈利100万元，对应20%股权的部分就是20万元，可以算出，B公司ROE为20÷100=20%，还算是一个比较高的水平。但由于A公司长期股权投资使用权益法核算，因此也只能确认20万元的投资收益，故考虑A公司投资成本为1000万元，所以，其投资回报率仅为2%。

同时，我们对A公司进行财务评价的时候，计算的ROE指标无论是分子端还是分母端都使用的是账面价值，但长期股权投资初始计量的账面价值却是按照公允价值的口径计量的，所以，只要公司进行溢价收购，那么长期股权投资确认的投资收益就会摊薄公司ROE水平，且溢价程度越高，摊低的程度就越高。

结论3：长期股权投资在处置的时候，可能会造成公司当期存在较大的业绩波动。

如前文所述，长期股权投资在确认的时候是按照公允价值进行确认的，而后续计量却按照账面价值口径进行，由此形成的差异其实只有在最终进行股权处置的时候才得以消除。如果股权在持有的过程中能够增值，且增值的幅度超过后续计量时增加的长期股权投资账面价值的水平，那么处置的时候就会有额外的收益，从而对当期业绩产生积极影响。

但上述情况只是一种非常理想的情况，更多的时候则是公司处置长期股权投资的时候会确认超额的亏损。造成这种现象的原因有诸多方面：第一，股权投资的风险较高，且投资与被投资方存在较大的信息不对称，从而在逆向选择的作用下，进一步增加长期股权投资减值的风险；第二，上市公司确认长期股权投资，不排除存在利益输送的现象，从而让上市公司成为接盘方，并承担大部分早已经暴露的风险；第三，伴随着全面注册制的深入发展，上市公司质量有待进一步提高，这增加了股权市场的变现风险，从而在未来进一步压制非上市股权的估值水平。所以，在上述机制的作用下，长期股权投资在处置的时候或者持有过程中资产减值带来的亏损也是这一个报表项目中的较大的风险点。同时，非上市公司股权的流动性相对较差，这也在一定程度上压制了股权的价格空间。

可以看出，上述三个结论是依次递进的，同时最终的落脚点在于长期股权投资对于ROE水平的稀释以及持有和处置的有关风险。但是，即使长期股权投资的风险是比较明确的，我们也不应当将所有长期股权投资的项目全都一棒子打死。

示例35：中科曙光[603019.SH]长期股权投资的特殊性

中科曙光的长期股权投资项目中，海光信息的占比是非常高的，但这是否意味着中科曙光的业绩将会被摊薄呢？答案是不一定。一方面，海光信息的长期股权投资确认的2022年投资收益率为4.55%，而海光信息2022年年度ROE水平为8.49%，从2022年的数据来看，确实存在摊薄的现象；但另一方面，海光信息是科创板上市公司，存在明确的公允价值，由于中科曙光持有海光信息27.96%的股份，长期股权投资的账面价值约为55亿元，公允价值约为455亿元（每股按70元计算）。所以，由海光信息确认的长期股权投资就目前来看，不仅不存在减值的风险，而且在处置的时候还存在较大的盈利空间。

⑦ 固定资产、在建工程

固定资产和在建工程在一定程度上代表着上市公司的产能情况，其中固定资产代表存续产能，而在建工程代表新增产能，具体包括房屋及建筑物、各种设备（生产、办公设备等）、运输工具等。通过财务报表附注，我们可以大致了解各个大类资产的剩余折旧年限，在建工程的进度等信息。产能代表着企业当前和未来的生产能力，这可以和存货项目配合着去看，从而综合评估公司当前的产能规划是否符合行业的发展规律以及是否适合公司的个性化战略。

当然，我们需要明确的是，房屋及建筑物作为固定资产的一个大类，同其他固定资产相比是有其特殊的地方的。其中最特殊的地方就在于，虽然房屋和建筑物也需要按照一定年限和方法计提折旧，但一般的固定资产的公允价值会因为老化、技术落后等原因跟随账面价值的减少而减少，而房屋和建筑物不仅可能不会减少，反而还会增加（在房价不出现明显下跌的情况下），这就使得当折旧年限较长的时候，房屋和建筑物在资产负债表上仅仅以残值的形式存在，但其实际的变现价值却非常高，从而形成了表外资产。这种表外资产的存在使得当房屋进行处置的时候，会带来较多的利得和大量的现金流。所以，我们在分析固定资产的时候，要注意这种表外资产的体量有多大，才可以真正客观地了解上市公司的真实的资产状况和偿债能力。

特别地，公司自有的但用于出租的房产是在投资性房地产项目中核算的，不属于固定资产的范畴，这是会计上的一个重要的知识点，我们在分析的过程中不要混淆。

⑧ 无形资产、开发支出

我们需要厘清一下无形资产、开发支出以及研发费用之间的关系，因为这对于会计基础相对薄弱的投资者来说，是容易混淆的。

无形资产、开发支出是资产负债表的项目，而研发费用是利润表的项目，且三者都和企业的研发活动相关。企业进行各种研发项目，其实可以分为两个阶段：研究阶段和开发阶段。研究阶段我们可以理解为研发项目的初期，这个阶段企业还不能确认研发方向是否正确，会不会有具有经济性的研发成果，所以，这个阶段所进行的研发支出，都以费用化的形式确认在研发费用之中。而到了开发阶段，这个项目的研究已经有了一定的积淀，自然对于未来是否可以研发出能够为企业使用并带来经济利益的资产则更加确定了一些，如果确定程度高，那么就应当进行资本化计入开发支出项目，如果确定程度仍不是很高，那么就继续确认为利润表中的研发费用。当这个研发项目完成，形成的专利技术等就将之前确认的开发支出转出，并以无形资产项目确认在资产负债表中。简而言之，无形资产是研发的结果，开发支出是研发支出中资本化的部分，而研发费用是研发支出中费用化的部分。

需要明确的是，虽然《企业会计准则》规定了资本化和费用化所需满足的条件，但不可否认的是，这依旧给企业留出了较大的权衡空间。换言之，企业在一定程度上，可以在满足规定的情况下，灵活调整资本化和费用化的金额。而费用化表明当期的支出直接影响当期损益，资本化则是将当期支出以未来摊销或计提减值的方式延期计入损益。所以，出于关注风险的角度，我们对于确认大量无形资产以及开发支出的企业应当保持一定的谨慎态度，因为这可能会使得企业未来出现超预期的亏损。

⑨ 商誉

一般情况下，商誉更多的是在合并报表层面中体现，而母公司财务报表中要么不存在商誉，要么仅存在较少的商誉。

对于商誉的理解，这里可千万不能顾名思义，从而将其理解为商业信誉等类似无形资产的范畴。商誉是企业合并行为在会计处理上的一种体现，即非同一控制下企业合并中，合并成本大于被合并方可辨认净资产的公允价值的份额的部分。简而言之，商誉就是企业外部并购过程中多花的钱。

这一点类似长期股权投资项目中，我们所讲的溢价收购的问题，但区别在于长期股权投资考虑的是非子公司收购的问题，而商誉则涉及子公司收购，二者在合并报表层面通常是没有交集的。另外一个区别在于，长期股权投资的收购溢价作为该项目的一部分确认在资产负债表中，而商誉则是100%由溢价的部分构成。相比之下，商誉的减值风险就要大很多了，即假设收购溢价在未来若干年全额计提减值的情况下，长期股权投资的减值比率为溢价率，商誉的减值比率为100%。

一般而言，我们认为商誉占公司净资产的比例不高于20%的情况下，商誉减值风险相对可控，超过20%，就意味着我们需要关注商誉减值对未来公司利润的消极影响了。

示例36：2018年A股商誉减值潮

2015年，我国出现了一次比较明显的并购潮，而2018年是并购潮下业绩承诺的最后一年，如果业绩不达标，那么就会直接导致商誉减值的后果。据统计，2018年计提的商誉减值占2017年商誉比例为9.84%，较2017年提升了4.81个百分点，集中计提商誉减值的步伐显著加快。同时，这也造成了很多个股，尤其是创业板板块的标的出现了暴雷的走势。根据2022年年度报告的统计，5336家上市公司中，有2482家的资产负债表中存在商誉，其中267家公司商誉占净资产的比例超过20%。可以看出，虽然商誉风险已经经历过集中的释放，但目前来看，仍旧是我们需要关注的重点。

⑩ **合同负债**

合同负债同合同资产一样，也是新收入准则中新设立的科目，主要用来核算企业已收或应收客户对价而应向客户转让商品的义务。合同负债配合着项目交付期，主要用来预测企业未来的业绩水平。基于此，合同负债水平出现一定的下降，或许会被市场解读为项目储备不足的利空，从而影响股价的表现。特别地，合同负债水平占比比较高的行业主要和房地产业相关，如房地产开发、建筑、装饰行业；而对于其他行业来讲，关注度并没有那么大。

⑪ **其他应付款**

其他应付款和其他应收款类似，都属于兜底性质的报表项目，所以，其他应付款项目中也存在财务粉饰的空间。和其他应收款不同的是，其他应付款涉及的财务造假主要是隐藏收入或者虚增资产等方面。但无论如何，兜底类的项目大都属于黑箱的性质，所以对于财务报表附注中披露的信息存在模棱两可的情况，或者其他应付款占比过高，我们都要给予一定的重视。

（4）利润表

利润表和资产负债表的分析思路是不太一样的。如果说资产负债表的分析是一个抓大放小的过程，那么利润表的分析就是一个面面俱到的工作。

为什么资产负债表要抓大放小，而利润表就要面面俱到呢？主要原因在于资产负债表是一个时间点数据集合，是静态的报表，而利润表上的数据是期间数据，是动态的报表。静态的报表反映的是一个状态，资产负债表的各个项目组合一起为报表使用者展示了这个状态，我们对这个状态进行解读的时候，自然要以点带面，抓住重点。这就像我们看一个人的长相，更多的还是从具有突出性的特征去看，如眼睛、鼻子、嘴，而不会细致到观察其面部的每一条皮肤纹路一样。而动态的报表展示的是一个过程，即使这个过程中存在某个环节所引起的金额占比并不是太高，但如果将这个环节忽略掉，那么整个动态的链条也就会中断。所以，资产负债表我们可以仅关注重点项目，但利润表我们需要关注每一个常规意义上都会涉及的项目。

如果您是逻辑感很强的读者朋友，那么读到这里可能会觉得笔者在偷换概念，因为以年度利润表为例，其展示的的确是全年的损益情况，但细分项目之间并不是动态的关系。例如，销售费用和管理费用就是并列的两个期间费用项目，彼此不存在先后的关系，自然也就不是动态环节的构成，只是最终年度的汇总结果而已。所以，如果某一项目的占比很低，那么我们就可以不用给予过多关注，本质上和资产负债表的分析是一样的。

的确，上述说法是有道理的，如果单就某一期利润表来看，那么我们的确可以抓大放小，但也正因为利润表是动态的报表，为了保证动态链条不中断，我们在分析利润表的过程中要进行拓展。比如，在分析某一家公司2022年年度报告的时候，对于资产负债表而言，我们只需要分析2022年的报表即可，但对于利润表，我们需要在分析2022年报表的同时，还要联系至少前两年的利润表进行分析，如果有必要，我们还需要将2022年的报表按照每个季度顺序排列并以此分析各个报表项目的动态变化过程。而之所以我们要对利润表的每一个项目都要给予一定的关注，就是因为某一期的某一个项目可能金额占比较低，但并不代表往期的该项目金额同样占比较低，且利润表自上而下的披露逻辑是基于严格的计算公式链[18]的，每一个项目的变动都会引起净利润的变动，因此，资产负债表项目出现不可忽视的幅度、变化、难度要大于利润表。

所以，利润表的分析其实就是一个基于动态视角统筹把握公司盈利能力的过程。这里的关键词有两个，第一就是动态，这一点上文已经给予了充分的说明，这里就不再赘述了。第二就是盈利能力，我们对于利润表的分析，主要的关注点就是公司的盈利能力，尤其是对未来盈利能力方面是否存在较大的不确定性要给予严密的关注。下面，我们就有关的重点进行说明。

① 营业收入增速

营业收入增速对于公司盈利能力的影响其实不能一概而论，我们需要结合公司产品的生命周期情况进行具体分析（图5-74）。

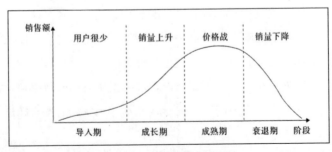

图 5-74 产品生命周期模型

　　研究产品生命周期的模型是由波特提出的，模型将产品的生命周期分为四个阶段，导入期、成长期、成熟期和衰退期。这里，我们并不是要从学术上探讨产品生命周期模型，而是要充分认识到不同生命周期的产品具有哪些特征，从而能够在进行上市公司的分析的时候锁定公司产品所属的周期，并最终了解其面临的风险。为了能够清楚地列示上述内容，我们将重要内容总结如下，见表5-28。

表5-28　产品生命周期分析框架

项目	导入期	成长期	成熟期	衰退期
产品特点	应用新技术，或者拥有新颖的设计，不存在明确的产品标准，产品质量有待进一步提高，迭代较为迅速	同类产品中，出现了一些功能不同的并且属于不同厂商生产的产品	产品逐步走向标准化，不同厂商的产品之间几乎不存在实质性差异，技术和质量的改进比较缓慢，产品迭代过程缺乏创新	产品之间几乎不存在差异，且在追求极致低成本的过程中，产品质量可能会出现一定的问题
营业收入	营业收入绝对数较低，且由于营业收入基数较低，所以营业收入增长率可以非常高，并且表现不甚稳定	营业收入绝对数已经具有一定的规模，并且营业收入增长率维持较高的水平，但增长的加速度有逐步降低的趋势	营业收入绝对数处于较高的水平，但营业收入增长率处于较低的状态，并保持相对稳定	营业收入绝对数开始出现明显下降，营业收入增长率步入负值区间
成本、产能	营销成本比较高，且由于产品生产学习曲线的作用，导致初期生产成本同样较高，由于初期只是小批量生产，一般而言会出现产能过剩的情况，但对于生产线建造成本较高的情况下，导入期后期也可能会出现产能不足的情况	营销成本比较高，且由于产品生产学习曲线的作用，伴随着产量的提升，产品生产成本有所下降，且产品需求旺盛，产能一般会出现不足的情况	营销成本有所降低，产品生产成本同样降到较低的水平，由于产品需求相对稳定，所以产能利用率一般也能够维持平稳，但可能会面临局部产能过剩的情况	总体成本维持较低的水平，但由于需求的萎靡，产能出现较为严重的过剩
毛利率	由于导入期产品的客群需求价格弹性较低，所以为了能够获得较高的利润，企业一般会设定较高的价格，从而使得产品毛利率维持较高的状态	由于产品被市场的接纳度在快速提高，客群的需求价格弹性仍旧处于较低的水平，企业一般会设定较高的价格，从而使得产品毛利率虽然低于导入期，但仍旧处于比较理想的状态	产品客群开始对价格变得敏感，产品毛利率水平开始下滑，甚至在局部或阶段性价格战的影响下，毛利率水平会出现超预期的下降	产品的价格比较低，甚至在成本具备领先优势企业的竞争压力下，企业的毛利率可能维持接近于0的状态
竞争格局	生产同类产品的企业非常少，因此不存在显著的竞争	出现了一些相互竞争的企业，但不同企业之间产品具有一定差异化特征	竞争者众多，价格战会出现	竞争仍旧激烈，且部分竞争者退出市场，但这在新的周期来临之前，并不能显著改变市场的状态，空余的市场份额会迅速被过剩的产能填充
风险	产品接受度较低，不能成功跨越到成长期的风险	不能有效占据竞争优势地位，从而过早进入成熟期的风险	非系统性风险水平较低，主要面临系统性风险	向新的产品或领域转型的风险
未来战略	改进产品功能和质量，进一步扩大市场份额，成为同类产品的"领头羊"	通过市场营销以及产品差异化设计，争取最大的市场份额	通过继续降低成本，从而维持自身的市场份额	控制风险，维持正的现金流，同时做好战略防御，择机进行转型或退出市场
举例	L4无人驾驶汽车；AIPC；全息通信；人形机器人	新能源汽车；MR设备；卫星通信终端；AIGC	燃油乘用车；白色家电；纺织服饰；食品饮料	房地产；高能耗冶炼；纸媒；传统制造业

由表5-28可以看出，营业收入及营业收入增速是判断企业产品所处生命周期最核心的指标。其他因素，如产品特点、成本和产能、毛利率、竞争格局以及未来战略等都是辅助判断的指标。由于营业收入及营业收入增长率并没有一个明确的判断标准，所以我们在实际操作的过程中，可以使用定性的方式去进行决策，也可以通过公司所属行业或产品的历史数据去进行曲线图的绘制，并在公司所属的曲线图位置进行判断具体的生命周期。

特别地，在产品生命周期的研究框架下，我们也涉及了毛利率以及营销成本，也就是利润表当中销售费用的内容，只不过这里我们将这些指标结合在产品生命周期模型当中进行分析，之后我们会单独进行详细的介绍，以覆盖一些这里没有覆盖到的点。

对于风险的问题，表5-28只是从基本面的角度阐明了不同生命周期的公司所面临的风险类型。这里，我们还可以从股价波动的风险角度，对不同生命周期的公司进行一定的阐述。

对于处于导入期的产品公司来说，公司股价的波动会比较大，并且当市场的关注点或炒作方向迎合到了公司所处的一些概念，那么相关板块会在短期出现暴涨，并且这种上涨以游资驱动为主，且盘子越小越容易出现超预期走强的表现。但是，这种波动一般来得快去得也快，之后股价回落的幅度也会比较大，同时资金炒作的公司一般都没有明确的基本面支撑，所以这些公司一般不适合进行中长期配置，除非对公司的基本面情况非常了解，从而以股权投资的逻辑去进行投资。

对于成长期的上市公司而言，其股价的风险是最低的，并且股价向上的弹性也比较理想，只不过在持有的过程中，可能会出现中期级别的调整，而这种调整在成长属性比较强，并且相对确定的板块可能并不会出现永久性的亏损，所以投资者可以选择长期持有，也可以进行波段操作，但是追涨杀跌的方式就并不可取，因为这样会使投资者的持仓成本越来越高，从而错失较大的投资机会。

当公司处于成熟期的过程当中，其主要影响的风险是系统性风险，所以这时我们要根据大盘的走势从而对该股票进行判断：当市场走强的时候，我们可以进行更多的配置，但市场整体走弱的时候，这些标的即使基本面业绩存在较强的支撑，市场估值也回落到一个非常低的位置，但仍不可小觑由此带来的系统性风险。

处于衰退期的公司，整体而言并没有较大的机会，可能在下跌趋势演绎极致的情况之下，会出现短期的反弹，但整体而言，向下的风险仍旧比较大。这时候，我们可以根据困境反转的逻辑去进行短期的博弈，但切忌抄底或长期持有。

② 毛利率

毛利率衡量的是营业收入和营业成本的差额占营业收入的比例，是产品竞争力强弱甚至是公司护城河高低的直接体现。其中，营业成本指的是可归属于产品的直接成本，包括原材料、直接人工以及分配到各个产品的制造费用。而对于期间费用，如销售费用、管理费用以及财务费用等，并不在营业成本的计算口径之内。毛利率的高低一方面由成本决定，另一方面由定价决定。毛利率水平越高，意味着产品的边际贡献越大，竞争力也就越强，所以，毛利率一般被投资者看成企业竞争优势强弱的指标。

当我们发现一家公司的毛利率水平不仅很低，且低于行业平均值，这时，就要进一步分析一下造成这种现象的原因是什么。如果是一家实力相对雄厚的企业毛利率远低于行业均值，不排除其是在进行价格战，以侵蚀行业内其他公司的生存空间，这虽然看上去是件好事，但对于进入壁垒不高的行业来说，这种做法是杀敌一千、自损八百，同时还可能会让公司面临一定的法律风险。但对于进入壁垒较高的行业来说，则价格战对于头部公司的好处可能会相对多一些。当然，毛利率低于行业均值更多的情况是因为自身产品竞争力不足导致的，价格战的情况还是相对罕见一些。

当我们发现一家公司的毛利率水平很高，例如能够达到80%甚至90%以上的时候，也不能高兴太早，这可能并不是公司具备较强竞争力的证据。因为对于一些医药制造企业、软件服务业的公司而言，可归属于产品的直接成本是很低的，而产品研发或营销所需的费用才是占大头的。这就使得客观上公司的毛利率水平很高，但这并不是代表其竞争力强，而是特定产品和业务的客观特点而已。

③ 研发费用

在介绍资产负债表开发支出和无形资产的时候，我们已经把研发费用的确认逻辑讲得比较清楚了，这里就不再赘述了。而我们需要提示投资者的是，研发费用的高低目前已经成为具有科技属性的企业未来成长性的风向标。对于研发投入较低的企业来说，当市场对成长股的偏好较为旺盛的时候，那么它们的估值可能会受到一定的压制。

同时，我们需要警惕企业虚增研发费用的操作，因为研发费用的确认同样具有很强的灵活性，这使得企业为了满足资本对于研发费用的偏好而产生虚增研发费用的动机。考察一家企业研发质量的高低，主要有以下三种方式：

其一，查阅定期报告中有关公司拥有的知识产权信息，重点查看发明专利、实用新型专利以及软件著作权等数量是否和研发费用的大体变动趋势一致。如果具备相关专业领域的知识背景或研究资源，可以进一步查询专利等信息，从而了解该项技术的壁垒以及应用前景等。

其二，统计覆盖研发主要方向的产品毛利率的变动情况。如果毛利率维持行业均值以上，或小幅上升，那么企业研发质量较高，如果毛利率水平没有特别出彩的地方，那么高增的研发费用可能就会具有很大的水分。

其三，对于研发费用中以人员开支为主的企业，我们需要查看定期报告中披露的有关研发人员的相关信息，如学历分布、年龄分布、研发人员数量占比等。需要明确的是，较为理想的学历分布和年龄分布对于不同的行业甚至公司可能都是不一样的，如以Know-How为主的偏传统制造业的研发可能不需要较高的学历，本科甚至专科都可以胜任，但对于半导体、人工智能、医药等行业的公司的研发人员，可能就需要硕士和博士来胜任，这里需要具体问题具体分析。

④ 不具备持续性的收益项目

这里，在利润表中列示的不具备持续性的收益项目包括投资收益、公允价值变动收益、资产处置收益和营业外收入。

对于投资收益，由于在会计核算的过程中，此项目核算的范围是比较广的，例如权益法核算的长期股权投资收益、处置长期股权投资产生的投资收益、交易性金融资产在持有期间的投资收益、其他权益工具投资在持有期间取得的股利收入、债权投资在持有期间取得的利息收入、其他债权投资在持有期间取得的利息收入、债务重组收益、取得控制权时原股权按公允价值重新计量产生的利得等，均在投资收益中核算。所以，我们要查阅此项目对应的财务报表附注，查看组成投资收益的主要部分是什么。一般来讲，和长期股权投资的持有和处置有关的投资收益可能是大头，这时，我们需要进一步配合着资产负债表分析中长期股权投资项目的附注进行分析，从而确定公司投资资产的质地。如果公司整体体量较大，存在大量的且质量尚可的长投项目，那么在理想的状态下，长期股权投资所带来的投资收益可能并不是绝对意义上的不具备持续性的项目。

但对于公允价值变动损益、资产处置收益和营业外收入而言，基本上就可以确定三者均具有明显的非持续性特征。其中，公允价值表动损益多与交易性金融资产相关，即股票、基金、债券等，这些资产的公允价值波动较大，极不稳定，

价值嬗变的玫瑰
——具有创新意义的动态投资决策框架

所以无论是涨是跌，可能都不具备持续性；资产处置收益涉及固定资产、无形资产的处置，如果这些处置行为涉及处置资产以维持一定的现金流水平，那么这就属于一个较大的风险点，因为其表明公司偿债能力可能存在问题；营业外收入涉及的业务范围同样比较广，但其一般不具有持续性，所以在分析的过程中，简单了解即可。

⑤ 减值损失

减值损失的部分包括信用减值损失和资产减值损失。

信用减值损失衡量的是企业持有的债权类资产的减值，这类资产的减值在会计上的处理同其他资产是不太一样的，主要区别在于债权类资产减值是按照预期信用损失计提减值，按照金融工具有关准则进行处理，但其他类资产仍然按照资产减值准则下的实际发生损失计提减值（账面价值和可收回金额的差）。而预期信用损失一般不为零，所以，对于信用减值损失，我们只需结合资产负债表的应收项目分析未来的增量减值风险即可，并且要认识到伴随着信用水平的变化，债权类资产的减值是可以转回的。

而对于资产减值损失而言，这个项目是衡量实际发生的损失，即使准则对于存货跌价准备等细分项目可以在满足特定条件之后转回，但根据实践经验来看，绝大多数情况下，非债权类资产的减值是类似永久性的。其中，资产减值损失发生的重灾区一般为存货、长期股权投资、无形资产和商誉。一旦发现企业资产负债表中上述项目占比较高，同时资产减值损失项目中已经开始了减值的计提，那么后续继续计提减值的趋势仍旧存在。

⑥ 其他综合收益

其他综合收益属于所有者权益类项目，虽然其出现在利润表中，但却不影响公司的利润水平，这一点我们要务必清楚。

其他综合收益这个项目主要是为了避免企业管理层通过人为的财务调节大幅影响企业利润水平，从而给财务报表使用者带来误导。例如，固定资产转换为公允价值模式下计量的投资性房地产业务，由于我国房价的历史走势，使得建筑物的公允价值不出意外都会远大于账面价值，为了防止资产转换过程中带来巨大的利润从而影响利润表可比性和有用性，转换过程中如果出现贷方差额，则不能计入损益类科目，需要计入其他综合收益。

除此之外，其他综合收益又可以分为两种：一种为可重分类进损益，另一种为不可重分类进损益。相比之下，可重分类进损益的其他综合收益更为常见，我们在分析的过程中，如果发现这类其他综合收益数额较大，则需要进一步研究未来重分类进损益的路径和预期时间，从而推测可能对利润水平产生怎样的影响。

⑦ 稀释每股收益

稀释每股收益是相对于基本每股收益而言的，是考虑了企业已发行的一些具有潜在股权稀释性的金融工具对股权的稀释作用之后计算出的每股收益。每股收益（EPS）广泛应用于估值模型之中，而如果利润表中基本每股收益和稀释每股收益差别较大，那么需要考虑是否实用稀释每股收益替代基本每股收益进行研究。具有潜在稀释性的金融工具包括可转换债券、认股权证、员工股票期权以及限制性股票等，其中可转换债券是目前市场中最重要的具有潜在股权稀释性的金融工具，伴随着股权激励在上市公司更加广泛地实施，以及个股期权的持续推广，后续稀释每股收益对投研的重要性可能还会持续提升。

（5）现金流量表

对于现金流量表的分析，我们的主要目的在于了解上市公司经营业绩的质量究竟如何。由于利润表是按照权责发生制编制，而现金流量表是按照收付实现制编制，二者的差异水平也就是盈利质量是好是坏的评判标准之一。鉴于我们在财务分析的主要目的仍然是发掘公司的风险，所以，我们对于现金流量表的分析也是通过研究利润当中未能转换为实际现金流的部分未来的变现风险。

比较特殊的是，我们对于现金流量表的分析并不是使用现金流量表本身，而是使用披露在定期报告中的现金流量表的补充资料，即将净利润调节为经营活动现金流量的表格。说得直白一些，现金流量表利润调节补充资料，其实就是通过一些加加减减，使得净利润的数据转换成了经营活动现金流量净额的过程。这个过程看上去并不复杂，但想要真正理解的确需要下一番功夫，并且需要一定的财务基础。不过，鉴于我们只是为了挖掘业绩质量较低所带来的风险，因此，我们不需要对表格中全部项目进行研究，只需要重点关注金额为负数，并且绝对值较大的项目，对于其他项目，按需处理即可。

下面我们通过两个示例进行分析过程的展示。

示例37：中科曙光[603019.SH] 2022年现金流量表分析

如表5-29所示，中科曙光2021年的经营活动产生的现金流量净额为负，而净利润为正，这说明有大量的资金沉淀在了资产负债表中，未能顺利进入利润表。其中，存货的增加和经营性应收项目的增加是主要原因。而2022年公司经营活动现金流净额为正，2021年积压的存货已经释放了出来，并且应收项目的回款也为公司贡献了正向的现金流。而2022年经营活动现金流净额仍旧小于净利润的原因在于应付项目的减少，这也是在2021年通过占款平滑经营现金流净额之后的一种自然结果。如果结合资产负债表和利润表的情况综合分析，那么就可以得出公司的现金流状况不存在明显的风险点的结论。

表5-29　中科曙光[603019.SH] 净利润调节为经营现金流量补充资料
（数据来源：上市公司公告）

项目及计算方式	本期金额（元）	上期金额（元）
净利润	1,617,192,553.00	1,256,763,176.76
+ 资产减值准备	128,244,972.90	165,637,513.42
信用减值损失	72,530,331.49	28,811,557.13
折旧	324,194,043.13	240,656,933.15
使用权资产摊销	27,281,233.71	21,871,726.07
无形资产摊销	188,005,919.49	145,235,311.71
长期待摊费用摊销	15,344,072.28	17,861,388.14
处置资产损失	−3,531,564.13	−88,536.95
固定资产报废损失	754,279.70	962,477.31
公允价值变动损失	0.00	−49,716.67
财务费用	28,883,940.98	31,982,232.08
投资损失	−248,053,634.14	−198,755,533.63
递延所得税资产减少	−17,790,670.91	−35,131,650.42
递延所得税负债增加	4,875,249.41	−1,100,748.11
存货的减少	976,508,300.48	−3,149,275,787.59
经营性应收项目的减少	665,403,201.39	−2,118,017,770.62
经营性应付项目的增加	−2,774,508,531.21	3,017,233,123.72
其他	119,544,085.79	52,521,307.12
经营活动产生的现金流量净额	1,124,877,783.58	−522,882,997.36

示例38：东方雨虹[002271.SZ] 2022年现金流量表分析

如果研究东方雨虹2022年的现金流量表补充资料，我们的研究过程可能就没有中科曙光那样令人愉悦。可以看到，公司2022年的经营活动现金流量净额与净利润存在较大差异，其中，递延所得税资产[19]的减少、存货的增加、经营性应收项目的增加以及应付项目的减少为主要原因。

由于公司是防水领域的产品供应商，所以其行业景气度同房地产周期存在较为密切的关联，在地产大环境整体走弱的背景下，存货水平的提高在一定程度上意味着产品存在一定的积压，未来去库存的压力会稍微大一些。不过好在存货的占款并不是很多，所以这个问题也不用过度解读。真正应该重视的是应收项目的增加，因为公司的客户有相当一部分是房地产开发商，而地产大周期下且风险集中出清的时间窗口，房地产开发商资金链相对偏紧，且容易出现债务违约的风险，所以，应收项目占款增加同时违约风险不低的情况下，后续回款的情况同样不容乐观。同时，根据可比期间的数据，公司在2021年应收项目同样出现大幅增加，连续两期增加的情况下，或许进一步证实了后续这部分资金占用可能会给公司现金流状况带来长期的消极影响。与此同时，2022年应付项目的减少使得公司现金流流出，单独看这个数据虽然不能说明什么问题，但如果结合2021年该项目的大幅增加的情况来看，我们可以认为，公司通过大量占用供应商款项以改进现金流状况可能会增加公司短期的偿债压力。

表 5-30　东方雨虹[002271.SZ] 净利润调节为经营现金流量补充资料

（数据来源：上市公司公告）

项目及计算方式	本期金额（元）	上期金额（元）
净利润	2,117,843,197.99	4,213,312,411.94
+ 资产减值准备	392,662,207.40	264,981,956.38
折旧	710,216,388.08	500,449,383.45
使用权资产摊销	38,635,850.64	40,561,430.53
无形资产摊销	47,261,324.24	40,160,586.56
长期待摊费用摊销	17,526,550.71	18,190,159.82
处置资产损失	−390,865.78	28,055.70
固定资产报废损失	15,871,989.64	8,652,426.16
公允价值变动损失	4,868,566.98	49,581,528.76
财务费用	190,148,173.14	56,611,055.22
投资损失	11,961,014.23	−21,318,969.06
递延所得税资产减少	−274,679,332.19	−202,525,974.78
递延所得税负债增加	−6,511,667.14	−272,224.26
存货的减少	−144,849,531.36	−217,870,045.47
经营性应收项目的减少	−2,370,007,987.26	−5,731,213,925.37
经营性应付项目的增加	−413,404,894.05	4,826,811,571.49
其他	316,861,778.69	268,592,009.50
经营活动产生的现金流量净额	654,012,763.96	4,114,675,325.17

为了求证上述猜想，我们计算了一下公司2021年和2022年的偿债能力指标，发现公司流动比率、速动比率和现金比率均出现了明显的下降，其中，流动比率由2021年的1.69下降到了2022年的1.47，速动比率由1.62下降到1.40，而现金比率则由0.86下降到0.53。

所以，通过对东方雨虹现金流量表补充资料的研究，我们认为，东方雨虹在应收项目的回款以及短期偿债能力上存在一定的风险。

（6）财务综合分析

接下来，我们介绍一下对一家上市公司的财务状况进行综合分析的方法。

我们这里进行财务综合分析的目的并不是要全面的了解这家公司，因为我们在定期报告的非财务报表部分其实就已经达到了解这家公司基本情况的目的了，而对于资产负债表、利润表和现金流量表的分析，也从相应的风险角度，尽可能的挖掘到了这家公司可能存在的风险点，因此财务综合分析放在三大财务报表分析之后，主要的目的在于查漏补缺。

因为我们对于一家公司的财报研究，并不是要进行估值，所以财务分析的步骤就会有所取舍，并不会完全覆盖到，这也就使得我们在进行财务分析的过程中，有可能会出现忽略的点，而这些忽略的点就有可能使我们未来的投资受到较大的影响，所以在通过三大表进行财务分析之后，我们再通过一些综合分析的方法去核实一下之前的研究结论是否存在矛盾，如果没有发现矛盾，那么皆大欢喜，如果发现了矛盾，我们需要再回过头去重新研究一下，看看问题到底出在哪里。

这里需要明确的，是财务综合分析并不一定要放在三大财务报表分析之后，这主要是出于笔者个人的习惯进行的安排，因为我习惯于通过对重点财务报表项目入手去抓住影响该公司的主要矛盾，然后通过比较全面的，但深度可能并不够的这种分析方式去进行查询补漏。如果你习惯先对公司的财务状况进行一个大概的了解，然后从所了解的框架范围之内去进行重点领域的突击，那么你完全可以将财务综合分析放在三大财务报表分析之前。

①杜邦分析法

杜邦分析法是一种用来评价公司盈利能力和股东权益回报水平的经典方法，从财务角度评价企业绩效。其基本思想是将企业净资产收益率逐级分解为多项财务比率乘积，有助于深入分析比较企业经营业绩。由于这种分析方法最早由美国杜邦公司使用，故名杜邦分析法。

杜邦分析法的核心是净资产收益率（ROE），也称权益报酬率，它是一个综合性最强的财务分析指标。

杜邦分析法框架的基本公式为：

$$净资产收益率 = 总资产收益率 \times 权益乘数$$

$$= 营业净利润率 \times 总资产周转率 \times 权益乘数$$

总资产收益率是影响权益净利率的最重要的指标，具有很强的综合性，而总资产收益率又取决于营业净利润率和总资产周转率的高低。营业净利润率反映销售收入的收益水平，扩大销售收入、降低成本费用是提高企业销售利润率的根本途径，而扩大销售同时也是提高资产周转率的必要条件和途径。

此外，杜邦分析法中的权益乘数表示企业的负债程度，反映了公司利用财务杠杆进行经营活动的程度。资产负债率高，权益乘数就大，这说明公司负债程度高，公司会有较多的杠杆利益，但风险也高；反之，资产负债率低，权益乘数就小，这说明公司负债程度低，公司会有较少的杠杆利益，但相应所承担的风险也低。

采用杜邦分析法，可使财务比率分析的层次和条理更清晰，为报表分析者全面仔细地了解企业的经营和盈利状况提供方便。杜邦分析法有助于企业管理层更加清晰地看到权益基本收益率的决定因素，以及销售净利润与总资产周转率、债务比率之间的相互关联关系，给管理层提供了一张明晰的考察公司资产管理效率和是否最大化股东投资回报的路线图。

示例39：基于杜邦框架重庆啤酒[600132.SH]和青岛啤酒[600600.SH]的对比研究

下面，我们将重庆啤酒和青岛啤酒两家同行业的公司放在一起进行杜邦分析，以展示杜邦分析如何能够帮助我们快速地了解上市公司（图5-75和图5-76）。

我们之所以把这两家被投资者耳熟能详的上市公司放在一起进行分析，主要是为了展示杜邦分析的作用，并且能够快速地与我们之前对这两家公司的了解内容进行验证。当然，我们在分析的时候要先暂且忘记之前对这两家公司的了解，这样才能从真正意义上了解杜邦分析的方法和价值。

图5-75和图5-76的内容，其实在我们通常所使用的交易软件当中都可以找到。如果读者进行指标的计算，那么应该会发现图中的数据好像存在一定的错误，如收入总额减成本总额并不等于净利润，而且总资产净利率和权益乘数的计

图 5-75　重庆啤酒[600132.SH] 2022年年报杜邦分析（数据来源：Choice）

图 5-76　青岛啤酒[600600.SH] 2022年年报杜邦分析（数据来源：Choice）

算结果和展示的数据也不太一样。造成这种现象的原因在于，收入总额、成本总额、流动资产和非流动资产细分科目中，我们仅展示了重点科目，部分科目没有展示，而且对收入总额和成本总额的划分口径上，在财务专业领域也还存在一定的争议，并且如果上市公司年度报告当中披露了有关指标，我们就以披露的数据为准，而不以计算的结果为准，所以，上述图表当中的数据可能会存在一定的钩稽关系错误，但总体上对我们的分析结论并不会产生较大的影响。

可以看到，虽然两家公司是同属于啤酒行业的两家上市公司，按照常识来讲，二者的经营绩效应该是类似的，但是有的时候，常识并不一定是正确的。从净资产收益率的表现来看，重庆啤酒和青岛啤酒之间的差异可以用天壤之别来形容：前者的净资产收益率水平是后者的4倍有余。

为什么会出现这么大的差异呢？我们继续向下看。

不难发现，重庆啤酒的总资产净利率水平和权益乘数都要大于青岛啤酒。而对于权益乘数这个指标，其实是对于上市公司财务杠杆水平的衡量，且权益乘数越大上市公司债务的占比越高。所以，在财务杠杆较高的作用下，重庆啤酒的净资产收益率（盈利能力）水平自然就会高一些。而总资产净利率（运营能力）又是由营业净利润率乘总资产周转率得出的，通过这两项指标的对比来看，重庆啤酒依旧保持领先。所以，我们暂时可以得出一个初步的结论，重庆啤酒在盈利能力、运营能力以及财务杠杆的使用能力资产都要高于青岛啤酒。

这时我们其实就可以理解，为什么重庆啤酒可以用较高的权益乘数进行日常的运营，主要在于其盈利能力和运营能力都比较高，这样其经营风险就会相对低一些，从而也就能够承受更高的财务杠杆以及更高的财务风险。换言之，即使重庆啤酒的财务风险要高于青岛啤酒，但是从公司整体经营的角度来看，重庆啤酒的风险度并不显著高于青岛啤酒。

接下来，我们对两家公司的盈利能力和运营能力进行进一步的拆解。

首先，我们来看盈利能力。重庆啤酒的营业净利润率要比青岛啤酒高出近7个百分点。从两家公司成本和费用的结构来看，二者营业净利润率的差异主要来源于产品毛利率水平的差异。也就是说，青岛啤酒的毛利率要低于重庆啤酒。熟悉两家公司的朋友们，应该能够知道，重庆啤酒的大股东为嘉士伯集团，而嘉士伯旗下的一些高端产品，为重庆啤酒所贡献的营收占比还是比较可观的，这也就使得从整体毛利率水平来看，重庆啤酒相对于青岛啤酒要具有更大的优势。

从费用管控的角度来看，青岛啤酒的费用管控能力比重庆啤酒要更强一些，这是站在期间费用与营业收入的比例的角度来讲。但是，从期间费用的细分结构来看，重庆啤酒的营收虽然要低于青岛啤酒，但其研发费用要更高，高研发投入可能也是提振重庆啤酒毛利率水平的重要因素之一。同时，青岛啤酒的管理费用要比重庆啤酒高一些，财务利息收入也要比重庆啤酒高，这主要是由于青岛啤酒账上有大量的闲置资金，而重庆啤酒的闲置资金水平要更加低一些。

接下来，我们看一下两家公司的运营能力的差异，也就是总资产周转率的差异是因何引起的。不难发现，总资产周转率的差异主要是由于两家公司的流动资产管理策略的不同引起。可以非常直观地感受到，青岛啤酒账上有大量的闲置资金，我们可以在不看财务报表附注的情况下，大致按照货币资金与交易性金融资产二者之和，作为闲置资金体量的近似代表。具体地，青岛啤酒的闲置资金水平大概在200亿元的水平，而重庆啤酒的闲置资金仅有34亿元，这种差异无疑是巨大的。值得一提的是，以截至2023年8月31日的数据为例，重庆啤酒的近一年股利支付率在99.58%，几乎等于赚多少钱分多少钱，但青岛啤酒的股利支付率仅有47.8%，也就是将赚的钱分一半、留一半。就目前啤酒行业的表现来看，啤酒企业进一步扩充产能的动力可能是不足的，因为市场需求处于相对停滞的状态，那么这个时候账上留存大量的闲置资金就会拖累总资产周转率，从而降低ROE的水平。

两家公司经营理念和绩效水平不同，可能和股东背景有关。青岛啤酒的实际控制人为青岛市国资委，而重庆啤酒的实际控制人为嘉士伯集团，一个是国资背景，另一个是外资背景。虽然我们并不崇洋媚外，但是从公司运营的整体业绩来看，重庆啤酒的状况要好于青岛啤酒。

通过上面进行的简单的杜邦分析，我们大致可以对两家公司的状态有一个比较全面的认识。虽然上述分析过程中夹杂了一些我们对于这两家公司所了解的一些额外的信息，但是即使这些信息不包括在内，杜邦分析也可以为我们提供相当多的有效信息。

②财务比率分析

财务比率分析其实是传统财务报表分析的核心步骤，但对于价值嬗变决策框架下的财务分析，却是在杜邦分析之后额外提供补充信息的最后的步骤。这就类似上文我们对于东方雨虹现金流量表分析的过程中，需要使用偿债能力指标进行辅助研究一样，整体还是基于一个查漏补缺的目的去操作的。

所以，我们在这个部分仅列示一下比较重要且常用的财务比率指标，并进行简要的说明，读者在日后的投研中按需使用即可（表5-31）。

表 5-31 常见的财务比率汇总

比率类型	比率名称	计算公式	说明
盈利能力	净资产收益率	净利润÷净资产	反映公司所有者权益的投资报酬率,具有很强的综合性,是总体衡量公司提供股东回报能力的最佳指标
	毛利率	(营业收入-营业成本)÷营业收入	衡量公司产品盈利能力的指标,其代表着公司竞争壁垒的高低以及所处的行业地位
	息税折旧摊销前利润率	EBITDA÷营业收入	衡量公司基于客观财务数据的盈利能力,排除了折旧、摊销、计提财务费用等容易受到人为调控的项目的影响
偿债能力	资产负债率	总负债÷总资产	整体上衡量公司的财务杠杆水平,并且可以使用资产负债率推导出权益乘数和产权比率等指标
	速动比率	速动资产÷流动负债	衡量公司短期偿债能力的指标,并且扣除了存货等变现难度较大的流动资产项目,指标维持在1.5—2的时候比较理想
	现金比率	(货币资金+交易性金融资产)÷流动负债	衡量公司短期偿债能力的指标,并且仅考虑流动性最强的现金作为偿债资产,指标维持在20%—30%是比较理想的
	利息保障倍数	EBIT÷财务费用	基于债务水平长期保持稳定的假设下,企业的短期偿债能力就体现在对于利息费用的支付能力上,但由于外部财务报表使用者很难获得实际需支付的利息金额,所以使用财务费用进行近似替代。一般认为,利息保障倍数维持在3左右是比较理想的水平
成长能力	营业收入增长率	(营业收入1-营业收入0)÷营业收入0	衡量公司成长能力的核心指标,同时应注意在有需要的情况下,将公司营收增长率同行业均值进行对比,以确定公司目前的成长水平相对于行业来讲是领先还是落后
	研发投入比	研发费用÷营业收入	衡量具有科技属性的企业未来的成长能力,研发费用可直接取利润表的数据,如果研发投入资本化比率较高,那么还需要使用无形资产以及开发支出项目进行调整
运营能力	应收账款周转天数	(期初应收+期末应收)×180÷营业收入	衡量公司应收账款回款能力、整体质量的指标
	存货周转天数	(期初存货+期末存货)×180÷营业成本	衡量公司存货管理水平的指标,如合理库存水平的确定,供应链稳定性等
	总资产周转天数	(期初资产+期末资产)×180÷营业收入	衡量公司总体资产运营效率的指标
收益质量	经营活动现金流占比	经营活动现金流量净额÷现金流量净额	衡量公司现金流净额结构健康程度的指标
	扣非净利润占比	扣非净利润÷净利润	衡量公司利润水平可持续程度的指标

5.5.4 投资标的的确定

最后,我们需要将个股分析和行业分析的结果进行结合性处理,从而最终确定投资标的。具体步骤如下所示。

步骤1:将上市公司的非财务性靶点与行业靶点建立映射关系

所谓映射关系,用通俗的语言讲,就是个股的靶点同行业靶点存在某种比较明确的关联。

步骤2：将成功与行业靶点建立映射关系的公司筛选出来

步骤3：确定公司层面财务风险点同行业靶点的关联度和影响度排名

步骤4：将每家公司对应的关联度、影响度名次相加，选择结果较小的公司进行投资

公司层面财务风险点同行业靶点的关联度，意思是财务的风险如果释放，那么会不会影响行业靶点对于公司股价提振作用，如果答案是肯定的，那么这个财务风险就成为公司真正意义上的负靶点；而影响度的意思是这个风险对股价提振作用的影响程度。这里，我们并不需要将关联度和影响度以量化的方式进行衡量，只需要确定由步骤2筛选出来的这些标的之间，关联度和影响度的大小关系就可以，我们最后需要的结果，只是各自标的的排名情况，即将关联度和影响度分别由小到大进行排名所对应的名次。

示例40：确定投资标的的步骤说明，以中科曙光[603019.SH]为例

步骤1：

东数西算和数据中心建设就是中科曙光的一个靶点，而这个靶点就和计算机行业的财政靶点存在映射关系，因为财政开支的一个方向就是新基建，而东数西算和数据中心又是新基建项目的一个重要的组成部分。例如，生态建设同样属于中科曙光的靶点，而它和计算机行业主要国际关系这个靶点也存在映射关系。

步骤2：

中科曙光可以同计算机行业的主要国际关系和财政靶点建立映射关系，但同汽车智能化靶点就很难建立映射关系。基于此，只有将可以建立映射关系的标的筛选出来，我们的下一个步骤才会是有效的。

步骤3 & 4：

我们在中科曙光、浪潮信息和紫光股份三家公司的关联度和影响度排名分别是1、2、3；2、1、3，那么三家公司名次求和的结果分别为3、3、6，即中科曙光和浪潮信息的结果一样且小于紫光股份，因此，我们最终的选择就应该是中科曙光和浪潮信息。

从逻辑上讲，上述过程其实只有两个目的：其一，确保所选的标的符合行业层面的股价驱动逻辑；其二，使公司财务层面的风险因素对股价的影响降到最低。这样一来，上述框架看上去就没有那么复杂了。

这里需要特别说明一点的是，有些读者可能认为上述步骤不适用于"困境

反转"逻辑的投资，因为这种逻辑其实是选择财务风险较大的标的，而上述过程与投资目标背道而驰。其实，上述说法是错误的。例如，2022年年末房地产行业困境反转的行情，比较理想的标的自然是那些财务状况相对较差的中部和尾部的公司，同时，在进行财务风险点识别的过程中，这些风险的确也会被识别到。但是，识别出这些风险之后，我们需要从相关度和影响程度两个方面去进行排名，正因为我们是基于困境反转的逻辑，因此，这些风险实质上并不是风险，自然相关度和影响程度也都比较低，求和之后的结果也自然会比较小。所以，困境反转逻辑的投资同样适用于上述决策框架。

价值嬗变的玫瑰
——具有创新意义的动态投资决策框架

5.6 价值嬗变投资决策框架的应用

本节中，我们以一个案例的形式展示价值嬗变投资决策框架，以期读者能够进一步理解动态决策框架的应用方法和实战效果。特别需要说明的是，为了简明扼要地展示核心内容，我们仅仅列示投资决策各个步骤中所涉及的重要结论，而得出结论所使用的决策因子，这里就不再细说了。

示例41：价值嬗变投资决策框架的应用

（1）背景介绍

本投资决策案例发生的时间为2023年12月初，旨在研究该月月度投资策略以及重点跟踪标的的选择。

（2）价值嬗变投资研究框架下的决策过程及结论

① 重点行业靶点库

通过对行业的分析，我们确定了2023年12月需要关注的月度重点行业，以及各个行业的靶点，如表5-32所示。

表 5-32 2023年12月重点行业靶点库（数据来源：知高投资）

行业	普通靶点	独占靶点	简单说明
农林牧渔	就业提振 内需	一号文件 猪周期 转基因	就业提振和内需的改善有助于CPI的提升，其中猪肉价格是最为敏感的。同时，每年初，中央一号文件对于农业板块的提振作用明显，而转基因可能是农业政策中超预期的细分概念
钢铁	房地产周期 三大工程	ESG 铁矿石价格	就业提振有助于钢铁下游产业（劳动密集型）景气度的提升，而房地产周期和三大工程分别从市场和政策的层面提振钢铁需求，内需是一个综合性靶点，其对于钢铁行业的影响是更加宏观的。ESG作为独占靶点，有望催生行业内的高阿尔法机会
电子	就业提振 内需 外需	半导体周期 移动换机 AIPC	就业提振和内需整体提升消费端的需求，同时，外需则影响电子元器件的出口情况。存储价格的触底有望开启新一轮半导体周期，叠加移动端换机需求和AIPC概念的横空出世，电子行业景气度有望迅速提升
建筑材料	房地产周期 内需 三大工程 业绩保障	转型	房地产周期是传统意义上影响建材需求的靶点，而三大工程为建材行业带来增量需求。内需的提振有望改善市场信心，从而提振建材这一同房地产链比较紧密的行业估值，同时，业绩保障也能够提供市场下行周期的安全边际。建材行业转型是房地产下行周期中，头部公司进行内卷式超车发展的路径，能够带来一定的阿尔法机会

行业	普通靶点	独占靶点	简单说明
电力设备	业绩保障	超跌赛道 火电转绿电 虚拟电厂 充电桩建设	电力设备作为新能源概念的重要分支,属于前期超跌的赛道,目前正值业绩释放期,估值水平有优势,安全边际较高,具备超跌反弹的契机。火电转绿电、虚拟电厂是市场中关注度较低的潜在概念,充电桩建设则是相对确定的2024年驱动电力设备业绩持续的一个原动力
计算机	工业互联网 新基建	信创	算力基础设施有关的新基建,以及工业互联网的持续推进,均为计算机软硬件带来了增量的需求。同时,政府信创和工业信创也是潜在的一个刺激点,临近年末,明年的预算和预期将会持续释放
传媒	内需	AIGC 模型 游戏版号	传媒作为AI概念的直接受益板块,其同算力的相关度是比较高的,所以,自然也会受到主要国际关系的影响。同时,对于互联网、游戏、广告、电影等同消费密切相关的板块,内需的情况也会对行业景气度产生直接影响。AIGC是赋能传媒行业的重要抓手,伴随着大模型的持续迭代,以及小模型的下方,这一作用还会持续。对于传媒板块活跃度最高的细分方向,游戏行业还会受到游戏版号等监管政策的影响
通信	外需 新基建 工业互联网 国际形势	6G 5G-A	伴随着5G渗透率的提升,外需对于我国通信设备的需求是维持行业增速的重要抓手。同时,新基建以及工业互联网是5G从建设红利转变为应用红利的关键,尤其是5G对于工业的赋能,在未来2—3年都是十分重要的。另由于通信行业部分公司属于军工属性或军民融合属性,国际地缘形势也会影响公司的景气度。概念层面,6G和5G-A是短期的重点,相比之下,5G-A的炒作逻辑更加坚实
汽车	内需 外需	快充 增程式产品迭代 互联网企业赋能 华为	汽车行业同内外需的敏感度都比较高,且伴随着新能源汽车的产品在快充、增程等方面的迭代,业绩增速有望保持。同时,互联网企业赋能传统车企,也有望在智能化技术的加持下,推动智能汽车普及率的提升,其中,华为概念对于部分零部件企业的刺激有望在年底前持续
机械设备	工业互联网 内需 外需	产业升级 产能扩充	新型工业化的背景下,中游行业受益于产能升级所致的设备更新换代的驱动,同时,内外需的改善也会在库存周期末期带来扩产能的需求
煤炭	业绩保障 国际形势	长协价 火电需求 天气	煤炭行业作为红利品种,业绩保障高,且能够对冲国际形势的消极影响。同时,长协价的确定以及火电需求的持续,有望使得煤炭行业具备一定的成长性,而天气因素也可能会带来一定的题材性炒作机会

②宏观周期演绎——月度宏观经济指标分析

主要包括对PMI、工业数据、固定资产投资、消费、对外贸易和通胀数据的分析,具体内容略去。

③ **宏观周期演绎——周期推演及靶点的确定**

· 库存周期

推演：整体上继续维持去库存周期，中上游被动去库占比提升，下游仍旧以主动去库为主。具体地，上游被动去库进程受制于大宗商品的走弱，下游开始出现分化，即服务消费走弱，商品消费保持稳定，中游，尤其是和高新技术产业相关的中游产业确定性增强。

正靶点：产业升级、产能扩充、工业互联网、长协价

负靶点：铁矿石价格

· 设备投资周期

推演：受益于产业升级以及新型工业化的驱动，高新制造业投资保持稳中向好，传统制造业产能需求不高，制造业投资贡献不大；基建投资年末保持稳定，但伴随着政府加杠杆，财政资金压力减小，预计将使用有限的资金提振传统行业，2024年一季度预计贡献较大，由于逻辑确定性大，故12月可能提前做出反应；房地产投资仍旧保持低迷，由于其仍旧处于当前经济走势的核心变量，故政策持续支持的预期较强。

正靶点：内需、就业提振、房地产周期、三大工程

负靶点：新基建、信创

· 农业周期

推演：猪肉价格年底有望获得支撑，预计能够一定程度提振猪周期；粮食安全问题暂时得到解决，转基因概念预期走弱。

正靶点：猪周期

负靶点：转基因

· 房地产周期

推演：房地产投资走弱，拿地意愿保守，这在短期很难扭转。而房地产周期中短期的机会在于竣工端驱动产业链其他行业的需求，同时，房地产去库存持续，年末淡季难以反映在价格上，而潜在政策会进一步加快市场预期的转变，从而促进超额储蓄的释放。

正靶点：内需

负靶点：无

· 金融周期

推演：10年美债收益率下行，美元降息周期提前的预期可能在12月被打开，同时，全球陷入衰退的预期也会有所增强。美联储降息周期下，消费电子作为成长性较好，且同半导体周期存在紧密关联的板块对利率更加敏感，而国际形势方面，可能会趋于稳定。

正靶点：半导体周期、移动换机

负靶点：外需、国际形势

·技术周期

推演：年末市场风险偏好下行，预计对于新技术的解读与炒作热情不高，且前期华为概念已经透支了很大的涨幅，所以，技术上的看点本月并不明确。

正靶点：无

负靶点：无

④ **定价权过滤**

对于市场整体的情况，如果以宽基指数为衡量标准，那么当前属于空头市场应该是毫无疑问的。

同时，定价权结构上，市值、风险和业绩口径是核心，因为当前处于熊市第三年，市场谨慎性较强，且人民币利率较低，故科技品种在年末的吸引力不强，且ETF增仓需求目前暂未释放。

对于市值、风险和业绩口径的分类，我们确认当前市场属于：小盘偏好、价值偏好和绩优偏好。我们进行如此分类的原因在于，市场成交量日渐减弱，且没有持续性热点，公募基金持续遭遇赎回压力，故而市场存量活跃资金只能撬动小盘股的走势；同时，市场风险偏好正在日益降低，且年末红利股表现一般会占优，所以，价值股应该优于成长股；最后，情绪低迷的时候，市场主流资金是难以去逆势操作基于困境反转或处于周期更迭时点的标的的，这些资金追求的是更具确定性的机会。

这里，我们使用总市值小于40亿元，PE处于0—30之间，2022年度股利支付率高于平均值（最后使用此条件进行筛选）三个条件，进行定价权过滤，从所有A股中筛选出137家上市公司。通过事后回测，这137家上市公司2023年12月的平均收益率为17.82%，远超市场平均水平。

⑤ **靶点映射**

我们将周期分析中涉及的正靶点和负靶点分别赋值为1分和−1分，并使用靶点库的信息进行映射，从而选择合计分数最高的板块（我们这里选择前三名），分别为电子、建筑材料和机械设备（表5-33）。

表 5-33 靶点映射评分

行业/周期	库存周期	设备投资周期	农业周期	房地产周期	金融周期	技术周期	合计
电子	0	2	0	1	1	0	4
建筑材料	0	3	0	1	0	0	4
机械设备	2	1	0	1	−1	0	3
传媒	0	1	0	1	0	0	2
农林牧渔	0	2	−2	1	0	0	1
钢铁	−1	2	0	0	0	0	1
汽车	0	1	0	1	−1	0	1
电力设备	0	0	0	0	0	0	0
煤炭	1	0	0	0	−1	0	0
计算机	0	−2	0	0	0	0	−2
通信	0	−1	0	0	−2	0	−3

⑥ 确定股票池

根据筛选出来的行业，确定符合条件的月度股票池，如表5-34所示。可以看出，股票池中的标的在12月的平均涨幅达到了34.59%，显著高于定价权过滤的水平。

表 5-34 符合条件的月度股票池

代码	名称	行业	月涨跌幅：%	总市值：亿元	PE	2022年股利支付率：%
002718.SZ	友邦吊顶	建筑材料	0.4132	22.2673	22.8004	64.6055
001332.SZ	锡装股份	机械设备	−4.1715	37.0224	16.0617	121.4748
002972.SZ	科安达	机械设备	8.1104	29.4227	24.0489	85.4412
300828.SZ	锐新科技	机械设备	−6.9048	27.9879	28.7847	68.2492
300897.SZ	山科智能	机械设备	−3.4444	24.0856	29.7480	50.3919
301309.SZ	万得凯	机械设备	2.0818	27.3800	21.8419	47.8640
430685.BJ	新芝生物	机械设备	24.0856	10.2589	25.5958	136.9980
603088.SH	宁波精达	机械设备	2.8640	36.6958	25.7121	67.5217
603700.SH	宁水集团	机械设备	−1.0402	29.3075	23.1885	47.5493
830879.BJ	基康仪器	机械设备	25.6216	12.9035	21.3106	92.1540
833509.BJ	同惠电子	机械设备	36.9143	14.2951	25.4607	58.1069
833943.BJ	优机股份	机械设备	57.2008	10.0100	15.7863	61.5786

代码	名称	行业	月涨跌幅：%	总市值：亿元	PE	2022年股利支付率：%
834950.BJ	迅安科技	机械设备	17.3298	8.9770	21.8364	68.5961
836260.BJ	中寰股份	机械设备	31.7439	7.6006	17.0253	69.5857
836395.BJ	朗鸿科技	机械设备	30.0439	8.3503	19.8187	152.1172
836807.BJ	奔朗新材	机械设备	14.4615	11.8222	19.4968	74.9879
838670.BJ	恒进感应	机械设备	67.8652	11.9260	19.4971	125.9642
870508.BJ	丰安股份	机械设备	48.5207	5.2593	15.2468	72.1740
873169.BJ	七丰精工	机械设备	55.3968	5.2110	14.0341	60.5618
873703.BJ	广厦环能	机械设备	64.0938	13.9879	10.6567	73.9847
873726.BJ	卓兆点胶	机械设备	49.7084	23.9255	27.0476	56.7793
873833.BJ	美心翼申	机械设备	5.6842	11.4798	22.3740	78.4315
301379.SZ	天山电子	电子	−0.6714	30.1892	25.5141	51.3878
831167.BJ	鑫汇科	电子	52.0687	6.4028	29.3816	183.4915
832876.BJ	慧为智能	电子	54.9669	6.7839	27.6536	52.3248
838701.BJ	豪声电子	电子	69.6040	9.8980	15.1411	56.2171
870357.BJ	雅葆轩	电子	179.2059	7.6637	13.1052	63.2034
873001.BJ	纬达光电	电子	86.8293	12.5998	19.6647	47.9626

⑦ 最终标的的确定

这一步骤，我们使用个股分析中所涉及公司层面有关财务和非财务信息的分析，从而优中选优，确定适合自身投资组合风格的标的即可。由于我们案例选取的时间是比较近的，所以具体标的的选择是存在一定涉密属性的，故我们在这里就不再细说了。但其实我们可以发现，只要将前面的工作做好，那么即使进行分散化投资，我们的收益也能够大幅跑赢市场。

（3）需要补充说明的内容

从案例的结果来看，我们在2023年12月比较好地锁定了北交所的标的。要知道，北交所在2023年的主升浪是在11月，并且相关标的在市场上的口碑并不是很好，因此，在北交所标的都处于相对高位的时候，模型的输出结果还能有这么理想的成绩，确实证明价值嬗变投资决策框架是有效的。

这时有人可能会说，我们输出的这个结果其实是搭上了北交所行情的便车，具有很强的偶然性。我们并不否认这种说法，因为如果北交所没有在2023年12月演绎第二波的行情，我们的收益也不可能做得如此出色。但是，通过统计，北交所所有标的在2023年12月的平均收益率为34.02%，收益率中位数为28.94%；北证50指数当月收益为12.65%；而应用价值嬗变决策框架选出的北交所标的平均收益为51.12%，收益率中位数为49.71%，明显高于北交所整体的表现。从这个角度讲，价值嬗变决策框架不仅可以挖掘板块性机会，还可以在板块内部充分挖掘超额收益。

另外，上述案例中虽然应用了最基本的建模，但模型整体来看还是非常简单的，普通投资者完全能够掌握，而应用价值嬗变投资框架是否成功的决定性因素，是在于周期分析和靶点映射等问题的处理，例如，靶点的设置是否科学，定价权过滤的指标是否合理，筛选样本数量的控制等，这些前置工作需要大量的专业知识和健康的投资理念，甚至需要一些良好的心态。显然，仅仅阅读本书的内容是完全不够的，因为本书的目的只是构建这样一个动态决策框架，并在框架范围内讨论一些至关重要的内容，对于框架中其他内容的填充和应用，我们会在本书最后的附录部分，列示一个推荐书单，书单中的书目可以帮助各位比较完整并且有效地应用价值嬗变决策框架。

第三篇　价值嬗变的玫瑰

本篇主要涉及的内容是价值嬗变投资决策框架风险控制的问题。不同于静态投资框架的是，动态投资研究的核心，是在当前的时点预估未来时点市场的表现，随着时间的流逝，投资者需要持续地进行动态评估。换言之，无论是预期收益还是潜在的风险，在每一次的动态评估当中都会涉及，因此，从理论上讲，我们似乎就不需要进行单独的风控。

在实践中，我们的确发现动态投资决策框架对于风控的依赖度要显著低于静态框架，但与此同时，动态框架中存在一个特别的风险，即证伪风险，是需要我们特别考虑的。

证伪风险是指，投资者在进行逻辑演绎的过程中，经常会同时面临几个都难以被证伪的逻辑，进而没有办法提前判断出最为正确的选择。这种风险非常类似MOM和FOF管理过程中，我们对于投顾和子基金配置过程中面临的选择错误的风险，因此，我们可以借助MOM和FOF风险控制的思路对动态投资决策框架中的证伪风险管理。

在风控模型的构建过程中，不可避免要面临参数设置的问题，这其实是一个仁者见仁，智者见智的过程。因此，本书中所列举的模型参数设置方法，仅仅是一个参考，投资者需要在实战中，选择适合自己的设定方法。

最后需要说明的是，基于MOM和FOF的风控框架，不仅可以适用于专业投资管理的工作，对于普通投资者在投资顾问的选择以及基金投资方面也具有较强的应用价值。

第六章：玫瑰的花与刺

6.1 动态决策框架是否还需要控制风险？

行文至此，本书剩余的内容已经不多了，看上去，我们将这部分内容单独设置为独立的篇，似乎有点小题大做。但本书做出如此安排，其实是经过深思熟虑的，因为这一篇的内容主要是关于风险控制的，其对于投资的重要性不言而喻，且价值嬗变投研框架下的风险控制从理念上又存在很大的不同，所以，我还是请读者对这个小小的篇章给予大大的关注，因为这会使您受益匪浅。

可是，既然风险控制的部分这么重要，那么为什么内容却不多呢？原因在于，价值嬗变投资决策框架下的风险控制，在我们选择标的的过程中，就已经完成得差不多了。这时，如果您说上面的说法还有点摸不着头脑，那么我只能很遗憾地告诉您，您对于动态决策框架的认识还是不够的，思维可能还是局限于定式化的静态框架之中。

风险的种类有很多，在表6-1中，笔者汇总了权益类资产所面临的风险类型，以及在价值嬗变投资决策框架下，对该种风险进行研究的主要步骤。

表 6-1 权益类资产所面临的风险以及价值嬗变决策框架下的研究节点

风险类型	含义	价值嬗变决策框架步骤
宏观经济风险	与整体经济环境相关的风险，如经济增长速度、通货膨胀、失业率等	周期分析，行业分析
政策风险	与政府政策、法规和监管相关的风险，如政策变动、法规调整、监管加强等	周期分析，行业分析
利率风险	与利率变动相关的风险，主要影响企业的债务成本和资产价值	周期分析
汇率风险	与外汇汇率变动相关的风险，影响跨国企业的经营和国际贸易	周期分析
经营风险	指企业在经营过程中面临的各类风险，包括但不限于市场需求变化、供应链稳定性、人力资源等	个股分析
财务风险	与企业财务状况相关的风险，如资金流动性、债务负担、融资成本等	个股分析
技术风险	与技术发展、创新和应用相关的风险，如技术更新速度、技术成熟度、技术替代等	周期分析，个股分析，行业分析
市场风险	与市场行情、供求关系和竞争态势相关的风险	技术分析
流动性风险	与企业的资金流动性、资产变现能力以及债务偿付能力相关的风险	技术分析

　　这时有人会说，这些分析过程不论是不是价值嬗变框架都会有所涉及，那么为什么其他策略需要风控，而价值嬗变框架不需要呢？原因在于，静态策略往往是基于一段时间之后的市场状况进行预期，如1个季度后，6个月后，1年后甚至是数年以后。那么决策时点同目标时点之间，如果市场出现了一些之前没有充分纳入决策体系的风险点，就可能引发一些风险事件。而价值嬗变决策框架是动态的，一般决策周期比较短，如1个月，半个月，1周，同时，当标的走势超出预期之后，价值嬗变策略还可以随时进行决策，观察哪些决策因子出现了超预期的变化，从而进行调整。因此，常规意义上的风控其实是和决策融合到了一起。

　　但这是否意味着价值嬗变决策框架完全不需要风控呢？答案显然是否定的。按照常规的认知逻辑，大多数人认为价值嬗变决策最大的风险来源于对于未来演绎的不准确性，但实际上，这种不确定性完全可以通过跟踪决策因子的变化而适时调整，从而持续降低这种风险。

　　价值嬗变决策框架下最大的风险，其实是对于不同的演绎逻辑难以择优的风险。换言之，我们在实践中，经常会遇到同时面对多种演绎逻辑，并且均没有办法被证伪的情况。例如，在2023年第3季度刚开始的时候，我们对市场未来的演绎逻辑其实就面临两难的选择，因为我们对于市场未来究竟会探底回升或是继续下跌的逻辑都没有办法被证伪，其中最纠结的决策因子大都同定价权过滤相关，即我们没办法确定市场偏好。而值得庆幸的是，一般我们需要同时面对的难以被证伪的逻辑只有2—3条，很少有4条或4条以上的情况，绝大多数情况下，都是2条。

　　如何应对这种风险呢？我们的主要思路是，不要尝试去主动选择，要让市场告诉我们谁是对的。这个思路的逻辑其实很好理解，因为动态演绎类的策略本身就是依托主观选择的决策体系，而这个体系固有的缺陷是不可能依靠这个体系内的方法去改善的，而市场就是体系之外的主体。

　　价值嬗变的玫瑰确实很美，但既然是玫瑰，就会有刺。本章接下来的两节，就分别从两个视角——MOM管理视角和FOF管理视角，提出价值嬗变风控框架，以供各位读者参考。

6.2 价值嬗变风控体系——MOM管理视角

MOM（Manager of Managers）是一种较为新兴的资产管理策略，也被称为精选多元管理人。它通过优中选优的方法，筛选基金管理人或资产管理人，让这些最顶尖的专业人士来管理资产。MOM基金的基金经理不直接管理基金投资，而是将基金资产委托给其他的一些基金经理来进行管理，直接授予他们投资决策权限。MOM基金经理仅负责挑选和跟踪监督受委托的基金经理，并在必要时进行更换。

既然我们在价值嬗变投资决策框架下，经常遇到不同演绎逻辑难以取舍的问题，那么我们就将不同的逻辑作为一个"M"去看待，然后通过风控体系的构建，从而实现优中选优。需要明确的是，价值嬗变MOM风控策略只在出现多种难以取舍的逻辑时才可以使用，当决策结果只聚焦在一个逻辑上，那么我们就没有必要使用这个体系去进行风控，只需要实时跟踪决策因子，从而动态调整策略输出就可以了。

为了能够更加简洁清晰地介绍价值嬗变MOM风控体系，我们假设当前有两个逻辑需要我们进行风险控制，这是最常见的情况，同时，如果各位在实践中同时面对更多的策略，那么大体的风控逻辑是相同的，只需要改变一些参数和模型就可以了。

在进行风控之前，我们一般会将不同逻辑下的备选标的平均地进行配置，例如，当我们面对两个逻辑时，那么每个逻辑在投资中所占的仓位均为50%。

6.2.1 投资组合风险的宏观控制

投资组合风险宏观控制，是通过量化外部和内部因子的方式，以数学模型输出的结果确定组合仓位水平。需要明确的是，有关仓位控制的方法，在不适用MOM风控的时候也可以使用，只不过需要MOM风控的情形，我们更需要这些主观介入程度相对较小的方法去进行风险管理。

外部因子，即能够影响组合整体风险水平的组合外部因素，并按照产生影响的时间级别可进一步细分为长期因子、中期因子和短期因子。不同期限的因子主要代表了影响组合的长期、中期和短期风险，各个期限风险的影响权重是根据组合过往换手率的分布得出的。下文介绍的，我们对于不同期限因子的界定方式以及因子的选择，并不是唯一结果，读者可以根据自己对市场的理解进行灵活调整。

短期因子的时间级别为1周（对应换手：100X/年），模型使用的代表因子为：市场温度，因子来源是笔者所在公司研发的模型，主要考虑的是市场资金的短期情绪以及流动性水平。代表性因子的赋权标准为其于常态区间的分位数，且常态区间为[30，70]，非常态区间为[0，30）与（70，100]。

内部因子，即能够影响组合整体风险水平的组合内部因素，并按照产生影响的路径可进一步细分为概括性因子和稳定性因子。

概括性因子，即衡量组合可存续性的因子，模型使用的代表因子为组合净值。当净值处于预警线以上，概括性因子之于组合仓位不做限制；当净值处于预警线以下（含）且预期止损线以上，概括性因子之于稳定性因子计算出的仓位折扣为50%；当净值处于预期止损线以下（含），概括性因子之于稳定性因子计算出的仓位折扣为20%。其中，预警线和预期止损线对于私募产品来讲，是比较好确定的，而对于个人投资者来讲，也要设置一个心理上可接受的价位作为风控线。

稳定性因子，即衡量组合内部稳定性的因子，模型使用的代表因子为剔除系统性风险影响，且由标准差表示的对于外部因子计算得出的仓位水平进行调整的系数，其数学表达式为：

$$k = \sqrt{1 - \left(0.6 s_a / s_m - 1\right)}$$

其中，σ_a 为组合近30交易日收益标准差（日），σ_m 为近30交易日市场收益标准差（日）。

从 k 的数学表达式可以看出，组合收益标准差越大，k 的值越小，最终赋予的仓位越低。而组合标准差之前的系数我们之所以选择0.6，主要是根据笔者对自己投资组合风控数据的回测，所得出的风控效果最佳的数值。

接下来，我们需要使用上面的外部和内部因子建立决定仓位水平的模型，以期能够合理应对市场风险。

首先，我们介绍一下构建外部因子模型的一种思路。

外部因子需根据组合持仓的期限结构进行赋权，即以近1年（产品成立时间小于1年则按实际存续天数计算）组合换手率 q 为标准，分别确定长期、中期和短期因子的权数，见表6-3。可以看出，换手率越高，长期因子的权数越大，换手率越低，短期因子的权数越大。权数矩阵中的数学表达式如此设计的原因，主要是为了保证权数对于不同组合换手率下的连续性，如果组合换手率分类标准发生变动，那么权数的赋值表达式也要跟随变动。

表 6-3　外部因子权数赋值表

组合换手率	长期因子权数	中期因子权数	短期因子权数
0~4X	1	0	0
4~24X	$1-(q-4)/20$	$(q-4)/20$	0
24~100X	0	$1-(q-4)/76$	$(q-4)/76$
100X~	0	0	1

对于仓位的问题，由于表6-2中的取值范围是0—1，但我们仓位设定的最值并不是0和1，因此，需要将表6-2中的数据按照比例调整至仓位口径，即将有效模型结果区间极值作为上、下限，并以此将长期因子赋值矩阵（期末时点值）转换为仓位矩阵，见表6-4。

表 6-4　长期因子仓位矩阵

	指数 > MA120	指数 = MA120	指数 < MA120
MA120斜率 > 0	95.0%	80.0%	65.0%
MA120斜率 = 0	72.5%	57.5%	42.5%
MA120斜率 < 0	50.0%	35.0%	20.0%

同理，我们将有效模型结果区间极值作为上、下限，并以此将中期因子（期末时点值）与对应的仓位水平，在因子常态区间中建立线性关联关系，计算结果见表6-5。

表 6-5　中期因子仓位赋值表

风险系统评分	仓位
0—30	95%
30—70	95%−75% $(m-30)/40$
70—100	20%

再同理，我们将有效模型结果区间极值作为上、下限，并以此将短期因子（期末时点值）与对应的仓位水平，在因子常态区间中建立线性关联关系，计算结果见表6-6。

表 6-6　短期因子仓位赋值表

市场温度	仓位
0—30	20%
30—70	20%+75% $(s-30)/40$
70—100	95%

最后，将长期、中期和短期因子对应的仓位水平进行加权计算，我们便可以得出外部因子模型提示的仓位水平。

可以看出，通过上述模型得出的合理的仓位水平，是根据市场变化以及投资者交易行为特征的变化而自动进行动态调整的，这与价值嬗变的动态性要求契合度是比较高的。特别地，模型所使用的参数既包括个性化设置的参数，市场客观形成的参数，还包括外部机构的研究成果，因此，模型输出的仓位水平，其合理性和有效性便更加有保障。

下面，我们介绍一下内部因子模型的构建方式。

以系数 k（期间值）将外部因子模型得出的仓位水平进行乘法调整。此时，仓位有效区间放大至[0%，100%]，如果模型结果无效，则以距离该无效结果最小之有效区间最值替代。如果触发概括性因子折扣条件，则使用相应的折扣比例对稳定性因子模型输出结果进行调整。

内部因子模型输出的结果即为宏观层面风险控制的最终仓位水平，且该仓位水平为组合最大仓位水平，子策略可在该水平以下进行投资。

定期调整组合总仓位的周期一般为30个自然日，遇节假日顺延。当组合近期回撤幅度大于5%，或组合净值穿越预警线或预期止损线，则风控专员应于穿越后下一个交易日使用宏观控制模型重新测算仓位上限。

6.2.2 投资组合风险的中观控制

投资组合风险中观层面控制是使用量化指标对子策略投资业绩进行比较，并以比较结果为依据调整子策略仓位等权限。中观层面也是子策略孰优孰劣的核心判定步骤，因此，属于MOM风控体系的核心。

中观控制所调整的子策略权限包括：相对仓位水平、持仓集中度以及止损权（权限标识分别为：Ⅰ、Ⅱ、Ⅲ）。其中，相对仓位水平为满足宏观控制要求总仓位的条件下，子策略可自由支配的资产比值；持仓集中度为子策略持仓的单只股票市值占所管理资产的最大比例；止损权为子策略对单票进行止损（包括特定条件下的止盈）的权限。

根据子策略权限特性，我们将其进一步细分，细分结果见表6-7。

表6-7　子策略权限分级表

权限层次标识	I	II	III
a	5:5	<=60%	未丧失
b	6:4	<=40%	未完全丧失
c	7:3	<=30%	丧失
d	8:2	<=20%	—

　　中观控制对于子策略投资业绩评价从以下四个维度展开：盈利性维度、稳定性维度、持续性维度和有效性维度，衡量以上维度的代表性指标分别为绝对收益率、收益率标准差、胜率和夏普比率，计量周期均为近60个交易日。

　　子策略业绩评价使用比较法，即分别计算出子策略按照上述四个维度评价的业绩水平后进行比较，每个维度表现较好的子策略得1分，表现较差或者二者持平的不得分，根据比较结果决定子策略权限等级变动程度。

　　相对仓位水平等级的确定，需要先确定表现较差子策略等级所对应的仓位，进而计算出剩余仓位归属于表现较强的子策略。具体而言：四个维度业绩评价得分差额为4，弱者降2级；差额为2或3，弱者降1级；差额为0或1，双方等级不变。持仓集中度等级的确定，需要分别确定两个子策略等级所对应的集中度限制。具体而言：稳定性和持续性维度业绩评价得分差额为2，强者升1级，弱者降2级；差额为1，强者升1级，弱者降1级；差额为0，双方等级不变。止损权等级的确定，需要分别确定两个子策略等级所对应的权限。具体而言：有效和持续性维度业绩评价得分差额为2，强者升1级，弱者降2级；差额为1，强者升1级，弱者降1级；差额为0，双方等级不变。

　　子策略初始权限等级为1级，且级别调整如果突破等级上、下限（1级和6级），以距离该调整结果最小之有效等级区间最值替代。

　　定期调整子策略授权的周期一般为15个自然日（要小于宏观控制的周期），遇节假日顺延。当子策略近期回撤幅度大于5%，或子策略净值穿越预警线或预期止损线，则我们需要下一个交易日对该子策略的权限进行累计调降2级以内的风控措施（可自由选择调降的权限）。

6.2.3　投资组合的微观控制

　　投资组合的微观控制，一般情况下是需要除投资决策主体以外的另一个主体进行参与。对于笔者所在的私募机构而言，这里所说的另一个主体就是风控专员。当然，对于独立决策、独立风控的个人投资者来说，可以选择对于投资了解不多，且胆子稍微小一些的朋友充当这个角色，也可以自己充当基于谨慎性决策体系的角色进行风控，只不过这样做的效果，可能会相对差一些。

投资组合风险微观层面控制是以被动交易的理念，设定科学的风控条件，并安排风控专员（这里，我们将所谓的"另一个主体"统称为"风控专员"，下同）介入该股交易以控制单一持仓个股的风险。

风控条件为预设的客观性指标，具体而言，包括如下三项：单一个股浮动亏损比率大于8%（交易日日终时点值，且包含8%）、相关度较高个股（具体标准为：当子策略未丧失止损权时，相关系数大于0.85的个股；当子策略未完全丧失止损权时，相关系数大于0.78的个股；当子策略丧失止损权时，相关系数大于0.70的个股）浮亏总额对子策略所管理资产净值影响比率大于3%（交易日日终时点值，且包含3%）、单一个股浮盈达到过15%且自最大浮盈点起盈利回撤幅度比例大于40%（交易日日终时点值，且包含40%）。这里，我们所作的具体数值的设定，也都是基于笔者的风控数据回测出的最适合自己的数值，读者可以根据自己的情况进行合理的优化或调整。

当触发微观控制条件后，根据子策略拥有的止损权类型，我们将执行如下安排。

如果子策略未丧失止损权，则其须在触发控制条件后3个交易日内，消除持仓触及止损条件的状态，逾期未调整的，风控专员有权介入并于1日内调整完成，子策略无权干涉。

如果子策略未完全丧失止损权，则风控专员须在触发控制条件后1个交易日内提出止损或止盈策略建议，子策略管理人对该建议提出异议的，应当与风控专员协商解决，并以协商后的结果作为后续执行的依据，如果双方在协商中没有办法形成统一的意见，那么则以风控专员的意见为依据进行风控操作。

如果子策略丧失止损权，则风控专员须在触发控制条件后1个交易日内提出止损或止盈策略建议，并遵照执行。

触发控制条件的个股止损或止盈操作完成后10个交易日内不得买入，当子策略拟买入的个股同不得买入的个股存在一定相关性，风控专员可以提出异议，并测算两个标的近1个月的日收益率相关系数，并作出是否驳回子策略交易请求的决定，具体标准为：当子策略未丧失止损权时，禁止买入与之相关系数大于0.85的个股；当子策略未完全丧失止损权时，禁止买入与之相关系数大于0.78的个股；当子策略丧失止损权时，禁止买入与之相关系数大于0.70的个股。

6.2.4　关于价值嬗变MOM风控体系的几点说明

在了解了价值嬗变MOM风控体系的构建方式之后，一定会有相当一部分读者认为这个体系的构建过于抽象，而且比较复杂，其实，只要我们抓住下面4个要点，即使最终自己的风控体系同我们的模式大相径庭，也能够有不错的效果。

要点1：总仓位的控制十分重要

总仓位的控制虽然不是价值嬗变MOM风控体系中特有的存在，但其对我们进行风险控制却是十分重要的。我们千万不要认为，动态决策体系就能够规避风险，尤其是风险演绎路径比较极端的A股中，总体仓位的控制能够帮助我们避免市场层面或者个人操作层面的风险。特别需要提示普通投资者的是，仓位管理一直是散户朋友的弱项，一言不合就满仓的情况非常普遍，而这种做法也使得这些投资者在风险来临的时候遭受较大的损失。MOM视角下的价值嬗变风险控制体系为投资者提供了一种仓位管理的思路，这个思路可以帮助我们科学合理、有理有据地设置仓位水平，从而减少交易过程中的盲目性。即使投资者使用的解决框架不属于价值嬗变的体系，这个风控模型因其整体设计思路具有一定的普适性，故其也可以给您带来一定的帮助。

要点2：要建立子策略之间的比较机制，从而实现优胜劣汰

MOM风控本质上就是为了在不同的子策略之间进行正确的取舍，所以，子策略之间的比较机制是风控体系中必不可少的一个内容。同时，我们在应用价值嬗变决策框架的时候，一定要提前考虑清楚不同的逻辑可能的演绎时间，从而根据预期的演绎时间对风控的周期进行调整（上面展示的风控模型中，宏观风控的周期为30个自然日，中观风控的周期为15个自然日）。

要点3：风控体系的构建要依赖更多的客观性因子

价值嬗变投资决策框架是一个基于主观演绎的体系，而为了给主观体系进行风控，那么就必须依赖客观指标，因为主观层面的系统性缺陷是没办法通过主观因子进行管控的，从而主观风控一定会给投资业绩带来较大的消极影响。

要点4：严格执行风控纪律比风控本身更加重要

再优秀的风控模型如果没有被执行，那也只是形同虚设，不会有任何的实际价值，因此我们要尽可能地树立严格执行风控纪律的观念。严格执行风控纪律包括以下三个方面的含义：其一，在风控制度的设计上，要设置保证风控纪律执行效果的措施，如本节的模型中，有关子策略在止损或止盈后短期交易的个股相关度的限制，以及预期未进行风控执行之后的惩罚措施等。其二，风控框架的设计难免有瑕疵，从而需要迭代和修订，但更改风控框架的频率不宜过大，否则，一个经常变动的风控，和没有风控的区别会越来越小。其三，风控模型特殊的时候，如止损和止盈条件触发之后，需要我们进行大量的交易，而交易计划的制订要尽可能地在非交易时间设定，交易时间机械化地执行就好，这样就能够最大可能避免行情波动给情绪带来消极影响，从而影响投资绩效。

价值嬗变MOM风控体系也可以为非独立交易的投资者带来良好的风控效果，这类投资者主要指的是投资决策主要依托于专业的投资顾问的主体。普通投资者日常能够接触到各种形形色色的投资顾问，最典型的就是在券商交易APP中，我们能够找到很多投资顾问生产的产品，如资讯、股票池、投资锦囊等。从这些投资顾问的宣传上，我们很难获得足够有效的信息，从而准确判定这个投顾的水平如何，是否适合自己等，换言之，每个投顾的策略我们都没有办法去证伪。因此，这种情况其实就类似我们在应用价值嬗变投资决策框架时所面临的问题，所以，自然可以应用MOM风控体系进行投顾层面的优胜劣汰。

6.3 价值嬗变风控体系——FOF管理视角

不可否认，很多读者一开始应该不太能理解我们为什么将基金投资的问题放在本书中进行阐述，其实这主要是基于两方面的考虑。其一，基金投资对于普通投资者来说，仍旧是非常理想的投资工具，关于这一点，我们在先前的章节中有过比较充分的说明；其二，有相当一部分投资者对于基金投资的方法是存在误区的，而且如果将价值嬗变投研框架中的动态视角作为投资基金的方法论，那么投资绩效会好很多。所以，无论是对读者的价值还是同本书主题相关度的角度看，我们在这里探讨有关基金投资的问题，都是很有必要的。

这时，读者朋友们可能又会有另外一个问题：你上面讲的是要在这里探讨基金投资的问题，但本节的标题又为何是谈风控呢？其实，基于价值嬗变动态视角去进行投研的一个重要的特点在于，主要的风控工作都是在投资决策中完成的，所以，我们这里讲投资，某种意义上就是在讲风控。至于FOF管理的方法同价值嬗变的投资决策框架有什么异同，笔者这里先卖一个关子，待相关内容阐述完成之后，于本节的最后，再进行总结。

基金投资和股票投资哪个更难呢？这个问题仁者见仁，智者见智。而对于笔者来说，基金投资是要难于股票投资的。

第一，基金投资所面临的最大的挑战，就是投资决策所需信息的透明度较低。虽然这个问题在私募基金中会更为突出，但即使是公募基金，其每个季度会披露报告，但报告所涉及有关基金投资策略、对未来市场的看法等信息，主观性很强，并且在没有约束机制的情况下，基金经理未来的实际操作风格是可以同披露的信息存在显著差异的。因此，在没有办法获取足够有效的现成信息去进行投资决策的情况下，我们就要善于主动挖掘未被市场完全认知的私域信息，从而指导投资。

第二，基金的流动性会弱于股票，且交易成本较高（ETF除外）。流动性和交易成本的制约，使得基金投资更多地只能通过中长期投资获利，短线交易是比较困难的，这就使得在投资的灵活性上，难以同股票相比。这就要求我们在基金投资的过程中，尽可能关注更加宏观的决策因子。

第三，基金投资需要对大类资产的相关知识有更加全面的了解。基金的种类非常丰富，常见的有货币基金、债券基金、混合基金、股票基金、商品基金、其他衍生品基金等，不同类别的基金在同一个时点的表现可能是天差地别的，因此，大类资产配置决策是基金投资中所必须要考虑的问题，而这个问题在股票投资中的重要性就没有这么高了。

基金投资虽然在上述三个方面的作用下显得有点困难，但我们依旧有解决问题的办法——构建基于主动管理理念的基金投资组合。当然，这个策略自然是一个动态化的策略，其中同价值嬗变投资决策框架的理念有很大的相似之处，同时，我们还针对基金投资的特有的困难给出了对应的解决方案。

6.3.1 基金初筛

在进行基金投资之前，我们需要确定哪些基金是我们的备选标的。而这一个步骤之所以叫作"初筛"，原因在于，我们需要在具体根据市场行情的推演结果进行标的选择之前，先要明确哪些产品在管理人层面不存在一些不可控的风险，或者是哪些管理人是符合我们的选择标准的；同时，也要明确不同的基金，尤其是没有特定风格和投资方向约定的主动管理型产品，应该如何分类的问题。对应的，管理人综合评价、产品归类与业绩驱动因子分析就是解决上述两个问题的过程。

（1）管理人综合评价

管理人综合评价的目的在于，避免过多关注产品表现、基金经理等微观层面的信息而忽略以团队为单位的宏观层面的因素。这些因素虽然对于投资绩效更多的是产生隐性影响，但隐性影响会决定管理人层面的系统性风险水平，尤其是对于量化产品、投资经理个人英雄主义色彩相对淡化的主观策略产品而言，团队的影响则更加显著。

这一个步骤的核心，就是需要构建管理人综合评价体系，构建备选的管理人池，并以标签化的方式对不同的管理人进行画像。由于这一步骤是从相对宏观的层面进行初筛，为了保证最终筛选结果尽可能地涵盖更多有价值的产品，所以管理人综合评价的标准是比较低的，仅就存在所谓"硬伤"的管理人予以剔除，就存在较大潜在风险的管理人予以重点防范与关注，即可以达到本步骤的核心诉求。

管理人综合评价体系从背景实力、投研能力和绩效管理能力三个维度进行评价，且分别赋予20%、40%和40%的权重（需要提示的是，本节的内容同上一节一样，均存在需要建模并且参数赋值的必要，因此，笔者展示的数值并不一定适用于您，读者朋友可以在掌握整体思路和逻辑框架的情况下，自行调整具体参数的设定；同时，如果下文中的模型读者觉得过于抽象，那么只需掌握大致的思路和理念即可）。在各个维度中，我们设置了更加细化的评价指标，并在维度内构建等权的扩散指数予以确定相应维度的分数。扩散指数的构建方法类即通过调研、分析和讨论，每位参与调研的人员确定每一项指标是属于较差、适中或是较好，相应分数＝"较好"选项的百分比×1+"适中"选项的百分比×0.5。最后，根据权重计算综合得分，40分以下（包括40分）的予以剔除，40—50分（包括50分）的予以重点关注，50分以上的则完全符合标准。评价体系中使用的指标详见表6-8。

表 6-8　管理人综合评价体系

维度	细化指标
背景实力	资本实力
	内控治理
	经营稳定
投研能力	研究能力
	交易能力
	金融科技实力
绩效管理能力	策略容量
	盈利能力
	风控水平
	机构认可度

（2）产品归类与业绩驱动因子分析

① 产品归类

产品归类的目的主要在于能够方便快速地找到符合投资需求的备选基金池。根据实务中所反映的需求，我们分别以资产大类和策略两个维度进行分类。需要明确的是，图6-2所示的产品归类的明细并不涵盖所有细分资产和策略，且划分的标准是不同的，如果遇到不满足现有分类标准的产品，因此，我们会根据近似原则进行划分。

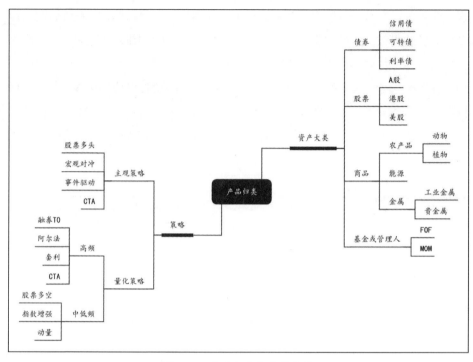

图 6-2　产品归类方式的参考

② 业绩驱动因子分析[21]

业绩驱动因子分析是基于股票投资基金多因子结构化定价模型进行的，具体地，因子分析可分为三个步骤：建立备选因子库、确定相关因子、生成因子收益曲线。

对于股票投资基金多因子结构化定价模型，假设股票投资基金收益率满足如下线性方程：

$$R_{t+1}^n = a_{t+1} + \sum X_{s,t}^n \cdot f_{s,t+1} + \varepsilon_{t+1}^n$$

其中，R_{t+1}^n 表示第 n 只股票投资基金在 $t+1$ 时刻的超额收益率，a_{t+1} 表示 $t+1$ 时刻纳入样本基金的某种平均意义下的超额收益率水平，$X_{s,t}^n$ 表示基金 n 在 t 时刻，对第 s 个因子的暴露度，$f_{s,t+1}$ 表示 $t+1$ 时刻第 s 个因子的收益率（单位因子暴露的收益率）。该模型刻画的是样本的基金收益率的差异性决定机制。基于投资经验与专业分析，可能影响基金收益的因素包括但不限于：择股能力因素（T–M 模型择股能力指标、个股集中度、行业集中度、持股风格等）、择时能力因素（T–M 模型择时能力指标、换手率、是否含有T0策略—哑变量等）和风控能力因素（Sharpe Ratio、Treynor Ratio、最大回撤幅度、最大回撤天数、收益变准差等）。需要说明的是，多因子结构化定价模型既可以应用于单只基金的研究，也可以应用于管理人整体的基金组合，这里，我们更推崇将其用于管理人层面，因为管理人层面的研究中，数据量会更大，且能够平滑扰动因素的影响，从而使得回归结构更加有效。在使用上述模型对管理人整体画像结果的基础上，再使用有关参数对单只基金产品进行投资绩效的跟踪，详细内容见6.3.3节。

在构建因子备选库之后，我们采用季度频率的超额收益水平（相对于沪深300、中证500等指数）来检验候选因子的有效性。基金因子数据分析的样本涵盖了覆盖整个基金存续期的数据。需要注意的是，我们需计算出基金样本截面数据计算的因子相关性系数；若弱因子估计的T值大于2或小于−2，则认为因子相关性显著存在。

最后，根据回归结果并进行复利处理之后，就可以形成因子收益率曲线。将因子收益率曲线集中到同一个坐标系中，进而近期开始发散的因子就是影响该基金超额收益率关键因子。需要明确的是，无论发散的因子是正向发散还是逆向发散，都需要我们的关注，且发散和纠缠的确认应该以基金产品超额收益率为标准。

6.3.2 行情研判与底层资产选择

这一步骤是最能够体现出动态投研框架理念的内容，即基于主动管理的基金投资，也就是自己动手，构建一个FOF组合。

需要特别说明的是，本管理框架将我们对于行情的研判，或者说是相对主观的研判提到了一个非常重要的位置。换言之，这种动态决策的思路不仅会使得普通投资者大受裨益，对于专业的基金管理人来讲，也是如此。

示例42：有关FOF行业发展的一些思考

基于主动管理的方式进行基金投资能够促进FOF业务，甚至是整个基金管理行业的持续健康发展。这一点同市场大部分管理人的理念存在显著差异。一般地，FOF作为投资基金的基金，其对于投资者的主要价值更多地体现在风险管理，即遵循"鸡蛋不能放在同一个篮子里"的投资理念，主动放弃潜在收益，尽可能追求风险收益比。这一理念本身没有原则性的错误，但其在实际应用过程中，会对投资者产生不能忽视的消极影响。

对于投资者而言，虽然通过优选基金、分散风险的手段可以在一定程度上提高风险收益比，即投资收益曲线的夏普比率等指标，但由于长期保持较高的风险收益比一般需要一个隐含的大前提，即预期收益水平会比较低，一般会接近通胀水平，甚至如果要保持长期的净值稳定，平均年化收益水平可能会低于通胀率。所以，站在投资者的角度，我们应该考虑收益风险比在绝对收益水平较低的情况下，是否能够给投资者带来增量效用的问题。虽然目前暂时没有公认准确的办法衡量投资者对于风险收益比的效用，但从定性的角度看，该效用水平会和潜在收益机会、风险偏好程度、市场利率运行方向显著相关，且这些因素均会因非固收类产品潜在收益机会增多、中国人风险偏好水平较高以及市场利率下行趋势明显而降低低收益FOF给投资者带来的增量效用。同时，FOF产品双重收费的结构还会进一步压缩投资者的获利空间，进而降低效用。因此，FOF产品规模之所以同其他类型产品增速相对缓慢，主要原因就在于其不能给投资者带来合理的效用水平。

鉴于此，主动管理型的FOF管理理念便应运而生，其能够从以下三个方面提升FOF管理的效能：第一，主动管理虽然可能会降低风险收益比，但其进攻性增强会使得投资者效用提高，进而为投资者创造出增量价值，也在双重收费的安排下，投资者也能够接受；第二，采用类MOM形式进行FOF产品的管理，即重视底层资产的可控性、信息透明度、流动性以及淡化管理人声誉值以及产品规模等因子，寻求和底层资产管理人的深度合作的绑定，共同参与策略开发，从而使得底层资产和FOF风险收益特征统一性增强；第三，以券商为主体管理FOF产品，并通过同底层资产的深度绑定，可以进一步实现管理人收入的多元化，如除了传统的业绩报酬，还可以获取交易佣金、投资顾问费等收入，进而可以继续降低投资者投资FOF的增量成本。

我们回到正题，对于行情研判和底层资产的选择问题，我们可以应用第二篇的方法论进行操作，如使用周期分析确定未来市场的运行逻辑会如何演绎，同时辅以行业分析以及靶点映射，确定未来能够产生阿尔法收益的行业或主题方向。同时，在基金研究中，我们还要考虑大类资产配置以及基金策略选择（适用于基金的定价权过滤）的问题，这两个点是本书前面的内容没有覆盖到的，自然也就需要在本节中详细讨论。

（1）使用美林时钟进行大类资产配置

自从美林证券发布关于美林投资时钟（如图表5-93所示）的报告以来，这种投资策略在全球各大市场得到了广泛的应用和优化，以指导投资活动。简言之，美林时钟投资理论可被视为一种主动择时的投资方法，类似开放式股票基金市场中的主动管理型股票基金。基金经理会根据市场及宏观经济环境的变化，主动调整管理资产的配置重心，适时地进行优化，以实现投资收益的最大化。

美林投资时钟理论依据经济增长与通胀在各个阶段的不同表现，将经济周期划分为四个主要阶段。从跨经济周期的视角观察，现金、债券、股票和大宗商品这四大类投资品的收益结构在不同的周期也具有不同的特点，如表6-9所示。

表6-9　美林时钟模型中的投资要点

经济阶段	经济增速	通胀率	大类资产收益排序
衰退	↓	↓	债券 > 现金 > 股票 > 大宗商品
复苏	↑	↓	股票 > 债券 > 现金 > 大宗商品
过热	↑	↑	大宗商品 > 股票 > 现金/债券
滞胀	↓	↑	现金 > 大宗商品/债券 > 股票

美林时钟的使用效果，主要在于经济所处周期判断的准确性，以及四个周期转换拐点判断。综合考虑到上述美林时钟的四个周期特征以及国内资本市场的特点，在实践中，我们可以将通胀水平用核心CPI当月同比增速来衡量，而经济增速的指标则使用利率来衡量。我们之所以使用利率来衡量经济增速，原因在于利率的敏感性是比较高的。在上一篇有关周期分析的内容中，我们阐述过金融周期是宏观经济周期体系中时间级别最小的周期，自然也就是最敏感的周期。金融周期的衡量方法是使用信贷周期进行近似替代，而信贷作为资金供求关系的均衡结果，其属于数量型指标，而利率作为价格型指标（货币的价格），则是金融周期同各种其他不同口径下经济周期的关系纽带。

（2）使用混合式方法的特征选择模型刻画市场风格并确定投资标的（适用于股票策略）[22] [23]

本框架融合了过滤式方法和封包式方法的优势，采用了混合型特征选择策略。在处理原始特征集合时，先采用过滤式方法筛选部分特征，接着运用封包式方法，以获取性能最优的特征子集。

在过滤式方法层面，本框架采纳了双准则策略，旨在确保所获取的特征与结果具有高度的关联性。首先，我们将因子信息系数作为筛选的第一道关卡，以保障特征的有效性。随后，以股票分组夏普比率作为第二步筛选标准，进一步优化特征的质量。针对封包式方法，本框架运用遗传算法作为搜索策略，并结合决策树算法作为学习器。同时，我们采用AUC作为评估函数，以便更准确地衡量模型的性能。图6-3详细展示了本框架混合特征选择模型的运作流程，以供用户参考。

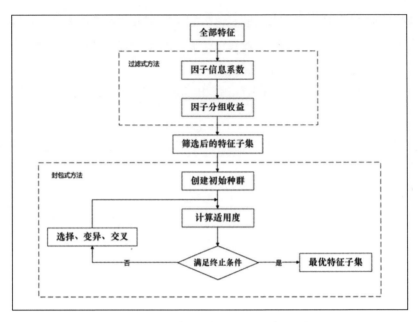

图 6-3　混合特征选择模型流程（简式）

需要特别强调的是，此处也需要构建候选因子池，且其与第一大部分的因子池存在显著差异。主要原因在于，第一部分的因子池旨在描述管理人团队的业绩归因情况，因此所选取的因子主要与基金本身相关。然而，此处构建的因子池则是为了刻画当前市场的风格特征，所选择的因子更侧重于行情与个股的相关性。

刻画市场风格特征的因子有很多，我们习惯上可以分为如下六大类因子：绝对估值因子、相对估值因子、成长性因子、情绪因子、杜邦因子和技术因子。候选因子池详细情况如表6-10所示。

表 6-10　候选因子池信息表

大类因子	细分因子
绝对估值因子	扣非净利润、经营活动现金流量、自由现金流量、现金分红
相对估值因子	市盈率、市净率、市销率、市现率、资产与企业价值比
成长性因子	营业收入增长率、营业利润增长率、净利润增长率、总资产增长率、净资产增长率、经营活动现金净流量增长率、归母净利润增长率
情绪因子	20日均换手率、60日均换手率、市场整体成交量、上涨家数比例
杜邦因子	ROE、毛利率、销售净利率、总资产周转率、固定资产周转率、权益乘数、经营活动现金净流量与营业收入之比、应付账款周转天数、应收账款周转天数、流动比率、存货周转率
技术因子	20日价格动量、60日价格动量、过去6个月价格动量、MA20与MA60剪刀差

（3）底层资产选择

底层资产的选择可以说是FOF基金管理框架中最核心、最重要的一步，但对于这一步骤的内容，我们却没有太多可以规范的东西，原因在于，动态投资框架下，我们需要对基金未来的表现进行预测，但对于主动管理的股票类基金而言，我们没有办法了解其具体的投资标的，只能通过第一步骤对于管理人和基金经理的了解，以及第二步骤对于市场和大类资产配置的演绎结论以及定价权过滤结果进行主观匹配，而匹配的过程中，可能还要参考一些基金历史数据，这一过程具有很强的艺术性。

同时，从专业投资机构对于FOF管理的角度讲，我们也试图对底层资产的选择方式进行量化建模，但目前效果欠佳。一个掣肘量化建模进行底层资产选择的问题是，我们暂时没有办法通过量化的方式去配置一个能够为投资者提供足够增量效用的组合。换言之，通过量化的方式是可以生产出在一定时间范围内跑赢市场的组合，但却没办法生产出一个能够跑赢指增产品的组合。

因此，底层资产选择过程具有的不确定性，我们只能通过投中跟踪的方式去进行弥补，这也是下一个步骤中所涉及的内容。

6.3.3　投中跟踪

投中跟踪所关注的点，主要是通过基金产品的运作数据，从而更加准确地刻画出基金的特征，并最终帮助研究者决定其是不是动态投资决策框架下的最优解。需要说明的是，下面所涉及的数据，作为普通投资者获取的难度是比较大的，这时，我们就需要努力寻找获取私域数据的机会。例如，通过与管理人进行深入沟通，委托代销机构进行调研，获取阶段性交易数据等。不得不承认的是，对于普通投资者而言，所投资的产品规模越大，管理人越知名，获取上述信息的难度就越大，但幸运的是，市场当中比较优秀的基金产品，很多都是一些小策略，且管理人规模并不大，这时，我们不应该排斥小机构的产品，因为这些产品的胜率和赔率都不一定比其他产品低，同时，由于这些机构的灵活性较大，它们可能更愿意也更可能为投资者提供私域信息。

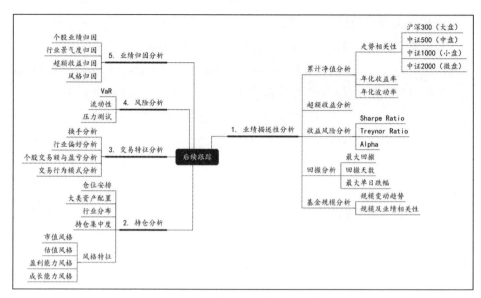

图 6-4 后续跟踪所涉及的内容

投中跟踪以季度为时间单位，并且主要可以细分为两步：第一步为统计所需要的指标，具体如图6-4所示；第二步将结合主观研判、前期预期以及业绩指标的情况进行综合讨论，从而得出未来的投资策略，并将以跟踪报告的形式予以记录。这里需要进一步说明的是：投中跟踪步骤中对于产品未来投资策略的研判更多的是基于投研角度，同时考虑的期限相对较长，而风险控制更关注绩效本身，以及短期影响净值波动的因素。

投中跟踪需要从业绩描述性分析、持仓分析、交易特征分析、风险分析及业绩归因分析五个方面入手，这也是行业内普遍使用的五个跟踪因子类别。具体而言，上述五个方面将使用一系列子指标进行衡量和刻画，简要说明如下。

（1）业绩描述性分析

第一，累计净值分析。需要对历史净值走势进行统计，描述基金累计单位净值与主要市场指数之间的走势关系，其中分别用沪深300代表大盘，中证500代表中盘，中证1000代表小盘（如有需要，可将微盘股指数纳入分析，如中证2000）。同时，历史净值走势分析指标需要包括收益率（基金收益不满一年按实际区间计算，超过一年则年化处理）、年化波动率（区间内基金日收益率的年化标准差）。

第二，确定基金超额收益的表现。具体而言，需记录产品超额收益曲线近4个完整季度及当季初至今的业绩表现。

第三，**收益风险指标的计算**。具体而言，风险指标包括Sharpe Ratio（衡量组合承受单位风险超越无风险利率的能力）、Treynor Ratio（衡量组合承受单位系统性风险超越无风险利率的能力，适用于充分分散化的投资组合）和Alpha（衡量投资组合超出基准收益率的能力）。

第四，**回撤分析**。回撤分析需要包括：最大回撤——自成立以来净值的最大回撤程度；回撤天数——回撤从最高点到最低点的天数；最大单日跌幅——基金自成立以来日收益率最小值。

第五，**基金规模**。基金规模变动的趋势，以及规模变动同业绩的相关性分析。

（2）持仓分析

需要说明的是，持仓分析中很多数据都是非公开的，需要和私募保持比较紧密的合作才可以有效获取。

持仓分析所需的数据包括：

第一，**仓位安排**。即股票市值同基金净资产的比例。

第二，**大类资产配置**。即统计不同资产大类（现金、股票、基金和债券资产等）按市值汇总求和，并展示各类资产占资产总值的比例。

第三，**行业分布**。即展示区间内基金在各个行业上的资产配置比例，行业分类标准按照申万一级行业标准确定，并展示期末基金在前 N（N ≤ 3）大行业上的资产配置市值及比例。

第四，**持仓集中度**。包括区间股票集中度时序和期末持股集中度。区间股票集中度时序是根据区间内基金持仓数据，统计该基金持股集中度指标 HHI[24]，并绘制时序曲线。期末持股集中度则是根据报告期末持仓，统计该基金前1、5、10大重仓股的持股集中度。

第五，**风格特征**。包括市值风格分布、估值风格分布、盈利能力风格分布和成长能力风格分布。其中，市值风格分布为统计区间内，该基金投资于不同市值股票占股票总市值的比例变化，相应标准见表6-11；估值风格分布为统计区间内，持有股票进行市值中性化处理后（消除市值同因子的相关性）的估值水平分布，其中以 PE-TTM 指标表示估值水平，相应标准见表6-12；盈利能力风格分布为统计区间内，持有股票进行市值中性化处理后的盈利能力水平分布，其中以ROE 指标表示盈利能力，相应标准见表6-13；成长能力风格分布为统计区间内，持有股票进行市值中性化处理后的成长能力水平分布，其中以营业收入同比增速表示成长能力，相应标准见表6-14。

表 6-11　市值风格标准表

风格	标准
极大市值	大于1000亿元
大市值	(500亿元，1000亿元]
中市值	(100亿元，500亿元]
小市值	(0亿元，100亿元]

表 6-12　估值风格（PE-TTM）标准表

风格	极高估值	高估值	中估值	低估值
极大市值	小于0或大于40	[30,40]	[10,30]	[0,10)
大市值	小于0或大于60	[40,60]	[15,40]	[0,15)
中市值	小于0或大于80	[50,80]	[20,50]	[0,20)
小市值	小于0或大于100	[70,100]	[30,70]	[0,30)

表 6-13　盈利能力（ROE：%）风格标准表

风格	极高ROE	高ROE	中ROE	低ROE
极大市值	大于25	[15,25]	[6,15]	小于6
大市值	大于20	[13,20]	[4,13]	小于4
中市值	大于15	[8,15]	[1,8]	小于1
小市值	大于10	[4,10]	[-4,4]	小于-4

表 6-14　成长能力（营收增速：%）风格标准表

风格	极高增长	高增长	中增长	低增长
极大市值	大于20	[10,20]	[3,10]	小于3
大市值	大于30	[15,30]	[5,15]	小于5
中市值	大于40	[20,40]	[7,20]	小于7
小市值	大于50	[25,50]	[10,25]	小于10

（3）交易特征分析

股票交易分析包括以下四个方面：

第一，换手分析。从基金持股量、股票资产流动速度和交易频繁程度三大方面刻画股票换手率特征，其中展示基金近3个年度及成立以来的信息和基金近一年月度的换手率特征，其中换手率均以月度频率衡量。

第二，行业偏好分析。即根据基金自成立以来在各行业上的总交易金额，降序排列展示前N（N≤3）大行业的交易特征。

第三，个股交易额与盈亏分析。即展示基金自成立以来个股在交易额及盈亏额上的累计分布。

第四，交易行为模式分析。即统计成立以来股票交易次数及交易类型，类型包括趋势买入、反转买入、趋势卖出、反转卖出等，并且可以根据交易行为的决策因子区分日内、短线、中线交易模式。

（4）风险分析

风险分析包括以下三个方面：

第一，在险价值（VaR）。指在一定的时间（如1日、5日、10日、20日）内，在一定的置信度（如95%）下，投资者最大期望损失，并计算VaR值与最新净值的比例，以发现其对净值的影响程度。

第二，流动性。假设报告期末基金遭遇巨额赎回（20%）或全部赎回（100%），根据所有非停牌持仓证券前20个交易日平均交易额的20%计算最大变现天数。

第三，压力测试。即根据基金期末持仓，若假设下一交易日有10%、25%、50%的股票出现跌停情况（跌幅按照持股情况进行个性化调整），预测基金T+1日的亏损情况，主要考察极端风险爆发之后，对于产品预警止损等风控条件是否能够满足。

（5）业绩归因分析

归因分析包括以下四个方面，并且可以使用6.3.1节介绍的多因子结构化定价模型进行分析，但由于单一基金层面数据质量以及数量的问题，如果模型输出结果显著性水平不甚理想，那么可以根据业绩描述性分析、持仓分析、交易特征分析、风险分析的结果进行研究即可。

第一，个股业绩归因。即展示该基金在统计区间内主要个股的盈亏情况，同时需要对新股的盈亏情况单独进行归因。

第二，行业景气度归因。它涵盖了区间行业盈亏归因与分季度行业盈亏归因两个方面。区间行业盈亏归因主要是用以分析该基金在特定统计区间内，各行业的盈利及亏损情况。而分季度行业盈亏归因则研究了基金近4个完整季度及当季初至今，各行业的盈亏分布状况。

第三，超额收益归因。首先，我们需要根据基金的实际持仓进行全仓还原，即假设基金的持仓结构与基准相一致，然后我们对比基准收益走势和经过全仓还原后的基金收益走势。通过这样的比较，我们可以清晰地展示出基金择股和择时的水平。下一步，我们运用Brinson模型[25]的核心思想，分析不同行业对于超额收益的贡献度。最后使用T-M模型[26]或H-M模型[27]进行择时能力的判断和择股能力的再确认，此时尤其应该注重T检验是否通过。

第四，风格归因。我们针对区间内基金的收益率序列与每个风格指数的收益率序列进行深度探究。通过线性回归，我们能够准确判断基金在各风格因子上的暴露情况。如果回归系数经过T检验且各因子回归系数显著为正，这充分说明基金在该风格资产上存在明显的暴露。

6.3.4 风险控制

根据本篇内容的观点，价值嬗变投资决策框架本身就具有风险控制的功能，而对于基金投资决策框架介绍完成之后，相信应该有一部分认真的读者能够发现，这些内容的安排和第二篇的框架虽然不完全相同，但还是有异曲同工之妙的。

例如，基金初筛和投中跟踪的主要着眼点是基金投资者的投资标的本身，这就对应着第二篇的个股分析，只不过个股分析和基金分析使用的指标不同，且想要了解一只基金的真实情况，我们必须要通过一定的事中或事后分析才可以得到答案，因为基金的信息披露程度相较于股票来说，是不可同日而语的。

对于大类资产配置的步骤，毫无疑问其对应着周期分析，虽然本节我们仅使用了美林时钟进行分析，但如果投资者对于基金未来的投资策略了解得比较充分，且基金经理出现风格漂移的概率较低，那么我们也可以使用更加详细的周期分析，甚至行业分析的内容进行基金投资决策。

而对于我们努力刻画市场风格的过程，无论是使用本节中介绍的量化方法，还是投资者自己的独门绝招，本质上就是在进行市场定价权问题的研究，这就属于上一篇中有关技术分析范畴的问题了。同时，如果我们立足于基本面进行市场风格的刻画，那么投资者还可以进一步对中观领域进行研究，这自然就属于行业分析的范畴。

无论是本节还是上一篇，其实也都包括了微观靶点同中观靶点进行映射的问题，只不过股票投资中，靶点的选择域会更大，映射的逻辑也会更加丰富，而基金投资中，靶点的选择域会比较小，且映射的逻辑相对固定。

所以，基金投资的过程，同样可以使用价值嬗变的投资决策框架进行分析，在细节层面上，本节的内容则更多地采用了更加保守，同时也是业内更加流行的技术手段进行框架的搭建，创新度显著低于股票投资。笔者这样处理的原因在于，价值嬗变投资决策框架目前在股票投资的应用经验以及可供回测、研究的数据、样本数量更为丰富，所以，创新的基础会更加牢固。而基金投资领域使用价值嬗变框架，更多的是基于定性的判断，相关定量的研究还没有达到理想的数量和质量标准，但即使是这样，笔者也由衷地希望投资者能够在基金投资的过程中，依托于价值嬗变的投资决策框架，进行个性化的创新。

最后，对于基金投资中独立的风险控制的内容，其实同上一节的框架是一样的，只不过由于我们研究的对象是"F"而不是"M"，因此，对于一些不适用于基金的内容，我们需要进行一定的调整，例如，微观风控中对于股票的止盈止损，要变更为以基金为主体去设计。但考虑到基金投资中，我们所能够获取的数据以及投资者的决策权限的限制，设计出理想的风控框架体系难度是比较大的，因此，基金投资我们更推荐在价值嬗变决策的过程中，进行动态的风控。

正文注释

[1] 市场分割理论的产生源于市场的非有效性(或非完美性)和投资者的有限理性，它的最早倡导者是卡伯特森(Culbertson, 1957)。

[2] 对于股票来说，由于其代表的是股份有限公司的所有权，在有限责任的约束下，股东仅在出资额范围内承担责任，故股票资产价值的下限是0；但对于普通合伙企业的GP来讲，由于其对合伙企业的债务承担无限责任，故其所拥有的合伙企业资产价值是可以为负数的。

[3] 本示例摘自笔者本人的研究论文：《交易限制对股票期权定价有效性的影响及交易主体应对策略——以上证50ETF期权为例》2020。

[4] 这里我们所说的市场定价无效，主要是为了解释妖股的股价运行逻辑，且主要考虑的是价格同基本面因素决定的内在价值之间的差异问题。所以，这里的结论同本书后面对于"市场定价（考虑资金偏好问题之后）在任何时刻均有效"的表述是不存在矛盾的。

[5] 通过在工作中和投资者与同行进行沟通，笔者发现按照如下方式思考问题的人还是比较多的，所以在这里简单厘清一下这个容易出现的逻辑错误。

[6] 本示例摘自笔者本人的研究论文：《交易限制对股票期权定价有效性的影响及交易主体应对策略——以上证50ETF期权为例》2020。

[7] 张伟, 张庆普. 基于模糊德尔菲法的企业知识管理创新风险评价研究[J]. 科学进步与对策, 2012, 29(12): 112-116.

[8] 雷磊. 基于 FAHP 和模糊德尔菲法的产业关键性成功因素评价[J]. 统计与决策, 2014, (15): 44-47.

[9] 本示例摘自笔者于2021年撰写的内部研究报告，由于相关内容目前仍具有保密的要求，故笔者在文中将敏感信息（公司名称和部分数据）进行了脱敏处理。即使通过书中的内容，读者可以猜出这是哪家公司，但也不能按照估值结果进行交易，因为部分数据已经进行了修改，不代表真实情况，读者请重点关注估值框架的构建，特为说明。

[10] 这里，笔者需要补充说明一下，虽然有关价值以及价值评估的问题在理论和实践中均没有公认的好的方法，但我们之所以在前两章还花费了大量的篇幅去讨论这个问题，主要是基于以下三个方面的考虑：其一，传统估值理论能够夯实我们金融学的基础，从而有助于我们进行理论创新，也能够让读者更

加深刻地认识到理论的局限性；其二，笔者个人的有关估值的见解能够为读者的创新起到抛砖引玉的作用；其三，这些内容有助于我们认识到价值嬗变投研框架的独特魅力，如动态预期差和普通预期差的问题等。

[11] 于佳奇. 我国证券市场有效性分析——基于有效市场假说[D], 2018.

[12] 龚黎明, 胡丁超. 现阶段A股市场有效性的经验研究[J]. 金融经济, 2019(36): 29-30.

[13] 汪雯琦, 王子鉴. 基于非线性统计方法的上海股票市场有效性检验[J]. 金融发展评论, 2019(8): 150-158.

[14] 有的时候，成长性策略在应用的过程中，会给投资者带来强大的信念感，从而让自己丧失择时的能力。图4-3是光伏龙头隆基绿能[601012.SH]的周线走势，笔者在之前进行FOF调研的时候，曾经遇到不止一位基金经理信誓旦旦地说：隆基是一家值得持有一辈子的公司，颇具讽刺意味的是，他们说这句话的时候，正好是2021年年初的时候。

[15] 熵增是指在一个孤立系统中，如果没有外部做功，系统的总混乱度（熵）会增加的现象。这个概念最初来源于物理学，用于度量一个热力学系统的无序程度。根据热力学第二定律，一个孤立系统的总混乱度不会减小，也就是说，系统的熵总是趋于增加。这意味着随着时间的推移，一个封闭系统内部的秩序会逐渐减弱，直到达到最大可能的混乱状态，即所谓的"热寂"。熵增的原理说明了孤立系统不可能朝低熵的状态发展，即不会变得更有序。相反，它会经历自然的、不可逆的过程，导致熵的进一步增加。这个过程被称为"熵增定律"，被认为是科学中最基本的定律之一。

[16] "马尔萨斯停滞"，以英国政治经济学家托马斯·罗伯特·马尔萨斯命名，该理论认为：人口是按照几何级数增长的，而生存资源仅仅是按照算术级数增长的，多增加的人口总是要以某种方式被消灭掉，人口不能超出相应的农业发展水平。

[17] 根据2023年年末的数据，A股上市公司资产负债表中仍旧有优先股项目存续的公司如下：亚泰集团、紫金矿业、民生银行、招商银行、五矿资本、江苏银行、杭州银行、南京银行、兴业银行、北京银行、农业银行、交通银行、工商银行、长沙银行、光大银行、建设银行、中国银行、贵阳银行、中信银行、平安银行、宁波银行、节能铁汉、蒙草生态。

[18] 利润表中涉及的比较重要的计算公式链：

　1. 营业收入 − 营业成本 = 毛利润；

　2. 毛利润 − 税金及附加 − 管理费用 − 销售费用 − 财务费用 −

　　 研发费用 +/− 投资相关损益 +/− 资产处置损益 − 减值损失 +

　　 其他收益 等 = 营业利润；

　3. 营业利润 + 营业外收入 − 营业外支出 = 利润总额；

　4. 利润总额 − 所得税 = 净利润

[19] 这里我们需要提示一点，对于递延所得税资产和递延所得税负债的问题，我们建议非专业投资者可以忽略，因为这两个项目主要是源于会计与税法上处理的差异导致的，如果想要真正弄懂，那么既需要财务专业背景，还需要一定的税法知识储备，门槛还是比较高的。幸运的是，绝大多数情况下，递延所得税资产和递延所得税负债都不是影响公司现金流风险的最主要因素，所以，即使我们在一定程度上忽略掉这两个项目，也不会带来较大的研究偏差。

[20] 获取《中泰资管风险月报》的方法：搜索微信公众号"中泰证券资管"，点击对话界面下方"投研精华"选项卡，再点击"风险月报"，就可以轻松查看对应时间的风险系统评分，界面如图6-1所示。

[21] 唐彦斌. 证券资管产品综合评价体系及量化因子研究[R]. 中国信托行业研究报告, 2022: 205−227.

[22] 本部分内容涉及FOF管理过程中经常使用的量化方法，对于普通投资者来说，学习成本较高，且意义没有那么大，所以，建议阅读困难的读者可以考虑跳过，直接从6.3.2（3）开始继续阅读即可。

[23] 参考文献：罗威. 基于特征优选的多因子量化投资策略研究[D], 2021.

[24] HHI指数，赫芬达尔-赫希曼指数，是一种测量产业集中度的综合指数，是产业市场集中度测量指标中较好的，是经济学界和政府管制部门使用较多的指标。它是指一个行业中各市场竞争主体所占行业总收入或总资产百分比的平方和，用来计量市场份额的变化，即市场中厂商规模的离散度。该指数是产业市场集中度测量指标中较好的一个，是经济学界和政府管制部门使用较多的指标。

[25] Brinson模型是一个用于分析和归因基金业绩的财务模型，它被广泛应用在对冲基金和其他类型基金的投资管理领域。该模型的主要目的是量化基金经理

的投资能力，特别是区分他们的主动管理和被动投资的贡献。

[26] T—M模型于1966年由Treynor和Mazuy共同提出，用于对基金经理的时机选择与证券选择能力的评估。该模型认为，具备时机选择能力的基金经理应能预测市场走势，在多头时，通过提高投资组合的风险水平以获得较高的收益，在空头时降低投资组合的风险，从而CAPM特征线不再是固定斜率的直线，而是一条斜率会随市场状况变动的曲线。

[27] H—M模型于1981年由Henriksson和Merton共同提出，用于在基金业绩评估时对基金经理的时机选择能力和证券选择能力进行评价。H—M模型是对T—M模型的一个改进版本，它们在某些方面有着相似之处，但H—M模型更加简单。H—M模型的核心在于定义择时能力，即基金经理预测市场收益与风险收益之间差异的能力。为了衡量这种差异，模型引入了虚拟变量，并将其纳入一般的回归方程中。

[28] 《计量经济学导论：现代观点 第7版》和《商法学 第6版》的内容分别为经济领域的计量工具以及商业法律体系的介绍，其属于工具类书目，虽然并没有对应本书的具体章节，但有助于提升价值嬗变投资决策的有效性。

[29] 本书编写时间为2020年，而新公司法由中华人民共和国第十四届全国人民代表大会常务委员会第七次会议于2023年12月29日修订通过，自2024年7月1日起施行，故读者需注意书中相关知识点是否已经过期，并将过期的知识点及时更新。

附录：完善价值嬗变投资体系的书单

书名	作者	出版社	对应本书的内容	学习难度
财务报表分析与股票估值 第2版	郭永清	机械工业出版社	估值；个股分析	入门级
宏观经济数据分析手册	李奇霖	上海财经大学出版社	周期分析	入门级
经济学原理 第7版	N.Gregory Mankiw	北京大学出版社	周期分析；行业分析	入门级
全球产业链重塑——中国的选择	徐奇渊，东艳 等	中国人民大学出版社	行业分析	入门级
大国产业链	中金公司研究部	中信出版集团	行业分析	入门级
专业投机原理 典藏版	Victor Sperandeo	机械工业出版社	技术分析	入门级
股市趋势技术分析 第10版	Robert D.Edwards	机械工业出版社	技术分析	入门级
财务诡计：如何识别财务报告中的会计诡计和舞弊 第4版	Howard M. Schilit	机械工业出版社	个股分析	入门级
风险管理与金融机构	John C.Hull	机械工业出版社	风险控制	进阶级
宏观经济学 第10版	N.Gregory Mankiw	中国人民大学出版社	周期分析	进阶级
财务报表分析与证券估值 第5版	Stephen H.Penman	机械工业出版社	估值；个股分析	进阶级
财务建模：设计、构建及应用的完整指南 第3版	John S.Tjia	机械工业出版社	估值；个股分析	进阶级
战略管理 第17版	Fred R. David 等	中国人民大学出版社	行业分析；个股分析	进阶级
货币银行学	易刚 等	格致出版社	周期分析	进阶级
国际经济学：理论与政策 第11版	Paul R.Krugman	中国人民大学出版社	周期分析；行业分析	进阶级
交易系统与方法 第5版	Perry J.Kaufman	机械工业出版社	技术分析	进阶级
投资学 第10版	Zvi Bodie	机械工业出版社	估值；风险控制；技术分析	进阶级
财政学 第10版	陈共	中国人民大学出版社	周期分析	进阶级
计量经济学导论：现代观点 第7版[28]	Jeffrey M.Wooldridge	中国人民大学出版社	–	进阶级
商法学 第6版[29]	施天涛	法律出版社	–	进阶级